21世纪经济管理类精品教材

文化产业与管理

（第4版）

赵晶媛◎编著

Cultural Industry Management

清华大学出版社
北　京

内容简介

本书围绕文化产业管理的理论与实践，系统地介绍了文化产业管理的主要知识框架和体系。本书分为文化产业与管理总论和文化产业与管理分论两篇。文化产业与管理总论包括蓬勃发展的文化产业，文化产业管理的路径、原则和模式，文化产业的战略管理，文化产业的投资管理，文化产业的品牌管理，文化产业的人力资源管理，文化产业的项目管理和文化产业的知识产权管理；文化产业与管理分论为分行业介绍，包括新闻传媒业管理、图书出版业管理、广播影视业管理、网络业管理、表演艺术业管理、广告业管理、设计业管理及景区旅游业管理，具体论述文化产业中主要行业部门的管理实务和方法策略。

本书可作为普通高等院校文化产业管理、工商管理、传播学、新闻学、文学、艺术学等专业的教材，也可作为文化产业从业人员的参考书。

本书封面贴有清华大学出版社防伪标签，无标签者不得销售。
版权所有，侵权必究。举报：010-62782989，beiqinquan@tup.tsinghua.edu.cn。

图书在版编目（CIP）数据

文化产业与管理/赵晶媛编著．—4版．—北京：清华大学出版社，2021.6（2024.8重印）
21世纪经济管理类精品教材
ISBN 978-7-302-57106-3

Ⅰ．①文⋯ Ⅱ．①赵⋯ Ⅲ．①文化产业－管理－高等学校－教材 Ⅳ．①G114

中国版本图书馆CIP数据核字（2020）第251156号

责任编辑：杜春杰
封面设计：刘　超
版式设计：文森时代
责任校对：马军令
责任印制：沈　露

出版发行：清华大学出版社
网　　址：https://www.tup.com.cn, https://www.wqxuetang.com
地　　址：北京清华大学学研大厦A座　　邮　编：100084
社 总 机：010-83470000　　邮　购：010-62786544
投稿与读者服务：010-62776969, c-service@tup.tsinghua.edu.cn
质量反馈：010-62772015, zhiliang@tup.tsinghua.edu.cn

印 装 者：三河市龙大印装有限公司
经　　销：全国新华书店
开　　本：185mm×260mm　　印　张：22.25　　字　数：551千字
版　　次：2010年3月第1版　2021年6月第4版　　印　次：2024年8月第5次印刷
定　　价：65.00元

产品编号：085699-01

第 4 版前言

在我国文化产业繁荣发展的大背景下，国家主席习近平 2020 年发表的新年贺词令文化产业界更加鼓起信心，为文化产业发展带来巨大动能。"我们用汗水浇灌收获，以实干笃定前行""我们为共和国 70 年的辉煌成就喝彩，被爱国主义的硬核力量震撼""让我们只争朝夕，不负韶华，共同迎接 2020 年的到来"……国家主席习近平 2020 年发表的新年贺词一经播出，立即在文化产业界引发热烈反响。大家纷纷表示，习近平主席的话语既坚定有力又暖如春风，充满催人奋进的硬核力量，一定要以坚如磐石的信心、只争朝夕的劲头，不忘初心，砥砺前行，为推进文化产业高质量发展贡献力量。

针对我国文化产业大发展和文化产业管理人才短缺之间的矛盾，为了加快文化产业管理人才培养，满足文化产业发展需求，2010 年清华大学出版社出版了《文化产业与管理》，该书一经出版即受到了产业界和学术界的一致好评，特别是受到广大教师和学生的欢迎，其在当当网的图书评价中被百分之百地推荐。2013 年《文化产业与管理》（第 2 版）出版，2016 年《文化产业与管理》（第 3 版）出版。至今，这本书一直是教授和学习这门课程的高校师生的首选。

为全面贯彻党的十九大和十九届二中、三中、四中全会精神，深入贯彻习近平总书记在全国宣传思想工作会议上的重要讲话精神，从中央到地方，我国正在推动各类文化市场主体发展壮大，实现文化产业高质量发展，推进社会主义文化强国建设。文化产业日新月异地发展，国家、行业和企业层面对文化产业的管理也与时俱进。当前，文化产业的管理实践不断推陈出新，文旅融合、数字文产、5G+文化、AI 科技赋能、区块链×文化产业、城市品牌建设等新型文化业态不断涌现。在加强文化法制建设、健全文化市场体系、完善公共文化服务体系、振兴乡村文化产业、重视文化产业版权、拓展文化产业国际合作、提高文化服务体验化、创新文化生产技术等新的文化产业与管理实践背景下，为了适应新形势下我国文化产业发展对人才培养的新要求和新需要，《文化产业与管理》在第 1、第 2、第 3 版的基础上，吸收了国际、国内文化产业与管理在学术研究领域和管理实践领域取得的新成果，并进行了全面修订。

《文化产业与管理》（第 4 版）保留了前三版的总论和分论的框架体系，以清晰的思路从总论到分论，从产业到行业，从适用于整个文化产业管理的系统理论到具体行业管理的政策与实践，由普遍到具体、由面到点地全面展开文化产业与管理的相关知识。改版后的总论部分涵盖了文化产业与管理相关的所有理论知识；改版后的分论部分与最新的文化产业与管理实践紧密结合，按照国家统计局《文化及相关产业分类（2018）》进行分行业介绍，本版书是迄今国内较为全面、前沿的文化产业分行业管理论著。改版后,引用最新的文化产业发展数据,介绍最新的行业监管政策,通过文化产业行业近期发生的案例来诠释这一具有文化性、创意性、时代性、时尚性的充满魅力的产业的相关知识,寓理论知识于读者熟悉的社会生活之中,呈递给读者先进的文化产业的管理实务和方法策略。

编　者

2021 年 3 月

第3版前言

中国处于文化大国的崛起过程中，正从文化大国走向文化强国。文化，是国家和民族兴旺发达的基本象征和重要支撑。文化自信，是一个民族、一个国家以及一个政党对自身所拥有的文化价值的充分肯定和积极践行，其能使文化的生命力持续旺盛。习近平总书记在庆祝中国共产党成立95周年大会上的重要讲话中提出，"文化自信，是更基础、更广泛、更深厚的自信"。没有文化自信，就没有国家民族的兴盛，而文化产业的蓬勃发展能给中国人民带来更多的文化自信，给中国经济发展带来更多的希望。在中国经济面临压力，寻求经济转型新动力的关键时刻，我国文化产业正以矫健的步伐向国民经济支柱性产业迈进，不仅保持较快的增长速度，而且发展质量也在逐步提升。

针对我国文化产业大发展和文化产业管理人才短缺之间的矛盾，在加快文化产业管理人才培养的背景下，2010年清华大学出版社出版了《文化产业与管理》，该书一经出版即受到产业界和学术界的一致好评，特别是受到广大教师和学生的欢迎，在当当网的图书评价中被百分之百地推荐。2013年《文化产业与管理》(第2版)出版，出版至今一直是教授和学习这门课程的高校师生的首选。文化产业的发展日新月异，国家、行业和企业层面对文化产业的管理也与时俱进。而管理不仅具有科学性，即其是由一系列概念、原理、原则和方法构成的知识体系，还具有艺术性，艺术性强调管理的实践性，没有实践，也就无所谓艺术。当前，文化产业的管理实践不断推陈出新，在"大众创业，万众创新"、"互联网+"、"文化+"、"一带一路"、培育新型文化业态、不断提高文化市场管理水平、完善公共文化服务，以及构建对外文化交流体系、推动中华文化走向世界等新的文化产业管理实践背景下，为了适应新形势下我国文化产业发展对人才培养的新要求和新需要，《文化产业与管理》在第1、第2版的基础上，吸收了国际、国内文化产业在学术研究领域和管理实践领域取得的新成果，进行了全面修订。

《文化产业与管理》(第3版)保留了前两版的总论和分论的框架体系，以清晰的思路从总论到分论，从产业到行业，从适用于整个文化产业管理的系统理论到具体行业管理的政策与实践，由普遍到具体、由面到点地全面展开文化产业与管理的相关知识。改版后的总论部分增加了文化产业的战略管理，进而使本版书包含了文化产业管理的所有理论知识；改版后的分论部分与最新的文化产业行业管理实践紧密结合，按照国家统计局新版"文化及相关产业分类标准"进行分行业介绍，增加了景区游览、设计、文化遗产三个新行业，使本版书成为迄今国内较为全面、前沿的文化产业分行业管理的论著。改版后，全面引用文化产业行业近期发生的案例，用最新的热点、时事、动向来诠释这一具有文化性、创意性、时代性、时尚性的充满魅力的产业的相关知识，寓理论知识于读者熟悉的社会生活之中。另外，第3版引用最新的文化产业发展方面的数据，包括新的行业监管政策，呈递给读者先进的文化产业的管理实务和方法策略。

编　者

2016 年 5 月

第2版前言

2010年10月，党的十七届五中全会提出推动文化产业成为国民经济支柱性产业的战略目标；2011年10月，党的十七届六中全会对推进文化改革发展做出了部署，强调要推进社会主义核心价值体系建设、大力发展公益性文化事业、保障人民基本文化权益，与此同时，加快发展文化产业，推动文化产业成为国民经济支柱性产业；2012年2月，文化部正式向社会发布了《文化部"十二五"时期文化产业倍增计划》，明确了"十二五"时期文化系统文化产业的指导思想、发展思路、发展目标、主要任务、重点行业和保障措施，这一规划的制定出台对"十二五"期间文化产业发展有着重要的指导意义；2012年11月，党的十八大更是对文化产业发展提出了更高要求：要发展新型文化业态，提高文化产业规模化、集约化、专业化水平；在2013年3月全国"两会"上，文化产业、文化建设、文化消费、文化体制改革依旧是大会代表委员们讨论的热点话题。让文化产业成为实实在在的国民经济支柱性产业已经成为普遍共识。

针对我国文化产业蓬勃发展和文化产业管理人才短缺之间的巨大矛盾，在加快文化产业管理人才培养的背景下，2010年清华大学出版社出版了《文化产业与管理》，该书一经出版即受到产业界和学术界的一致好评，特别是受到广大教师和学生的欢迎，在当当网的图书评价中被百分之百地推荐。然而本书出版后的几年内，文化产业在我国国民经济中的地位日渐提高，我国对文化产业发展的重视也提到前所未有的高度，同时，国际国内文化产业的学术研究领域和管理实践领域都取得了新的成果，因此有必要对本书进行全面修订，以适应新形势下我国文化产业发展对人才培养的新要求和新需要。

本次改版除继承原书的管理体系完整、实践性突出、内容新颖、时代感强等优点外，还在以下四个方面做了改进。

第一，鉴于文化产业的项目管理和品牌管理较其他产业有其特殊性——更复杂更易受外部环境的影响，在文化产业管理总论中增加了文化产业的品牌管理和文化产业的项目管理两章内容。

第二，文化产业是一个具有创意性特征的"内容为王"的产业，与其他产业相比，其时代感最强。为紧扣日新月异的时代脉搏，本次修订精选了近期我国文化产业发展中的最典型事件，更新了引导案例和案例讨论中的全部案例，也更新了穿插在概念和理论陈述中的实证案例。

第三，受全球金融危机的影响，在过去的几年内，国际和国内文化产业也受到不同程度的影响，但仍然有较大的发展。本次改版引用最新的文化产业数据，更新和修订各章中有发展和变化的内容，以使其成为较为前沿的文化产业管理理论和实践的教材与参考书。

第四，欧美国家和日本等文化产业强国在文化产业发展过程中逐渐形成先进的管理理论，本次修订吸收了国际上优秀的管理经验和新的学术成果，结合中国文化产业的特征和管理实践，构建了具有中国特色的文化产业管理体系和知识框架。

编　者
2013 年 4 月

第1版前言

2009年7月22日,《文化产业振兴规划》经国务院常务会议讨论并原则通过,这是我国第一部文化产业专项规划,对应对金融危机、加快文化产业发展、推动经济结构调整有着重要意义。《文化产业振兴规划》的出台,标志着我国把文化产业提升到了国家战略的层面。然而,文化产业管理人才的短缺与文化产业蓬勃发展之间的巨大矛盾日显突兀,人才短缺问题已经成为阻碍文化产业发展的制约性因素。文化产业的发展势头迅猛,在这样的背景下,加快文化产业管理人才的培养,特别是培养既懂经济又精通文化产业行业特点的复合型高素质经营管理人才,就显得十分紧迫。

本书围绕文化产业管理的理论与实践,系统地介绍了文化产业管理的主要知识框架和知识体系。全书分为文化产业与管理总论和分论两篇。文化产业与管理总论包括文化产业概述,文化产业管理的路径、原则和模式,文化产业的资源与开发,文化产业的投资管理,文化产业的人力资源管理和文化产业的知识产权管理;文化产业与管理分论分行业介绍,包括图书出版业、新闻传媒业、广播影视业、动漫业、网络业、表演艺术业、广告业及体育休闲业等,具体论述文化产业主要行业部门的管理实务和方法策略。本书适合高等院校文化产业管理专业、经管类专业以及传播学、新闻学、文学、艺术学等专业作为教材使用,也可作为供文化产业从业人员使用的参考书。

本书有以下几个特点。

1. 管理实践突出,兼顾理论体系完整

本书兼顾应用型和复合型人才培养,在教材编写中考虑就业导向,为社会培养经营、建设、管理、服务第一线的文化产业管理人才;在教学中强调专业知识和管理能力相结合的教学特点,旨在造就专业知识扎实、管理能力强的复合型人才。本书在内容体系上,力求突出文化产业的管理实务和实践,并兼顾了文化产业管理理论体系的完整。

2. 内容有时代感,符合文化产业特性

根据文化产业的特点,本书章节布局和行文特点既严谨又生动,并加入了时尚内容,符合文化产业的创意特征,同时,通过多模块内容避免教材枯燥,增加了教材的可读性。本教材配合文化产业的理论体系引入了大量有时代感的新颖案例,其中引导案例、案例讨论及穿插在概念和理论陈述中的实证案例和数据等内容占教材比例的20%。

3. 引用最新数据,吸收最新研究成果

文化产业管理是一门较新的课程,随着文化产业迅速崛起和其发展的日新月异,其理论和实践联系也日益密切。本书引用文化产业发展的近期数据,吸收文化产业研究的最新成果,并结合国内外最新的发展现状和问题进行论述。

4. 紧扣教学特点,方便教师使用

本书借鉴了国内外优秀教材,扬长避短,紧扣教学内容,综合考虑相关教学大纲和授课学时的分配,适当根据理论讲解和案例讨论的内容按比例组织章节和内容,并提供 30~44 学时的电子教学课件、书中案例答案及其他可供参考使用的案例,方便教师使用。

编　者
2010 年 1 月

目 录

上篇 文化产业与管理总论

第一章 蓬勃发展的文化产业 2
- 引导案例 短视频，把好故事讲好 2
- 本章导读 3
- 第一节 文化产业的概念和特征 3
- 第二节 文化产业的产生和发展 10
- 第二节 我国文化产业发展的任务和趋势 20
- 思考题 24
- 案例讨论 文创产品应有"文化味" 24

第二章 文化产业管理的路径、原则和模式 26
- 引导案例 文化产业发展不可耽于逐利 26
- 本章导读 27
- 第一节 我国文化产业管理现状 27
- 第二节 文化产业管理的国际借鉴 31
- 第三节 文化产业管理的路径 35
- 第四节 文化产业管理的原则 38
- 第五节 文化产业管理的模式 40
- 思考题 46
- 案例讨论 保护区的旅游当停则停 46

第三章 文化产业的战略管理 48
- 引导案例 掘金短视频业务须走差异化路线 48
- 本章导读 49
- 第一节 文化产业战略 49
- 第二节 文化产业战略走向 57
- 第三节 文化产业战略的选择与执行 60
- 思考题 65
- 案例讨论 腾讯"战略进化" 65

第四章 文化产业的投资管理ㅤ68
ㅤ引导案例ㅤ我国小微文化企业的融资困境ㅤ68
ㅤ本章导读ㅤ69
ㅤ第一节ㅤ文化产业投资的特点ㅤ69
ㅤ第二节ㅤ文化产业投融资的路径和模式ㅤ73
ㅤ第三节ㅤ文化产业投资的宏观管理ㅤ85
ㅤ思考题ㅤ88
ㅤ案例讨论ㅤ引入新投资者，长城影视能否触底反弹ㅤ88

第五章 文化产业的品牌管理ㅤ90
ㅤ引导案例ㅤ消费升级促进品牌创新ㅤ90
ㅤ本章导读ㅤ91
ㅤ第一节ㅤ文化产业需要树立品牌理念ㅤ91
ㅤ第二节ㅤ文化产业品牌的打造和传播ㅤ97
ㅤ第三节ㅤ文化产业品牌的维护ㅤ102
ㅤ思考题ㅤ105
ㅤ案例讨论ㅤ91岁了，米老鼠如何红了这么久ㅤ105

第六章 文化产业的人力资源管理ㅤ107
ㅤ引导案例ㅤ应用型人才需求旺，冷门专业成艺考黑马ㅤ107
ㅤ本章导读ㅤ108
ㅤ第一节ㅤ文化产业人力资源的特点和类别ㅤ109
ㅤ第二节ㅤ我国文化产业人力资源发展现状ㅤ113
ㅤ第三节ㅤ文化产业人力资源的培养模式ㅤ115
ㅤ第四节ㅤ文化产业人力资源的开发管理ㅤ120
ㅤ思考题ㅤ123
ㅤ案例讨论ㅤ影视创作呼唤"通才"ㅤ123

第七章 文化产业的项目管理ㅤ125
ㅤ引导案例ㅤ山水文园与六旗集团在华合作项目搁浅ㅤ125
ㅤ本章导读ㅤ126
ㅤ第一节ㅤ文化产业项目管理的含义和特点ㅤ126
ㅤ第二节ㅤ文化产业项目的选择和计划ㅤ130
ㅤ第三节ㅤ文化产业项目的经理与团队ㅤ133
ㅤ第四节ㅤ文化产业项目的控制ㅤ135
ㅤ思考题ㅤ140
ㅤ案例讨论ㅤ小游戏项目管理的那些事ㅤ141

第八章　文化产业的知识产权管理 143
引导案例　莫以"尊重"名义侵犯知识产权 143
本章导读 143
第一节　文化产业的知识产权 144
第二节　文化产业知识产权管理的现状 148
第三节　文化产业知识产权管理的主体、路径和措施 151
思考题 156
案例讨论　AI生成作品具独创性，受著作权法保护 156

下篇　文化产业与管理分论

第九章　新闻传媒业管理 160
引导案例　AI加持新闻业，助力媒体人潜力加速释放 160
本章导读 161
第一节　新闻传媒的属性和传播过程 161
第二节　新闻传媒业的发展和问题 164
第三节　新闻传媒业的管理模式 168
第四节　新闻传媒业管理策略 171
思考题 178
案例讨论　岂能放任自媒体"以谣生利" 178

第十章　图书出版业管理 180
引导案例　书，尽情听 180
本章导读 181
第一节　新时代图书出版业的现状 181
第二节　图书出版业的管理和发展 189
第三节　图书出版业管理的原则、内容和手段 195
思考题 200
案例讨论　实体书店的核心爆发力，在于打造消费者"学习场" 200

第十一章　广播影视业管理 202
引导案例　"小众"不再"小众"的秘诀：文化底蕴和情感温度的创新表达 202
本章导读 203
第一节　广播影视业的含义和意义 203
第二节　广播影视业的发展现状 207
第三节　广播影视业的管理策略 212
思考题 216

  案例讨论　打击电影盗版要"堵"也要"疏" 216

第十二章　网络业管理 218
  引导案例　有效加强互联网婚恋交友行业监管 218
  本章导读 219
  第一节　网络业的概念和特征 219
  第二节　我国网络业发展状况 223
  第三节　网络业监管的主体和维度 233
  第四节　我国网络业管理发展历程 237
  第五节　网络业管理的问题和对策 242
  思考题 245
  案例讨论　各类短视频泥沙俱下，短视频监管不能"一阵风" 246

第十三章　表演艺术业管理 248
  引导案例　拓展细分市场，音乐剧有更多"跨界"值得尝试 248
  本章导读 249
  第一节　我国表演艺术业的发展 249
  第二节　表演艺术业管理的性质、职能和任务 256
  第三节　表演艺术业管理的特征、原则和方法 258
  第四节　我国表演艺术业的监管 268
  思考题 269
  案例讨论　二级票务平台：现场演出市场繁荣的杠杆 270

第十四章　广告业管理 272
  引导案例　明星代言必须尊重法律 272
  本章导读 272
  第一节　广告业及其发展 273
  第二节　广告业管理的概念、对象和职能 282
  第三节　广告业的监管体制 284
  思考题 289
  案例讨论　弹窗广告，有病就得治 289

第十五章　设计业管理 291
  引导案例　创意设计："文化+"产业的"生长因子" 291
  本章导读 292
  第一节　设计与设计业 293
  第二节　我国设计业的机制和政策 300
  第三节　设计业的行业管理 304

思考题 ... 312
　　案例讨论　设计这个传统行业该怎么玩 ... 313

第十六章　景区旅游业管理 ... 315
　　引导案例　摆脱"门票经济"是旅游业应迈的坎 ... 315
　　本章导读 ... 316
　　第一节　旅游景区的定义、特征与类型 ... 316
　　第二节　景区游览业现状和问题 ... 320
　　第三节　旅游景区管理的模式和内容 ... 326
　　思考题 ... 334
　　案例讨论　乔家大院"被摘牌"警示了什么 ... 334

参考文献 ... 336

上篇

文化产业与管理总论

第一章　蓬勃发展的文化产业

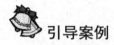引导案例　　　　　短视频，把好故事讲好

2019年年末，以美食短视频吸引了大量海内外观众的李子柒引起热议。在这些短视频中，李子柒身着中式服装，制作精美物品，打理田园生活，如用青梅制作各种美味佳肴，手工打造笔墨纸砚，等等，富有中国传统韵味。李子柒的短视频之所以赢得广泛关注，其关键在于内容过硬。

丰富的内容素材是构建优质短视频的"地基"。综观李子柒的短视频作品，美食、风景、乡村生活、传统技艺这几类元素频频"现身"。在互联网讲求"用户定制"、产品垂直细分的今天，多种类型的文化符号在短视频里得到呈现。我们可以看到以"爱劳动的年轻女子"为人设的李子柒，如何用传统技艺制作乡村生活中的食品、物品。喜欢美食的人可以看到从种子种下到食物出锅的全过程，倾心风景的人可以在她忙碌的身影间发现远处的山丘和雨雾，对手工制作感兴趣的人可以一睹精品怎样纯手工打造……丰富的元素集合起来，可以打通不同的受众群体，使人观后有感可发、有话想说。

李子柒、"美食作家王刚"、"手工耿"等的走红，再次证明：短视频内容要想产生广泛持久的影响力，创作不仅要有意思，还要有意味，更要有意义。

有意思，是吸引观众的"敲门砖"。在"手指做出选择"的今天，产生点击才能把内容呈现给受众。但只追求有意思，不想花工夫打磨作品，是当前一些短视频创作精品不多的症结所在。不少短视频内容创作者只追求"眼球经济"：求奇求险、低俗、花哨、空洞，秀段子的人多，讲好故事的人少，受众或是因感觉新奇而惊叫，或是哄笑一番，却意味索然，只是一"刷"而过。

把有意思的内容展现出意味，关键是要有想法、有手艺。麻雀虽小，五脏俱全。短视频虽然时长较短，但技术层面的功夫不能丢。发挥短视频的视听艺术优势，不仅需要剪辑等技术，更需要叙事的技巧。用镜头"讲"好故事是门学问，方式路径并不唯一，叙事节奏无论舒缓还是紧凑，贴近生活、直抵人心的作品才有意味。"毕导THU"用严肃科学的思维钻研生活里的各种小问题：社交软件"抢红包"、火锅传热等，幽默背后是真实可感的当下生活日常。通过知识的可视化表达和故事场景的快速切换，传递具有新鲜感的科学常识，从发现问题到逐步探索，让人体味生活的意趣。

通过有意思、有意味的内容带给人意义，是短视频讲好故事的更高标准。意思和意味吸引受众，意义引人进一步思考，让人内心有所触动甚至有所升华。只有在生活中发现世界、寻找感动、获得启迪，才能赋予短视频深刻内涵。通过再现传统乡村生活面貌，展现中华民

族的勤劳与智慧和中华优秀传统文化的美感，正是李子柒在海内外受到欢迎的原因所在。

当然，短视频并不等于生活本身，而是一种文艺创作，无论是个人创作还是团队生产，都或多或少存在艺术瑕疵。但让有意思、有意味、有意义的内容通过传播产生价值，增进文化自信，确实是短视频发展的一种好方式、好路径。

我们看到，一批优秀短视频创作者正在用不同方式讲述着发生在我们生活中的美好小事。尽管审美风格不同，讲述方式各异，有的精致、有的粗糙，有的安静、有的热闹，但都鲜活蓬勃。生活的广阔造就艺术的广博，时代的壮阔成就艺术的壮美。时代需要更多把中国故事讲得有意思、有意味、有意义的"拍客"，用有正能量、有感染力的作品向世界展现一个朝气蓬勃的中国。

资料来源：张明瑟. 短视频 把好故事讲好[N]. 人民日报，2020-02-14.

本章导读

习近平总书记指出，要推动文化产业高质量发展，健全现代文化产业体系和市场体系，推动各类文化市场主体发展壮大，培育新型文化业态和文化消费模式，以高质量文化供给增强人们的文化获得感、幸福感。党的十九大以来，我国文化产业迎来了加快发展的黄金期。文化产业对国民经济增长的贡献率不断上升，已经成为经济增长的新动能和新引擎，在促进国民经济转型升级和提质增效、服务党和国家工作大局、满足人民精神文化生活新期待、巩固和坚定文化自信、增强中华文化影响力等方面发挥了重要作用。在强劲的市场需求支撑、文化和科技的融合、社会资本的广泛支持和各级党委和政府的高度重视下，我国文化产业从探索、起步，开始进入蓬勃发展的新时期，凸显出成长为国民经济支柱性产业的巨大潜力。本章重点介绍文化产业的概念、特征、产生和发展，以及我国文化产业发展的任务和趋势等内容。

第一节　文化产业的概念和特征

一、文化产业的内涵和外延

文化产业首先是产业，属于经济学的研究范畴，更确切地说，属于文化经济学的研究范畴。因此，理解文化产业的关键在于"产业"。产业（Industry）是介于微观经济组织（厂商、家庭）和宏观经济组织（国民经济）之间的中观经济层次。作为一个经济概念，产业的产生和发展是一个历史的过程，它随着社会分工的深化和生产力的发展而逐步形成和演变，是一个具有部门、行业、业种等多种层次的经济系统。

世界上很多国家都从多重视角对文化产业的经济贡献度进行了统计和研究，如许多欧美国家一般都会同时从文化产业、创意产业、版权产业、内容产业甚至旅游观光业等多角度对文化产业的经济贡献度进行考察和统计研究。但是，各国在习惯上对文化产业的观测视角还是有所侧重的，大体上体现出 4 种规律或趋势。重视著作权保护的国家的产业体系强调"版权意识"，倾向于采用"版权产业"的称谓和统计口径，主要包括美国、加拿大和澳大利亚等国家。欧洲和亚洲的文化产业发展相对领先的国家强调"创新"和"创意"，倾向于采用"创意产业"的称谓和统计口径，主要包括英国、德国和新加坡等。欧盟以及亚洲的发达国家和新兴工业化国家强调现代信息技术的应用，倾向于采用"内容产业"的称谓和统计口径，主要包括欧盟、日本、韩国、芬兰等国际组织和国家。联合国和历史文化沉淀厚重的发展中国家强调本国和本地区的文化资源利用，倾向于采用"文化产业"的称谓和统计口径，主要包括联合国、中国等国际组织和国家。部分国家/组织对文化产业的主要称谓、定义/内涵、范围/分类汇总表如表 1-1 所示。

表 1-1 部分国家/组织对文化产业的主要称谓、定义/内涵、范围/分类汇总表

名称	国家/组织	定义/内涵	范围/分类
版权产业	美国、加拿大、澳大利亚	版权在其中发挥决定作用的活动或产业	4 类：核心版权产业；部分版权产业；非专门的支持性产业；相互依赖的版权产业
创意产业	英国	源于个人创造力的技能和才华的活动，知识产权可为这些活动充分创造价值提供保护	9 类：广告与市场营销；建筑；工艺；产品绘图与时尚设计；影视录像与广播摄影；IT 软件与电脑服务；出版；博物馆、美术馆和图书馆；音乐、表演和视觉艺术
	新西兰		10 类：广告；软件与计算机服务（含互动休闲软件）；出版；电视与广播；电影与录像；建筑；设计；时装设计；音乐与表演艺术；视觉艺术（艺术、工艺品、文物）
	新加坡		3 类：文化艺术；设计；媒体
内容产业	欧盟（数字内容产业）	制造、开发、包装和销售信息产品及其服务的产业	4 类：各种媒介（图书、报纸、杂志等）的印刷业；电子出版业（联机数据库服务、音像服务、光盘服务和电子游戏服务等）；音像传播（影视录像传播和广播等）；消费型软件业
	日本	可以给人的精神带来享受的信息，可以进行经济经营的财产	6 类：影像；音乐（声音）；游戏；出版；互联网广告和手机移动广告；图书报刊（图片、图书、报纸、杂志等）
	韩国	文化内容的制作、加工、流通、消费的产业以及支援这一过程的相关产业	11 类：出版；漫画；音乐；游戏；电影；动画；广播；广告；卡通形象；知识信息；内容解决方案

续表

名称	国家/组织	定义/内涵	范围/分类
文化产业	联合国教科文组织	开发利用文化资产，生产有形/无形的艺术性和创意性产品，提供以知识为基础的产品/服务的行业	2层：核心层包括博物馆、画廊、图书馆、表演艺术、庆典活动、视觉艺术、工艺品、设计、出版、电视、广播、电影、录像、摄影、互动媒体；扩展层包括乐器制造、音响器材制作、建筑、广告、印刷设备、软件等
	中国（文化及相关产业）	为社会公众提供文化产品和文化相关产品的生产活动的集合	9类：新闻信息服务；内容创作生产；创意设计服务；文化传播渠道；文化投资运营；文化娱乐休闲服务；文化辅助生产和中介服务；文化装备生产；文化消费终端生产

分类标准是文化产业统计工作的前提和基础。2004年，为贯彻落实党的十六大关于文化建设和文化体制改革的要求，规范文化产业的统计范围，建立科学可行的文化产业统计，国家统计局在与中宣部及国务院有关文化部门共同研究的基础上，依据《国民经济行业分类》(GB/T4754-2002)，研究制定了《文化及相关产业分类》，并作为国家统计标准颁布实施。该分类首次明确了我国文化产业的统计范围、层次、内涵和外延，为启动和开展文化产业统计工作奠定了根基。分类的实施摸清了我国文化产业的家底，为反映文化产业在国民经济中的地位和对社会经济的作用提供了规范和标准。

2012年，为适应我国文化产业发展的新情况、新变化，国家统计局参考了联合国教科文组织《文化统计框架—2009》，根据《国民经济行业分类》(GB/T4754-2011)对分类进行修订完善，形成了《文化及相关产业分类（2012）》，使分类更加切合发展需要。以此分类为基础开展的统计工作为反映我国文化产业的发展状况，为文化体制改革和文化产业发展宏观决策提供了重要的基础信息。

随着互联网时代的到来，以"互联网+"为依托的文化新业态不断涌现并发展迅猛，日益成为文化产业新的增长点，理应把这些新业态及时纳入统计范围。2017年6月30日，新的《国民经济行业分类》(GB/T4754-2017)正式颁布。2017年8月29日，国家统计局发文要求从2017年统计年报和2018年定期统计报表起统一使用新标准。作为派生产业统计分类标准，客观上需要根据新的国民经济行业分类标准进行修订。2018文化产业分类标准是在《文化及相关产业分类（2012）》基础上修订而成的，原有的定义、分类原则保持不变，新增加了符合文化及相关产业定义的活动小类，重点是调整了分类方法和类别结构。《文化及相关产业分类（2018）》将原来的大类由10个修订为9个，中类由50个修订为43个，小类由120个修订为146个，其中1~6大类为文化核心领域，7~9大类为文化相关领域。

《文化及相关产业分类（2018）》是在《文化及相关产业分类（2012）》的基础上，依据《国民经济行业分类》(GB/T 4754—2017)修订形成的，并兼顾文化管理需要和可操作性，与联合国教科文组织《文化统计框架—2009》相衔接。

新分类继续使用原分类对文化及相关产业的定义，是指为社会公众提供文化产品和文化相关产品的生产活动的集合。根据这一定义，其生产活动范围包括以下两部分。

（1）以文化为核心内容，为直接满足人们的精神需要而进行的创作、制造、传播、展示等文化产品（包括货物和服务）的生产活动。具体包括新闻信息服务、内容创作生产、创意设计服务、文化传播渠道、文化投资运营和文化娱乐休闲服务等活动。

（2）为实现文化产品的生产活动所需的文化辅助生产和中介服务、文化装备生产和文化消费终端生产（包括制造和销售）等所进行的活动。

二、文化产业的基本特征

下面从文化产业的本质特征、运行特征和发展特征三个方面论述文化产业的基本特征。

（一）文化产业的本质特征

文化产业的本质特征揭示了文化产业与其他经济部门的根本差别。文化产业与一般经济部门明显的不同之处有以下六点。

1. 文化产品具有商品和公共品双重属性

文化产品是一种以提升人们精神生活质量为目的的特殊产品，它包括精神和物质两种形态。一类以物化劳动形态为存在形式，另一类以活的劳动或劳务形态为存在形式。作为精神产品的文化产品，同其他物质商品一样，在生产过程中消耗了一定量的社会必要劳动，是一种劳动产品，具有商品的一般属性。但是，文化产品又与一般商品不同，它具有公共品的特殊性。一般物质商品的消费是人们的一种占有与直接的使用消耗，而文化商品的消费方式在很多情况下是欣赏，它所消耗的只是文化艺术的物质载体，其文化价值不但不会被消耗，反而会在人们的共鸣中进一步增加。许多文化产品不会在消费中立即消失。一部优秀的文化作品，可以通过再版、备份而获得永久的流传。

许多非竞争性的文化产品的消费并不影响其他人同时消费。例如，广播电视报道的时事新闻，可以被世界各国数以亿计的人同时接受。受众人数的增加，既不会减少原有的消费成本，也不会增加供给的成本。有些文化产品以整个社会为对象，社会的每一个成员都可以无偿获取并消费，如城市街头的雕塑、画廊，广场社区的音乐会，等等。

2. 文化产业的本质在于文化的市场化与产业化

文化产业区别于其他产业的独特内涵和本质特征就在于：它提供的不是一般的物质产品，满足消费者的物质需求，而是精神产品，"直指人心"，满足人们的精神文化需求。文化发展到文化产业是一个历史过程，是文化的产业化过程。在现代社会，随着科学技术的发展，大规模的都市化和人口的高度集中，以及精英教育向大众教育的转变，孕育了庞大的文化消费市场和消费群体。各种文化要素本身就能够成为孵化人类消费欲望的资源，或者说成为人们的现代消费生活的对象。人不仅是一种经济动物，更是一种文化动物，是文化的实践者。

按照马斯洛的需求层次理论，人在基本的生理需求获得满足后，势必会产生对精神生活的需求，因此，文化不仅是人类精神活动的创造物，也可以成为人类精神生活的消费对象。在这个过程中，在强劲增长的市场需求的带动下，文化生产和传播的各个环节逐步展开，并成为一个集创意、生产、销售于一体的产业链条，形成一个独立的新兴产业——文化产业。

3. 文化产业的知识密集性

知识是文化产业增长的主要贡献因素。文化产业并不过多地借助物质的力量，物质力量仅仅是其载体和润滑剂,是文化价值向经济价值转变的手段。人的精神、智慧与思想是文化产业的内核,是财富的直接来源。在文化产业的产业链条中,内容的创意是文化产业的起点,其余所有的环节——生产、再生产和交换都是围绕知识和创意展开的。文化产业是高固定成本、低边际成本,甚至是零边际成本的产业。文化产品生产创造之初,需要投入大量固定成本,但是一旦固定投资成本形成,在追加产品生产时,边际成本迅速下降,甚至下降为零。例如,制作激光唱片,第一张光盘的成本极高,但是大量复制后,边际成本就趋向于零。这也说明,文化产业需要很大的规模经济,如果没有强大的规模经济,就难以市场化。文化产业的知识密集性还体现在必须运用新思想、新观念和新方法去整合、发展产业,创造财富。也正因如此,文化产业属于高收入弹性产业,只有在人们的收入达到一定水平,人们的精神文化需求强度足以支撑整个产业的发展时,它才能作为一个独立的产业兴起和发展。

4. 文化产品的可复制性

文化产业的核心虽然在于"原创",但文化产品主要是通过对原创文化符号大批量复制生产出来的。文化产业的复制生产与传统制造业的批量生产有着本质不同。传统制造业的生产,如汽车,只能称为制造,而不能称为复制。复制的含义是将一个产品重新编码,然后作为自己的内容去反复再现。因此,文化产品的复制一方面是复制文化内容的载体(如光盘),另一方面是将文化产品的内容加上自己的理解进行解码。文化产业的标准化生产指的就是复制文化产品的"逼真性"和无差异性。就文化产业生产了大批的科技载体而言,它是在进行制造;而就文化产业产品所负载的文化内容来说,它是在进行复制。

5. 文化产业边界的不确定性

任何一个经济体系中的产业,都应具有相对清晰的产业边界,这也是作为一个独立产业所要求的。但是,文化产业与其他产业在此方面存在显著不同。文化产业直接诞生于经济与文化的互动关系中,这两大领域的对接使经济和文化中的各个环节都可能属于文化产业的范畴。不仅如此,文化产业还在经济和文化之外拓展了新的领域。"从运作方式看,文化产业不仅涉及经济与文化的互动性和互补性,而且还拓展了'以知识和信息为资本'的生产空间,包含了'以智力资本、文化资本、数字资本为运营方式'的新的信息文化产业。从人类生存发展的空间而言,文化产业不仅涉及人的基本存在方式,还提升人的生活质量。"

文化的广义性决定了文化产品的广义性和文化产业的包容性、扩展性,因此,很难给出一个稳定文化产业边界。因此,在统计和对文化产业进行数量分析时要非常小心,不能夸大或贬低,在进行国际比较时尤其要注意统计口径的差异。

6. 文化产业的意识形态性

文化产业的意识形态性来源于文化的意识形态性。文化是带有意识形态性质的特殊商品,文化的商品生产中还存在产品的商品性与艺术、意识性的矛盾,对于这种矛盾的调节,市场是失灵的。因此,文化不能全面市场化,只有适合市场化运作的文化产品和服务才能市场化。即便是对于商品性文化生产,亦应采用政府规制、管理和调节模式,实现以先进文化为指导。对文化资源的配置,绝不可以听任市场的自发作用,应该有效发挥政府的功能,使市场的"搞活""调适"功能与政府的管理和指导相结合。

一方面,文化产业的本质在于文化的产业化运作,文化的意识形态性决定了在通过产业化手段和方式生产、传播文化的过程中,文化的意识形态性必然得到张扬,而不是消除;另一方面，文化产业和其他产业一样，在追求产业利润的过程中，必然带来社会效益。这完全符合亚当·斯密的"看不见的手"的原理。所不同的是文化产业的社会效益在很大程度上体现为意识形态功能，也就是说，文化不仅能创造通常意义上的国内生产总值（GDP），还能创造另一种"GDP"，即优雅（Grace）、多样化（Diversity）和积极向上的人格（Personality）。

（二）文化产业的运行特征

文化产业的运行特征揭示了文化产业运行的特殊性。分析文化产业运行特征的最终目的是提高产业运行质量，构建合理的产业运行机制，推动产业竞争优势的形成。

1. 文化生产成为当代社会大生产的新的组成部分

现代文化不再仅仅是社会经济发展的精神动力和智力支持，而是作为一个独立的经济成分和产业升级标志而成为经济现代化的重要组成部分。在现代发达市场经济中，特别是在当前的信息经济的发展中，文化越来越被合并于生产，成为一项新的生产要素和重要的经济资源，文化的生产力功能更加增强。经济发达国家出现了发达的文化生产，形成了生产文化、知识产品的文化产业，商品性文化生产成为当代社会大生产的一个新的组成部分，文化产品成为现代国民财富的重要内容。

2. 文化生产运行的双重性

文化生产作为一种特殊的商品生产，无论内容还是形式，都兼有精神和物质的双重性，受价值规律与文艺规律的双重支配。"科学、艺术等，都不过是生产的一些特殊形式，并且受生产的普遍规律的支配。"文化的生产、分配、交换和消费必然遵循商品生产的普遍规律，即价值规律，接受价值规律的调节。同时，文化艺术作为人类的精神行为，它所追求的是传达生产主体的审美价值，满足人们精神上的独特需要，因此必然受到文化艺术作为精神行为的固有规律的深刻影响。价值规律和文化艺术自身内在规律的共同作用，构成了现代文化生产的全部运动。在这个过程中，一切违背价值规律的生产或者可能引导不正当文化消费的生产，都将经过社会的选择而被控制，如当今世界除个别国家（如丹麦）外，都限制色情淫秽物品的生产；而一切遵循价值规律生产或者有助于价值规律充分发挥作用的生产、引导正当文化消费的生产，都会得到社会的响应。

3. 文化产业运行对技术的高度依赖性

早在 20 世纪 50 年代，法兰克福学派学者就敏锐地发现，文化生产一旦与科技结合在一起，形成工业化体系，就会产生影响社会的巨大力量。从历史上看，工业革命初期，造纸术和印刷术的现代工业化发展引发了传播媒介的根本性革命，使印刷文明一举代替口传文明居于社会传播方式的中心。反过来，纸媒介的发展又进一步促进了专业化、现代化的造纸工业、印刷工业和出版工业的飞速发展。纸媒介文化在图书的基础上相继创造了报刊文化、新闻产业、纸本广告产业等，文化不断经历创新扩展，使得文化的领土前所未有地猛烈扩张。从世界范围看，现代科技的发展，尤其是信息技术、传播技术、自动化技术和激光技术等高科技的发展，使得现代科技广泛运用于各类文化艺术活动之中，在文化领域掀起了新科技革命的旋风，已经导致新兴文化形态的崛起和传统文化形态的更新。

4. 文化产业的高渗透性

文化产业中的创意产业的核心生产要素是信息和知识，特别是文化和技术等无形资产是具有自主知识产权的高附加值产业。创意是技术、经济和文化等相互交融的产物,创意产品是新思想、新技术、新内容的物化形式,特别是数字技术和艺术的交融和升华是技术产业化和文化产业化交互发展的结果,可能渗透到许多产业部门。从文化产业的外延来看,文化产业涵盖了生产、营销、消费的各个环节,"文化产业之树,长于第三产业,而它的枝、茎已蔓延至第二产业"。正因为文化产业拥有如此强大的包容性,因此很难将其从传统产业类型中完全分离出来。

5. 文化产业发展的高风险性

任何产业的发展都有风险性。与其他产业相比,文化产业的风险性更强。一方面,由于文化产业的意识形态属性,国家和政府必然对文化产业加以规制,从而为文化产业的发展带来政策风险;另一方面,信息化时代的到来,加快了人们的生活节奏,使人们对文化产品的需求越来越难把握。一种艺术性的创意能否转化为消费者喜闻乐见的文化产品和服务,往往取决于它能否适应这种快速变化的社会。一种文化产品还没有完全流行,另一种全新的文化产品就已经出现,这会导致文化产业的经营风险加剧。同时,文化产业还面临盗版的侵蚀。信息化技术在为文化产业插上信息化翅膀的同时,也提高了盗版的技术水平,盗版产品的逼真度越来越高,消费者几乎不可能辨别。文化产业经营者不得不承担由此带来的经营风险。

(三) 文化产业的发展特征

文化产业的发展特征是指文化产业的成长特点。研究文化产业的成长特征,可以从产业演进角度揭示文化产业成长所需要的条件、产业进步的驱动因素、产业结构变化的规律,从产业间竞争角度以及产业发展对于国民经济的影响角度分析资源配置问题。

1. 文化产业结构的高度化

文化产业结构高度化的标志是产业融合,它意味着文化产业在技术含量和文化含量方面,迈向了更高的发展层面,也意味着文化产业在组织形态和资源利用方面,形成了更具有适应能力的结构。文化产业结构的高度化表现为三种方式:一是高新技术与文化产业内容的融合;二是文化产业内部的融合重组;三是文化产业与第三、第二、第一产业间的融合。

2. 文化产业组织集群化、网络化,企业组织扁平化

当今社会,文化产业已不再仅仅是指个体设计师、艺术家的灵感和创造,而是知识和社会文化传播构成与产业发展形态及社会运作方式的创新。文化创意产业的发展不仅局限于个人和单个企业的行为,更是集体的互动和企业的地理集聚,形成集群化的环境。文化产业集群的特征是生活和工作结合、知识文化产品生产和消费的结合,有多样性的宽松环境和独特的本地特征,而且与世界各地有密切的联系。文化产业,尤其是文化产业中的创意产业具有特殊的产业组织形式,企业呈现出小型化、扁平化、灵活化的特点。就单个企业而言,可以是比中小型企业还要小的微型企业,甚至是个人工作室,但这类企业通常以产业集群的方式分布,具有集群效应的基本特征,如经济的外部性、技术创新优势、集群式学习和集群式组织能力。正是这种扁平化的产业组织特征,形成了文化产业生产组织层面小企业和大公司错位的竞争态势,使文化产业发展具有良好的势头。

3. 经济文化一体化

从经济发展逻辑看,一方面,随着经济发展,产业中心逐步由有形财物的生产转向无形的服务性生产，产业结构上体现为产业的下游化和服务业的主导性支配地位，整个经济由物质经济向知识经济转变，文化产品的生产和服务的提供成为整个社会经济的主导力量；另一方面，随着人们物质财富的增加，物质需求基本得到满足，开始追求精神文化需求，消费的"脱物化"成为消费的主流，从而对文化产品和文化服务提出了巨大需求。在这两方面的推动下，经济文化潮流涌现。从文化发展逻辑看，传统的文化发展规律在人们广泛的文化需求的冲击下，伴随着现代传媒技术的发展，在传统的创作—保存两环节之间加入了能够使原创性文化面向大众的、基于复制技术的现代传媒工业，从而在文化消费和供给之间架起了产业联系的桥梁，使文化的发展纳入了经济轨道，文化资源成为经济资源，文化传统成为现实财富。

4. 文化产业的全球化趋势

文化产业的全球化趋势体现为三个层面：首先，发展的全球化。文化产业具有较高的收入弹性，当居民的收入达到一定水平后，其精神文化需求必然会推动文化产业的兴起和发展。当前，发达国家已经进入"后工业化"时代，文化产业正在成为其支柱产业。广大发展中国家一方面在经历工业革命、分工的细化和生产方面逐渐进步，另一方面在发达国家的引导下，发展中国家兴起的文化高消费也带动了本国文化产业的发展。因此，当前全球出现了普遍的文化产业发展热潮。其次，文化产品和服务的全球化流动。随着全球化步伐的加快，已经形成了一个全球化的文化产品和服务流动的体系。电影、书籍、电视节目、音乐唱片可以在全球同时发行上映，尤其是互联网的兴起，更加速了文化产品和服务的全球化进程。最后，文化产品和服务制作的全球化。随着全球化分工体系的形成，文化产品同其他产品一样被纳入全球分工体系中，全球文化资源得以共享，文化产品由多国不同企业共同完成，文化产品和服务全球发行销售。

第二节　文化产业的产生和发展

一、我国文化产业的发展阶段

1949年中华人民共和国成立后的很长一段时间内实行计划经济，把文化当作一项事业，由政府统包统揽，在当时特殊的国内外环境下，对于迅速确立社会主义文化在全社会的领导地位及普及教育、科学和文化知识发挥了不容忽视的积极作用。但是，长期强调文化的意识形态性，甚至把文艺作品直接当作政治宣传品、阶级斗争的工具，又产生了一定的消极影响。同时，计划经济体制中延续下来的文化事业在改革开放的历史条件下，已经越来越不适应新的社会经济环境，越来越满足不了人民群众日益增长的文化需求。因此，在社会主义市场经济的环境下，建立社会主义文化产业的任务被逐渐摆到议事日程上来。

从党的十一届三中全会至今，我国文化产业发展的历程大致可以分为以下四个阶段。

（一）第一阶段（1978—1991年）：文化产业的初步建立和探索阶段

1978年党的十一届三中全会后，中国实行改革开放政策，人们的物质生活丰富起来，同时在国外流行文化、通俗文化的影响下，国内的娱乐业开始恢复并日渐繁荣。

1980年，广州出现了音乐茶座，娱乐业开始恢复。此后，录像放映、歌舞演出等营利性质的娱乐活动逐渐增多。1984年，上海出现首家咨询公司，这是一家以知识、信息为特色，主营精神产品，并按市场化方式运作的公司。20世纪80年代初期，中国的文化产业悄然起步。

在这个阶段，中国的广告业开始出现并迅速发展。人们很快认识了广告对于产品营销的宣传推广和中介作用，电台、报纸、电视台等各种媒体投放广告的时间日渐增多，广告的质量、水平也逐步提高。体育产业是无烟工业，而且其连带产业多，如旅游、餐饮、场馆建设等，发展体育产业能增强人民的体质、振奋人民的精神，同时能在和平条件下显示一个国家的综合实力。所以体育产业成了许多国家竞相发展的重点产业之一。我国抓住1984年洛杉矶奥运会中国队实现金牌零的突破这一契机，大力发展体育产业。1990年，我国成功举办了第十一届亚运会，通过这次活动的举办，中国开始了体育的产业化、市场化运作。例如，举行亚运会捐款抽奖活动，实际上开了发行体育彩票的先河。但总的来说，我国文化产业在这一阶段还处于探索时期，在整个社会经济生活中只占据一个局部的位置，总体上影响不大。

（二）第二阶段（1992—2001年）：文化产业开始在国民经济建设中发挥重要作用

1992年，党的十四大明确提出要建设有中国特色的社会主义市场经济体制，由计划经济向市场经济转变，充分发挥市场的资源配置作用。市场经济体制的建立为文化产业的健康发展奠定了基础。同年，党中央、国务院发布了《关于加快发展第三产业的决定》，正式把文化产业列入第三产业，把文化部门由财政支出型部门定位为生产型部门，从而为文化产业的发展做了政策上、体制上的准备。这时，文化产业的发展进入建规立制、构建成形的阶段。例如，1998年，国务院进行机构改革，参照国际文化产业的发展情况，并着眼于我国文化产业的长远之计，增设了文化产业司，以便更好地领导、推进我国的文化产业工作。2000年，中共中央在国民经济"十五"发展规划建议中，第一次在中央正式文件中提到了要发展相关文化产业。这表明，文化产业在政策层面、观念层面上已经深入人心。

在这一阶段，报纸首先显示出文化产业的威力。在人们业余生活丰富、受教育水平普遍提高的情况下，报纸成了重要的文化消费对象。许多报纸相继扩版，推出了文化、娱乐方面的各种专刊。许多报社创办了自己的晨报、晚报，增设、扩大了周末版、周刊、副刊，以扩大发行量，吸引读者，抢占、扩大市场份额。同时，许多报纸进行分众化、小众化、专业化经营，锁定读者对象，定位目标受众，在激烈的市场竞争中确立自己的立身之地。报纸发行量的扩大吸引了众多的广告商投放广告，既繁荣了报业又发展了广告业。这一时期的电影业也在产业化方面进行了有益探索，进一步走向了国际市场。电影的融资体制发生了变化，一些影视公司、文化公司自觉走向市场，采取股份制等方法，吸取国营、民营资本投资电影，进行商业化运作。这一时期出现的贺岁片电影票房表现不俗，在国产电影的商业化、产业化方面取得了成功。电视剧的生产、制作也大有起色，许多电视剧采取了制播分离的新机制，进行市场化运作。电视台购买市场前景看好的电视剧，以高收视率换取高额广告收入，形成了电视产业的良性循环。这一时期旅游业也得到了良好发展，国家采取各种措施推动旅游业的发展。其中五一、十一、春节三个长假更是为旅游业的发展增加了三个黄金亮点，极大地繁荣了国内旅游线路。同时，扩大服务内容，改善交通、餐饮、酒店等各种服务设施，提高服务质量，改善软硬环境，切实吸引国内外客源，展示形象，振兴经济。由于信息技术的飞速发展和互联网的出现，这一时期出现了新的文化产业形式——网络业。网络作为虚拟社会，提供了新的交流手段。网络经济具有高知识、高技术的特点，是智力密集型、信息密集型的产业，也是知识经济时代和信息技术时代的主要经济增长点，发展较为迅速。

（三）第三阶段（2002—2009年）：文化产业繁荣发展阶段

2002年，党的十六大报告首次在全国代表大会的文件中明确提出要大力发展文化产业，把对文化事业的扶持和文化产业的经营明确区分开来。随着我国国民经济的持续快速增长和全面建设小康社会进程的加快，以及文化体制改革的不断深化，文化产业这一朝阳产业必将快速增长，并成为我国经济发展的新亮点。

2007年，胡锦涛在党的十七大报告上，提出"推动社会主义文化大发展大繁荣"。当今时代，文化越来越成为民族凝聚力和创造力的重要源泉，越来越成为综合国力竞争的重要因素，丰富精神文化生活越来越成为我国人民的热切愿望。我国要坚持社会主义先进文化的前进方向，兴起社会主义文化建设新高潮，激发全民族文化创造活力，提高国家文化软实力，使人民基本文化权益得到更好的保障，使社会文化生活更加丰富多彩，人民精神风貌更加昂扬向上。

党的十七大从中国特色社会主义事业全局出发，明确提出要积极发展公益性文化事业，大力发展文化产业，更加自觉、主动地推动文化大发展、大繁荣。为贯彻落实中央精神，2009年7月国务院常务会议审议通过《文化产业振兴规划》（以下简称《规划》），进一步加快推动我国文化产业发展。出台《规划》，标志着国家已经把发展文化产业提升为一项国家战略。《规划》确定振兴文化产业的指导思想是：全面贯彻党的十七大精神，坚持以邓小平理论和"三个代表"重要思想为指导，深入贯彻落实科学发展观，紧紧围绕《国家"十一五"时期文化发展规划纲要》确定的文化产业发展的各项目标任务和当前文化体制改革的重点，大力培育市场主体，加快转变文化产业发展方式，进一步解放和发展文化生产力，切实维护我国文化安全，推动文化产业又好又快地发展，将文化产业培育成国民经济新的增长点。

（四）第四阶段（2010年至今）：推动产业成为国民经济支柱性产业

2010年，《中共中央关于制定国民经济和社会发展第十二个五年规划的建议》明确提出，未来五年要"推动文化产业成为国民经济支柱性产业"。一个产业的增加值占GDP的5%以上，才能称为国民经济支柱性产业。这一提法充分体现了中央对文化产业发展的高度重视，也说明经过全社会的共同努力，文化产业已经形成初步积累，正在迈入全新的发展阶段。

为了推动文化产业成为国民经济支柱性产业，加快建设社会主义文化强国，文化部于2012年2月28日发布了《文化部"十二五"时期文化产业倍增计划》（以下简称《倍增计划》），提出了"十二五"时期文化部门管理的文化产业增加值至少翻一番的目标，努力推动文化产业成为国民经济支柱性产业，满足人民日益增长的多样化精神文化需求。《倍增计划》是文化部贯彻落实十七届六中全会精神和《国家"十二五"时期文化改革发展规划纲要》的具体举措，是指导文化系统"十二五"时期文化产业发展的专项规划。在"十二五"时期，我国文化产业政策体系不断健全，强化顶层设计，出台激励政策。对于已有的政策，文化部深化完善、及时修订。同时，在"十二五"期间，文化部充分发挥政府职能，坚持着力解决影响和制约文化产业发展的突出问题，通过搭建各类公共服务平台、加强人才培养等方式，促进文化产业全面发展。

2012年11月在党的十八大会议上，对推进中国特色社会主义事业做出"五位一体"总体布局，即经济建设、政治建设、文化建设、社会建设、生态文明建设——着眼于全面建成小康社会、实现社会主义现代化和中华民族伟大复兴。中国共产党全国代表大会报告首次将经济、政治、文化、社会和生态五大建设并列，这将为到2020年如期实现全面建成小康社会目标提供强有力的保障。

2015年11月3日，《中共中央关于制定国民经济和社会发展第十三个五年规划的建议》（以下简称《建议》）发布。文化建设作为"五位一体"建设中的关键一环，其重要性不言而喻。《建议》的目标之一是"公共文化服务体系基本建成，文化产业成为国民经济支柱性产业"。

2017年10月25日，党的十七届六中全会通过《中共中央关于深化文化体制改革推动社会主义文化大发展大繁荣若干重大问题的决定》（以下简称《决定》）。《决定》指出，要加快发展文化产业，推动文化产业成为国民经济支柱性产业。

《决定》指出，发展文化产业是社会主义市场经济条件下满足人民多样化精神文化需求的重要途径。必须坚持社会主义先进文化前进方向，坚持把社会效益放在首位、社会效益和经济效益相统一，按照全面协调可持续的要求，推动文化产业跨越式发展，使之成为新的经济增长点、经济结构战略性调整的重要支点、转变经济发展方式的重要着力点，为推动科学发展提供重要支撑。

习近平总书记在2018年的全国宣传思想工作会议上指出："要推动文化产业高质量发展，健全现代文化产业体系和市场体系，推动各类文化市场主体发展壮大，培育新型文化业态和文化消费模式，以高质量文化供给增强人们的文化获得感、幸福感。"

党的十八大以来，我国文化产业呈现良好的发展态势。国家制定并实施了一系列政策促进文化产业发展，文化产业发展规模不断扩大，日益成为国民经济支柱性产业；文化产业新型业态不断涌现，文化与科技融合发展成效显著，有力地推动了现代文化产业体系和市场体系的构建；居民文化消费水平不断提高，文化需求快速增长，文化市场潜力得到释放；对外文化交流、文化传播、文化贸易、文化投资蓬勃发展，中国文化"走出去"蔚然成风。进入新时代，我国文化产业必将呈现高质量发展的崭新局面，更好地推动社会主义文化繁荣兴盛。

从总量上看，2010年文化产业增加值为11 052亿元，占GDP的2.75%，而到了2017年，全国文化产业增加值为34 722亿元，占GDP的比重达到4.23%。我国已成为世界图书出版、电视剧制播、电影银幕数第一大国，电影市场规模稳居全球第二位。

2010年文化产业增加值首次突破1万亿元，用了整整8年时间；此后，保持跨越式发展的强劲势头，从2010年的1万亿元到2013年的2万亿元，用了3年时间；从2013年的2万亿元到2016年的3万亿元，也只用了3年时间。数据显示，2018年文化及相关产业的增加值是4.1万亿元。2019年我国文化产业继续保持平稳较快发展，全国规模以上文化及相关产业企业实现营业收入86 624亿元，同比增长7.0%，结构不断优化。在2019年，全国文化及相关产业增加值为 44 363 亿元，比上年增长 7.8%（未扣除价格因素），占 GDP 的比重为 4.5%，比上年提高 0.02 个百分点。

二、我国文化产业的发展概况

我国自 20 世纪 90 年代起开始重视培养与发展文化产业，《"十五"纲要》明确将发展文化产业列入国民经济发展规划之中。2002 年 11 月，党的十六大报告明确提出积极发展文化事业和文化产业，深化文化体制改革，这充分显示出了文化产业在中国特色社会主义建设中的重要战略地位。在这样的宏观环境下，我国文化产业近年来已有了长足的发展，行业增加值逐年递增。2004 年，中国国内有文化产业单位 34.6 万个（其中法人单位 31.8 万个），个体经营户 36.2 万户，从业人员 996 万人（其中个体从业人员 89 万人）。文化产业从业人员占中国全部从业人员总数（7.52 亿人）的 1.3%，占城镇从业人员总数（2.65 亿人）的 3.8%。文化产业当年实现增加值 3440 亿元，占 GDP 总值的 2.15%。

近年来，我国积极推进文化关键领域和重点环节改革，进一步发挥市场在文化资源配置中的积极作用，完善文化管理体制和文化生产经营机制，优化文化产业的政策环境，通过知识产权保护、产业融合发展、创意人才扶持、财税土地政策和文化金融对接等支持文化产业发展，取得了良好的成效。我国文化产业进入了快速发展轨道，文化消费持续增长，产业结构不断优化。

（一）文化产业发展的举措

党的十八大以来，以习近平同志为核心的党中央高度重视文化产业发展工作，把加快发展文化产业作为一项重要的战略任务，做出了一系列重大决策部署，出台了一系列政策措施。习近平总书记就发展文化产业做出一系列重要论述，强调要推动文化产业高质量发展，健全现代文化产业体系和市场体系，推动各类文化市场主体发展壮大，培育新型文化业态和文化消费模式，以高质量文化供给增强人们的文化获得感、幸福感。习近平总书记重要论述了文化产业的发展方向、目标任务和主要着力点，为文化产业发展提供了根本的遵循原则。李克强总理也多次主持国务院常务会议研究文化产业发展相关议题，做出指示批示。

文化产业同公益性文化事业相对应，是指以文化为核心内容而进行的创作、生产、传播、展示文化产品和提供文化服务的经营性活动，涵盖文化艺术、新闻出版、广播影视、网络文化等领域，涉及中央宣传部（国家新闻出版署、国家电影局）、中央网信办、文化和旅游部、广电总局等职能部门。文化产业和旅游产业在内容上有交叉，在工作上有融合，但不完全重叠，目前在统计上也是分开的。

党的十八大以来，随着我国整体经济实力的迅速增强，国际影响力的明显扩大，我国文化产业迎来了加快发展的黄金期。宣传文化部门会同发展改革、财政、商务、金融、科技、自然资源等部门抢抓机遇，出台了一系列举措，推动文化产业发展取得显著成效。我国文化产业总量规模稳步增长，产业结构逐步优化升级，市场主体持续发展壮大，文化产品和服务更加优质丰富，人民群众文化消费日趋活跃，重点文化产业门类均呈现良好发展势头。文化产业对国民经济增长的贡献率不断上升，已经成为经济增长的新动能和新引擎，在促进国民经济转型升级和提质增效、服务党和国家工作大局、满足人民精神文化生活新期待、巩固和坚定文化自信、增强中华文化影响力等方面发挥了重要作用。有关部门推动文化产业发展的主要做法有以下几个。

1. 把握正确方向

文化产业不同于一般产业，它具有意识形态和产业双重属性。宣传文化部门以习近平新时代中国特色社会主义思想为指导，坚持党的领导，坚持党管意识形态，坚持和完善党委统一领导、党政齐抓共管、宣传部门组织协调、有关部门分工负责、社会力量积极参与的工作机制和工作格局，通过市场准入、资格认定、加强监管等方式，引导和推动文化企业自觉肩负起社会责任，重视市场机制、市场需求，但不搞唯票房、唯发行量、唯收视率、唯流量。制定实施了《关于推动国有文化企业把社会效益放在首位、实现社会效益和经济效益相统一的指导意见》，完善党委领导与法人治理结构相结合的领导体制，健全管人管事管资产管导向相统一的国有文化资产监管机制。

2. 加强规划引导

2009年8月，国务院印发《文化产业振兴规划》，提出将文化产业培育成国民经济新的增长点。党的十八大明确文化产业要成为国民经济支柱性产业。《国家"十二五"时期文化发展改革规划纲要》强调，加快发展文化产业，促进产业结构优化升级，提高规模化、集约化、专业化水平。数字创意产业作为文化产业发展的新业态，已纳入《"十三五"国家战略性新兴产业发展规划》。每年政府工作报告都将发展文化产业作为一项重点工作进行部署。全国绝大多数省（自治区、直辖市）发布了专项规划，推动文化产业健康发展。

3. 释放政策红利

宣传文化部门会同有关部门制定多项优惠政策，从财政、税收、科技、金融、土地、消费引领等方面持续为文化产业发展释放政策红利。中央和有条件的地方设立了文化产业发展专项资金，累计金额超过600亿元。2013—2018年，中央财政安排文化产业发展专项资金275亿元，支持项目超过4000个。创新财政资金使用方式，探索市场化运营模式，设立中国文化产业投资基金二期。全国20多个省（自治区、直辖市）设立由省级财政出资或宣传文化单位发起、市场化运营的文化产业投资基金或引导基金。此外，宣传文化部门还推动出台了电影、电视剧、戏曲、出版、动漫等方面的专项配套政策。

4. 增强企业活力

文化企业是现代文化产业体系的核心。宣传文化部门深入推进文化领域"放管服"改革，全面实施"先照后证"，大幅削减行政审批事项，优化审批程序，提高营商便利度。积极推进国有文化企业公司制、股份制改革，建立健全有文化特色的现代企业制度。降低文化市场准入门槛，稳妥推进混合所有制改革，鼓励民营资本参与国有文化企业改制，支持非公有制文化企业加快发展。做强、做优、做大骨干文化企业，推动文化企业以资本为纽带，跨地区、跨行业、跨所有制并购重组，打造主业突出、产业链完整、核心竞争力强的文化企业集团。鼓励支持文化企业采取多种方式拓展融资渠道，实现社会资本、金融工具和文化资源有效对接。

5. 推动融合发展

积极推动文化产业与相关产业融合发展，在融合中优化结构、提质增效。比如，推动旅游业、演艺业蓬勃发展，不断提高专业化、品牌化、规范化程度，形成主题公园演出、实景演出、剧场演出等形态。积极推动文化和科技深度融合，实施国家文化科技创新工程，发布《国家文化和科技融合示范基地认定管理办法（试行）》，开展示范基地认定和规范优化工作。文化和金融融合迈出新步伐，不断加大金融支持文化产业发展力度，推动符合条件的文化企业上市融资，推进文化和金融合作示范区创建。促进创意设计服务与制造、建筑、信息、农业、体育、健康等产业深度融合，拓展文化产业发展空间。

6. 强化市场监管

建立全国文化市场管理工作联席会议制度，健全"扫黄打非"体制机制，全面实施"双随机一公开"监管，逐步构建以信用为核心的新型监管机制。深化文化市场综合执法改革，推进文化、文物、出版、广播电视、电影、旅游领域市场执法队伍整合。对泛娱乐化、影视业高片酬、阴阳合同和偷逃税等突出问题开展专项整治。积极开展网络空间治理，加强网络内容建设管理和新技术、新应用安全评估，推动互联网企业履行主体责任，推动网络空间日渐清朗。不断加大对知识产权的保护力度，完善侵权查处机制，促进知识产权运用。党的十八大以来，全国各级文化市场综合执法机构共出动执法人员5485万余人次，检查经营单位2323万余家次，受理核查举报11.4万余件，有力改善了文化产业的发展环境。

7. 扩大中华文化影响力

统筹国际、国内两个市场、两种资源，培育具有国际影响力的外向型文化企业、文化品牌，扩大市场份额和国际影响力。大力推动文化贸易，认定首批13家国家文化出口基地，推动国产优秀文化产品进入海外主流市场，影响主流人群，有力展示中国国家形象。每年举办中国（深圳）国际文化产业博览交易会，开展文化产业领域国际交流合作，搭建文化产品和服务走出去平台。

8. 规范文化产业统计

统计部门会同宣传文化部门积极推动文化产业统计工作制度化、规范化。2012年和2018年，国家统计局对文化产业统计标准进行了两次修订，不断推动有关统计标准更加符合我国国情和文化产业发展实际，为文化产业发展状况的统计监测和分析研判水平的不断提高，以及制订产业规划和产业政策提供决策依据。针对少数地方存在的概念表述不严谨、统计范围不规范等现象，国家统计局还印发通知，明确要求规范文化产业统计工作，不宜简单地以新概念代替文化产业概念，自行扩大统计口径。

（二）文化产业发展的成效

在党中央、国务院的坚强领导下，推动文化产业发展的一系列举措发挥了重大作用，文化产业发展呈现良好态势。

1. 文化产品供给质量和数量大幅提升

文化精品特别是主旋律作品日益丰富，《习近平新时代中国特色社会主义思想三十讲》《平"语"近人——习近平总书记用典》《梁家河》等政治类读物，以及《改革开放全景录》、《红海行动》、《流浪地球》、《换了人间》和"庆祝改革开放40周年文艺晚会"等一批讴歌党、讴歌祖国、讴歌人民、讴歌英雄的精品力作和文艺会演引起强烈反响。2015—2017年，舞台艺术创作共推出原创首演剧目4499部，全国艺术表演团体演出场次从210.8万场增加到293.6万场。2012—2018年，图书出版从41.4万种增至51.9万种，期刊出版总品种数由

9867种增长到10 139种，故事影片创作生产平均每年超过700部。2019年，电影产量1037部，票房达642.66亿元，制作完成并获得发行许可的电视剧共254部（10 646集）。我国已成为世界图书出版、电视剧制播、电影银幕数的第一大国，电影市场规模稳居全球第二。文化企业数量不断增长、供给能力迅速提升。截至2018年年底，全国文化企业共309.28万户，占全部企业数量的8.9%。2018年，全国新登记文化企业52.21万户，同比增长6.9%。

2. 文化产业向国民经济支柱性产业目标迈进

2017年，全国文化产业增加值为34 722亿元，占GDP的比重为4.20%（见图1-1和图1-2），同比增长12.8%（按现价计算）；增加值过千亿元的省（自治区、直辖市）已有13个，其中，广东、江苏、浙江、山东等省超过3000亿元；文化产业增加值占GDP的比重超过5%的省（自治区、直辖市）有4个，分别是北京（9.64%）、上海（6.79%）、浙江（6.19%）和广东（5.37%）。2018年，全国文化及相关产业增加值为41 171亿元，占GDP的比重为4.48%，呈现逐年增长的趋势。文化产业已经成为调整优化产业结构、推动新旧动能转换的一支重要力量。

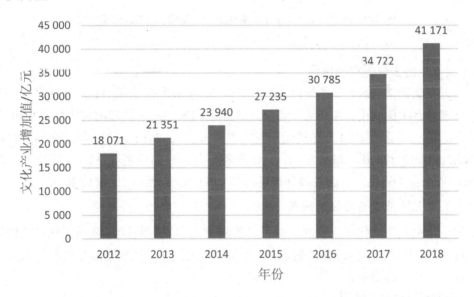

图1-1　2012—2018年中国文化产业增加值走势情况

资料来源：国家统计局（www.stats.gov.cn）。

3. 文化产业服务民生的作用凸显

2018年，全国文化产业从业人员达到2789.3万人，较2004年增加了1.8倍。文化服务业已成为文化产业就业的主渠道。2018年，在文化法人单位从业人员中，共有文化服务业从业人员1213.7万人，占59.0%，接近六成。在文化个体经营户从业人员中，文化服务业从业人员354.1万人，占48.3%，接近一半。文化和旅游部门鼓励贫困地区依托特色文化资源发展特色文化产业，支持建设了一批具有富民效应和示范效应的文化产业集聚区和特色文化产业项目。例如，贵州实施文化产业扶贫"千村计划"，鼓励建设一批非遗保护性生产基地和体验展示街区，推动传统手工艺标准化、规模化和市场化。

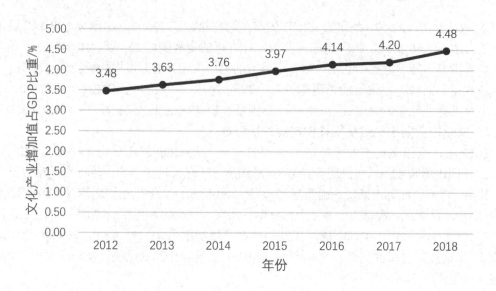

图1-2 2012—2018年中国文化产业增加值占GDP比重情况

资料来源：国家统计局（www.stats.gov.cn）。

4．文化走出去取得积极进展

《习近平谈治国理政》第一卷以24个语种、28个版本在全球160多个国家发行660万册，中国理念、中国制度、中国方案得到越来越多国家和地区的理解和认可。2019年，我国文化产品进出口总额1114.5亿美元，同比增长8.9%。2012—2018年，全国版权输出从9365项增长到12 778项，增长36.4%，版权输出与引进的比例从1∶1.9提高到1∶1.3。2019年，中国自主研发网络游戏海外市场销售115.9亿美元，同比增长20.9%。

（三）文化产业发展存在的问题

尽管近年来我国文化产业发展取得了显著成绩，但是也要看到，我国文化产业仍然处于起步阶段，无论是规模总量还是质量效益，无论是对内满足人民需求还是对外扩大文化影响力，都还有很长的路要走。

1．高质量文化供给不足

习近平总书记指出，我国文化供给已经不是缺不缺、够不够的问题，而是好不好、精不精的问题。目前，文化产业生产结构与市场需求结构不适应，低端供给过剩与中高端供给不足并存，文化产品有数量缺质量，有"高原"缺"高峰"，传播当代中国价值观念、体现中华文化精神、反映中国人审美追求的精品力作还比较少，还不能满足广大人民群众多样化、多层次、多方面的精神文化需求，抑制了文化消费。有文化特色的现代企业制度尚未完全建立，社会效益和经济效益平衡难度较大，有的企业甚至一味迎合市场、制造文化垃圾，亟须从法律法规和政策上为高质量文化供给主体提供坚定支持，不断优化供给结构。

2．产业发展不平衡

与美国、韩国等文化产业发达国家相比，我国文化产业对国民经济的贡献及影响存在差距。区域发展不平衡问题仍然突出，西部省（自治区、直辖市）文化产业增加值占GDP的比重均低于全国平均水平。我国文化产业还是新兴产业，发展时间较短，基础还较为薄弱，正处于从政策推动到市场驱动的动力转换过程之中，市场机制在资源配置中的积极作用还没有得到充分发挥。

3. 管理体制不够完善

健全的体制体系是规范、保障与促进文化产业稳健、有序发展的必要条件。中国作为转型国家，文化产业是从宣传文化事业中独立出来的，本身带有文化事业的诸多特征和印迹；我国文化市场的主体主要是由政府主导的事业单位，在管理上仍然处于事业型管理模式，更加注重社会效益。随着市场经济的发展，这一管理体制束缚了文化产业的发展，国有文化机构与民营文化组织的体制性鸿沟、政府与文化企业之间的管理边界等一系列问题也形成理论与制度共识，使得大批文化企业活力不足，在激烈的市场竞争环境中难以生存。由于当前大多数地区并没有建立起完善的管理体制，文化资源行业部门分割的现象也依然存在，在这种情况下要推动文化产业发展，需要加快推动制度改革，积极培育市场配置资源机制。

4. 缺乏资金及高端人才

文化产业的发展需要有强大的人力资源和物质资源，但是从目前的发展状况来看，人力资源和物质资源普遍缺乏，导致从业人员综合素质能力较低，发展初期缺乏足够资金支持，竞争力较低，难以满足新时期文化产业的发展需求。当前，文化企业内部缺乏技术水平较高且善于经营管理的人才，缺乏创意性人才，人才结构不合理，资金不到位，这成为制约文化产业发展的重要原因。

5. 文化企业实力偏弱

我国文化企业数量增长较快，但绝大多数是从业人员 50 人以下或营业收入 500 万元以下的小微企业，甚至是个人工作室、个体工商户，"小"和"散"的局面还没有彻底改观。与一般行业相比，文化企业在追求社会效益、承担社会责任方面要求更高、担子更重。文化企业大多是轻资产企业，高度依赖创新创意，普遍面临盈利模式不稳定、生命周期短、可持续发展难度大等突出问题。

6. 创新驱动能力不足

在内容、技术、业态等方面的自主创新能力不足的问题较为突出，原创能力还不强，内涵深刻、富有创意、形式新颖、技术先进的知名文化品牌较少。随着文化和科技的深度融合，部分传统文化业态、服务形态以及文化企业还不能适应科技发展和时代要求，转型比较缓慢，生存面临严峻挑战。

7. 国际市场竞争力不强

相较于发达国家，我国出口文化产品和服务技术含量较低、创意能力不强，能充分体现中华优秀传统文化精髓、适应国外受众习惯的偏少，国际传播力、影响力还不够大，对外文化贸易在整体对外贸易中的比重偏低，核心文化产品和服务的贸易逆差仍然存在。文化企业参与国际竞争的能力还较弱，在全球产业链分工中处于相对弱势地位，不利于讲好中国故事、增强国家文化软实力。

第三节 我国文化产业发展的任务和趋势

一、我国文化产业发展的重点工作

中国特色社会主义进入新时代，文化产业发展也进入新时代。新时代有着新期待，新形势赋予新使命。我们将深入贯彻落实习近平新时代中国特色社会主义思想，贯彻落实党的十九大和十九届二中、三中全会精神，树牢"四个意识"，坚定"四个自信"，坚决做到"两个维护"，以社会主义核心价值观为引领，坚持把社会效益放在首位，实现社会效益和经济效益相统一，自觉承担起举旗帜、聚民心、育新人、兴文化、展形象的使命任务，推动文化产业实现高质量发展，以优秀文化产品和服务满足人民群众美好生活新期待。我国文化产业发展的重点是做好以下工作。

1. 加快文化供给侧结构性改革

在贯彻落实新发展理念"转方式调结构"的背景下，全面深化改革、更好处理政府与市场关系，丰富供给主体、优化供给方式、提高供给质量，不断提升规模化、集约化、专业化水平，推动文化产业加速转型升级。坚持创造性转化、创新性发展，以中华优秀传统文化传承发展工程为抓手，增加文化供给，挖掘阐释优秀传统文化思想精髓，推进文化典籍整理出版和数字化，规划建设若干国家文化公园，加强珍贵遗产资源保护，传承振兴民族民间文化，推动优秀传统文化融入国民教育、道德建设、文化创造和生产生活，把中华优秀传统文化元素融入新型城镇化和新农村建设，让人们在丰富的文化体验中感知传承传统、留住乡韵乡愁。

2. 把创作生产优秀文化产品作为中心环节

文化产业是内容产业，创作生产文化产品应突出思想内涵，发挥其启迪思想、温润心灵、陶冶情操的功效，以优秀的文化产品传递向善、向上的价值观，更好地引领社会风尚。宣传文化部门将坚持以人民为中心，坚持内容为王、质量第一，坚守文化理想，发扬工匠精神，倾心、倾力打造传世之作，用文化精品赢得受众、赢得市场，增强文化产业核心竞争力，更好地满足人民群众精神文化生活的新期待。主动适应群众多样化、分众化的精神文化需求，在选题、表达、对接上下功夫，增强供给对需求变化的适应性、灵活性。深入开展精品创作，完善扶持提升政策，建立健全有利于出精品的激励引导机制，组织创作一批思想性、艺术性俱佳的文艺作品。鼓励依托旅游资源创作生产丰富多彩的文化产品，提升旅游的文化内涵，推动文化产业与旅游业的深度融合。

3. 增强文化企业的市场竞争实力

文化企业一定要坚守文化使命，聚焦文化主业，以守正创新为根本要求，承担社会责任和道德责任。宣传文化等部门将着力推动产业关联度高、业务相近的国有文化企业联合重组，组建大型国有及国有控股的文化产业投资平台，推动跨所有制并购重组，对有潜力的战略性新兴文化企业进行股权投资，巩固并发展国有文化企业的内容生产优势和传播主渠道优势，发挥其对文化产业发展的主导和引领作用。创新文化生产经营机制，做强、做优、做大骨干文化企业，支持中小微文化企业和非公有制文化企业发展，鼓励各类市场主体公平竞争，推动形成不同所有制文化企业共同发展、大中小微文化企业相互促进的文化产业格局。

4. 构建规范有序的文化市场

构建统一开放、竞争有序、诚信守法、监管有力的现代文化市场体系，充分发挥市场机制作用。努力消除地区分割和行业壁垒，培育和发展各类文化产品和要素市场，建设传输便捷、互联互通、城乡贯通、安全可控的文化传播体系，促进文化产品和人才、产权、技术、信息等文化生产要素的合理流动。进一步深化文化市场综合执法改革，提升文化市场技术监管水平，鼓励和保护公平竞争，制止垄断和不正当竞争行为，纠正扰乱市场行为，净化文化市场环境，维护文化市场秩序。建立文化市场诚信体系，构建守信激励和失信惩戒机制。扩大对外文化贸易，推动优秀文化产品和服务拓展国际市场。

5. 打造文化产业人才高地

创作是文化产业发展的源泉，人才是文化产业发展的高地。宣传文化等部门将以文化产业发展需求为导向，培养和扶持内容创作生产高端人才及相关技术人才。积极推动文化产业及相关学科专业建设，鼓励社会力量参与文化产业人才培养。健全符合文化产业人才特点的发现、使用、评价、流动、激励和储备机制，鼓励采取签约、项目合作、知识产权入股等多种方式集聚文化产业人才，以及多渠道引进海外优秀文化人才。

6. 推动文化和科技深度融合

文化产业发展始终同科技进步紧密相连。宣传文化等部门将加快推进文化和科技深度融合，提升文化产业科技支撑水平，改造传统文化产业，发展新兴文化产业，提升新型文化业态的比重。鼓励和支持科技在出版发行、广播影视节目制作和传输、演艺娱乐、印刷复制、广告服务、会展服务等传统文化产业中的应用，推进传统文化产业内容创作、传播方式和表现形式等方面的创新，促进传统文化产业转型升级；鼓励和支持培育基于大数据、云计算、物联网、人工智能等新技术的新型文化业态，发展数字创意、智慧广电、网络视听、数字出版、动漫游戏、绿色印刷等新兴文化产业，推动与相关新兴产业的相互融合。推动文化资源数字化，分类采集梳理文化遗产数据，标注中华民族文化基因，建设文化大数据服务体系，将中华文化元素和标识融入内容创作生产、创意设计以及城乡规划建设、生态文明建设、制造强国、网络强国和数字中国建设。

7. 促进文化资源与金融资本有效对接

加快推进符合文化产业发展需求和文化企业特点的金融产品与服务创新，积极探索文化资产管理、文化产业融资租赁、文化保险担保等金融业务创新，运用好产业投资基金、风险投资基金等金融工具，提升金融服务文化产业发展水平。进一步扩大文化企业股权融资和债券融资规模，支持文化企业上市融资和再融资，鼓励文化企业并购重组。积极推进文化企业无形资产评估、确权、登记、托管、流转服务，建立文化产业融资担保、保险、版权质押等投融资服务体系，完善文化企业信用评价体系和融资信用担保体系。创新文化金融服务组织形式，建立完善文化金融中介服务体系。鼓励发展文化金融专业化机构，为文化企业提供综合性金融服务。

8. 完善促进文化产业发展的财税政策

文化企业提供的是精神产品，社会效益优先是首要原则。与其他行业相比，文化企业在追求社会效益方面承担了更多的社会责任,财税政策对于有效引导和保障文化企业在激烈的市场竞争中坚持社会效益优先、实现可持续发展,发挥着不可替代的作用。近年来,国家陆续发布或延续了一系列支持文化产业发展的财税优惠政策,基本形成了促进文化产业发展的财税优惠政策体系。国务院及有关部门将根据不同阶段和时期文化产业的发展情况,结合财力状况和经济社会发展需要,综合考虑、统筹安排财政资金支持文化产业,组建或改组国有文化资本投资运营公司,支持骨干文化企业并购重组,支持小微文化企业创新发展,落实促进文化产业发展的税收优惠政策。

9. 完善文化产业发展的法治保障

制定文化产业促进法是党的十八届四中全会明确提出的一项重要任务,也被列为本届全国人大常委会一类立法项目。2015 年以来,在中宣部、全国人大教科文卫委员会的精心指导下,文化和旅游部牵头开展文化产业促进法起草工作,已经形成了各方基本认可、比较成熟的草案。著作权法第三次修订工作自 2012 年 3 月启动,2017 年 5—6 月,全国人大常委会开展了首次全国著作权法执法检查,2017 年年底,国务院法制办将国家版权局提交的 90 条《著作权法修订草案送审稿》缩减到 66 条,并在相关领域定向征求意见。同时,中华人民共和国电影产业促进法于 2016 年 11 月 7 日第十二届全国人民代表大会常务委员会第二十四次会议通过。2019 年 6 月 28 日,文化和旅游部官方网站发布《关于对〈文化产业促进法(草案征求意见稿)〉公开征求意见的公告》,向社会各界征求意见。2019 年 12 月 13 日,司法部发布关于《中华人民共和国文化产业促进法(草案送审稿)》公开征求意见的通知,为期一个月。2020 年 7 月,国务院办公厅印发《国务院 2020 年立法工作计划》,明确提出,2020 年国务院拟提请全国人大常委会审议的法律案 16 件,拟制定、修订的行政法规 26 件。其中,围绕坚持和完善繁荣发展社会主义先进文化的制度,巩固全体人民团结奋斗的共同思想基础,提请全国人大常委会审议著作权法修订草案,制定未成年人网络保护条例,修订水下文物保护管理条例。文化产业促进法草案预备提请全国人大常委会审议。

二、我国文化产业发展的趋势

当前,我国文化产业发展呈现出以下几个方面的趋势。

1. 利好政策支持发展

2017 年 4 月,文化部印发《文化部"十三五"时期文化产业发展规划》(以下简称《发展规划》)。《发展规划》指出,到 2020 年,文化产业整体实力和竞争力明显增强,文化产业成为国民经济支柱性产业;现代文化产业体系和现代文化市场体系更加完善,文化产业结构布局不断优化,文化产业对相关产业的带动和提升作用充分发挥;"十三五"规划期间,培育一批具有核心竞争力的文化企业,打造一批具有较强影响力的文化产品和品牌,支持实施一批具有较强带动作用的重点文化产业项目,创建一批具有显著示范效应的国家级文化产业园区等。

2018 年 4 月,国家统计局颁布了新修订的《文化及相关产业分类(2018)》。随着新分类标准的实施,国家统计局将进一步加强文化产业统计工作,提高统计数据的权威性和政府统计的公信力,实现新时代、新形势下对统计工作的新要求,为深化文化体制改革提供有力的统计保障,为推进文化产业快速发展和社会主义文化繁荣兴盛提供优质的统计服务。

2019年3月,国务院总理李克强在《2019年政府工作报告》中明确指出,要加强互联网内容建设;繁荣文艺创作,发展新闻出版、广播影视和档案等事业;加强文物保护利用和非物质文化遗产传承;推动文化事业和文化产业改革发展,提升基层公共文化服务能力。

2. 机构改革推动文化、旅游产业融合

2018年上半年,国家机构改革是党和国家政治生活中的一件大事,对于文化领域同样具有重大意义。2018年3月,根据国务院机构改革方案,对文化部和国家旅游局进行职责整合,不再保留文化部和国家旅游局,组建文化和旅游部作为国务院的组成部门。文化和旅游部的组建,将文化工作与旅游工作进行更紧密的结合,既符合二者内在属性的关联,又把握了当下消费升级后文化及旅游产业的内在需求。

文化与旅游部的组建,是政府对近年来文化旅游市场重视的体现,预示着"文化+旅游"将成为国内经济发展的重要推动力量。当前,越来越多的大型企业进军文旅产业,特色小镇、全域旅游、田园综合体、养生度假等主题类型层出不穷。国内文旅产业及其相关产业的发展已初具规模,此次文化和旅游部的组建,将有助于加大文化产业的挖掘力度,推动更多旅游企业在打造旅游硬件项目的同时,加入更多文化内涵,从而助力文化旅游产业的整体发展。

3. 数字文化产业爆发式增长

近年来,中国数字文化产业快速发展,结合云计算、大数据、物联网、人工智能与"互联网+"等技术的广泛应用和推动,涌现出诸多适合新一代群体需求的动漫、游戏、网络影视剧、视频、直播、虚拟现实、增强现实和混合现实等新兴文化业态,文化产业结构从产业链到价值链不断优化升级,中国文化产业的影响力和市场竞争力日益提升。

数字文化产业凭借迅捷化、便利化、个性化、差异化、视听奇观化等消费特点,日益融入新一代年轻大众群体的日常生活,秉承引领文化产业发展的全过程、全领域的重要力量,在助力中国文化产业向更高质量发展的同时,也给科技和文化的融合带来巨大的发展空间。

随着数字化技术应用的愈加普及,文化产业基于数字化互联网的个性化定制、精准化营销、协作化创新、网络化共享等新型文化生产经营方式、文化业态以及多元化商业模式的不断涌现创新,成为文化产业发展的新动能,推动文化产业提质增效加速驶入快车道。

4. "互联网+"带来产业机遇

"互联网+"将进一步带来文化产业发展的机遇。首先,互联网加速文化产业形态外延拓展。在"互联网+"背景下,文化产业与互联网逐渐走向深度融合,使得文化产业内涵与外延得到极大丰富,一个与传统文化产业链表现形态不同的全新的文化产业链逐步开始形成。其次,互联网激发文化产业消费意愿。近年来,互联网已经成为人们各类文化消费的重要途径,文化与互联网的融合,激发了人们的互联网文化消费意愿,由此产生的需求增长进一步推动文化产品供给,进而刺激市场繁荣,对文化产业的发展形成良性驱动。最后,互联网打破文化领域产业的壁垒。主要体现在四个方面:一是互联网推动文化产业主动与其他产业融合发展,将文化产业的理念带入其他行业;二是互联网推动其他产业进入文化产业领域进行发展;三是互联网促进文化产业内部细分部门之间的融合发展;四是文化产业与互联网平台本身之间的融合发展。

思考题

1. 什么是文化产业？我国文化及相关产业包含哪些类别？
2. 文化产业在本质、运行和发展上有哪些特征？
3. 我国文化产业的发展经历了哪几个阶段？
4. 我国文化产业发展面临哪些主要任务？
5. 我国发展文化产业呈现出哪些趋势？

 案例讨论　　　　文创产品应有"文化味"

如今，无论是作为旅游纪念品，还是逢年过节看望亲友当礼物，兼具颜值、实用性和文化内涵的文创产品都很受欢迎。从几元、几十元的贺卡、钥匙扣、笔记本、帆布包，到数百元的彩妆、茶具、首饰，在文创产品的品类日益丰富的同时，开发主体也更加多元。博物馆、公园、大学、出版社等机构纷纷试水这一领域，推出风格各异的文创产品。

在文创市场蓬勃发展的背后，问题也不少。同质化设计导致消费者审美疲劳，简单的符号嫁接导致产品有颜值无内涵，让文创产品真正有"文化味"将是文创行业迈向 2.0 时代的标志。

在文创产品 1.0 时代，把图片简单印在钱包、T恤、笔记本、抱枕上就可称之为文创产品。2013 年，台北"故宫博物院"推出"朕知道了"胶带，以 18 万卷的销量告诉人们，"故宫博物馆"也可以不那么老气横秋。随后，类似商品井喷式爆发。但第一个吃螃蟹的人是创新，第二个、第三个已是模仿，到第一百个时就很难再吸引人们的目光。单纯将文化元素印制到产品上，比纪念币和风景明信片强不了多少；依靠卖萌吸引年轻消费者的卡通帝王人偶也很难说有多少文化内涵。将抽象的文化融入具体可感的产品中，着实并不简单。

2020 年是天坛建坛 600 周年，一款《祈年历》将世界文化遗产天坛与人类非物质文化遗产"二十四节气"完美融合在一起，体现了文创产品的"文化味"。祈年殿在古代是皇帝祭天的场所，它反映出中国人独特的时空观。在仰观天象、俯察地理和农业生产中，先民们总结出了二十四节气和七十二物候。《祈年历》因此以时间为轴，以节气为纲，以物候为章节，可让人们直观了解到古人的农事活动以及物候情况、黄经度数、祭祀知识等信息。在设计上，二十四节气插图则把天坛祭天建筑、树木花草、气候特点、物候特征有机结合。颐和园推出"颐和一盒"月饼，把节日文化、宫廷文化、饮食文化与世界文化遗产巧妙融合；国家博物馆推出"斗转星移小夜灯"，由发光细线和光点勾勒出的"星空"图案，设计元素来源于宋代"天文图"碑拓片。如今，越来越多文创产品瞄准文化发力，更加重视提高产品的文化内涵。

探究这些产品成功的原因后，不难发现，文创产品开发不是由此及彼、横向移植。无论是一件文物、一座建筑还是一位历史人物，都需要设计者充分了解其背后的故事、深刻理解其价值所在、准确找到其开发潜能，再通过创造性转化寻找到合适的物质载体，让文化通过产品真实可感。也就是说，如果缺少提炼转化的关键一环，再精美的文物、再有历史的建筑、再有故事的人物也难做成好的文创产品。

2019 年上半年，全国规模以上文化及相关产业企业营业收入增长 7.9%，未来文创产品市场随着消费升级大潮，将有更为广阔的空间。如何让文创产品区别于一般产品，在激烈的竞争中脱颖而出，给人们带去美感、知识、文化和新奇好玩的体验，或将是开发者在文创 2.0 时代关注的焦点。

资料来源：张鹏禹. 文创产品应有"文化味"[N]. 人民网－人民日报海外版，2020-02-19.

讨论题：
1. 结合本案例，谈谈为什么文化产品的开发要重视提高产品的文化内涵。
2. 举一个你所知道的具有"文化味"的文创产品的例子，说说其背后的故事；或者设计一种有开发潜能的文创产品，说说其文化内涵及其价值所在。

 延伸阅读 扫码学习

蓬勃发展的文化产业

第二章 文化产业管理的路径、原则和模式

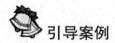 引导案例　　　文化产业发展不可耽于逐利

2019年6月26日,受国务院的委托,文化和旅游部部长雒树刚在第十三届全国人大常委会第十一次会议第二次全体会议上做关于国务院文化产业发展工作情况的报告时,强调将对泛娱乐化、影视业高片酬、阴阳合同和偷逃税等突出问题,开展专项整治。报告显示,宣传文化部门通过市场准入、资格认定、加强监管等方式,引导和推动文化企业自觉肩负起社会责任,重视市场机制、市场需求,但不搞唯票房、唯发行量、唯收视率、唯流量。

对于产业发展来说,追求经济效益,是市场经济的内在规律和逻辑,同时必须认识到,文化产业不同于一般产业,它具有意识形态和产业双重属性。发展文化产业,必须充分考虑其特殊性,考虑其意识形态属性和思想、艺术、审美等方面的价值。

常识告诉我们,关乎精神、心灵、情感的事物如文化产品、艺术作品以及相关产业,其品质优劣、发展好坏不能仅用票房、发行量、收视率、流量来衡量。历史证明,人类文明史上的许多经典之所以成为经典,在于它们标志着人类的智慧、精神、思想所抵达的高度,并因此传诸后世,穿越历史时空,越发彰显出自身的价值,这种价值不能简单地以经济效益进行衡量。因此,仅以产业思维、数字眼光看待文化产业,是片面的、狭隘的。

文化产业发展不仅有"当下"这一维度,更要有历史的维度、未来的维度。文化产业从业者不能被票房、发行量、收视率、流量牵着鼻子走,而应跳出这个小圈子,站在更高的层面、心怀更大的格局,观照自己所从事的工作。

其实,努力坚守意识形态阵地、提升品质内涵、追求社会效益,也将同时促进经济效益,同样可以带来可观的票房、发行量、收视率、流量。比如,中华书局、广西师范大学出版社等出版机构,不迷信所谓"畅销书",多年来坚持深耕中国古代典籍、学术研究专著,闯出了自己的品牌之路;重庆市川剧院不搞花哨制作,创排的川剧《江姐》受到观众的极大认可,彰显了红色故事、精神的当代魅力;电影《红海行动》《战狼2》等不仅仅以炫目特效博眼球,而是以歌颂英雄、高唱主旋律之歌,获得了相当可观的票房收入。

倘若仅仅看重票房、发行量、收视率、流量而放逐了更为根本、关键的追求,文化产业就容易出现一些问题。前不久,帮明星刷出一亿微博转发量的"黑手"被抓,掀开流量造假的冰山一角。由此可见,"唯票房、唯发行量、唯收视率、唯流量"的错误认识不仅对艺术价值、思想价值的张扬造成妨碍,甚至已经将一部分人引向违规违法的深渊。

强调文化产业"不搞唯票房、唯发行量、唯收视率、唯流量"非常必要,恰逢其时。文化产业发展只有找准了方向,才能更好地服务于伟大的新时代。

资料来源:文化产业发展不可耽于逐利[N].中国文化报,2019-07-05.

 **本章导读**

目前，我国的文化产业已取得长足发展，在机构数量、从业人员、投入费用、经济效益等方面都有很大提高，但由于起步较晚，在管理方面仍存在体制、规划、竞争力、融资等方面的问题。文化产业作为一项新兴的产业，在发展的过程中有其特殊性和复杂性，需要加强管理。文化产业的管理是一个需要不断探索的重大社会课题，对于文化产业的管理模式进行全面的探索和研究，是当前和今后文化产业发展中需要加以解决的紧迫问题。本章论述我国文化产业管理现状和存在的问题，并以美国、日本、韩国、法国和英国为代表，论述国外文化产业管理模式，借鉴文化产业管理的国际经验，重点介绍我国文化产业管理的路径、原则和模式。

第一节　我国文化产业管理现状

文化产业管理是指管理者为了向广大的文化产品消费者提供高质量的产品与服务，运用各种管理职能，对文化产业的人力、财力、物力以及部门、地区等进行的计划、组织、指挥、协调和控制的活动。

从我国文化产业的产生和发展历程可以看出，我国的文化产业已经初具规模，但目前与发达国家还有相当大的差距。究其原因，除我国文化产业发展起步较晚外，一个很重要的因素就是我国文化产业管理模式制约文化产业的发展。

长期以来，我国一直实行计划经济体制。计划经济是一种政府统治的经济，经济运行的方向和过程由政府主导，政府既是经济活动的组织者，也是经济实体的所有者。这种情况反映在文化管理体制上，则是高度集中的中央管理模式。

高度集中的文化管理模式是一种依靠行政指令实施管理的体制，其特征主要包括以下四个方面。

（1）从中央到地方，形成了一个庞大而严密的封闭式文化行政管理网络，由部长级的各个文化职能部门统管全国的文化工作，采用"条""块"结合的领导形式，即同级地方政府统管人事、财政，上级业务部门指导业务。

（2）一切行政权力（包括人权、财权）均集中在各级文化机关，依靠行政手段进行调节，从文化发展的整体规划，到各个文化单位的任务、资金及业务指标，均由上级部门制定，人事安排由上级任命，甚至连上演剧目、采用电影剧本、确定出版选题也要经有关部门审定，文化单位没有自主权。

（3）强调文化是上层建筑、意识形态，接受政党领导，为政治服务。因此，对文化的发展有种种政策性的制约。

（4）文化经费基本上由国家统包，亏损也由国家补贴，文化单位缺乏经营机制和独立核算的能力。

应当承认，高度集中的文化管理在特定的历史时期曾对我国的文化发展起过积极的推动作用，但在实施高度集中的文化管理的过程中，其内在的弊端也暴露无遗。弊端主要是：挫伤了广大文化工作者的积极性，抹杀了不同类型文化单位的不同运行特点，并且违背了精神产品生产多样性的基本规律。因文化管理不适应文化创作而产生的矛盾在我国社会主义市场经济体制转轨的过程中变得尤为尖锐。

20世纪80年代，我国已逐步对高度集中的文化管理模式进行改革，相继采取的改革措施主要包括：扩大基层文化单位的自主权；文化经营和文艺演出逐步面向市场；部分文化单位进行了人事制度改革；国家对文化事业单位的财政拨款方式发生了变化，根据不同情况分别采取全额拨款、差额拨款和专项资助等形式。这些改革的基本思路对适当放权和引进市场机制，都在一定时期和一定范围内收到了良好的效果。但从总体上说，改革仍在计划体制的框架中进行，高度集中的管理模式没有根本性的改变，与社会主义市场经济条件下的文化建设所要求的文化管理模式还有很大距离。

现有文化产业管理模式制约我国文化产业的发展，主要表现在如下方面。

一、文化产业竞争机制不完备

从国际文化产业成功的经验看，文化企业的民间化及在此基础上建立的现代企业制度是关键所在。政府一般不直接介入文化企业的市场运作，它对文化产业发展所起的作用主要是宏观调控和经济支持，依靠税率差别对不同文化企业进行调节并对文化企业进行监督和管理。长期以来，我国对文化的管理是按照行政事业的模式进行，实行统包统管，只计投入、不计产出，忽视了它的产业性质。政府文化管理部门还没有完全从办文化的管理模式中脱离出来，如广播影视、新闻出版、文化娱乐等部门，这些部门既是政府的管理部门，又是产业经营主体；既有接受国家行政拨款的事业性质，又有投资生产创收的企业功能。这种文化企业市场主体地位不明确、形态不分、事业产业不分的状况，既与现代市场经济的规律不符合，也不利于建立强大的文化产业。

政府应推动文化产业提升竞争力，而不是自己去办文化产业。我国文化市场还存在过多的行政干预。从某种意义上说，我国文化企业的集团化建设并不是真正意义上的市场行为，而是政府主导的产物，许多文化企业徒有集团形式，管理上却还沿用以往的行政管理模式，与现代企业制度尚有很大的距离。政府干预使得一些企业在市场竞争中取得先机，而另一些企业因为没有政府扶持而处于不利的竞争地位。我国文化单位还存在着中央和地方的差别，不同级别的文化单位之间也存在着不平等竞争。此外，文化市场的条块分割严重，文化企业特别是传媒企业不是在全国统一的市场中开展竞争，而是被局限在特定的区域和层次内，这种不充分竞争的市场很难使文化资源和生产要素得到优化配置，从而影响文化产业竞争力的提高。

目前，随着体制上的一些松动，业外资本要进入文化产业已无太高的政策壁垒，一些业外资本也进入了文化市场，并逐渐出现了一些比较有活力的企业，如华谊兄弟、华策影视等，但就我国文化企业的整体来说，市场竞争力还是比较弱。文化企业国际市场竞争力也比较弱。我国的文化企业，除极少数具有一定的国际市场竞争力外，绝大多数受制于地域性、行政性等因素，在资金、人才和市场运作等方面水平很低，不具备国际市场竞争能力。

二、文化产业管理体制不健全

政府对文化产业竞争力的影响,是通过法律法规和政府的公共政策来影响文化产业生产要素的配置形态、关键要素的组合效率、同行业竞争的形态和强度、文化产业的需求条件等,从而间接地对文化产业的竞争力产生影响。与发达国家相比,我国文化产业法律法规还很不健全,还没有形成一套系统的文化产业法律法规体系。相比之下,发达国家文化产业的各门类都已经形成一套成熟、完善的管理和法律体系。

文化产业管理体制包括我国对文化产业实施管理的一系列规章制度,以及相关组织结构等。目前,我国的文化产业管理体制还不够健全,导致管理职能发挥不佳。这主要表现在三个方面:一是行政职权分割,管理交叉重叠。由于我国特殊的国情,政府对文化体制的改革并不彻底,尤其是对文化产业的管理职能、权责等的划分存在重叠区域,造成各政府职能部门对文化产业运作干预较多,政府职能交叉、多头管理、监管的缺位与越位等诸多问题严重。二是政府职能部门对文化产业建设缺乏积极性。改革开放以后,我国形成了以经济建设为中心的基本国策,各级政府部门的工作主要围绕经济发展展开,评价政府部门的绩效也以经济效益为主要标准,而文化产业的经济效益一直不怎么显著,所以各级政府就忽视了文化产业的发展,对促进其发展明显缺乏热情。三是政府职能部门缺乏面向市场管理文化产业的经验。纵观中华人民共和国的文化发展历史,可以看出,从中华人民共和国成立到20世纪90年代初,我国文化的总体发展思路是:文化的发展必须服从于政治需求,各文化机构只是各级政府的附属物,文化产业目标任务、人员编制、活动经费、人事任免等均由上级行政部门负责。在实践中,把经营型文化机构与事业型文化机构等同对待等特点,造成了文化管理部门缺乏面向市场管理文化产业的意识与经验。

长期以来,文化产业多头管理、政出多门,这导致我国文化产业管理法规不统一,文化部、新闻出版署和国家广电总局三个部门各管一摊,这种局面不利于形成全面系统的文化产业政策体系。2013年,我国加快了文化系统体制改革的步伐。2013年3月14日,全国人大第十二届一次全体会议通过决议批准国务院组建"国家新闻出版广电总局",促进新闻出版广播影视业繁荣发展,不再保留国家广播电影电视总局、国家新闻出版总署。"国家新闻出版广电总局"的主要职责是统筹规划新闻出版广播电影电视事业产业发展,监督管理新闻出版广播影视机构和业务以及出版物、广播影视节目的内容和质量,负责著作权管理等。2018年3月17日第十三届全国人民代表大会第一次会议批准《国务院机构改革方案》,规定:将文化部、国家旅游局的职责进行整合,组建文化和旅游部,作为国务院的组成部门,不再保留文化部、国家旅游局。在国家新闻出版广电总局广播电视管理职责的基础上组建中华人民共和国国家广播电视总局,不再保留国家新闻出版广电总局。国家新闻出版署(国家版权局)、国家电影局由中央宣传部统一管理。

三、市场化运行机制不完善

文化市场体系不完善,市场配置资源的能力较弱,市场主体不明确、不规范,没有形成多元化的投融资体制,引入外资的政策也不明确,政府的文化产业政策不配套、不具体、不完善。作为文化产业市场主体的企业，具体问题表现为以下几个方面。

（一）文化产业经营机构多，但集约化程度低

第一，文化产业的生产与需求矛盾突出，总量规模偏小，社会化、产业化程度低，还不能较好地满足人民群众日益增长的精神文化需求；市场链条还不完整，产业各领域关联度低；文化经营单位众多而集约化程度却比较低；传统资源配置机制与市场化要求之间存在尖锐矛盾，组织化、规模化程度低，缺乏真正有竞争力、规模化、集约化、高水平的大型文化企业；缺乏特色鲜明、效益良好的大型文化项目；文化资源没有得到充分有效的利用。

第二，文化产业和相关产业的企业，比较缺乏国际竞争与合作的经验，不太熟悉国际经贸规则。

第三，经营管理水平相对较低，技术发展和创新能力不足，技术手段和管理手段落后；科技投入、产品的科技含量严重不足，大大降低了文化企业自身的影响力，削弱了文化产品的市场竞争力，同时也使大众的高层次文化消费热情受到抑制。

第四，发展缺乏要素支撑体系，融资的渠道、手段和方法不多；缺乏健全的投融资体系，人才结构不合理等问题突出；文化投资体制滞后，社会投融资体系尚未形成，文化产业大规模扩张的资本条件难以具备；人才机制相对滞后，一些单位、行业通过垄断经营获取超额利润，缺乏自我约束与积累机制，为供养大批冗员提供了条件，也制约了文化生产的发展。

（二）文化产业的资源配置机制混乱

近年来，我国虽然加快了文化产业的体制改革，切断了许多文化产业组织与政府的依附关系，但是资源配置机制混乱、条块分割和行业壁垒阻碍了文化产业的发展。表现为：在文化管理上，政府与文化经营单位之间的责、权、利尚未厘清，经营者难以成为真正的市场主体或法人主体，政府过多地直接管理文化；在文化建设投资方面，实行文化产业经费统包制，文化产业的行政化与非产业化，造成中国文化产业运行机制的低效率；在文化事业与文化产业运作上，采取非法制化的人为方式，行政管理者对文化产业不仅缺乏必要的规划意识，而且文化产业的管理缺乏法律依据。

（三）文化产业从业者素质不高，人才结构不合理

中国文化产业的发展需要一大批既懂经济运作又懂文化的高素质经营者。整体而言，文化产业的人才管理制度具有四个特点：一是高素质人才普遍缺乏；二是人才培养计划不完善；三是激励机制不健全；四是人才流动性强。另外，许多文化产业团体的文化人往往不擅长产业经营，缺乏资本运作能力和经验，这就造成一些经营者不讲文化品位，单纯追求文化商品利润；而文化修养较高的文化人却不善于或无能力实现文化的产业运作。

（四）文化产业融资渠道有限，融资效率不高

任何一种产业的发展都离不开资金的支持，文化产业与传统实体产业的发展一样，都需要融资。由于文化产业的经济效益长期以来低于传统产业，各级政府职能部门把文化工作仅作为其施政的附属物，并不将其作为纯粹的产业进行发展，这样政府作为最主要的投资主体在我国文化产业的发展中就占据了主导地位，从而抑制了民间资金进入文化产业。同时，由于政府的资金有限，所以文化产业从政府渠道融到的资金并不多。而许多文化企业规模小，没有过多的实物资产做抵押，这就使其难以获得银行信贷等资金。再者，我国金融市场发育

也不成熟,像发达国家那样有着繁多而有效形式的融资状态短期也根本不可能达到。这些都是造成我国文化产业的发展存在严重的融资难问题的原因。

第二节　文化产业管理的国际借鉴

从世界范围看,不同的政治体制决定不同的文化政策,同时也必然要求建立与之相适应的文化产业管理体制,以便有效地实施对国家文化发展的经济控制和文化控制,因此形成了错综复杂、多元并存的文化管理模式。从各国的文化管理模式看,大体有"社会调节型""政府引领型""多元交叉型""政府与市场并重型"等管理模式。在"社会调节型"管理体制中,政府采取较为彻底的自由放任政策,而在"多元交叉型"的管理体制中,政府则采取集权与分权、国家垄断与自由放任相结合的政策,而这些政策倾向又完全与它们的宏观经济政策有着高度的一致性。本节主要对影响较大、特点突出、具有较大的借鉴意义的美国和法国等国家相关的模式进行分析和研究。

一、以美国为代表的"社会调节型"管理模式

社会调节型管理体制是一种依靠社会力量调节文化艺术事业和文化产业的开放式管理体制,多为西方发达国家所采用。

以美国为例,国家在中央没有正规的文化行政主管部门,地方各级政府一般也没有;从中央到地方没有垂直系统的文化行政管理机构,各级政府也不直接管辖各类文化艺术团体;各类文化艺术团体都以民间形式存在,并且都是各自独立的;政府对各类文化艺术团体只在政策上进行有选择、有限额的经费资助,鼓励其自创收入,自负盈亏。

美国政府的主要文化机构有美国新闻总署、国家艺术基金会和国家人文基金会。美国新闻总署主要负责对外文化宣传和对外文化交流,国家艺术基金会和国家人文基金会负责国内文化事务。在对外文化交流中,这三个机构相互合作。美国文化管理的特征有以下几点。

第一,社会办文化。具体表现为政府不直接控制文化产业和文化单位;各类文化单位多为私人所有,自主经营,自行管理;政府不干预文化发展方向,各种文化形式和文化流派都能自由发展,一般没有政策限制;依靠各种民间文化机构开展文化活动,通过各种文化组织、协会的活动与文化界联系,调节文化与公众的关系,从而丰富了美国的文化生活。

第二,对文化企业,政府采取了市场调节的政策。文化企业通过文化市场证明自己的存在价值,政府一般不予以资助,这些单位也不能享受免税待遇。

第三,对非营利性组织,政府采取了有限干预的政策,向它们提供一定数额的资助。美国不设文化管理机构,没有文化部之类的文化行政管理部门,向非营利性文化单位提供资助的是国家艺术拨款委员会和国家人文拨款委员会,该委员会是1965年根据国会的法令建立的。

第四,在对外文化交流中,政府的文化行政发挥了较重要的作用。美国的对外宣传和文化交流,主要由美国新闻总署负责。该署直接向总统和国务卿汇报工作,是政府部门中的独

立机构，下设教育局、文化局、节目局、广播局等，主要任务是开展对外文化宣传和组织管理对外文化、教育以及学术交流。该署目前在 120 多个国家设有 200 多个机构。但是，美国的文化交流并非由国家垄断，民间文化组织也积极参与，各类大学和各种基金会也发挥了重要作用。美国在文化管理上，避免行政干预，几乎依靠法律和经济手段进行政策调节，而调节机构的核心是通过"非营利免税"的相关法规，既鼓励全社会对严肃艺术的资助扶持，也推动严肃艺术团体的自我发展，实行对不同艺术品种的区别对待政策。

二、以日本、韩国为代表的"政府引领型"管理模式

在日本，与文化产业相关的行政部门较多，主要有文部科技省、文化厅、经济产业省、总务省、国土交通省以及各个地方自治体。日本还设有振兴文化艺术基金，其由政府和民间共同出资设立，主要用于长期、连续地支持各类艺术文化活动。

1988 年，日本文化厅提出《文化振兴基本计划》，把文化的振兴提升到重要的位置，同时政府制定了"e-Japan"战略，提供 2 兆亿日元的经费。2012 年 3 月 30 日，日本政府制定《观光立国推进基本计划（2012—2016 年）》，提出未来 5 年日本旅游发展的新战略目标。对振兴地区和地方文化，日本政府明确规定：政府应支持地区文化活动，包括重新挖掘、振兴具有地方特色的文化遗产、民间艺术、传统工艺和祭祀活动等；制定长期规划，对具有地方特色的文化艺术提供全面支持。

现阶段韩国政府对文化领域的管理，主要通过完善法律法规、加强资金支持、加强对文化产业发展的人才培养三种方式实现。一是完善法律法规。2004 年，韩国政府修改《税收特例限制法》，将以内容产业为主的电影产业、公演产业和广播电视业纳入减免税收的中小型企业之中。二是加强资金支持。韩国政府对文化产业的财政支持力度逐年加大，同时通过设立多种专项基金，如文艺振兴基金、文化产业振兴基金等，有效缓解文化产业研发和海外推广的资金问题。三是加强对文化产业发展的人才培养。重点抓好电影、卡通、游戏、广播影像等产业的高级人才培养；加强艺术学科的实用性教育，扩大文化产业与纯艺术人员之间的交流合作，构建"文化艺术和文化产业双赢"的人才培养机制。在政府的大力推动下，2018 年韩国文化内容产业销售额为 119.1 万亿韩元（约合人民币 6941 亿元），同比增长 5.2%；2018 年韩国文化内容产业出口额为 95.5 亿美元，同比增长 8.4%。

三、法国的"多元交叉型"管理模式

多元交叉体制，融集权、分权、放权于一体：在一个国家里，对不同的文化产业或同一文化产业的管理体制中，同时包含着截然对立的因素。在文化行政方面，法国的文化行政与其宏观经济管理有着一致性，即比较注重发挥政府在管理中的作用。法国的多元交叉型文化管理的突出特点有以下三点。

（一）中央集权与地方分权相结合

与美国不同，法国设有文化部，该部在 1959 年成立。此外，还另设各种咨询机构、专门协会以及直属专业中心。法国文化部是主管全国文学、艺术、电影、戏剧、音乐、博物馆以及保护名胜古迹等事务的机构。法国文化部的主要职能是确保国家文艺方针的执行，充分

发挥文物宝库的作用，大力发展文艺创作，并使人类的主要著作特别是法兰西的著作为广大法国人民所接受。近年来，在文化领域内，法国政府推行了"分散文化权力"的政策，其中包括加强地方机构和设施的建设；把一些文化权力交给地方，从而增加对地方文化机构和文化组织的经济资助，并帮助地方建立文化活动中心和文化发展中心；通过合同制的形式，对地方重要文化项目给予帮助；把一些文化权力移交给地方，发挥其积极性，等等。

（二）国家干预与市场调节相结合

对营利性的文化产业和文化单位，法国一般采取市场调节政策，政府不加干预。但是当一些特殊情况出现时，政府还是会出面干预，如法国的电影业。法国的电影制片公司属私营企业，历来独立经营，政府不予干涉。然而，面对美国电影和本国电视、录像业的巨大冲击，法国政府不得不直接出面采取一系列行政和经济措施，如由政府直接投资并出面组织企业对电影业投资、限制外国影片的发行数量，协调电影和电视业的关系。这样，在管理中又出现了二元现象：一方面，政府的政策是对电影业不予经济援助；另一方面，政府又不得不将电影业纳入直接干涉和管理的轨道。

（三）国家垄断与自由放任相结合

法国对文化产业实行国家垄断与自由放任相结合的政策。以新闻管理为例，法国的法律明义规定"法国公共广播部门为国家垄断"，因此政府对广播事业的管理采取集权方式。而对于同属新闻产业的报刊业，则又采取放权管理的方式，反对国家干预，主张新闻独立、自主经营，具体表现为报刊企业以私人资本为主，经营条件自由化，报刊内容不受检查，无官方管理机构，等等。此外，在艺术表演团体以及其他文化产业管理中也反映出集权、分权、放权多元交叉的倾向。由此看来，法国的文艺管理体制实际上已经形成了自己的特点，即多元交叉、多元并存，这同法国文化政策方面的多元主义倾向是分不开的。

在文化管理上，法国采取行政手段和法律与经济手段双管齐下的方式，但表现形式并非行政命令，而是通过签订文化协定的契约来确保管理目标的实现。美国模式主要靠政策和法规调节，政府省去许多事，故不需设置专门主管文化的政府机构或只设置权限很小的政府机构，各类文化艺术团体各自独立，不受政府行政管辖，可以充分自由竞争。

上述两种文化管理体制和模式，目前世界各国沿用较多。然而，就实际状况看，任何一个国家的管理体制都不可能如此单纯，在一种管理体制中往往会夹杂另一种体制的某些特点和做法，目的在于用比较视野对文化模式进行研究，以寻求适合本国国情的文化产业管理模式。西方国家的政府在文化间接管理、经济杠杆、法律管理方面的经验值得借鉴。

中国新型的文化管理模式，受政治和文化传统等因素的影响，既不能采取美国式的"社会调节型"的管理模式，也不能完全采取法国式的"多元交叉型"的文化管理模式，而只能结合中国的实际，在某些方面吸取"社会调节型"对文艺的法制管理因素，但是更多地借鉴和吸收"多元交叉型"的优势，中央集权与地方分权相结合，国家干预与市场调节相结合，保持对部分文化产业（如广播电视、重要报刊）的国家控制，充分发挥国家文化政策的影响作用与指导作用，全面运用法律、经济、行政等调控手段，使文化建设成为精神文明建设的一个重要有机组成部分。

四、以英国为代表的"政府与市场并重型"管理模式

英国在文化管理方面一直坚持"政府与市场并重"的管理模式,既意识到文化政策在指导文化产业发展过程中的重要性,同时也充分了解市场化对于促进文化产业的发展所产生的带动性作用。英国政府在对文化的管理模式上始终坚持"一臂之距"的原则,即政府在文化管理方面采取既不大包大揽也不完全放手的政策,始终保持一定的距离,以促进文化产业的发展。英国在文化管理方面创新采用的"一臂之距",已成为世界文化管理模式的典范。

首先,在定义上,英国认识到创意用于产品生产和工业开发之上所产生的文化附加值,创造性地把文化产业定义为创意产业,希望通过广泛汇集个人思想的精华,把文化产业发展成为具有发展潜力的行业。英国前首相布莱尔在1997年创建了第一个创意产业特别工作小组,这个小组包括教育和就业部、财政部、外交部、贸易与工业部、英国文化委员会等各部门的负责人,构成的多元化有效地避免了传统部门条块分割、管理集中的缺点,在为文化产业发展注入新鲜血液的同时,也加强了各部门之间的团结协作,显著地提高了工作效率。

其次,在管理上,英国实行三级管理模式。第一级是中央一级管理机构,即"文化、新闻和体育部",主要负责文化政策的制定和监督及文化经费的统一调拨,统筹把握国家文化的发展方向。第二级是称作"官歌"的准政府机构,主要负责向政府提供政策咨询服务和具体文化经费的划分问题。这个部门设立的目的在于监督政府机构,切断政府与文化艺术活动之间不合理的联系,防止政府对文化艺术活动进行过多的干涉,在国家政权换位的时候保持文化政策的连续性,同时也在一定程度上使文化经费的分配做到客观公正。第三级是地方艺术管委会,包括地方政府及地方艺术董事会、各种行业性的文化联合组织等,这些组织机构大多具有慈善性质,担负着向文化产业的发展提供资金援助的使命。地方艺术管委会通过创办各种文化活动,发展乡村文化,注重个体艺术家的需求,促进地方文化艺术的繁荣,同时还通过积极的政策鼓励和文化创新,为文化产业引入投资,促进其发展。

再次,在政策上,英国政府实施的是臂距原则。把臂距原则用于文化管理是英国人的独特发明,其多指文化拨款的间接管理模式,文化部并不直接支配文化经费的使用,而是通过准政府机构间接实现对文化经费的管理。准政府机构虽然受政府的领导,但独立履行职能,从而有效避免了像俄罗斯和德国那样"一竿子插到底"对文化产业的干涉。臂距原则亦可称为有"分"亦有"合"原则,在大方向上政府统一领导,体现了"合"的特点,但由于英国是由英格兰、威尔士、苏格兰和北爱尔兰四个民族组成,每个民族都有自己的特色,因此为了保留民族文化的精髓,英国政府采取了"分"的政策,威尔士大会、北爱尔兰大会、英格兰大会和苏格兰大会根据各自民族文化的特点负责自己大部分的文化项目。这种"分""合"模式,有利于保护文化的多样性和差异性。

臂距原则也反映了政府对于文化的管理主要通过政策引导及鼓励,而不是采取行政手段。政府虽然仍对公共部门给予资金支持,但也同时意识到市场对于文化产业繁荣的重要性,所以政府更多地通过产业政策的引导和税收的优惠政策,鼓励文化产业为自己发展所需资金负责,并且规定政府的资金援助不能超过文化产业资金来源的30%。"为自己发展买单"的模式极大地激活了文化产业主体的创业积极性。

最后,在法律上,英国政府虽然没有处于统治地位的法律条文来规范文化产业的发展,

但对于文化产业的保护是十分重视的。由于英国的法律属于判例法，是指法官审理的案件可以成为以后审理同类案件的依据，法官在以后审理同类案件时必须依照以往案例中所依据的法理做出判决。依照这种传统，诸如艺术家等文化创意人才就处于判例法的总体框架之内，在对具体案件进行判决时，可综合各方意见做出最公正的判决，以此成为同类案件的条文。与此同时，英国政府也积极推出了一系列文化法律法规，旨在为文化产业的发展创造公平竞争的外部环境。

第三节　文化产业管理的路径

对文化产业的管理可通过法律、政府指导、文化行政管理部门监管和行业自律等手段进行，下面将分别介绍这几种管理方法。

一、法律手段的规范性调控

市场经济是法制经济，发展文化产业与发展其他产业一样，同样需要健全的法制。由于文化产业具有特殊性和复杂性，因此从某种意义上说，文化产业的发展更需要法制的规范。长期以来，过分强调文化产品的特殊性、意识形态性，强调文化属于上层建筑，不将文化作为一种产业来发展，对依法治文、依法行政认识不足，忽视文化产业的立法工作，使人们的文化权利只停留在一般宣言中而没有得到法律的落实，国家对文化产业的管理仍然主要依靠政策号召和行政措施，缺乏运用法制手段保障文化建设和文化活动的顺利进行。20 世纪 90 年代以来，随着文化产业的发展，一些与文化产业发展相关的法律法规相继出台，如《中华人民共和国著作权法》（以下简称《著作权法》）、《中华人民共和国知识产权法》（以下简称《知识产权法》）、《中华人民共和国专利法》（以下简称《专利法》）《中华人民共和国商标法》（以下简称《商标法》）、《中华人民共和国文物保护法》（以下简称《文物保护法》），以及《娱乐场所管理条例》《音像制品管理条例》《出版管理条例》《计算机软件保护条例》等，对各类文化产品的保护都做出了详细的规定，十分有利于对文化产业的合法权益的保护和促进其健康发展。从总体上看，我国文化产业的立法数量仍然远远跟不上文化产业的发展和文化繁荣的形势，特别是至今还缺少对发展文化产业必不可少的文艺演出法、电影法、新闻法、出版法、广播电视法、网络法，以及专门的文化产业法和文化市场管理法等。

文化市场是文化产业主体创业经营的广阔天地，而文化产业只有在法制化的市场经济环境中，才能得到成长和壮大。法是一种文化，也是一种管理手段，其促成了人从自然状态向社会状态的转变，代表了一个国家的文明程度。我国文化产业的立法，应当遵循"发展是硬道理"的原则：一要符合知识经济时代文化产业的发展要求；二要在宪法的框架内，符合文化市场的经济规律，符合文化产业发展的内在规律；三要与国际接轨，符合国际惯例。通过法律的形式，有效保护文化产业生产主体的知识产权，保护文化企业的商标权、广告权、发行权、经营权和商业秘密等合法权益，打击侵权盗版行为和非法侵占文化生产成果的非法行为，保证知识生产的可持续发展和文艺服务的合法有序。要使制定出来的法律符合社会发展要求,符合网络信息社会的网络时代精神特征。同时,文化产业的法律、法规不能脱离中国经济文化发展的水平和人民群众的实际觉悟程度,既不能使文化产业不顾市场规律超越时代背景而盲目发展,又不能束缚文化产业的发展。必须通过法律管理,保证主流文化产品具有"以科学的理论武装人,以正确的舆论引导人,以高尚的精神塑造人,以优秀的作品鼓舞人"的基本功能的同时,允许一些健康有益、轻松愉快、淡雅奇趣的具有娱乐性、消遣性的非主流文化产品自由流通,快速发展,以丰富人民群众日益增长的文化消费的需要。

依法治国是我国的基本国策,大力推进文化法制建设,是我国文化产业发展的根本措施。中国加入世界贸易组织(WTO)以后,文化法制建设既要体现我国文化主权的不可侵犯性,也要与 WTO 规则衔接一致。中国在享受加入 WTO 的权利和各种好处的同时,也必须承担放宽市场准入,进一步降低关税,取消各种进口限制,打破行业垄断,实行政企分开,允许无区域性、无国界竞争,逐步履行投资环境和贸易自由化的义务。按照 WTO 的规则要求,在清理与世贸规则不一致的法规的同时,应尽快制定新的法规,学会以法律的形式和规则维护我国的文化主权,既保障民族文化产业的合法权益,又不违背世贸组织的规则,按照国际规则办事,搞活文化产业。

二、政府的宏观指导

在中国这样一个市场经济发展历史不长、商品经济发展水平比较低的国家中发展文化产业,政府强有力的宏观指导和调控力量是不可或缺的。众所周知,中国文化产业的发展还存在诸多需要重视和解决的重大问题,诸如文化产业的组织化、规模化程度低,结构性、功能性缺陷突出,产业各领域关联度低,缺乏真正有竞争力、大规模、高水平的大型文化企业。同时,我国的文化产业和相关产业的企业缺乏参与国际竞争和合作的经验,不熟悉国际经贸规则,经营管理水平也比较低,文化产业的技术发展和创新能力不足,技术手段和管理手段落后,文化产业发展缺乏要素支撑体系,融资渠道、手段和方法不多,缺乏健全的投融资体系,人才结构也不尽合理,等等,这些都制约着中国文化产业的发展。因此,中国文化产业的发展尤其需要政府的宏观指导和支持。

在现阶段,政府对文化产业的宏观指导作用主要体现在以下几个方面。

(一)制定一个适应国际竞争需要的文化产业发展战略和规划

文化产业的发展不仅具有重要的社会价值,而且具有重要的经济价值,还有重要的战略价值,这是由文化产品的功能所决定的。文化产品不仅具有娱乐的功能,而且具有知识的功能,更重要的是能够塑造公众的价值取向、情感取向和好恶标准。面对国际竞争的挑战,我国应当从战略的高度重新充分认识和评估文化产业发展的重要性,扶持国民文化产业的发展,坚决保障国民文化产业的主导地位在国际竞争中不受损害。政府从宏观角度出发制定出来的文化产业发展的战略和规划既要符合中国的国情,又要有利于文化产业的市场化发展。用战略和规划的方式建立强有力的调控体制,高度重视文化资源的保护、开发和利用,充分发挥文化资源的优势,促进文化产业与经济和社会同步、协调发展,引导文化产业的生产经营活动。

（二）对整个文化产业发展方向和宣传方针进行整体指导和监督

发展文化事业和文化产业，是社会主义文化建设的重要组成部分。政府对文化产业的宏观指导作用在于，全面贯彻党的精神，深入贯彻落实科学发展观，紧紧围绕国家文化发展规划纲要，切实维护我国文化安全，推动文化产业又好又快发展，将文化产业培育成国民经济新的增长点。党的宣传部门应该根据党的基本路线与基本原则以及党在各个时期的中心工作和任务，坚持把社会效益放在首位，努力实现社会效益和经济效益的统一；坚持以体制改革和科技进步为动力，增强文化产业发展活力，提升文化创新能力；坚持走中国特色文化产业发展道路，学习借鉴世界优秀文化，积极推动中华民族文化繁荣发展；坚持以结构调整为主线，加快推进重大工程项目，扩大产业规模，增强文化产业整体实力和竞争力；坚持内外并举，积极开拓国内、国际文化市场，提高中华文化在国际上的影响力。

（三）对文化产业政策方面的扶持和营造一个良好的环境和氛围

由于文化产业在中国是一个新的事物，还没有一套完整的支持和配套政策，与产业政策配套的保障体系也有待建立。在市场运作方面，有关经营主体的市场准入、市场竞争、市场退出的规则尚未规范，使得一些产业主体难以在公平、公正、公开的基础上竞争；政府在市场配置资源的基础方面还缺乏有效的宏观调控。政府必须发挥宏观调控职能，根据加入WTO后宏观环境变化的客观形势，改革和完善文化政策体系，制定出有利于文化产业与国民经济同步发展的文化产业相关政策，尤其是扶持政策。例如，政府要根据文化事业和文化产业的发展要求，不断地推进文化产业的体制创新和机制创新，支持和保障文化公益事业，增强文化产业的整体实力和竞争力。

三、文化行政管理部门的行政监管

政府文化行政管理部门是政府的权力和职能机关，包括宣传、新闻出版、财政、工商、税务、公安等部门，以及社会政治、经济、文化系统中其他的相关职能部门，其在文化产业的发展过程中充当着行政监管的角色。行政监管是国家使文化产业沿着正确的方向发展的重要手段。在市场经济条件下，合理淡化政府在文化产业发展中的市场主宰角色是必要的，但这绝不意味着政府对文化产业的发展放任不管、无所作为。相反，在法制不断完善的前提下，适度运用好行政监管手段，避免意识形态纷争对文化产业发展形成的负面阻力，加快多元体制的建立，是我国文化产业发展的迫切需要。

政府权力和职能机关对文化产业的控制和管理主要包括政治、经济两个方面。政治上的监管，主要是由于我国文化产业有相当一部分具有意识形态功能或者道德教化功能，必须坚持为人民服务、为社会主义服务的大方向。例如，新闻媒体就必须坚持正确的舆论导向，既要宣传好党的路线、方针、政策，当好"耳目喉舌"，又要反映广大老百姓的利益和心声，实行切实有效的舆论监督，两者缺一不可。经济方面的监管主要表现为监管文化产业部门合法经营、依法纳税，努力提高经济效益。

政府对文化产业的行政监管是一项庞大的社会系统工程，需要政府文化行政管理部门的共同参与、互相配合，切实起到管理监督的作用，避免出现管理真空，导致权力和职能机关管理失效。但是，这种监管一定要转变职能，不要重复过去的老路，要真正做到只担当一个指导者和导航员的角色，从"办文化"的传统计划经济管理模式向"管文化"的方向转变，强化指导、协调和监督检查手段，通过制定法规和政策，制定和组织实施行业发展规划，制定和监督执行行业管理法规和规章，制定文化产业政策、经营政策，运用行政命令、行政决定、行政措施、行政处罚等直接手段和经济杠杆等间接手段，对文化产业和服务相关行业的机构及活动实施具体的监督管理，规范文化企业的市场行为，维护文化市场秩序，合理规划文化产业的布局、结构和发展方向。

四、行业自律与管理

行政监管和法规规范已经成了文化产业市场行为规范的主导力量。但是，对于文化产业的管理，除了外加的控制，还需要一种行业内部的自我调节与规范，这就是行业的职业道德和自律。文化与新闻宣传等行业建立的各类社团组织在文化产业和服务的发展过程中，起着非常重要的中介作用。这些作用主要表现在：发挥现有文化专业技术人才的作用，使他们的知识、技术、艺术能够更有效地成为文化产品生产的基本要素，并使他们能够以知识产权为股本参与文化企业的经营管理；强化职业自律教育，提高从业人员素质；进行各种信用和质量测评、信息收集和咨询，以保证竞争的公平、公正、公开等。随着社会主义市场经济体制的确立和完善，行业自律管理将得到进一步加强。为了加强行业自律，使民间文化资源真正转化为与现代社会消费相适应的文化产品，今后应以高校为依托，建立文化产业行业人才培训基地，尽快开设包括文化产品设计、文化产业经营管理、文化产业经纪、文化市场、文化管理等在内的相关专业课程，为行业组织管理培养懂政策、懂经营、会管理、善管理的高级人才。

第四节 文化产业管理的原则

文化产业与其他产业相比有其特殊性，因此，文化产业管理与其他产业管理相比应该遵循一定的管理原则，这样才能实现最终目标。

一、贯彻发展先进文化的原则

发展社会主义先进文化、广泛凝聚人民精神力量，是国家治理体系和治理能力现代化的深厚支撑。十九届四中全会《决定》指出："发展社会主义先进文化、广泛凝聚人民精神力量，是国家治理体系和治理能力现代化的深厚支撑。"文化不只是生活方式，更是一种精神价值，一种意义体系，它的意义在于给心灵启迪，给精神以力量。坚持和完善中国特色社会主义制度，推进国家治理体系和治理能力现代化，离不开社会主义先进文化的滋润和涵养。所以，只有大力发展社会主义先进文化，用社会主义先进文化熔铸各族人民团结奋斗的共同的理想信念、价值理念、道德观念，才能提供文化制度的强大思想动力与信念支撑，促使全体人民在思想上、精神上紧紧团结在一起。广泛凝聚起人们的精神力量，才能构建起国家治理体系和治理能力现代化的深厚精神支撑。十九届四中全会《决定》提出："坚持和完善繁荣发展社会主义先进文化的制度，巩固全体人民团结奋斗的共同思想基础。"贯彻落实四中全会部署，必须坚定发展先进文化原则，坚持创造性转化、创新性发展，激发全民族文化创造活力，更好地构筑中国精神、中国价值、中国力量。

二、社会效益与经济效益相结合原则

文化产业是个特殊的产业，它给人们制造精神食粮，塑造健康的民族文化心理。建设积极向上、健康乐观的社会主义文化，弘扬社会主旋律，是文化产业管理主体应有的义务和责任。文化产业既要坚持更好地为人民服务、为社会主义服务，又要提高经济效益，力求实现社会效益与经济效益的最佳结合。在马克思的经典理论中，文化与经济发展的不一致、不平衡曾得到明确的阐述。高增长的经济速度未必能促进文化建设的必然腾飞。如果让文化的建设完全受控于市场规律，使追求商业利润成为文化建设的主导目标，让经济因素支配文化从创造到传播、从政策的制定到生态和区域的规划的全过程，就必然会带来负面影响。

三、遵循文化产业自身发展规律和贯彻市场化原则

马克思在《剩余价值理论》中，从对商品、资本、劳动及剩余价值的研究入手，所得出的一个明确的结论便是：艺术创造在本质上是一种生产力。所有的文化产品（包括文化服务）同物质产品一样，都是由生产与消费、生产者、产品与消费者等要素构成的，并都受生产力与生产关系的制约，同时也都要受经济法则与价值规律的驱使与支配；既要遵循市场经济的规律，又要充分考虑文化产品生产和文化服务的特点，尊重其自身发展的规律；要充分体现助文、扶文、兴文原则；要有助于促进文化产业自身发展，有利于增强文化产业的"造血"功能。文化产业就其产业属性来说，属于经济学范畴。对文化产业的管理，最本质的要求是其投资者、经营者和从业者必须走向市场，遵循市场运行的规则。

四、区别对待分类指导原则

文化产业由于门类不同，其性质和任务也不同，有高雅和通俗之分，有经营性和非经营性之别，文化产业管理要充分体现区别对待、分类指导的原则。例如，对于高雅文化，由于市场竞争能力弱，在文化产业政策上应予重点扶持；对于通俗文化，由于市场竞争能力强，则应实行高税率的文化产业政策；等等。国际上一般把文化产业分为两类：一类是具有强烈大众需求的通俗性娱乐，对这类文化产业的生产组织，一般强调其营利目的而不过分强调其艺术价值。这类产业需要市场机制的商业运作。另一类是非营利文化产业，包括古典音乐、严肃的戏剧、诗词欣赏、古典与现代艺术舞蹈、高雅艺术等，这类文化产品更强调其艺术价值。理论与实践说明，决定文化产业需求的是文化消费者的艺术趣味。文化产品与服务的艺术趣味具有积累性。人们基于对音乐、文学、戏剧及表演的欣赏及消费而愿意付出的代价决定于人们对该种艺术所具备的知识与理解能力。这种文化趣味要通过教育与经验获得。因此，高雅艺术与公益性的文化事业（如博物馆、图书馆等）还需要一定程度的政府支持。这也是我国研究文化产业管理模式时要遵循的原则。

五、以人为本原则

文化产业的竞争，实际上是人才的竞争。发展文化产业，人才是关键。要想出高水准的文化产品，并产生较好的社会效益和经济效益，必须有大批高水准的编剧、导演、演艺及专业制作人才和高素质的经营管理人才。要打破行业和国家、省、市的地域界，完全按照文化产品的生产规律，实行人才自由、合理流动、交流和合作。尽快改变现有文化人才地区、单位所有的体制，实现人才资源管理的社会化和人才供求的市场化。

高度重视文化产业人才的培养与引进，已显得十分迫切。各级政府要认真实施文化人才工程，不断完善人才激励政策，研究制定文化技术、创作成果等要素参与分配的办法，充分调动各类文化人才的积极性，在出精品的同时，造就一流的大师级人才。加快文化人才资源配置的市场化步伐，鼓励专业人才创办文化企业，对有突出贡献的文化产业经营企业、艺术创作和工程技术人才设立奖励基金。要大力培养和引进文化产业经营、管理、技术人才，特别是熟悉和掌握世贸组织规则和国际惯例的文化创新人才和复合型人才。高等院校要增设文化经营管理专业，培养和储备人才，逐步形成强大的阵容，培养一批文化方面的优秀人才。

第五节 文化产业管理的模式

在市场经济条件下，整个社会的管理依据和管理目标所涉及的利益关系分为三个层次：一是当管理目标所涉及的利益关系关乎整个国家时，这种管理属于公共管理，其管理主体是政府；二是当管理目标所涉及的利益关系关乎单个企业利益时，这种管理属于企业管理，其管理主体是企业；三是当管理目标所涉及的利益关系关乎具有经济和技术同一性的多个企业的共同利益时，这种管理属于行业管理，其管理主体是非营利组织。三个层次的管理是有区别的，政府管理是用来实施政治权力的，行业管理是用来维护行业利益的，而企业管理是为了实现企业利益的最大化，将政府原有经济管理部门的计划管理体制转变为政府、行业和企业三者有机结合的新型的宏观、微观和行业管理体制，变政府对经济和企业传统的直接调控管理模式为间接调控管理模式。在市场经济的条件下，政府应当转变角色，从管理者的角色向服务者和监管者的角色转变，让企业作为文化产业管理和发展的主体，建立政府—企业—行业"三位一体"的管理模式，全方位、多角度地对文化产业进行管理，充分调动文化产业发展主体自身的积极性和创造性。

一、完善政府管理和政府服务体系

政府对文化产业的管理，要从"办文化"向"管文化"发展，更多履行的是服务和监管职能。政府由"办"到"管"，提高了政府作用的有效性。文化产品与一般普通商品不同，有着其自身的生产规律。一方面，文化产品所具有的外部性特征在自由竞争条件下会导致文化公共物品供给不足，还可能偏离社会主流文化、异化甚至误入歧途。政府对文化发展的引导、扶持、规范与限制不但是必要的，也是必然的。然而，政府的干预并不意味着替代，干预力度与范围应有一定的限度，过度的干预会影响到文化市场机制的运行，抑制文化发展的活力。另一方面，文化产品生产个性与创造性的特点要求文化生产有足够的自主性空间，否则，就不能生产出有品位的文化产品。三元互动的新模式使政府将文化管理职能定位在文化政策的制定与财政支持的宏观层面上，避免了政府角色的越位和陷入微观层面事无巨细的事务之中，使政府文化政策更具科学性，从而提高了政府工作的效率，降低了文化管理的行政成本。政府通过对政策法规的制定和监督执行、对文化市场的培育和管理、对科技进步的鼓励和扶持、对城市营销和文化贸易的促进等一系列政策引导和监管措施，做到对文化产业的监督和服务。具体职能分析如下。

（一）制定文化产业的发展战略

产业若要有机、完整、持续、健康地发展，是需要很长一段时间的。如果政府制定的发展战略正确，就能够使文化产业得以发展，反之，只能是越发展越糟糕。首先，地方政府应当研究本地区是否适合发展文化创意产业，以及根据现有的资源可以发展哪些领域和重点项目。这样才能"有所为有所不为"，集中自身优势，争取在若干个适合本区域的、基础较好的、有发展潜力的产业领域取得突破，建设一批机制灵活、运作高效的产业化基地，形成优势产业群，发挥产业集群效应，壮大文化产业规模，增强区域核心竞争力。其次，在建立各种产业园区前，政府应当统筹考虑发挥园区间产业集群的效应。文化产业集群有利于产业创新、产生知识"溢出"效应和形成"内力驱动"，同时处理好园区间的关联关系，避免恶性竞争。

（二）广纳创意性人才

人才在文化产业发展中的重要性尤为突出，甚至成为文化产业发展的核心要素，成为创新源。英国将文化产业称为创意产业，正是基于个人创意在文化产业发展中的突出贡献。可以说，发展文化产业，人才最关键。对于文化产业而言，即使有更多的优惠政策，如果没有人才做支撑，也是一句空话。世界文化产业发达地区的经验表明，在人才集中的地区，特别是大学周围，容易形成各种创意工作室乃至创意群落，政府可以顺势推动，促成产业集群的形成。目前，许多城市已经存在或正在建立大学城或大学园区，已经累积起了相当雄厚的高等教育资源和人力资源，政府可以大力推动人才发展机制，促使大学园区为当地文化产业的跨越式发展提供智力支持和人才支撑。没有大学园区的地区，政府应当从当地实际出发，建立和完善创意人才的培养、招揽、引进和使用机制。

（三）出台优惠政策

有效的政策可以催生和促进文化产业的发展。政府的优惠政策包括金融、财政、税收等方面，也包括吸引和留住人才等方面。在投融资方面，政府应推动多元化投资、金融市场融资、倾斜性金融信贷政策等，逐步形成投资主体多元化、投资方式多样化、融资渠道社会化、项目建设市场化的文化产业发展新格局。在产业扶持方面，如制定财政优惠、税金减免、税利返还、差别税率和设立创意产业发展基金政策等，以达到"放水养鱼"的目的。在人才政策方面，建立有效的创意人才培养、引进和使用机制；改革分配制度，探索以"创意资本"为主的新型分配激励机制，完善技术入股、管理入股、股票期权等分配形式，使人才得到市场化、制度化的激励，以此增强产业创新动力。

（四）提供公共基础服务

政府作为公共部门，为产业发展提供公共服务责无旁贷。首先，政府必须建立诸如博物馆、音乐厅、美术馆、大剧院等设施，累积文化存量，以催生文化企业的产生。例如，新加坡花费3亿多美元建立表演艺术中心，并建立博物馆群。其次，培训文化专业人士，包括训练各种场馆设计、管理、运营专家，培养创作、演艺、表演等创意型人才。再次，培育观众群，提升大众对文化、艺术的兴趣和水平，鼓励对文化艺术的追求。最后，政府可以在营造支持文化及文化产业上下功夫。例如，对热心于文化产业的企业和人士通过税收减免和精神奖励等办法给予适当的鼓励。

（五）加强知识产权保护

文化产业是以创意为核心的产业，保障创意是创造创意之源。从某种意义上说，知识产权保护是文化产业崛起、发展的重要基础。政府应当进一步完善有关知识产权保护和资助（如专利申请费补贴、产业化设施的优先提供等）的制度，加大对自主知识产权的保护力度。另外，应当建立产权交易平台和完善产权交易体系，构筑产权流转顺畅和交易自由的平台，为企业投融资和产权交易提供高效、便捷和规范的服务，也是政府推动文化产业发展的重要一环。

（六）成立文化艺术和遗产保护委员会

文化艺术和遗产保护委员会有两项职责：一是负责对政府重大建设项目进行文化艺术评估，为城市规划建设提供文化艺术和遗产保护方面的专家咨询，促进城市规划建设在文化艺术和遗产保护方面的统筹和协调；二是研究论证适时组建文化产业发展的统筹协调机构，加强机构横向职能，搭建发展文化产业更高的工作平台，从战略高度对文化产业发展实行全面组织和统一领导。

（七）继续推动文化体制改革

对于当前已经实行商业化运作、企业化改革的文化企业，如影音公司等，应当按照现代企业制度的要求，继续坚持产业化、集团化的发展方向。政府对它们只需间接"管"，不需直接"办"。对于当前实行的"事业性质、企业管理"的报社、电视台、广播电台等文化事业单位，要逐步由半产业、半事业型向完全产业化转变。由于这些单位肩负一定的社会职能，政府在对其完全"断奶"、"管"与"办"分离之后，除了要运用法律手段加强统一监管外，还应通过必要的和规范的政府采购、专项拨款、税收优惠等经济杠杆，对它们的生产经营活动给予必要的引导、规范和扶持。对于图书馆、博物馆、纪念馆、科技馆、社科研究机构等，仍需保留其事业性质。一般来说，这些单位都无力完全实现自负盈亏，不能实行企业化改造，政府要继续通过逐步增加财政投入以扶持其发展。文化产业的发展状况和未来前景如何，与政府在其中扮演何种角色息息相关。政府只有从传统的既"管文化"又"办文化"的体制框架中走出来，从"运动员"或"裁判员"转到"场地维护员"上来，只有这样文化产业才能有望走上健康、持续、快速发展的轨道。

二、文化企业积极能动地发挥主体作用

企业是文化产业的主体,企业强则产业兴,企业弱则产业衰。在中国国家体制的大框架内和计划经济向市场经济转型的背景下,中国的文化企业既不能走一些西方国家纯私有化的娱乐媒体企业模式,也不能重复计划经济体制下国有企业的老路,而要从中国国情出发,结合实际建立现代的企业制度,提升企业的核心产品和核心专长,全面提高中国文化产业的综合竞争力。

三元互动以市场为中心,保证了文化市场资源配置作用的发挥。随着文化产业化的发展,文化产品的商品属性被大大激活,文化产品像工业产品一样,按照工业生产程序与原则大批量产出,作为商品进入市场进行交换。文化产品具有鲜明的技术性、批量性、商品性,文化的市场化生产已经成为当代文化发展的主要的生产方式之一。文化产品的商品属性也赋予了价值规律在其中的资源配置作用,以市场为中心的定位使政府对文化管理处于一种间接参与的状态,保证了真正市场主体的成长与市场机制作用的真正发挥。

作为市场活动的主体,文化产业企业主要包括以下四类。

(1) 原创内容企业。包括广告、电视、电台、建筑、艺术及工艺创作设计、电影、音乐、表演艺术、出版、数字娱乐、软件程序创作等企业。

(2) 服务提供企业。包括广告公司、电视台、电台、电影公司、出版机构、设计公司、音乐、唱片制作公司、软件公司、多媒体制作公司、建筑设计等服务提供商。

(3) 分销零售企业。包括销售点、广播机构、电影院、广告、印刷媒体、互联网、表演场所、学校等提供文化产品或服务的网点。

(4) 市场服务企业。包括商业工业用户、音像产品消费者、互联网用户、文化机构、教育机构、公营部门。

文化产业的发展必然带来管理领域的革命。科学管理是文化企业的永恒主题,文化产业的各类企业要从自身情况出发,建立适合自身发展的科学管理模式。

(一) 树立科学的管理思想

文化企业是精神产品的生产单位,生产的目的是满足人们的精神需求。当代企业管理普遍重视人本管理,文化企业更要树立以人为本的管理思想。作家、艺术家、编辑、记者、主持人等都有各自的特点,一定要从文化企业的实际出发,从精神产品创造者的特点出发,形成科学、民主、适应文化生产力发展的管理思想。

(二) 建立科学的管理体制

制度具有根本性、长期性。科学的管理必须建立科学的体制,要按照精干、高效的原则,改革文化单位内部的机构设置、隶属关系、权限划分、利益分配等。要确立分类管理、分级指导的文化产业管理思路,建立分级管理体制,避免机构重叠,减少层次,上下沟通,左右协调,运转自如,精干高效。要按照经济规律与文化规律相统一的原则,完善产权管理体制,提高国有资产运行效益;加强成本核算,发挥市场的激励和约束作用;改革财务管理,提高经营效率,增强市场竞争力。要按照调整结构、划分职能、理顺关系、分级管理的原则,进一步量化目标、硬化考核、强化制度,做到目标到人、责任到人、风险到人,提高经营水平。

（三）探索科学的管理手段

文化含量、科技含量的高低，是判断精神产品市场质量好坏的重要标准。随着社会的发展，精神产品中的文化含量和科技含量将不断提高。对文化企业的管理，要加大运用科技手段的力度，加大信息技术的投入，建立信息管理系统和质量检测系统，及时、准确地反映文化产品投入、生产、销售等各个环节的信息，运用信息手段管理文化企业。

（四）培养高素质的管理人才

文化管理人才是文化管理的关键，培养文化专业人才难，培养文化企业管理人才更难。要改变计划经济时期的管理人才的用人机制，建立和健全文化企业管理人才的用人机制和人才市场。要大力培养文化企业管理人才，不断提高他们的综合素质。

三、健全和培育文化产业中介服务组织

由政府"越位"或"错位"承担的一部分职能急需"归位"，转为由行业协会、商会来承担。这既是加快建立社会主义市场经济体制的需要，也是按国际惯例办事，融入经济全球化进程的需要。为此，十六届三中全会通过的《中共中央关于完善社会主义市场经济体制若干问题的决定》特别指出，要完善市场体系，规范市场秩序，其中一项任务就是要"积极发展独立公正、规范运作的专业化市场中介服务机构，按市场化原则规范和发展各类行业协会、商会等自律性组织"。

在三元互动的管理模式下，行业管理主要通过行业协会和文化中介组织等非营利性组织来发挥作用，弥补市场与政府的不足，为文化的发展提供一个较好的文化生态环境。在市场经济条件下，不管是政府还是市场都有限定的职能发挥范围，存在职能失灵的空白区。在三元互动的模式中，中介组织正好处于政府与市场功能的空白处，发挥其作为政府和企业的桥梁和纽带作用，承担文化市场的技术性、服务性、事务性等微观管理和服务的职能，文化行业协会和文化中介组织具有政府所没有的比较优势。主要体现在以下几个方面。

（1）为文化单位提供一个运行与发展的平台，使文化单位的独立运作、文化经费的客观分配使用和文化艺术的自由创作免受行政和政治的干扰，使文化单位并不因为接受政府的财政资助而成为政府行政机构的附属物。

（2）非政府文化组织作为自律性行业管理组织，可以对立法和政府决策提出相关建议，制定行业发展规划、质量标准和服务规范，监督会员单位依法经营，遵守行规行约，协调会员之间的关系，并承担起资质审查、行业统计与调查、咨询与培训、招商与展览等具体工作。

（3）非政府组织可以为文化发展提供多渠道的资金来源。世界上任何一个国家都无法由政府独自提供公共文化发展资金，非政府文化组织的存在与壮大有利于激励社会化文化投入的积极性，有利于文化资金投入渠道的多样化。

（4）非政府文化组织的存在可以形成一种对政府制约的力量，使政府自我约束，摆脱文化管理中官僚主义积弊的拖累，有利于政府的检查监督，避免产生腐败。

为了适应当前文化产业发展的需要，必须加快培育和扶持以下几类非政府、非营利的文化机构，为文化产业发展提供必要支撑。

（1）资源服务型机构。依托各类文化基金会，筹措文化发展资金，资助公益文化，推

动文化创新,扶植文化人才,促进文化交流,致力于中国和周边地区文化事业和文化产业的繁荣和发展。

(2) 文化艺术专业组织。从事各种教学、创意、设计、表演等活动。

(3) 文化产业中介和评估机构。大力发展代理型中介机构、交易型中介机构和评估型中介机构,提高中介服务的水平。

(4) 文化市场中介服务机构。打造统一的技术系统、文化信息发布、文化产品营销以及客户服务数据等四位一体的服务平台。

(5) 文化生产力促进机构。协助政府推进文化产业的发展和建设,创建文化产业的品牌合力。

政府、企业和非营利组织在文化产业发展中的三元互动如图2-1所示。

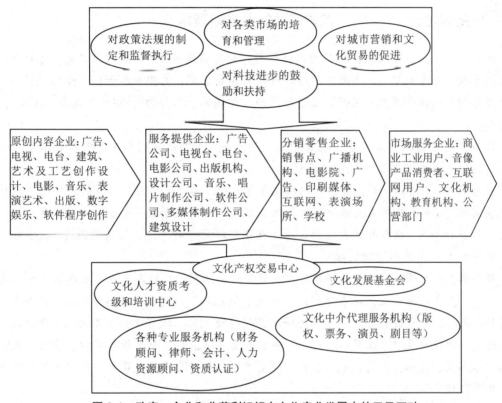

图2-1 政府、企业和非营利组织在文化产业发展中的三元互动

由图2-1可以看出:"政府—企业—行业"三元互动的管理模式以企业为中心,政府和非营利组织都是以企业为中心来开展活动的。政府通过制定政策法规、培育和管理市场、扶植和鼓励科技进步、促进城市营销和文化贸易等,为文化企业的发展服务;非营利组织包括文化产业交友中心、文化人才资质考级和培训中心、文化发展基金会、各种专业服务机构、文化中介代理服务机构等,从行业层面对文化企业提供服务和支持。三方协调发展,共同完善,是促进我国文化产业发展的根本制度保证。

思考题

1. 我国文化产业管理中存在哪些问题?
2. 试述美国、日本、韩国、法国、英国文化产业管理模式的特点,分析其对我国文化产业管理的启示。
3. 文化产业管理的路径有哪些?
4. 文化产业管理应该遵循哪些原则?
5. 试论述以"政府—企业—行业"三位一体的管理模式进行全方位、多角度的文化产业管理。

 案例讨论　　　　保护区的旅游当停则停

近来,一些位于自然保护区范围内的旅游风景区相继关闭,不再接待游客,比如青海年保玉则景区、青海湖鸟岛、西藏珠穆朗玛峰绒布寺等区域。这些旅游景区生态环境脆弱,需要重点保护,而在向游客开放后,几乎都经历了相同的"三部曲",即快速发展、产生问题、被迫关停。

作为一名生态环保工作者,笔者对相关景区一定时间内关门谢客的做法表示理解和支持——决不能让旅游毁了自然保护区!

提起黄山、武夷山、神农架、西双版纳等熟悉的地名,人们首先想到的是那里令人神往的风景名胜。其实,这些旅游胜地不仅是绮丽壮观的自然风景区,还是珍稀濒危野生动植物的天然集中分布区,拥有有代表性的自然生态系统以及有特殊意义的自然遗迹,属于依法划出一定面积予以保护和管理的区域。

据了解,在我国,不少自然保护区都在开展旅游活动,有的甚至成了生态保护的破坏因素。比如,不经充分论证,就在保护区大兴土木搞基础设施建设,筑路修桥,架设缆车,修建宾馆、饭店、娱乐设施等,导致自然保护区过度商业化、城市化和人工化,导致林木、水源、植被、物种等遭受严重破坏;再如,游客数量过多,超过景区承载能力,管理设施和保障措施跟不上;又如,有游客乱写乱画、乱丢垃圾、攀折甚至盗采花木,有意或无意地破坏景区生态环境。

分析出现上述乱象的原因,除了一些游客缺乏社会公德和生态环保意识,景区的配套设施、宣传、管理措施没跟上,不能适应旅游快速发展的形势外,很大程度上是保护区的发展方向出现了偏差。相关决策与管理部门忽略了设立保护区的目的与自身肩负的保护职责,错把大力开发旅游、追求经济效益作为保护区的主要发展方向,致使"保护为旅游让道"。更有甚者,为了发展旅游,千方百计地修改自然保护区规划,把缓冲区甚至核心区调整为实验区。

利用优美的自然生态环境发展旅游,是自然保护区生存发展的必然趋势。随着越来越多的旅游者涌进自然保护区,原本脆弱的生态环境遭到严重破坏,也是管理者必须正视的一个严峻挑战。因噎废食，让自然保护区完全停止旅游活动，既不可行，也不现实，因为如此不仅会造成优质旅游资源的闲置与浪费，也会使保护区失去一笔可观的保护经费，同时还将延缓保护区周边群众脱贫致富奔小康的步伐。

在越来越多的自然保护区走上旅游开发之路的当下，协调好旅游开发与生态保护之间的关系，在二者之间找到一个平衡点，实现保护与发展双赢的良性循环，是一个值得探讨的重要问题。

笔者以为，要想不让旅游毁了自然保护区，相关决策与管理部门应该从以下几方面发力：一是遵循"保护第一、开发服从保护、开发促进保护"的原则，自觉做到旅游服从保护、经济效益服从生态效益和社会效益，避免片面追求门票经济；二是合理规划核心区、缓冲区、试验区范围和旅游线路，限定游览范围，守住核心区底线，决不在核心区开展旅游活动，尽量减少旅游对生态系统的干扰；三是科学测算景区游客容量，把游客数量控制在自然环境承载能力范围之内，避免因游客过载对自然保护区生态资源造成掠夺性利用；四是合理规划、建设旅游服务设施，本着"游览在区内，服务在区外"的原则，区内设施宜精不宜多，只保留管理、宣教及少量配套服务设施，其余的旅游服务接待设施统一规划建设在周边社区，以尽量减少设施建设造成的生态破坏；五是加强有关自然保护区的法律法规、游览过程中的注意事项等的宣传教育，提高游客的生态环境保护意识；六是对个别游客破坏生态环境的行为进行纠正和必要的处罚，对受损害的生态环境及时进行修复——唯有如此，才能保护好自然保护区这个大自然留给我们的珍贵生态财富。

资料来源：保护区的旅游当停则停. 光明日报[N]，2019-05-18.

讨论题：

1. 谈谈我国自然保护区开展旅游活动存在哪些问题？
2. 为了不让旅游毁了自然保护区，相关决策与管理部门应该从哪些方面着手？结合本案例，谈谈你对我国文化产业管理路径、原则和模式的理解。

延伸阅读 扫码学习

文化产业管理的路径、原则和模式

第三章 文化产业的战略管理

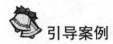 引导案例　　　　掘金短视频业务须走差异化路线

多家上市公司近日披露，将依托抖音或快手等平台发展短视频业务。短视频经济仍处于高速发展期，相关上市公司在短视频领域掘金须走差异化路线，避免一窝蜂地追逐热点。

市场规模快速增长

艾瑞咨询数据显示，2018年短视频行业市场规模达467.1亿元，同比增长744.7%，主要由头部短视频平台开放广告变现带动。

近期，网红经济概念股表现强势，短视频业务成为机构和投资者关注的热点。2019年12月，利欧股份接受高毅资产、光大证券、国泰君安等19家机构的调研，其短视频、MCN等业务成为机构关注的重点。

利欧股份称，数字营销行业整体增速放缓，主要增长点在短视频和直播方面。从目前情况看，抖音和快手两大短视频平台处于行业领跑位置，第二梯队包括西瓜、火山、微视，其余是第三梯队。据抖音发布的报告，截至2020年1月，抖音日活跃用户数突破4亿。

短视频业务亮点纷呈

对于上市公司依托抖音和快手平台发展短视频业务的情况，一位关注短视频领域的券商分析师对《中国证券报》记者表示，这两年抖音、快手广告业务增长很快，相关上市公司依托两大平台在短视频领域掘金，包括最近市场关注的网红带货。

广发证券指出，当前快手的商业化手段主要可以分为直播打赏、广告和直播带货三类。短视频巨大流量红利的释放，意味着"品牌主➡（代运营公司）➡内容平台代理方/内容平台方➡MCN/主播"这一产业链条将普遍受益。广发证券认为，随着短视频平台的品类扩张，预计行业仍有更大的发展潜力。

走差异化路线

关注短视频领域的券商分析师对《中国证券报》记者表示，目前短视频经济仍处于高速发展期。长期看，相关上市公司依托短视频平台发展业务要关注流量的运营能力和对头部KOL的依赖问题。

目前，短视频领域乱象不少，低俗庸俗媚俗内容不时涌现，相关机构正在加强监管，各大短视频平台应增强自律意识和自我治理能力。相关公司依托平台发展短视频业务要走差异化路线，避免一窝蜂地追逐热点，要找到自己的优势领域深耕细作。

祥源文化表示，近年来公司积极探索新媒体业务，探索布局短视频，希望能够充分利用公司动漫IP资源，进行视频内容版权合作，促进公司动漫IP受众用户增多变广，提升动漫

多元变现渠道。

《中国证券报》记者注意到，有的公司在短视频领域布局海外直播业务。利欧股份称，公司在海外市场也有涉猎，从2019年第三季度开始布局海外直播，尝试与跨境电商合作。蓝色光标表示，公司已经建立自己的工具化平台，并在多年前就开始寻找海外本土网红进行营销传播，成立专门的团队挖掘海外网红，根据客户的不同需求，寻找维度相符的海外网红促进传播。

资料来源：张兴旺. 多家上市公司掘金短视频业务[N]. 中国证券报, 2020-01-07.

本章导读

当今世界业已进入一个整体性文化竞争的新时代，文化软实力以及支撑文化软实力的文化战略管理日益成为民族竞争的利器。在当前中国文化战略管理开始从自发转向自觉阶段的过程中，仍然存在战略目标设置不尽合理、战略资源配置不协调、政策工具不充足等问题。要建立中国的文化竞争优势，仍然需要进一步创新和完善文化战略管理框架，大力推进文化职能体系的重构，实现由战时文化体制架构到文化建设体制架构的转轨。"运筹帷幄，决胜千里"，战略问题也关系到企业或组织机构发展前景的全局性、根本性问题，文化产业的战略管理，同样是企业发展的关键。企业要想在新时代的浪潮中得以生存、发展和壮大，就必须充分认识自身发展现状，分析现有战略管理模式的不足之处，只有找出阻碍自身发展的关键问题，才有可能探索出未来的发展之路。本章介绍文化产业战略的定义、理念、原则和目标，论述文化产业战略走向以及文化产业战略的选择与执行。

第一节 文化产业战略

一、战略与文化产业战略

"战略"一词的希腊语是 strategos，意思是"将军指挥军队的艺术"，原是一个军事术语。20世纪60年代，战略思想开始运用于商业领域，并与达尔文"物竞天择"的生物进化思想共同成为战略管理学科的两大思想源流。

所谓战略，主要是指涉及组织的远期发展方向、范围、思路和做法的大谋略。它通过深刻认识甚至创造组织自身的资源和能力，并努力使之与变化的环境相匹配，以达到所有者预期的行为艺术和科学战略，是一种从全局考虑谋划实现全局目标的规划。

文化产业始终以特殊的方式反映一个国家在一定历史时期的政治、经济与文化运动的状态。文化产业的发展战略应是指针对文化产业发展实际，为推动文化产业进一步发展而制定的一定时期内、带有全局意义的发展目标与规划。文化产业发展战略对文化产业的发展具有全局性、宏观性的指导意义。因此，要大力发展文化产业，必须重点研究文化产业的发展战略问题，这是文化产业健康发展的前提。

文化产业战略是指一个国家、政府在文化产业发展方面应对未来所制定的发展规划和蓝图。具体到一个文化企业，它的文化产业战略则是指该企业在经营过程中利用经营技术与经营手段达到经营目标的全局性的方针规划。我们定义的文化产业战略是指国家、区域或文化企业为了超越竞争对手，充分发挥自身优势，根据产业的外部环境和内部条件，对文化产业的发展进行的长远性、全局性、根本性的规划。从文化产业发展战略层面来看，文化产业发展战略涉及国家战略、区域战略和企业战略等不同层面的战略划分。从企业层面来讲，文化产业战略也可以定义为：文化企业为了超越竞争对手，充分发挥自身优势，争夺更大的市场与更广泛的顾客群体而制定的带有全局性、根本性、长远性、重大性特征的系统规划。

（一）文化产业发展的国家战略

1993年，英国以"创造性的未来"为主题，正式发布国家文化产业发展战略。1998年，欧盟、联合国教科文组织借用英国之前提出的概念，提出文化产业发展的框架；芬兰制订《芬兰文化产业内容创新启动方案》。2000年后，日本、韩国相继制定适合本国或本地区的文化发展战略。

文化产业发展的国家战略主要是指国家从文化产业发展的全局高度，在对文化产业的发展做出总体谋划的基础上，以国家法律和产业政策等宏观调控为手段，推动文化产业的快速健康发展，从而实现国家的文化安全、文化输出以及产业发展的战略规划。

一般来讲，任何国家，即便是完全自由市场经济国家，基于国家管理模式，文化产业也存在条块分割的格局。条块分割对于管理来讲是比较便利的，却不利于产业的整合与发展。文化产业发展的国家战略的重要任务是要协调解决文化产业发展过程中与相关的各行业的关系以及行业内不同类别产业的关系，促进跨行业经营和集团化建设。同时，要加强文化产业结构调整，促进文化产业领域产、学、研的一体化，改革人才培养机制，培育对未来有重大战略意义的产业项目。

文化产业发展的国家战略，是文化产业战略的最高层次，体现对文化产业发展的区域战略与企业战略的把握。文化产业发展的国家战略定位是制定有利于文化产业发展的法律、法规、政策，倡导、传播国家主流价值观，扶持文化产业重点项目，推动文化产业的发展。通过企业之间的竞争、区域之间的竞争和国际竞争，提高国家文化产业的竞争力，并通过产业竞争平台，提升对外输出文化、文化产品和文化服务的能力。

发展文化产业，提高文化企业和区域文化产业的竞争力，是实现文化产业发展的国家战略的基本途径。对于中国而言，当前文化产业发展的国家战略任务之一是推动文化体制改革，促进公益性文化事业和文化产业的发展。

从全球范围来看，许多发达国家针对目前世界文化发展的新形势、新特点，纷纷制定相应的具体文化战略。各个文化大国的文化战略各具特点，但就其基本类型而言，大致有如下几种模式。

1. 美国的文化输出战略

作为文化强国，美国始终坚持文化输出战略来维持自身的世界霸权。美国文化输出战略具有如下三个值得关注的特征。

第一，通过美国生活方式的推销来建立文化霸权。起初，美国面对强势的欧洲文化也曾处于文化话语权不强的被动境地。在具有浓厚精英主义色彩的"老欧洲"文化看来,美国人是"经济暴发户"和"文化贫困户"。针对这一困境,美国通过消费文化与大众文化的对外输出,逐渐扭转了美国与欧洲的文化失衡格局。美国的文化输出战略走出了一条"先输出生活方式,后输出美国价值"的道路。美国式生活方式的全面推广,极大地增强了美国价值观的诱惑力,从而成为"文化输出"战略的核心。美国好莱坞等文化产业和文化商品用感性直观的方式呈现美国生活方式,从而浸染美国价值观并到处推广。

第二,不断增强社会科学理论领域的议题设置能力。美国网罗社会科学领域的世界精英,创造各种社会科学领域的新概念和新话语,表现出强大的议题设置能力。议题设置能力是美国文化输出战略的核心能力,使美国处于全球文化话语生产链条的顶端。一旦拥有议题设置能力,人们即使不同意美国人的理论,但是依旧会用美国生产出来的理论话语来自我审视。

第三,始终把持文化生产的基础设施。文化生产虽然是人们头脑中的观念活动,但也必须借助于一定的基础设施,例如报纸、媒体、网络等,这些基础设施也就构成了文化生产与传播的渠道。美国的文化霸权不仅体现为对文化商品的垄断,同时也体现为对文化生产渠道的垄断,后者比前者更具有隐蔽性和扩张性。

总的来看,基于美国生活方式的大众文化推广、基于议题设置能力的理论话语霸权、基于文化生产基础设施的文化渠道垄断共同构成了美国文化输出战略的三大基石,是美国文化霸权之所以具有强制性的"隐匿的前提"。所以,要想对抗美国文化霸权,不仅要反思美国式价值观念,也要解构美国文化霸权的生产机制。

2. 法国的文化自主战略

美国文化的全球扩张引发了许多文化大国的文化危机,其中法国就是对抗美国文化霸权的典型。针对美国文化商品的倾销态势,法国形成了从"文化例外"到"文化多样性"发展的文化自主战略。

悠久的法兰西文明使法国认识到,文化主权是一个民族文化地位和文化尊严的标志,直接关系到民族自豪感与文化自信心。二战后,美国文化开始强势扩张,强烈地影响到其他国家文化的正常发展,于是,法国有意识地运用"文化例外"原则来对抗美国的文化霸权。比如,1994年在摩洛哥马拉喀什进行的世贸组织关贸总协定乌拉圭回合谈判的最终阶段,一些国家想把只适用于商品贸易的自由交换原则,也扩大到视听服务(电影电视)领域。以欧盟成员国(主要是法国)为首的一些国家企图遏制这一做法,提出了'文化例外'原则。它们认为,文化应被视为一种特殊形式的产品,不能等同于一般商品,不适用一般商品所适用的自由流通原则,反对把文化产业纳入世界贸易组织的商业规范之下。

法国之所以倡导"文化例外"原则,看似阻碍了文化产品的全球流通与传播,其实是为了维护自身的文化自主性。当然,"文化例外"原则也极易招致国际社会的误解,人们往往将法国的"文化例外"原则视为文化封闭和文化孤立。为了避免出现这种误解,法国将文化自主战略的核心理念重新表述为"尊重文化多样性",反对单一性的文化霸权。法国前总统希拉克在2001年联合国教科文组织大会上正式将"文化例外"原则改为"文化多样性"原则。无论是"文化例外"原则还是"文化多样性"原则,法国都在捍卫法兰西文化的自主地位。对我国文化安全领域而言,法国的文化自主战略具有相当重要的借鉴意义。

3. 德国的文化对话战略

与法国类似，德国也是世界文化大国，具有深厚的文化传统与历史底蕴。虽然德法两国都推崇"文化多样性"原则，但又有着微妙的差异。如果说文化自主是法国倡导"文化多样性"原则的主要诉求，那么德国对"文化多样性"原则的理解则主要是推进跨文化对话。所以，文化对话构成了德国文化战略的鲜明特色。德国之所以强调文化对话，这是德国的国内因素与国外因素共同作用的结果。

从国内因素来看，德国在二战后被人为地割裂成东德与西德两个意识形态与文化观念迥然不同的地区，冷战结束后，随着德国的柏林墙被推翻，东德、西德走向统一。然而，东德、西德的政治统一并没有消除这两个地区的文化隔阂。为了实现东德、西德的文化统一，德国倡导文化对话，既尊重东德、西德彼此的文化差异性，又注重以文化对话的方式增强东德、西德之间的文化联系。从国外因素来看，德国的纳粹法西斯主义曾经给全世界带来了深重的灾难，对德国文化与国家形象构成了严重打击。二战结束后，德国想要摆脱人们对它的负面认知，不仅对德国的二战历史做出了深刻的反思与真诚的忏悔，同时也在通过文化对话的方式，增强德国文化的亲和力，提升德国文化与其他国家文化的互动性，从而淡化人们对"纳粹德国"的负面印象。正是基于国内外的文化需求，德国形成了以文化对话为标志的独特文化发展战略。但是，在看到德国文化对话战略的合理性的同时，也要看到德国文化对话战略有可能落入文化相对主义的困境。对多元文化的平等地位的强调原本无可厚非，但如果走向文化相对主义，则会削弱多元文化之间必要的竞争，进而削弱多元文化本身的活力和创造力。

4. 英国的文化创意战略

如果说德国的文化对话战略容易陷入文化相对主义的窠臼而有丧失文化竞争力之虞，那么英国的文化战略则十分强调文化的原创能力与创新意识。在此方面，英国形成了"文化创意战略"。在人们的传统印象中，英国文化始终给人以保守稳健、沉闷刻板的形象。20世纪90年代，英国政府通过实施文化创意战略，逐渐扭转了人们对英国文化的传统印象，塑造出了一个富有活力和朝气的新文化形象。英国的文化创意战略的核心是提升文化创造力。与其他国家的文化产业驱动方式不同，英国驱动文化产业的方式是"内涵式发展"，即提升文化产业在内容生产上的创造力与竞争力。也就是说，在文化产业发展上不是简单依靠"外延式发展"，不是过分依靠资本力量的驱动，而是更注重文化产业内在品质的提高。英国政府认识到，文化创造力的提升需要相对宽松的外部环境。英国不是主要依靠行政干预手段来推行文化创意战略，而是主张发挥市场机制和自由环境来保护文化创造力，由此形成了"创意英国"的形象。有学者指出："英国的创意设计长期以来备受世界赞誉，许多顶级的国际品牌或图书，如苹果的 iPod、宝马的 MINI 汽车等的设计，以及风靡世界的科幻小说《哈利·波特》《海豚岛》《时间机器》《隐形人》《星际大战》和世界著名科幻大师克拉克撰写的《2010年太空漫游》等均出自英国。"可以看出，英国在文化创意方面的成就比较可观，已经成为世界上仅次于美国的第二大创意产品生产国。对于我国文化产业发展而言，英国的文化创意战略所具有的借鉴意义在于，文化产业的健康发展与繁荣，关键在于文化生产力和原创力的积极提升。

5. 日本、韩国的文化立国战略

近年来，在我国经常能够看到"哈日""哈韩"之类的文化现象，这体现了日韩两国在东亚地区的文化影响力。日韩两国的文化影响力与日俱增，正是日韩两国实施"文化立国"战略的体现。20世纪90年代，日韩两国相继提出"文化立国"战略。值得注意的是，日韩两国"文化立国"战略中所谓的"文化"主要是指文化产业。日韩两国均将发展文化产业、让文化产业走出去、扩大文化产业的国际影响力，上升到国家战略的高度。对日本而言，日本的"文化立国"战略经历了一个发展过程。

二战以前，日本推崇"军事立国"战略，走上了军国主义道路。日本在二战中的溃败，宣告其军事立国战略的破产，转而走向"科技立国"战略，大力推动科技创新，以此提振日本的经济复兴。为了扭转国际社会对日本仅是"经济动物"的偏见，改变经济发展与文化发展失衡的现象，日本提出了"文化立国"战略，重点发展日本的文化产业。继日本之后，韩国也在20世纪90年代确立了"文化立国"战略。自1997年亚洲金融危机以来，韩国政府在调整国内产业结构的同时将文化产业列为韩国支柱产业，甚至在1997年设立了"文化产业基金"，为文化产业提供雄厚的资金支持。纵观日韩两国的"文化立国"战略，不仅都大力发展影视、动漫、网络游戏等娱乐产业，而且都借助于娱乐产业而不断扩大本国文化的国际影响力，从而使文化产业成为本国的文化名片并风靡世界。通过文化产业提升国际影响力，将文化生产力转化为文化软实力，这是日韩两国"文化立国"战略的鲜明特色，也是我国文化产业发展值得借鉴的重要经验。

6. 新加坡的文化整合战略

在世界各国的文化发展战略中，新加坡凭借着文化整合战略而独树一帜。"亚洲价值观"的构建与落地，便是新加坡文化整合战略的成功典范。作为一个移民国家，新加坡始终是一个多元民族、多元宗教、多元文化的汇聚之地，构建一个超越民族宗教的文化共识是维系新加坡国家认同的关键。

新加坡不仅要在内部推动各大族群的文化整合，同时还要面临东亚文化与西方文化的张力，处理好东西方文化的关系。为了应对西方价值观对新加坡社会的冲击，新加坡领导人便在1991年正式提出"亚洲价值观"，主要内容是"国家至上，社会为先；家庭为根，社会为本；关怀扶持，同舟共济；求同存异，协商共识；种族和谐，宗教宽容"。

新加坡的"亚洲价值观"是在以东亚儒家思想为主体、吸纳西方价值观的基础上形成的。"亚洲价值观"的文化整合之所以有效，依靠的是新加坡执政党的大力推动。作为执政党，新加坡人民行动党为了维持自身的威权地位，必然要推行文化整合，应对西方价值观对威权体制的各种挑战。但是，要使"亚洲价值观"深入人心，不能单纯依赖执政党的行政权力，还需要执政党的行为逻辑与"亚洲价值观"的高度一致。在这方面，新加坡政府通过诸如组屋计划等方式提升社会福利，既展现了新加坡政治精英主义和"好人政府"的合理性，又体现了"家庭为根，社会为本，关怀扶持，同舟共济"的价值观，从而使"亚洲价值观"具有较高公信力并赢得人民的认同。进一步来看，新加坡"亚洲价值观"的文化整合之所以奏效，也与新加坡对实用理性的推崇有关。作为身处大国之间的小国，资源有限的新加坡从独立之时起便形成了强烈的生存意识，由此形成了实用理性。实用理性使新加坡不盲目迷信任何意识形态教条，反而对各种文化采取"为我所用"的拿来主义态度，这便有力地推动了新加坡的文化整合。可以说，实用理性是新加坡的文化整合战略能够获得成功的关键一环。

7. 中国的文化强国战略

2011年10月18日中国共产党第十七届中央委员会第六次全体会议审议通过的《中共中央关于深化文化体制改革、推动社会主义文化大发展大繁荣若干重大问题的决定》的最大亮点就是提出建设"文化强国"长远战略。全会研究了深化文化体制改革、推动社会主义文化大发展大繁荣若干重大问题，认为总结我国文化改革发展的丰富实践和宝贵经验，研究部署深化文化体制改革、推动社会主义文化大发展大繁荣，进一步兴起社会主义文化建设新高潮，对夺取全面建设小康社会新胜利、开创中国特色社会主义事业新局面、实现中华民族伟大复兴具有重大而深远的意义。

习近平总书记明确指出，建设社会主义文化强国是实现中华民族伟大复兴的基础和前提。党的十九大在明确到21世纪中叶把我国建成社会主义现代化强国的目标时，把物质文明、政治文明、精神文明、社会文明、生态文明摆在同等重要位置，突出强调了文化发展既是建成社会主义现代化强国的战略支撑，也是建成社会主义现代化强国的战略要义。当前，人民群众的物质生活水平有了很大提高，人民群众精神文化需求快速增长，文化消费能力大大增强。展望未来30年，在社会主义现代化强国目标建成之时，中国人对自身文化权益的要求、丰富精神文化生活的期待必然更高、更多样化，而文化繁荣发展作为建成社会主义现代化强国的重要奋斗目标，也将成为衡量社会幸福指数的重要指标。社会主义现代化强国战略既要满足人民群众的物质需求，又要满足人民群众的精神文化需求；既要有经济的健康发展，也要有人的全面发展。这都有赖于和要求文化的高度繁荣与发展。

综观各国文化发展战略，可以发现：一方面，各国文化发展战略都具有一个共性。一个国家文化战略的制定必须有一个顶层设计，即对文化发展的总体把握和全局思考。没有顶层设计，也就没有对文化发展的主动引领，也就没有文化发展的合理布局。另一方面，各国文化发展战略又具有显著的个性。文化战略的顶层设计必须考虑各国的文化需求乃至社会发展现实，文化传统、社会诉求、问题意识的差异决定了各国文化发展战略的特殊性。这就意味着，在文化发展战略上，我们固然可以借鉴吸收他国的经验，但绝不能照搬照抄他国现成的文化发展模式，而是应当立足我国实际，制定出符合我国文化建设与社会发展需要的文化发展战略。

（二）文化产业发展的区域战略

文化产业发展的区域战略是建立在对区域特点和优势分析基础上的文化产业发展战略，是为了在区域文化产业竞争中获得长远发展而制定的战略规划。由于文化产业特殊的文化作用和经济地位，不同国家的地方区域，特别是城市区域开始重视文化产业，积极推动文化产业的发展，纷纷制定自己的发展战略，这些都是文化产业发展的区域战略。

为了实现文化产业发展的目标，区域需要在优势分析的基础上进行战略规划，并落实到具体的发展模式上。区域文化产业的发展模式需要通过产业集聚和产业链发展的形态而达成。在产业集聚和产业链经营中，需要注重获取高附加值，而高附加值要求产业形态中保持创意和技术，这些都需要文化企业的参与和配合。与文化产业发展的国家战略相比，文化产业发展的区域战略更需要企业的支持。区域需要结合文化产业的国家发展战略，在区域文化发展的视野下，制定区域文化产业战略，做出合理的模式选择并促进发展模式的创新。

文化产业发展的区域战略是介于国家战略和企业战略之间的战略，具有重要意义。文化产业发展的区域战略的特点主要是制定区域性文化产业政策，对本地区的优势文化企业要予以大力支持。区域文化产业的发展战略要考虑本区域文化产业的基础和潜力，同时要立足于本区域在全国乃至全球的比较优势。

（三）文化产业发展的企业战略

文化产业发展的企业战略是文化企业基于外部环境与内部条件对企业发展做出的整体谋划。发展战略对于文化企业来讲十分重要，因为产业发展、无形资产、商业模式和品牌等方面的目标，都需要通过战略来实现。企业发展的"马太效应"表明，企业重视战略可以得到很高的报酬，具有领先性战略的企业更能够实现企业价值的最大化。

一般来讲，文化产业发展的企业战略侧重于商业模式，不同文化企业的战略性差异很明显。文化企业需要在战略上进行合理定位，在此基础上落实可持续发展的目标。任何文化企业，当它在业务领域已经积累了初步经验之后，就需要确立自己的战略目标和发展战略。首先，文化企业必须符合一般企业的经营理念，并在战略思考的过程中找到发展壮大的战略方法和战略理念。其次，文化企业不能存在一般企业的"原始积累"的观念，需要通过各种创意、管理、技术创新，同时借助资本运作、并购等手段来提高企业的发展速度。

由于文化产业领域的跨行业特点和多变性特点，文化产业发展的企业战略与产业变化之间变得密不可分，因此文化企业的发展战略必须与产业分析紧密联系起来。在文化企业战略规划中，首先要了解企业所经营的产业是上升的产业、成熟的产业还是衰落的产业。在今天，一些传统类别的文化产业受到新媒体的挑战，都会不同程度地出现"过时"的症候，特别是图书报刊、光碟、音乐等行业受到的挑战更是直接和显著。在文化产业领域，衰落的产业是很少的，大多数是上升的或成熟的产业。

在此基础上，用产业分析的眼光分析产业走向和企业机遇，帮助企业经营者达到对企业战略定位的准确分析。

总体上来说，文化产业的基础薄弱，但发展空间大。企业需要在具体战略上决定企业的发展方向和发展战略，并落实到商业模式上，从而形成自身的核心竞争力。

二、文化产业战略的理念、原则和目标

各种历史机缘使发展文化产业上升到国家战略高度，要在国家战略视野中规划产业布局，不能为了眼前利益牺牲质量和效益；要在国家层面做到胸有全局、全国一盘棋，不断提升宏观调控的能力和政策引导水平，不能各自为政、恶性竞争。在指导思想上，文化产业发展战略必须明确国家的战略主体地位，中央政府不能缺位，不仅要体现鲜明的国家意志和政策主导方向，还要充分调动战略实施主体的积极性，发挥地方政府、企业、民间组织以及个人的主动性、创造性，尊重其首创精神和创造成果。在产业发展的政策导向上，不能单纯考虑经济效益，还要考虑对意识形态、社会思潮、风俗习惯、道德水平、价值观念等方面的影响，在推动文化产业发展的同时，确保文化产品内容的健康积极，符合主流价值观和社会道

德标准。在产业布局上,要形成社会合力,凸显不同省、市的主导行业优势,通过差异化竞争重构文化产业地形图,在国内市场化程度提高的基础上形成"拳头"产品。在文化市场的结构布局上,文化产品的生产和服务要兼顾大众需求和小众趣味,谨防为了小众丢了大众,发生损害大多数人消费权益的事件,既要考虑消费者当前的感受和产品生产者眼前的利益,又要考虑文化产品长期的社会影响。制定文化产业战略要符合长远利益,融入前瞻性的综合判断,要提出现实可行的量化目标,通过科学评估激励文化产业发展。

　　文化产业不仅是文化现象和经济现象,还是政治现象和社会现象。因此,对文化产业的研究必须有"学科群"的支持。文化产业发展战略的制定必须服从并服务于所处的制度环境,必须与所处的制度环境相吻合。文化产业战略规划必须遵循文化生产力主导原则、差别化发展原则、产业结构优化原则、与社会发展相协调原则,只有建立在充分发挥本土文化的比较优势上,才能实现文化软实力的提升。在深度融入现代世界国际产业分工体系的过程中,积极参与现代国际文化秩序的重组,并在此过程中实现中国文化产业体系的全面创新,这是中国文化产业发展的价值取向。相对于一般产业的发展战略,文化发展战略还要遵循一些特殊原则:一是体现正确导向的原则,不能逾越主流价值和社会道德底线。二是社会效益优先、社会效益和经济效益相统一的原则。对国家倡导的具有较好社会效益和较高文化内涵的产品进行奖励;对文化产品的内容进行审查,对不良文化产品及市场乱象进行规制;不断完善企业违法行为处罚、退出机制。三是民族优秀文化遗产生态保护的原则。通过政策调节,鼓励和引导文化企业深入挖掘、积极弘扬、自觉传承优秀的民族文化。四是维护国家文化安全的原则,牢牢掌握文化领导权,把握社会舆论导向。五是扩大本国文化影响力的原则,建构积极有为、勇于进取、包容和谐的中华民族国际形象,提升中华文化的国际话语权。

　　从文化战略诉求来看,文化产业发展战略要有利于推进文化产业结构调整,这对于提高文化产业发展质量和效益,促进文化产业又好又快发展具有决定性意义;要有利于转变文化产业自身的发展方式,通过鼓励文化产业的集约化发展,加快培育骨干文化企业,发挥其辐射、带动、示范作用,形成具有影响力的特色产业集群;要有利于推动文化产业管理体制机制创新——大部制的管理体制,新的管理体制的建构和完善具有解放文化生产力和重建文化生产关系的重要价值;要有利于发挥政策的引导作用,文化产业政策的制定既要遵循产业发展的一般规律,也要考虑产业自身的特殊性;既要立足于本国经济与社会发展的客观实际,又要符合世界文化产业的发展趋势。在文化产业政策目标的制订上,要协调好文化产业政策主体、客体和实施手段三者之间的关系,形成有效的文化产业政策实施机制。为实现文化产业发展战略的价值诉求,必须在文化产业发展战略中融入必要的文化理念:应确立文化发展是社会政治、经济发展最终目的的理念,用文化去评价整个社会的进步;应确立文化竞争力是国家核心竞争力的理念,把文化的大发展、大繁荣上升为国家战略;应确立文化可以创造永久性财富的理念,推动我国的文化积淀、文化资源和文化创意转化为持久财富;确立文化是重要的无形资产的理念,使文化和文化创意发挥比货币资本更大的渗透力;确立文化具有独特规律的理念;确立大力发展文化贸易是优化贸易结构战略的理念,加快转变文化的贸易增长方式;确立文化发展是推动产业升级的理念,用文化产业的大发展带动现代服务业的发展。要明确文化产业的发展必须不断提高开放度的理念;明确文化产业是一个产业群的概念,需要大部制的管理体制;更要明确文化产业是当今时代文化传承、发展、生成的主导方式的理念,其核心是价值观的传播和弘扬。文化建设不只是推动文化产业跨越式发展而成为我国新的经济增长点，更是构建现代文化生产方式并实现文化内容生产的现代化的手段。

发展文化产业不但是传播和弘扬社会主义核心价值观有效的路径和载体，还是以文化的现代价值体系推进整个社会的现代化进程，促进科技文明与民主文明的同步发展，促进中华传统文化精神的复兴与道德体系的重构，使中华文化在新的历史语境下，重新实现说法与活法的统一。文化产业发展的逻辑起点是经济活动、经济事件，其归宿点则是文化价值、文化事件。文化产业发展的重心并非单纯的产业经济效益的追逐，不能狭隘地把文化产业的发展集中在一般经济学意义的投入与产出上，以经济发展的指标制定文化产业发展战略，而是必须赋予投入和产出新的内涵和价值，以多维价值建设为导向，以复合的文明发展指标为衡量标准，确立文化产业是当代文化发展的主导形态，以市场经济的方式发展文化产业，旨在利用市场的活力解放文化生产力，来满足人们精神文化消费需求的多样性。应确立以文化消费为主导来发展文化产业基本战略准则，并以此来选择和制定中国文化产业发展战略的方向和道路。文化产业具有改变现存文化秩序与建构精神世界的价值与功能。文化产业发展的成熟度，以及其在国民经济和社会发展中所处的地位及所发挥的作用与影响的程度，将直接构成国家文化精神和国家文化形象。文化产业的现代发展具有战略意义和战略价值，从而具有战略资源价值，开发并控制战略资源，进而在全球垄断战略资源就成为国际战略竞争的重要内容。

文化产业的发展要实现规模化、集约化、专业化的要求。规模化是指在规模上做大，重在"健骨"，即文化产业要有一些以多种技术手段为支撑的跨区域、跨行业、跨所有制、跨国界的骨干企业，鼓励通过兼并重组形成核心竞争力；集约化是指做强，重在"强筋"，即通过提高发展质量与效率，增加科技含量、自主创新能力、知识产权含量来提高产业的集中度；专业化意味着在专业上做专、做细、做精，通过政策扶持和资金支持使中小文化企业活力四射，提高专业化水平，进而推动产品和服务创新。文化产业成为国民经济支柱性产业有多项指标，既要有定量的数据支撑，也要有定性的人文尺度的评估。文化产业增加值占GDP的5%仅是作为支柱性产业的一项经济指标，成为支柱性产业不单要靠量的增长，更要靠质量和效益的提升，它具有多重意义和价值。支柱性产业不单是规模扩张，更是经济发展水平和现代化程度的提高，是文化影响力和国家软实力的提升。当前，文化产业发展进入历史拐点和新的发展周期，必须把握当前产业发展所面临的内外部机遇，在采取先进理念引导、夯实产业发展根基、保护文化传统基础上实现跨越式发展战略。具体来说，只有在国家战略高度上对内容产业发展实施强力推动和政策引导，才能抓住文化产业发展的实质。文化产业"走出去"的核心问题是文化价值的传播和相互沟通，由对中国文化的了解到认可乃至认同。所谓文化强国不仅是通过发展文化产业强经济，更是强文化，使经济发展融入文化品格，推动经济的可持续发展，以文化和经济的相互融合促进社会主义现代化强国建设。

第二节 文化产业战略走向

要明确文化产业的战略走向是战略选择的前提。我国文化产业的发展已经初具规模，具有一定的辐射力和渗透力。文化产业的发展，已不可避免地涉及战略走向和战略选择问题。

文化产业的战略走向建立在对产业外部环境以及内部状态实事求是分析的基础之上，产业发展状况、竞争环境以及公司的竞争能力、资源状况、优劣势分析是战略走向的关键。不能明确文化产业的战略走向，就不会有文化产业正确的战略选择。文化产业的战略走向呈现如下特点。

一、竞争性走向

文化产业的发展表现为区域性发展和行业性发展，是在区域和行业的竞争中发展起来的，其发展的战略走向之一主要表现为竞争性走向，即区域性竞争走向和全领域性竞争走向。

从区域性竞争走向来看，全球范围内的文化产业非均衡发展态势进一步突出，经济比较发达的国家和区域文化产业的发展保持继续领先的优势，文化产业在提高区域经济增加值和综合竞争力方面将日益重要。围绕国家、区域市场的争夺与反争夺、进入与反进入、合作与反合作、整合与反整合等，文化产业竞争将在文化产业的各个国家、各个区域全面展开，区域的竞争性走向十分明显，国家和地方区域在保护本国、本区域利益的驱动下，将会以一种新的存在方式来演示其合理性。

国家、地方关于文化产业发展的总体规划在对各区域文化产业发挥指导性作用的同时，区域文化产业发展的自主性选择倾向将更加明显，若干个区域文化产业发展中心，将最可能在最先发动并且已经获得占位优势的国家和中心区域出现。文化产业发展的非均衡态势存在被进一步拉大的可能性，为了争夺成为文化产业发展的中心，区域性竞争将更加明显。

从全领域性竞争走向来看，文化产业与其他产业越来越交叉融合。随着文化产业的发展，市场准入将越来越放开，文化产业不同领域之间的壁垒将逐渐被打破，文化产业与其他产业领域的壁垒也将逐渐被打破，全领域综合竞争的走向越来越明显。

二、市场化走向

文化产品与文化服务具有一般商品的共性，文化产业也具有一般产业的共性。所有的文化产品和文化服务同物质产品一样，都由产品、生产者与消费者等要素构成，并都受到生产力与生产关系的矛盾运动的制约，同时也都受经济法则与价值规律的支配。文化产品和文化服务的市场属性不是对文化产业的内在本质与规律的违背，而是对其内在本质与规律的揭示与契合。

随着现代科学技术的发展，文化产业影响的渠道越来越多样化和个性化，个人的选择也会越来越自由化。社会发展到文化产品和文化服务都要通过和借助于产业化、市场化的载体才能达到最佳效果的时代，文化产业的市场化进程将加快，文化产业的开放也是必然的。各国文化产业面临的国外冲击很大，不尽早首先在国内开放，不尽早引进市场竞争机制，将影响文化产业良性有效的竞争及其效率。目前，一些国家的文化产业的门槛还比较高，这是与文化产业的市场化走向相背离的，应及早调整，否则公众就会从其他渠道获得他们需要的文化产品和文化服务。

文化产业市场化进程的加快，将使文化产业组织的市场主体地位得到强化，文化企业将遵循市场经济体制的运行规律，自主经营，自负盈亏，不断创新以求发展。只有这样，文化企业的活力才能增强，文化生产力才能得到有效释放，文化产业才能真正产业化。

三、信息化走向

世界正在逐步走过工业经济时代，进入信息经济时代。文化全球化已经被信息全球化浪潮裹挟，这是无法选择的事情。在信息时代发展文化产业，只有利用高技术推动文化产业，才能迎接这一历史挑战。利用高技术推动文化产业的发展，就是通过高科技手段，整合与提升各种文化资源，开辟文化产业的新领域，加快文化产业的发展进程，从而达到甚至赶超世界文化产业的先进水平。

文化产业是一种知识型产业，现代高科技为文化产业的发展提供了强大的技术支持。高科技在文化产品中广泛运用，提高了文化产品的生产速度和质量，数字电视、数码电影、宽带接入和视频点播、电子出版和数字娱乐等新的文化产业群形成主流，增强了文化产品的品位和艺术效果，扩大了文化产品的市场需求，传统文化产业比重过大的问题在文化产业结构的数字化提升中将得到根本性转变。

文化产业的信息化进程将成为提升文化产业综合竞争力的主要手段，信息化走向将成为文化产业发展战略的新走向。要发挥文化资源优势，加大文化产品开发、生产、传播的科技含量，以信息化、数字化为主要手段，促进文化产业的超常规发展。

四、全球化走向

随着全球经济一体化进程的加快，全球文化融合也在逐步加温升级，特别是在信息化时代，文化产业各个门类包括新闻媒体、电影、电视、教育、网络、体育、旅游等的全球化格局正在形成。以电影业为例，当前任何国家的电影走向世界已经不仅是一种文化行为，而是一种经济行为，主要表现在各国电影业都试图广泛吸收非本国的投资，弥补电影资金的短缺，都将目光瞄准了世界市场，尽量扩大票房和广告收入。

事实表明，文化产业各门类的全球化已成为必然趋势，并成为各个国家和地区的共识。而建设面向世界的文化产业的另一个重要原因，是博取各国文化之长，积极引进和吸收国外优秀文化成果。20世纪90年代以来，世界文化交流活动日趋活跃，但是这些活动主要局限于少数大城市和发达地区，而且在文化交流的过程中，许多国家又有诸多的限制。因此，必须进一步建立健全全球文化交流的新机制，形成多渠道、多层次、多形式的自由交流格局。

值得注意的是，WTO基本原则使世界文化产业的交易与贸易更加自由和方便。WTO基本原则及相关协议将世界贸易规则扩展到了服务业，它要求缔约方对外国的服务和服务提供者给予最惠国待遇和国民待遇，强调缔约方之间应在无歧视的基础上进行贸易，从而降低了文化产品的市场准入标准。将文化产业和文化市场将在有限范围和有限领域内开放，转变为在世贸组织规则框架下的多领域开放，各国文化产品、文化企业、文化产业都将更加便利地走向世界市场，与国际文化市场接轨，经济全球化带来的跨国经营和跨国贸易品的生产、流通、消费和服务趋向全球化。

第三节 文化产业战略的选择与执行

制定文化产业发展战略的目标是在文化产业领域推行战略管理。很多人认为,只有企业才有战略管理,这其实是一种误解。文化产业的战略管理是国家、地方区域或文化企业对于全局性的发展方向做出决策,并通过组织、领导和控制等职能,保证发展方向得到有力贯彻的一系列管理工作。文化产业战略管理包括战略分析、战略选择、战略决策、战略执行、战略评估五个环节,其中战略选择是文化产业战略管理的基础,战略执行是文化产业战略管理的关键。

一、战略选择是文化产业战略管理的基础

(一)文化产业战略选择的原则

根据当前我国文化产业发展现状及存在的问题,文化产业的战略选择主要应把握以下原则。

1. 要透过纷繁的现象把握本质

进行战略选择时,有很多影响因素,有些是本质的因素,有些是表象的因素,要透过纷繁的现象来把握本质,才能在进行战略选择时不被表象所迷惑。掌握比较充分的信息,是透视本质的必要条件。实际上,本质的把握来源于充分掌握各种信息并依靠科学的分析能力。例如,诸葛亮之所以能够提出清晰的"三国鼎立"的立国战略并说服刘备,是因为诸葛亮对当时全国的政治、历史、地理、经济和社会力量等各个方面的信息比较熟悉,同时具有高超的分析能力。

把握本质可以确保战略重点和战略可行性。战略的本质就是实现可持续发展的途径及方法;人力资源的本质是以人力为资本,是可以创造价值的资本;企业文化的本质是以人为本,倡导企业的主流价值;文化产业的本质是商业而不是文化,虽然它是关于文化产品和服务的商业。把握本质之后,就可以围绕本质开展工作。例如,从人力资源的本质看问题,就是企业家应该把工作重点放在制定发展战略和其他重要事项,而不是对大小事情都事必躬亲。要学会抓大放小,坚持有所为、有所不为,其中的"大"和"为"就是本质性的问题,只有认识到重点所在,才能抓住具有战略性意义的部分。

2. 要完整准确地进行结构性全局的把握与分解

战略性思维重视对结构性全局的把握和分解。所谓结构性全局的把握,就是以鸟瞰的方式来把握未来的走向。对于结构性全局的把握,不同性质的事物有着不同的应对策略,一方面必须把握全局,包括从空间上和时间上,另一方面要对全局内部的结构细分加以把握。结构性全局的把握与结构的分解细化之间是互动的。

用战略性思维对结构性全局进行把握和分解,要重视整体观与具体化的统一。事物的性质决定事物的本质,从结构性全局来看,要抓根本,要治本。但是,有时急迫的事情(标)没有处理好,会严重妨碍"本"的处理。所以,不是等治"本"了以后才治"标",而是要标本兼治。标本兼治,既是对结构性全局的把握,又有对结构性全局的分解。以"三农"问

题为例，"三农"问题可以是个整体，需要从根本上、总体上加以解决。但"三农"问题又包含农业、农村、农民三类不同性质的问题，可以区分问题的不同性质，分先后分别加以解决。

要完整准确地进行结构性全局的把握与分解还要善于进行比较分析。有比较才会有鉴别，这是一个常识。在重要的战略选择上需要比较各种可能的机会、问题和方案。对于一个存疑的方案，可以通过比较分析来看清决策的要素。文化产业中的某个门类的发展战略，是不是与发达国家的某一阶段的做法和市场环境具有相似性，可以进行一些比较，以避免走弯路。

比较应当包含反向思考、换位思考。如果在战略选择中选定了某个方案，并不是由于只有这一个方案，而是在与其他方案的比较中，这个方案是最好的。如果要进入某一个领域，也要先做比较：相对于正在做的这件事，你有什么优势？如果现在没有优势，那今后会不会有优势？总之，战略选择应当记住两点：第一，承认变化无时不在（客观方面）；第二，在比较中找到自己的长处（主观方面）。在作比较的过程中，有时需要从反向的角度来思考。例如，无形资产在文化产业中发挥的作用可能高于有形资产，因此文化产业的发展战略应当重视品牌、技术、内部管理等方面的要素。

3. 要具有基于事物发展逻辑的前瞻性

所谓前瞻性，就是战略选择时不要仅看眼前的情况就事论事，而是要把短期和长期的发展结合起来，能够把握事物发展的趋势，能够判断在某个时间段会有什么事件发生。文化产业的发展战略需要具有前瞻性，这样才能很好地把握住它的定向。例如，中国有很多家长热衷于把孩子送去学艺术、学表演，可是举国上下14亿人中能有几个大明星？这么多人都在学，最后能成功几个？这就是没有前瞻性的表现。比如，凡是比较热门的专业，几乎所有的高校都竞相开办，可几年后，热门的专业可能因此饱和，冷门的专业反而紧俏，这也是没有前瞻性的表现。所以，制定文化产业发展战略时要清楚，今后三五年内产业会发生什么变化，只有把握住了这些才能做进一步的战略规划。

但是，这个前瞻性不是越远越好，如果看得太远了，就像走路一样，是要摔跟头的。前瞻性并不能忽视眼前的问题，重视眼前的问题并不意味着没有前瞻性。如果忽视了眼前的问题，反而成为"虚无缥缈"了。前瞻性是要按照从现在到未来的次序来展开的，这里的未来是可把握的未来、是与战略方向和战略目标一致的未来，这个时间次序是按照事物发展的逻辑过程向前推进的。

具备前瞻性能够使文化产业发展避免一些盲目的风险。例如，凡事"一窝蜂"而导致的"撞车"是一种风险。如果具有前瞻性，就可以通过对某些趋势的预测来避免"撞车"。如果不去把握趋势而只看眼前是会吃大亏的。例如，当媒体报道网络游戏和动漫有"暴利"以及一些影视剧挣了大钱的时候，跟风而上的结果就会造成泡沫。在文化产业领域特别要有基于事物发展逻辑的前瞻性，这样才能避免恶性竞争。

4. 要考虑价值观的相容性

在文化产业发展战略的选择过程中，要确定所选择的战略是否与价值观相一致。这就需要进行两个方面的分析：一方面，进行战略定位分析，把文化产业的发展战略分解成若干个主要的战略任务，为每一个战略任务进行定位；另一方面，考虑价值观的相容性，即战略任务和价值观之间的相容程度。这就是文化产业的发展战略中价值观的相容性分析。这种分析的意义在于，当发现文化产业的发展战略与价值观存在严重不一致时，可以采取措施，降低风险，以提高战略实施的成功机会。

对文化产业来讲，实行新的战略时对战略与价值观进行相容性分析是十分必要的。从价值观与战略的相容性来分析，价值观对文化产业的发展战略的影响是很大的。一般来说，战略所需要的基本信念和经营行为方式可能与价值观相一致，也可能不一致。如果价值观与企业战略不一致并相互抵触，就难以成功地实施这一战略，但现有价值观的阻碍作用也会从负面影响文化产业长期经营业绩的取得。

从一般意义上讲，价值观与文化产业的发展战略的相容性关系可以分为三种：一是相容；二是基本相容；三是不相容。

文化产业在实施其战略时要充分考虑与价值观的相容性，但不能为了迎合现有的价值观，而将新的战略修订成与现行价值观相一致，这是不符合文化产业长远利益的。当文化产业的发展战略与价值观不一致，而为了文化产业的长远发展又必须实施新的发展战略时，需要从两个方面采取管理行动：一是要痛下决心进行变革；二是倡导形成新的价值观。

文化产业本身是主流价值的载体，价值观与文化产业的发展战略在本质上存在着一致性，二者密不可分。由于价值观属于文化范围，价值观对于文化产业的影响是潜移默化、源远流长的。总体来看，价值观对于文化产业的发展战略有着潜移默化的多层次的影响。考虑价值观与文化产业的发展战略的相容性，重视了价值观因素，科学地选择文化产业的发展战略，文化产业才能适应瞬息万变的市场，竞争力才能在市场中充分显现。不同的文化产业发展战略需要不同的价值观与之匹配、相容，并推动、促进文化产业战略目标的实现。

（二）文化产业战略选择

文化产业的发展战略，是一个庞大的系统。从不同的角度来看，文化产业的发展战略有不同的分类方法，而不同的人有不同的理解，经过梳理，我们可以从这个复杂的、庞大的系统中整理出一个基本的框架。大体上讲，文化产业的发展战略可以从以下三个维度进行分解。

第一个维度是从文化产业的发展战略的层级来划分，可分为国家战略、区域战略和企业战略。国家战略是文化产业的宏观战略，区域战略是文化产业的中观战略，企业战略是文化产业的微观战略。从世界各国文化产业的实践来看，国家战略和区域战略大多是制定支持文化产业发展的法律与政策，对于文化产业的发展影响很大。但一般来讲，国家战略和区域战略没有多少选择，因为很少有国家或区域会制定不支持文化产业发展的战略。要真正促进文化产业发展，企业战略是最重要的，它是文化产业能否真正实现其战略目标的关键。

第二个维度是文化产业发展战略方向的选择。它无论是国家、区域还是企业，战略方向有三种基本类型：一是发展性战略；二是稳定性战略；三是撤退性战略。文化产业的总体战略形势是：机遇大，优势明显，风险较大。所以，无论是文化产业的国家战略、区域战略还是企业战略，总体战略方向基调应当是发展性战略，但不同的区域，特别是不同的企业同时要考虑到稳定性战略，个别企业还要考虑撤退性战略。

第三个维度是文化产业发展战略内容的选择。文化产业战略目标必须分解到具体的层面（职能），通过各项职能活动，保证总体发展战略的实现。具体内容、具体职能的发展战略，也可称为文化产业的职能战略或战略内容。相较于文化产业的总体战略，职能战略是总体战略的组成部分，比较具体，主要涉及协同作用和资源配置等战略构成要素，如文化产业的人力资本战略、技术发展战略、市场营销战略等。

对于每个维度，还可以进一步细分，如发展性战略又可分为三种类型：集中战略、一体化战略和多元化战略。集中战略是指将全部或绝大部分资源集中使用于某一行业或行业领域，力求在该领域中取得最优业绩，包括市场开发战略、产品开发战略等；一体化战略是指在目前经营范围的基础上进行横向或纵向的扩展，包括前向一体化、后向一体化、横向一体化；多元化战略是指企业间提供两类或两类以上的产品或服务，包括不相关多元化、相关关联多元化、相关限制多元化、纵向多元化。

从战略层级、战略方向、战略内容三个维度来分析，文化产业的战略是一个十分庞大的系统，而且不同维度还可以交叉组合。越细分，系统越庞大，组合越复杂。另外，不同的人有不同的理解，因此文化产业的战略选择就显得十分重要。文化产业的发展战略是一个庞大的系统，但文化产业的战略选择并非越多越好，一定要选择最适合本国、本区域或本企业的战略。具体到文化产业的区域战略，特别是企业发展战略，往往是选择一两个战略就可以振兴一个区域或企业。如果什么都选择，可能什么也执行不了，等于什么也没有选择，最终一事无成。

二、战略执行是文化产业战略管理的关键

战略制定后的关键是执行，再好的战略，没有人去执行或执行不到位也是没有用的。因此，战略制定后并不等于达到了战略管理的目的，关键是通过战略管理实现有序管理，使战略有据可依，并在管理过程中不断完善战略方案。

（一）形成战略共识

战略共识是战略执行的基础。在战略执行中存在这样的现象：当组织制定出战略并执行后，往往发现最后的结果与当初的预期有很大的差距。这时，普遍会反映是执行不力。我们应当承认，执行能人有大有小，但也必须反省一下，在制定战略前，有没有与执行者进行深入沟通。决策者与执行者之间对战略的理解是否能达成一致，也就是说，双方有没有达成战略意图的共识，这里的关键问题是决策者与执行者之间对战略能否取得共识。

没有取得共识的原因可能包括两种情况：第一，理解不一样。制定战略的人（决策者）所接触的可能是整个行业的情况且信息又非常灵通，而执行战略的人（执行者）往往只是埋头于具体的工作、执着于一两件具体的事项。这样，决策者与执行者之间关于文化产业的发展战略就会缺少一致的认识，由于理解不一样，执行的结果与设计的初衷就有了差距。第二，缺乏执行的积极性。由于决策者总是担心执行走样，在这样的情况下，决策者对执行者不甚放心，而不放心的具体结果就是，让执行者去做一件事并在其做完后，决策者都要亲自再过一遍；对结果不满意的话，甚至要对整个流程推倒了重来。这样一来，所有在这之前的执行就全都没有意义了。所以，执行者就不会再有积极性了，这样对战略的执行没有任何好处。最后所导致的结果是并不是手下没有执行力，而是他们越来越不愿意执行。

进行文化产业的战略规划，在内部统一思想，明确产业的发展方向、目标及实现产业目

标的途径与手段,并制订详细的计划将战略转化为具体可操作的行动计划,也就是说,形成战略共识是这个阶段文化产业发展战略要首先解决的问题。真正好的执行者是会把握好分寸的,执行战略与制定战略基本上是一致的,这才叫作有共识的执行。要做到这一点,在战略执行之前多做调查研究,执行之前与执行者进行深入讨论并取得共识,一直到几乎所有的进程都能够明确到具体的数字为止。同时,还要在具体的执行过程中,注意培养执行者的独立执行能力。

(二)规范执行程序

设计合理的战略流程与运营流程,要让战略适合于竞争环境的同时更加适合于执行。这就一方面要求决策者制定战略时要考虑这是不是一个能够彻底得到执行的战略,另一方面要求决策者要用战略的眼光诠释执行。好的战略应与规范的执行程序相匹配。

决策者制定战略后也需要参与执行,只有在执行中才能及时并准确地发现战略目标能否实现,从而决策者可以及时依据执行状况调整战略,这样的战略才可以有效地达成目标。如果决策者角色定位错误,忽视执行程序,等到发觉战略不能执行再调整则悔之晚矣。

萨嘉塔(Robert Zagotta)提出了有效执行程序的七个步骤:一是量化愿景;二是用口号传达战略;三是规划结果;四是规划你不做的事;五是开放战略;六是状况与进度自动化管理;七是建立执行与战略之间的良性循环。战略管理就是管理战略执行的程序,只有规范战略的执行程序,才能使战略与执行之间良性互动,从而促进战略目标的实现。萨嘉塔的观点很有价值。

简单地看,规范战略执行程序要特别注意把握好以下几个关键环节。

第一,所有的人,无论做哪件事,只要与这件事相关,都应能对战略有整体的把握。如果对整体性的把握很差,在执行上一定会有很大的差距。战略制定者一定要让所有的人提高对战略整体性把握的能力。

第二,要对战略进行分解细化处理。一个战略,要执行就一定得分解,明确各执行人负责什么,使之成为可执行的项目。

第三,对执行中的具体方案和进程一定要及时把握。具体的战略方案要落实到具体的可控制的程度,这样就能够监控进程,若不行,马上进行战略调整或人员调整等。如果等到一件事已经完成了才说不行,才去重新洗牌,那时的损失就可能会倍增。

第四,要及时反馈执行过程中的各种信息。在执行的过程中,一定要及时反馈信息,否则就会处于盲态。

(三)整合执行能力

花大力气制定文化产业的发展战略,由于对战略缺乏了解,不清楚工作方向,资源不能按照发展战略的要求进行配置,导致战略与产业发展脱节,战略到头来是被束之高阁的装饰品。战略制定层不能对战略执行能力进行整合,无法在重点指标上获得突破,结果将与战略目标相去甚远。

《财富》杂志的一项统计表明,美国只有不到10%的企业战略得到了有效的执行,而这一数字落到中国文化产业发展上势必更低。在充分考虑行业外部环境和内部条件的前提下,整合符合文化产业发展战略的执行能力,将绩效评价同战略管理的核心要素结合起来成为战略执行的关键。战略执行的关键在于建立科学的绩效评价制度。虽然建立起了绩效评价体系，但执行效果并不理想，其核心原因是没有进行有效整合，造成运营与绩效评价的脱节。只有将绩效评价与战略管理的活动有机整合起来，才能获得内外一致的战略执行力。

比如，文化产业通过SWOT（即优势、劣势、机会与威胁）的分析，结合产业发展所处的阶段，决定采用"成本领先"的竞争战略。但如何制定与其相应的职能战略，例如营销战略、市场战略、生产战略、财务战略、人力资源战略等，如何将竞争战略与职能战略融为一体，如何使各职能战略之间相互协调，如何衡量战略目标与业绩，从而使成本领先的竞争战略及各职能战略得到很好的执行，这些不仅取决于战略的正确制定，还取决于战略执行能力能否得到有效的整合。

（四）让执行者参与决策

战略执行还要解决"让执行者决策"的问题，以及在沟通过程中完成对执行者决策能力的培养问题。

现实中，有很多战略制定者没能从积极的角度来看待执行者的"不配合"，他们认为这是执行者"不忠诚"或者"太懒"，而实际情况并不是这样的。大多数执行者都是很想干好并且受到赏识，但由于缺乏信任和激励，执行者就会越来越没有积极性。这是战略执行上的大问题，如何让执行者有积极性，最终的办法是充分授权。在多数情况下，因为不知道授权下去以后如何才能控制好，决策者通常的做法就是不授权。的确，如果决策者和执行者之间没有进行过很深入的沟通，那就千万不要授权，这不仅是因为授权是不可靠的，还因为不可靠的授权会对文化产业的发展造成很大的损害，而执行者的积极性也会被严重挫伤。

如何充分授权，授权后如何控制？最好的解决办法是让执行者参与决策。让执行者参与决策，执行者的积极性通常会很高，但监控一定也要及时，否则就会失控。所谓"充分授权"，就是在战略制定过程中让执行者参与决策，然后在战略执行过程中充分授权，这时只需监控执行者是不是在按照事先约定的那套方案来做。当然，监控也不是凡事"插手插脚"，而是要知道战略执行的进程。

总之，让执行者参与决策才能在战略执行过程中充分授权。只有将执行者参与决策与充分授权两者结合起来，才能真正提高执行者的积极性，提高战略的执行力。

思考题

1. 文化产业战略的理念、原则和目标是什么？
2. 文化产业有哪些战略走向？
3. 谈谈文化产业战略选择的原则，基于此原则，谈谈文化产业如何进行战略选择。

案例讨论　　　　　　　腾讯"战略进化"

高速路况查询、违章查询办理、长途车购票、列车正晚点查询、航班在线值机、一键报警……都说春运"行路难"，但对于广东出行者来说没那么夸张。他们只需打开一个微信小程序"粤省事"，就能享受覆盖从出门到回家全场景的服务，省心又省时。

2019年春运，腾讯公司通过与广东省合作的"粤省事"民生服务小程序，第一次将人工智能与大数据技术应用到春运信息服务中，将公安、交通、气象、铁路、公路、民航等部门提供的31项春运服务整合到一个平台。用户只需要提前设置好目的地，系统就会自动关联路线，并根据用户出行需求推送目的地天气、路况、突发事件等信息，提供贴身出行服务。

"我国要建设现代化经济体系，数字经济将在其中发挥巨大的作用。在互联网下半场，也就是产业互联网阶段，腾讯能够借助自身的技术优势，做各行各业的数字化助手和'工具箱'。"近日，腾讯公司董事会主席兼首席执行官马化腾对记者表示。

马化腾把腾讯要做的事情归纳为4个数字，即"一三五七"，分别代表一个目标、三个角色、五个领域、七种工具。

其中，"一个目标"是要成为各行各业的"数字化助手"，即要以"去中心化"的方式帮助传统企业和公共服务机构实现数字化转型升级，让每一个产业都变身为智慧产业，实现数字化、网络化和智能化；"三个角色"是指腾讯要专注做三件事，即做联结、做工具、做生态；"五个领域"是指民生政务、生活消费、生产服务、生命健康和生态环保；"七种工具"则是指腾讯的数字化工具箱里有7种工具，包括公众号、小程序、移动支付、社交广告、企业微信、大智云（大数据、人工智能和云计算）以及安全能力。

目前，腾讯已经在广东展开了一系列探索合作。"比如在智慧零售方面，大家可能已经对购物小程序不陌生了。不过在上个月，我们第一次把一个购物中心整体'装进'了一个小程序里。2018年12月19日，深圳海岸城正式升级为微信支付旗舰Mall，消费者通过一个小程序即可一键办理购物中心会员卡、兑换积分和优惠，还能绑定车牌，在离场时'无感支付'，2秒就可以过杆。这种方式不仅让消费者获得了很多便利，也让购物中心大幅提升了整合营销能力，将线下零散而巨大的人流高效转化为数字资产并为商户提供多样化的营销支持。"马化腾说。

马化腾还透露，腾讯目前已在云支付、AI、安全等诸多技术领域积累了深厚的能力。腾讯云有2 000多个合作伙伴，行业解决方案超过60种，在政务、医疗、工业、零售、交通、金融等领域创造了大批数字化转型成功的案例。

腾讯在"AI+农业"领域也进行着探索。"在国际AI温室种植黄瓜大赛中，我们拿到了AI策略单项第一名。这表明我们的AI技术不仅可以提升农业生产力，还能够减少资源消耗，这是解决人类未来吃饭问题的大事。"马化腾说。

2018年9月，腾讯启动了新一轮战略升级，成立了云与智慧产业事业群（CSIG）。由此，腾讯聚合自身在各相关领域积累多年的领先能力，整合包括腾讯云、智慧零售、安全产品、腾讯地图等核心产品线，帮助医疗、教育、交通、制造业、能源等行业向智能化、数字化转型。

"我们认为，从做好联结到升级各行各业，这样的战略进化很有挑战，也更有意义。把10亿级用户与专业产业服务对接起来，帮助传统行业实现智能化、数字化，对用户和行业都将产生巨大价值。"马化腾说。

"未来，我们将以更开放的心态推动产业升级和生态繁荣，为用户创造多元化、多场景的优质服务。"展望未来，马化腾认为腾讯还要在三个方面继续努力：一是和时代、国家的利益方向更加一致；二是与百姓生活的方方面面更加融合；三是和业界的合作伙伴共同发展。

"我们要在这三个层次体现出腾讯作为互联网平台企业的价值，实现自己的愿景，成为最受人尊敬的互联网企业。"马化腾说。

资料来源：郑杨. 腾讯"战略进化"[N]. 经济日报，2019-02-22.

讨论题：
1. 试分析马化腾领导下的腾讯做了哪些战略选择。
2. 结合本案例，谈谈文化企业战略管理的重要性。

延伸阅读 扫码学习

文化产业的战略管理

第四章　文化产业的投资管理

 **引导案例**　　　　我国小微文化企业的融资困境

"文化兴，则国运兴；文化强，则民族强。"国家文化软实力的提高，关系着"两个一百年"奋斗目标和中华民族伟大复兴中国梦的实现。"十三五"规划明确提出，到2020年，文化产业要成为国民经济产业的支柱。虽然我国文化产业扮演的角色越发重要，但仍然有很大的发展空间。其中，融资困境是阻碍我国文化产业发展的重要瓶颈，占文化企业98.5%的小微企业融资困境，更是我们亟须解决的问题。

我国小微文化企业的融资困境现状

小微文化企业兼具文化企业与小微企业的特征。在融资问题上，既有小微企业融资困境的共性，又有文化企业的特性。根据世界银行2018年发布的《中小微企业融资缺口：对新兴市场微型、小型和中型企业融资不足与机遇的评估》报告，我国中小微企业潜在融资需求达4.4万亿美元，融资供给仅2.5万亿美元（16.5万亿元人民币），潜在融资缺口高达1.9万亿美元，缺口比重高达43.18%。而小微文化企业由于收入高波动、高风险的特征，融资难度更为明显。

以银行为主体的文化产业债权融资规模较小。据统计，在文化产业已获得融资资金中，银行资金仅占10%。文化产业直接融资规模同样较小，小微文化企业能获得直接融资的更是寥寥无几。文化产业依靠现行金融系统融资比重总额仅约20%，具体到小微文化企业，这一融资更显得杯水车薪，更多是依靠内源融资与民间借贷。

加大小微文化企业风险补偿与风险分担力度，降低融资交易价格

风险补偿。政府通过设立风险补偿基金，通常以贷款贴息和风险损失补偿等两种方式，对小微企业的融资成本进行调整，激励小微企业和金融机构进行交易，以降低小微文化企业的融资交易价格。

信贷激励。政府应鼓励金融机构更多地将金融资源配置到小微企业，改善金融机构内部的资源配置，提高其在小微企业融资中的收益。

创新中小企业融资交易模式，建立联保联贷模式。产业集聚的小微企业结为联保小组，联保小组成员通过彼此熟悉而进行风险识别后，担保人用自身信用承担了借款人的融资风险，实现了风险配置问题。

提高融资市场的专业化分工水平。进一步完善小微企业银行与小微企业基金，为小微文化企业提供贷款融资服务，如合作银行与互助银行等。

完善融资交易市场的基础设施，创新信用信息分享机制

建立、完善信用体系，建立企业征信管理制度。一方面，完善的征信系统有利于解决银

行等资金供给者与小微文化企业之间信息不对称问题,从源头上解决风险识别问题,降低风险溢价的高估概率;另一方面,通过征信系统,提高小微文化企业的违约成本,提升对小微文化企业融资交易中的风险防范能力。具体到执行层面,考虑当前我国金融体系的现状,可由政府主导、行业协会辅助,如当前中国人民银行成立的信联就是有益的探索,其效果可期。

长远来看,要进一步搭建和完善区域以及文化产业专门的信用管理体系,通过细分领域,完善信用信息共享,以日常收支信息、纳税信息等财务信息为基础数据,通过大数据处理与数据挖掘,提高小微企业的风险识别效率。

资料来源:王经绫. 我国小微文化企业的融资困境[J]. 银行家,2019(8):91-93.

 **本章导读**

当前,文化与经济加速融合,文化产业投资日益活跃,逐渐成为文化产业强劲发展的发动机。我国已将培育文化产业的战略投资列为更加自觉、更加主动地推动文化大发展、大繁荣的重要手段。全国各地都在通过建设各类文化产业园区、培育文化产业示范基地等方式吸引文化投资,促进文化产业发展。在新一轮文化产业投资热潮兴起之际,我们有必要保持清醒的头脑,正确认识文化产业投资的基本含义、主要形式和特征,为更有效地吸引文化产业投资、参与文化产业投资做好充足的理论准备。

本章首先介绍文化产业投资的特点,以及我国文化产业投资的发展阶段;其次介绍文化产业投融资的主要路径,论述发达国家文化产业投融资的模式,特别介绍我国文化产业投融资的模式;最后论述政府在文化产业投资管理中的作用和策略。

第一节 文化产业投资的特点

一、文化产业投资的特点概述

资本是文化产业发展的重要保障,文化基础设施的建设、文化资源的挖掘等都离不开资金的支持。然而,文化产业的主体是自主经营、自负盈亏、自我发展、自我约束的法人实体和市场主体,在其发展过程中必然要求进行资产兼并和重组。事实证明,在文化产业的发展过程中,单独靠文化企业的力量是难以完成的,必然要有金融系统的参与和保障。企业看到文化产业的巨大利润回报,必然也会大胆地进军文化市场。

(一)资本是文化产业的增值源

1. 资本市场运作是扩大文化产业发展的主要途径

金融对不同地域、不同经济主体的经济活动起着很大的制约作用。随着以信用交易为主要内容的金融业的迅速发展,文化企业可以通过发行股票、债券或者进行社会集资等直接融资方式来获取资金,也可以通过流动资金贷款、固定资产贷款、房地产开发贷款、项目贷款、国际财团、出口信贷等间接融资方式来解决资金短缺的问题。例如,在北京建立的"国家大剧院",深圳建设的"锦绣中华""世界之窗""快乐之谷"等文化娱乐中心,投资都在几千万元至上亿元,甚至一个项目投入30多亿元,如此巨额的资金,单凭某个企业的力量而不借助于金融机构的介入是难以完成的。另外,一些文化企业无论是采用"注资"式的增量调整,还是通过兼并、购并、联合等方式进行存量重组,在现代市场经济条件下,都应该有金融部门来参与,通过金融市场来实现。

在文化投资的思路方面,各个国家的情况都不尽相同。美国由于市场化程度高,资本市场比较活跃,文化的投资主要依赖于企业的投资、商人的赞助和私人的捐赠;而在澳大利亚和加拿大,政府拨款是文化投资的主要来源之一。1996—2000年,上海平均每年投入20亿元人民币,使一批具有国内领先、国际一流水平的文化基础设施拔地而起,其中有亚洲第一高度、世界第三高度的东方明珠电视塔,东南亚最大规模的上海影城以及上海大剧院、上海博物馆、上海马戏城、上海体育场等文化基础设施群。这些项目不但有政府的直接拨款,而且大量利用了外资,充分利用了证券市场融资、商业资助、广告销售、土地批租等手段。

2. 文化产业投资的利润回报率高于其他产业

早在1998年,世界著名的美国摩根士丹利投资公司发表的全球投资报告中,通过比较,分析了全球11种产业的大企业投资回报率,发现大众传媒业所需的平均年限只有8年,它的收益之快、回报之高,大大超过了医药业、日用品行业、银行业、电力行业、能源行业和建筑行业,甚至比化工企业还要高。

根据摩根士丹利公司的研究,传媒公司在资本市场上的平均利润率比其他上市公司的平均利润率高出20%,传媒产业已经被认为是迅速增长的产业。《财富》杂志评选的全球500强中,每年都有20家左右的传媒公司名列其中。在中国,类似的情况也已引起了投资家们的密切关注,中国传媒产业在1998—2000年连续以每年25%的速度增长。1998年,中国传媒产业的利润率第一次超过了烟草业,成为国家利税收入的第四大支柱产业。2000年,全国传媒产业营业收入超过800亿元,其中电视、广播、报纸、杂志四大媒体的广告额的增幅都达到了20%以上,杂志的广告额更是以50%的增幅名列榜首。2008年,中国传媒产业更是步入快车道。中国社会科学院2008年发布的传媒蓝皮书《中国传媒产业发展报告2007—2008》显示,2007年中国传媒产业的总产值为4811亿元,比2006年增长13.6%。2008年中国传媒产业的总产值约为5440亿元,比2007年增长13.1%。2011年是我国"十二五"规划的开局之年,"十二五"规划明确提出我国将推动文化产业成为国民经济的支柱性产业,这无疑为文化传媒产业增添了新的动力。2011年中国传媒产业的总产值为6379亿元,比2010年增长15.2%。而2014年,中国传媒产业总产值规模达11 362亿元,首次突破万亿元大关,同比增长15.8%。2019年8月,在中国传媒产业发展报告(2019)发布会上,清华大学教授崔保国发布的《中国传媒产业发展报告(2019)》指出:2018年中国传媒产业总规模达20 959.5亿元,首次突破2万亿元大关。传媒产业增长率从2017年的16.6%继续下降至10.5%,但依旧保持两位数的增长,传媒产业整体格局在保持稳健增长的同时进行深度的结构性调整。

越来越多的企业、银行和基金会看到了文化产业的巨大产出效益,纷纷慷慨解囊,而资金投入的多元化也为提高文化产业的投资效益创造了重要条件，特别是文化投资的多元化倾向于和现代金融业渗透在一起，通过金融介入等方式开辟多渠道的资金来源，为文化产业发展和繁荣提供重要保证。

（二）文化产业投资的高风险性

一个产业从限制到逐步开放的过程，无疑是充满超常利润机会的过程。目前，中国的文化产业就是一个受投资者关注的领域。资本的本性是追逐利润，它最能敏感地体会到投资文化产业的价值，投资文化产业已经成为继投资网络之后的又一个投资热点。但是，资本进入文化产业应注意以下问题。

1. 文化产业投资具有高风险性

虽然我国的文化产业市场正在逐步地对外开放，其产出丰厚、利润回报潜力巨大，但是，投资者应该保持清醒的头脑。文化产业的投资属于高风险的投资，在投资过程中，要采取更加科学、缜密的投资操作。

任何文化产品都可能在一夜之间成名，《愤怒的小鸟》就是很好的例子；任何文化产品也可能在一夜之间消失，所有以创意、创新为发展内涵的产业都具有这种特点。高风险体现在该产品是否能被大众所接受，也意味着该行业很难被简单地垄断。与传统产业相比，文化产业具有更高的风险特点和回报特点，而这些特点导致有投资意向的投资主体都处于观望状态，社会资本进入文化产业的水平也很低，没有建立起使企业能够真正规避风险的市场化、多元化的机制。

与文化产业和市场相对发达的一些西方国家相比，目前我国的文化产业还有很大的发展空间，老百姓文化消费习惯的升级、产业链上各个环节的进一步完善、中小微文化企业的进一步壮大、以"互联网+"为核心的新型业态的崛起，都为资本进入文化行业提供了无限可能。然而，投资者应该明白，是否能获得满意的回报，还要看诸多操作环节和资源配置的优化程度。

2. 文化产业投资属于长线投资

文化产业的发展是建立在一定经济基础之上的，经营文化产业实际上是在经营知名度、经营品牌，就是要引起社会的注意，形成一定的影响力，从而产生经济效益。在传媒业，就是要建立和维持受众的忠诚度和情感反应，在建立起自己品牌的基础上培养一批忠诚度很高的受众，使自己传播的产品成为人们不可缺少的认识社会和判断问题的基本资讯"支点"，只有这样，投资才会源源不断地得到回报。经营文化产业不是一锤子买卖，不是一次性投资，它要通过连续性的生产来获得回报，在持续发展中盈利。当投资者秉持一种春播秋收的农民式的投资回报观时，就会与文化产业投资回报的实际产出周期不相吻合，从而导致投资方与业主之间产生很大的矛盾冲突，进而导致市场操作的变形甚至失败。

3. 文化产业投资需要经营智慧

对于文化产业的投资者来说，并不是有钱就可以经营，投资者必须对文化产业本身有深刻的了解才能进军该领域。首先，要熟悉文化产业本身作为社会公共产品的特殊性要求，它不同于一般的产品。其次，要善于通过投资的串联作用，实现文化产业链条之间的有机结合。换言之，资本带来的并不应该仅仅是金钱，最重要的是要优化资源配置，串联起最具竞争力的产业链。最后，文化产业的投资还应该辅之以新的人才机制，它应该是一种对人的投资,即对人的自觉性、创造性和主动性的投资。在这种投资的同时,应该营造出一种尊重人的创造性机制,如果文化产业的投资不和这种机制联系起来,那么,这种投资就很难发挥出潜在的价值。对于文化产业的投资,应该认为是一种创新性的投资,它有赖于人的积极性、主动性和创造性,这种机制的设置,如果不体现出对人的尊重,那就一定会失败。

二、文化产业投资的发展阶段

文化产业投资,是在文化产业获得合法性地位并取得快速发展背景下提出来的一个重要文化产业命题。"文化产业投资"这一概念的提出,与文化体制的改革以及我国的经济发展阶段是密切相关的。改革开放之前,我国实行的是高度集中的计划经济管理体制,文化体制同样采取的是国家集中管理的形式,文化产业在当时纯粹是政府进行行政治理的工具,其运作与发展全属于政府"包办"的情形。

(一)探索阶段(1978—1991年)

1978年,改革开放之后,随着建立市场经济风潮的兴起,文化产业的发展也逐渐走进人们的视野,娱乐业逐渐起步。1985年,国务院通过了国家统计局《关于建立第三产业统计的报告》,把文化作为第三产业的组成部分列入国民生产总值统计项目中。1978—1992年,我国的市场经济处于萌芽阶段,文化体制改革也处于探索阶段,文化的发展资金主要由政府出资并管理。

(二)市场融资萌芽阶段(1992—2001年)

1992—2002年,我国的市场经济体制不断建立并完善,文化体制改革也大规模开展起来。1992年,在国务院办公厅综合司编著的《重大战略决策——加快发展第三产业》中,明确启用了"文化产业"这一概念。1998年3月,白志刚在论述北京文化产业的问题和对策时,首次提到了文化产业投融资问题。这一时期,图书出版业、电影、电视行业已经出现了通过银行信贷、股权投资等社会资本进入文化产业的方式。

(三)市场融资成长阶段(2002—2011年)

2002年党的十六大召开以后,文化产业的发展进入了全新的时期。政府对文化产业发展的支持力度加大,市场经济的正式确立为文化产业的发展扫除了制度障碍。其中,文化体制的改革为社会资本进入文化产业或文化产业进入资本市场融资扫除了障碍,为文化产业带来了巨额的资金。2010年4月,央行等九部委联合下发《关于金融支持文化产业振兴和发展繁荣的指导意见》,这给商业银行创新信贷产品提供了政策支持。截至2011年8月,中国银行支持文化产业的贷款金额达250亿元之多。

(四)市场融资多元化发展阶段(2012年至今)

2012年6月,文化部出台《鼓励和引导民间资本进入文化领域的实施意见》,提出鼓励民间资本投资文化产业,建立健全多元化、多层次、多渠道的文化产业投融资体系。

2015年5月,国务院办公厅转发了财政部、发展改革委、人民银行《关于在公共服务领域推广政府与社会资本合作模式的指导意见》,文化领域首次被纳入,在第二批政府与社会资本合作示范项目中11个文化项目被纳入,总投资规模超1000亿元。2016年6月,财政部联合文化部等二十部委印发了《关于组织开展第三批政府和社会资本合作示范项目申报筛选工作的通知》，文化部门首次作为工作的推动部门，出现在国家公私合作模式（PPP）战略实施的文件中。

文化企业大多具有固定资产少、以无形资产为主的资产结构轻型化特点，其核心资产主要是知识产权、版权和收费权，而缺少土地、厂房等能做抵押的不动产，这是文化企业融资难的一大症结所在。2016年4月，在中宣部和财政部的组织和指导下，中国资产评估协会制定并发布了《文化企业无形资产评估指导意见》，对文化企业无形资产评估的内容和方法做出了详细规定。2017年8月，国家发改委印发《社会领域产业专项债券发行指引》，首次对"文化产业专项债券"做了具体安排，也利于推进无形资产的评估和转化。

在资金支持方面，2012年，财政部发布了修订后的《文化产业发展专项资金管理办法》。2012—2015年，累计安排文化产业发展专项资金182.62亿元，用于扶持重大项目和一般项目。2016年5月，财政部对"文化产业发展专项资金"提出了新的改革思路，除保留部分资金继续用于落实党中央、国务院和宣传文化部门确定的重大项目外，取消一般扶持项目，重大项目征集和评审由中宣部、文化部、国家新闻出版广电总局、商务部直接负责。专项资金将逐步引入市场化运作模式，通过参股基金等方式提高资源配置效率。2016年，文化产业发展专项资金共计44.2亿元，其中出资15.6亿元，完善参股基金等股权出资模式，其他28.6亿元全部投入重大项目。

随着我国经济实力的日益增强和文化产业的快速发展，我国文化投资和消费水平也明显提高。从投资看，2017年，我国文化产业固定资产投资额（不含农户）3.8万亿元，为2005年的13.7倍，2013—2017年年均增长19.6%，高于同期全社会固定资产投资额年均增速8.3个百分点。从消费看，2018年，全国居民用于文化娱乐的人均消费支出为827元，比2013年增长43.4%，2014—2018年年均增长7.5%，文化娱乐支出占全部消费支出的比重为4.2%。

第二节　文化产业投融资的路径和模式

一、文化产业投融资的路径

虽然我国的文化产业起步晚，但发展迅速。与发达国家相比，我国金融业的规模还不够庞大，但市场经济正加快与国际接轨，为金融业的发展带来了巨大的空间。构建金融资本与文化产业对接路径，可从以下几个方面着手。

（一）融知——构建文化产业金融信息平台

建立信息交流服务平台。开拓文化产业投融资平台服务功能，建立起完善的投融资工作服务机制，包括信息公开披露、项目决策、估算和资金筹措实施方式及运作、收益分配结构以及事后风险监控等，政府部门也应着力在金融机构与文化企业之间搭建桥梁，通过聚拢包括文化创意产业、各类投融资机构和相关中介服务机构在内的有效资源，加快金融资本与文化产业的深度融合，减少交易成本，降低信息不对称的概率。

建立文化产业信息交流服务中心。为规范行业准则，需通过研究设定优秀文化企业评价标准，并建设好相关信息平台和数据库，向金融机构定期推荐列入国家重点支持文化产业的项目或企业。

创建文化产业成果转化服务平台和金融联动服务平台。挖掘优质项目，探索文化无形资产登记、评估、质押、托管、流转和变现等操作规则，并与金融机构在项目市场信息的跟踪和联动上互联互通，促进文化成果转化和产业化，从而提升项目对经济的引领作用。

（二）融智——构建文化产业金融研究及咨询中心

建立文化金融的专项研究机构。对于探索文化金融的商业模式并达到相关标准的商业银行，应颁发文化金融服务营业牌照，且在税收方面给予一定的优惠。通过专项研究机构，把握全球文化产业的发展动态，整合产业创新资源，对于发展中面临的共性问题和关键性问题要制定针对性的培育政策。研究机构着力以推动理论研究与社会实践相结合，依托相关专家学者，开展文化产业学术研究和发展战略研究，从而为各级政府部门、企业及社会各界提供更多具有针对性、应用性和操作性的咨询报告。通过专项风险拨备、不良资产核销等，实施监管机制差异化，提升风险容忍度，降低文化金融专项研究机构的业务开发成本。

（三）融资——构建文化产业联动融资服务体系

探索文化企业供应链融资新模式。在供应链中选取资质优良、实力雄厚的文化企业作为核心企业，围绕核心企业打通上下游配套企业的融资瓶颈，这样就将单一目标企业转成了与行业上下游紧密关联的企业联合体，提升了整体信用，且保证了供应链的稳定性和盈利能力。

探索文化企业风险投资模式。拓展风险投资市场有利于扩大文化企业的实际资本供给，大多数文化企业具有规模较小与市场需求不确定性等特点，很难满足风险投资对项目的高增长率和规模效益的要求。针对风险投资的顾虑，政府部门要主动服务，做好要素保障工作，可以建立风险投资基金，以基金为纽带将资本与项目联结在一起。

探索文化企业集群互助融资模式。中小企业通过股权或协议建立联盟，以互助形式进行融资，提升风险控制能力，减少交易成本和信息不对称。具体来说，通过缴纳一定的风险保证金，中小文化企业集合起来组成联保人，组团到银行申请项目贷款，或者在整合产业链的基础上集合发债以及集群担保融资。对于银行来说，如果一些企业的业务整合比较好、比较稳定，也可以考虑购买股票或债券，并派遣管理人员对企业进行管理与监督，加强银企合作，推进银企业务深度融合。

探索保险支持文化产业的模式。文化产业的不确定性和风险性使得融资风险成为制约文化项目建设的最大因素。针对银行对文化企业提供贷款的风险问题以及文化企业创意、制作、发行等产业链前、中、后端面临的风险特征，保险公司可以创新文化产业相关保险产品，实现产业链风险的全覆盖。

（四）融建——建立文化产业投资基金

文化产业投资基金是影响文化产业发展壮大的重要外部因素。基金的设立对满足文化企业融资需求、培育文化产业投资主体、完善治理结构、推进机构改革等方面具有重要作用。设立开发性文化产业引导基金，以此作为一种集合投资制度，必须高度重视作为基金管理人的职业投资家和专业投资管理机构的诚信务实和勤勉尽责问题，这需要全社会健全守信行为激励机制及信用体系建设。

二、发达国家文化产业投融资的模式

发达国家文化金融对接模式包括以下几种。

（一）美国的市场主导模式

美国重视市场与自由，将发展高新技术文化产业作为经济发展的目标之一，并出台经济、法律、行政等一系列政策予以大力支持，将发展高科技文化产业作为经济发展的目标之一，并给予强力扶持，采取了包括经济、法律、行政等一系列政策加以推进。美国资本市场发达，除了多层次的投融资体制、多样化的融资方式外，还有多元混合资助、股权融资、夹层融资等私募基金支持，外部资本的引入以及国内大财团的支持，为文化产业发展提供了雄厚资金。

（二）英国的政府引导模式

英国文化产业发展的资金主要来自政府和社会两个方面的渠道。政府主要通过两种方式实现财政支持：一是非政府公共文化机构的资助；二是"政府陪同资助"。企业首次资助时，政府以相同比例"陪同"企业资助；企业再次资助时，政府则以多出上次资助一倍的比例投入。在社会资助方面，政府采用发行彩票来筹集文化基金以及采用差别税率的方式来助推出版业发展，且对文化产业的风险投资采用多种多样的退出方式。

（三）韩国的行政指导模式

韩国是新兴文化产业发达国家，其发展模式对后进国家加快发展文化产业具有很好的借鉴意义。与英国政府的间接指导不同，韩国采取的是较直接的政府指导模式，除专门的国家文化产业预算外，还以"文化产业专门投资组合"等形式带动民间资本实现文化产业的发展保障。一方面，政府投入大量巨额资金建立"支援中心"和产业园；另一方面，通过风险投资基金，政府将以融资为主的方式变为以投资为主的方式支持文化中小企业，并将公共基金作为起始资金，构成官民同体的投资基金。

（四）日本的政府主导、政府与社会资本共同投入模式

日本的文化产业也称为内容产业，侧重于按照人们的一系列创作行为而形成的文化或娱乐活动。日本政府在 20 世纪 90 年代树立了文化立国的理念并作为国家发展战略之一，出台了财政金融等一揽子政策措施以支持文化产业的发展，并形成了政府主导、政府与民间资本共同投入的金融支持文化产业模式。

政府主导的政策性金融方面。文化艺术振兴基金是日本文化艺术振兴委员会的一部分，主要由日本政府出资成立，同时吸引民间投资基金，主要是有兴趣的个人或企业邮寄款项到基金中，为文化产业发展提供资金支持。

社会资本为主体的市场金融方面。日本动漫产业就主要采取产业链融资的模式，创作、出版与播出、版权授权、衍生品生产与销售是日本动漫产业的一整套完整产业链，产业链上的投资主体共同投资，不仅降低了产业开发的风险，同时也拓宽了融资渠道。知识产权证券化的模式是日本文化产业融资的特色，企业投资对日本文化产业的发展具有重要作用，日本

文化产业的市场准入限制少,有利于多样化的投资主体,国内外社会团体和大企业财团也会投资或者赞助文化活动。

三、我国文化产业投融资的模式

首先,文化创意企业应当选择内源融资方式。根据优序融资理论,主要来源于企业留存收益和折旧的内源融资方式应当作为文化创意企业首选的融资方式。其优点在于企业的自主性强、融资成本较低、不会稀释原有股东的每股收益和控制权,以及可使股东获得节税收益等;其缺点主要在于企业的留存收益和折旧受企业经营水平的影响较大,融资规模十分有限,且存在一定的波动。其次,文化创意企业还应当选择外源融资方式。外源融资主要包括政府财政支持、风险投资、文化产业投资基金、银行信贷、企业债券、股权融资和互联网金融等多种融资方式。外源融资方式的优点在于资金来源渠道广泛、资金使用方便灵活和资金供给量大,其缺点是融资成本较高和融资风险较大。

文化创意产业基金多为政府牵头设立的产业扶持专项资金,可以带动其他有意向的金融机构进行投资;银行信贷是目前使用最为普遍的融资方式,但银行信贷首先考虑的是本金回收风险。出于信贷风险的考虑,一般会对资质较好的文化创意企业优先给予信贷支持,风险投资是具有较大成长空间的文化创意企业融资的主要渠道之一。对于文化创意产品和服务而言,风险投资的投融资效率较高,往往能够带来高收益,但与高收益相伴的是高风险。风险投资的优势在于不仅可以为文化创意企业提供所需资金,还可以指导其进行战略规划,推动企业上市;债券融资的优势在于期限较长、利率结构丰富,满足了企业多样化的融资需求,但是企业债券发行条件较高,目前只有少部分文化创意企业符合条件,因此企业债券融资模式在文化创意企业中的使用并不普遍。股权融资主要包括上市融资、私募和并购等。上市融资可为企业提供长期的融资平台和雄厚的资金支持,是很多具备条件的文化创意企业在成长和成熟期的必然选择。私募是指向小规模数量的投资者出售股票。并购指的是两家或者更多的独立企业合并组成一家企业。并购主要分为横向并购(同一产业间企业的并购)、纵向并购(发生在同一产业的上下游之间的并购)和混合并购三种形式。互联网金融作为文化创意产业的一种全新的融资模式,主要采用的是众筹融资方式,即在众筹平台上发布文化创意项目,通过项目展示吸引投资者的关注,项目成功后投资者可以获得相应奖励(奖励型众筹)或相应股权(股权型众筹),它可为文化创意项目的发展注入更多活力。

根据不同的发展阶段,文化创意企业可以选择相应的融资方式。比如,文化创意企业在起步阶段,存在很多不确定性因素,风险较高,发展前景不明朗,资本市场难以对企业进行预估,但此阶段的文化创意企业资金需求量往往较大。在起步阶段,文化创意企业的资金主要来源于创业者的个人资金,即内源融资,有些文化创意企业还会进行民间借贷,或获得银行贷款、政府资金支持、风险投资,或进行互联网众筹融资等;在成长期,文化创意企业的创意产品已经有了一定的规模和比较稳定的盈利模式,随着生产规模的扩大,继续靠内源融资势必会难以为继,此时文化创意企业可以选择风险投资、债务融资和文化产业专项投资基金等融资方式;进入成熟期,文化创意企业经营的稳定性显著提升,企业资源整合能力强,资产运用效率高,财务风险和市场风险较之前显著下降,此阶段可以借助更加复杂的融资工具获取资金,比如并购、上市融资和发行企业债券等。

我国文化创意产业的主要外部融资渠道大致分为政府财政扶持、风险投资、银行信贷、企业债券融资、股票上市融资、并购重组和其他融资等,其中政府财政扶持和银行信贷是支撑文化创意企业整个生命周期各阶段的主要融资方式。近年来,随着文化创意产业和金融市场的不断发展,文化产业投资基金及众筹等新型的融资手段也逐渐进入文化金融领域,以满足不同细分行业和不同发展水平的文化创意企业的融资需求。文化创意产业融资模式的多样化是文化创意产业融资机制发展和金融深化改革下的新产物。

(一)政府财政扶持

目前,中国文化创意产业已初步形成了多元化的融资形式,处于起步阶段的文化创意企业自身发展风险较高,对资本市场投资者的吸引力仍然较弱,从市场上获取资金比较困难。因此,政府财政资金扶持仍有不可替代的作用。

政府对文化创意产业的扶持主要分为财政资金直接扶持和间接资助两方面。财政资金直接扶持主要是政府的财政资金直接投入文化创意产业,政府选择对文化创意产业发展的全局能够产生长期性、突破性和具有较大正向外部性影响的文化创意产业骨干项目进行财政拨款。间接资助是指政府通过设立文化产业引导基金的方式,引领其他社会资本进入文化创意产业,专项资金的来源主要为中央和地方各级财政资金的投入。

2017年,文化部发布的《文化部办公厅关于做好2017年度中央财政文化产业发展专项资金重大项目申报工作的通知》指出,文化部牵头负责"实施文化金融扶持计划""支持特色文化产业发展""促进文化创意和设计服务与相关产业融合发展"三个重大项目的征集和遴选工作,政府和社会资本合作(Public Private Partnership, PPP)项目、文化与科技融合发展项目,将优先予以支持。

2017年12月,文化部财务司发布的《文化部办公厅关于申报2018年度文化产业发展专项资金(重大项目方面)中央本级项目的通知》指出,2018年度文化产业发展专项资金继续重点用于推动文化产业发展相关重大政策,包括"支持特色文化产业发展"和"促进文化创意和设计服务与相关产业融合发展"两个重大项目。前者重点支持依托独特的文化资源,通过创意转化和市场运作,提供具有鲜明区域特点和民族特色的文化产品和服务的特色文化产业项目,包括对落实"一带一路"建设,京津冀协同发展,长江经济带发展战略具有支撑性和示范性的项目,支持文化类特色小镇中文化内涵丰富、体现当地特色、具有显著引领示范效应的文化内容创作生产,文化创意产品设计开发,文化产品展演展览展示项目,以及促进文化创意企业孵化、创意成果转化、文化资源整合和产业融合发展的项目等;后者重点支持数字文化产业创新发展、文化文物单位文化创意产品开发、文化创意和设计服务与相关产业融合发展创新生态体系建设的相关项目。

此外,北京市、上海市和广东省等地区也设立了相应的文化产业发展专项资金,并制定了相应的资金管理办法,并且在当地政府的大力推动下,以社会资本为主导的产业投资引导基金也开始出现。比如,2018年3月,全国首个影视版权产业引导基金"中视丰德、久久益影视版权产业引导基金"在深圳正式签约启动,该基金总投资规模为50亿元。

政府还制定了许多政策用于对文化创意产业的资助，以优化文化创意产业融资的市场环境，如金融支持、税费支持和搭建平台。政府会同国家政策性银行，为重点文化创意产业项目提供一些贷款支持政策，常见的方式有银行贷款贴息、奖励、配套资助和出口信贷等方式。从总体上可以看出，在以银行为主导的金融体系中，政府鼓励商业银行逐年加大对文化创意产业的贷款扶持与金融产品创新力度，有助于减少银行对文化创意产业的信贷歧视以及解决文化创意企业融资难、融资贵和融资慢等难题。

（二）风险投资

通常，文化产业专项资金规模不大，还不能做到全面覆盖，实际配置比较分散，在使用方向上也做了严格的规定，支持方向是推进文化体制改革、培育文化创意骨干企业和构建现代文化创意产业体系。一方面，这些产业基金来源通常较为单一，没有充分利用起各类社会资金和金融资金，限制了基金的规模；另一方面，在基金的管理上多以行政手段为主，具有较强的行政干预性，基金的设立和管理办法由政府部门制定，使用以及绩效评估也由政府部门主导，使基金无法实现市场化运作，容易造成文化创意产业重投入和轻管理的现状，既不可避免地造成财政资金的浪费，又容易导致财政资金投资的低效率问题。

近年来，政府除了专项拨款之外，还出资设立产业基金，发挥其引导作用，鼓励多种资本注入文化创意产业。为了更好地适应文化创意产业的投资特点，文化产业投资基金采用市场化和专业化运作方式。狭义的文化产业投资基金即投向文化领域的产业投资基金。广义的文化产业投资基金涵盖所有投向文化产业领域的投资基金，既包括综合股权投资基金，也包括艺术品投资基金、影视基金、动漫投资基金等各类专项投资基金，这些专项投资基金的投资方式既有股权投资也有项目投资或实物投资。

产业投资基金本质上是私募股权投资基金的一种。在中国，与私募股权投资基金相比较，产业投资基金具有较强的政府主导性。私募股权投资基金主要向特定机构投资者以私募方式筹集资金，是对未上市企业进行股权投资的集合投资方式。特定机构投资者包括以国家财政拨款为主要资金来源的企事业单位，如国家控股的商业银行、保险公司、证券公司和信托投资公司等金融机构以及全国社保基金理事会等。

近年来，随着国内产业基金数量的不断增加，产业基金更加专业化和更具竞争力，成为文化创意企业融资的重要渠道之一。文化产业投资基金则指投向文化产业领域的产业投资基金，政府直接或间接地参与，是对产业或者区域有扶持效应的私募股权投资（PE）基金。

风险投资（VC）是无担保、高风险偏好的融资方式，风险投资者通常着眼于高成长前景的文化创意企业。由于对潜在巨大回报的预期，风险投资者并不会着眼于短期内企业的盈利状况。对于初创期或者快速成长期的部分文化创意企业而言，选择风险投资较为合适，当前许多企业投资者以及 VC 或者 PE 方式纷纷投资于文化创意产业。2013—2017 年文化传媒行业 VC/PE 融资金额与案例数量如图 4-1 所示。从融资规模看，2013 年文化传媒行业 VC/PE 融资金额达到顶峰，为 3986.66 百万美元，到 2015 年逐年下降到 1963.50 百万美元，2016 年回升到 2978.25 百万美元，但 2017 年略有下降。同时，VC/PE 融资案例数量从 2013 年的

81 个逐年升到 2016 年的 360 个,但在 2017 年下降到 228 个,这一变化在一定程度上反映了随着近年来相关金融监管政策的实施,文化创意产业 VC/PE 融资更趋于理性。

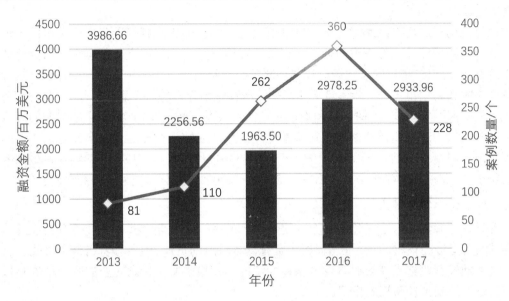

图 4-1　2013—2017 年文化传媒行业 VC/PE 融资金额与案例数量

资料来源:中经文化产业(www.ce.cn/culture)。

(三)银行贷款

目前,银行贷款是中国企业进行融资的主要方式之一,文化创意企业也是如此。企业通常为获取银行贷款,需要向其提供相应的抵押担保物。一方面,文化创意企业用自己的实物资产做抵押担保,例如房产和机器设备等。一旦出现文化创意企业违约不偿还贷款的情况,银行就有权处置文化创意企业用作抵押担保的实物资产。当文化创意企业特别是小微文化创意企业没有足够的实物资产向商业银行提供担保物权的时候,这些企业就会依靠自己的信誉以及商业关系从第三方获得担保向银行申请贷款。另一方面,当文化创意企业没有充足的实物资产为文化创意项目融资提供担保,也无法从第三方获得担保时,影视传媒公司就可以用影视项目版权进行出质,以获得银行贷款。此时,银行向企业提供资金并获得相应质权。

文化创意产业的快速发展以及政府的政策利好,使不少地区的商业银行开始关注文化创意产业信贷领域。在银行信贷领域出现了许多以文化创意企业为专门服务对象的专业服务团队、专业支行和特色支行,以及提供综合性融资服务的文化创意服务中心,如 2013 年 10 月,杭州银行设立了杭州银行文创支行,这是全国首家文创金融专营机构,专注于服务杭州市文化产业八大重点行业的创新创业企业;中国银行成立了横店影视、西溪文化和滨江动漫三家特色支行;中国农业银行宁波分行也设立了文创支行。这些文化金融专营机构成立后,纷纷探索出各具特色的运营模式。2017 年 10 月,北京银行成立文创金融事业总部,全力服务全国文化中心建设。继"创意贷"和"文创普惠贷"等文化金融创新产品后,北京银行再次创新发布了业内首个 IP 产业链文化金融服务方案"文化 IP 通"。截至 2017 年 6 月末，北京银行支持文化创意企业总数达 5000 余户，文化金融贷款余额已超过 530 亿元，累计发放贷款 1500 余亿元。

银行机构对文化创意产业的关注度有所提升，然而知识产权等无形资产的市场价值难以评估等问题依然是文化创意产业信贷融资的障碍，所以完善的文化创意企业信贷评估机制十分重要。2015 年，国家知识产权局和国务院分别发布《关于进一步推动知识产权金融服务工作的意见》和《关于新形势下加快知识产权强国建设的若干意见》，要求深化和拓展知识产权质押融资工作、加快培育和规范专利保险市场、加快知识产权与金融资源的有效结合，并开展知识产权质押融资风险补偿基金和重点产业知识产权运营基金试点工作。2017 年 1 月国务院发布《"十三五"国家知识产权保护和运用规划》，以及 2017 年 4 月最高人民法院颁布《中国知识产权司法保护纲要（2016—2020）》，强化了对知识产权的保护。

（四）企业债券融资

发行债券筹集资金是文化创意企业进行融资的另一个重要方式。资金持有人通过购买债券获得对企业的债权，而企业对债权人负有偿本付息的责任。发行债券可避免文化创意企业因过多地发行股票而使得股本过度稀释的情况，对稳定文化创意企业的股份结构和日常的经营管理活动具有积极的作用。

在中国资本市场不断发展、政府大力引导各种社会资金和风险投资资金进入文化创意产业的背景下，部分文化创意企业采取发行债券的方式进行融资。文化创意企业主要通过在银行间债券市场上发行各种短期和中期债券及票据来获取稳定的资金支持。

文化产业信用债券发行无论从规模还是金额上，占比都还比较小。这是由于企业发行债券的门槛比较高，具有重资产的企业相对好一些，但文化创意企业中 95%以上都是中小微企业，信用不足而且具有"轻资产"的特征，发行债券的可能性很小，所以文化创意企业债券整体规模难以扩大。

为了缓解这一问题，2015 年国家发改委推出了小微企业增信集合债券，这是由国有企业或城投公司发行的债券，其募集资金用于通过商业银行转贷管理，以拓宽小微企业融资渠道，扩大支持小微企业的覆盖面。比如，北京石景山区 2010 年度第一期文化创意中小企业集合票据是由北京银行主承销的国内首张文化创意中小企业集合票据，为北京三浦灵狐动画设计有限公司、北京超炫广告有限公司和北京丽贝亚建筑装饰工程有限公司三家企业募集资金共计人民币 4800 万元。2017 年，国家发改委发布《社会领域产业专项债券发行指引》，首次提出支持企业发行文化产业专项债券等社会领域专项债券。其中，文化产业专项债券主要用于新闻出版、广播电影电视、文化艺术服务、文化创意和设计服务等文化产品生产项目，以及直接为文化产品生产服务的文化产业园区等项目。文化产业专项债券的本质仍为企业债券，但与普通企业债券相比，文化产业专项债券的发行条件更为宽松，形式更加灵活，审核效率更高，针对性更强。

（五）股票上市融资

政府财政支持、文化产业投资基金、风险投资、银行贷款以及发行债券虽然具有一定的优势，但仍然无法满足文化创意企业对资金的需求，尤其是成熟期的文化创意企业。近年来,中国资本市场的不断完善为文化创意企业的融资方式提供了更加多元化的选择,股票上市融资是当下文化创意企业融资的重要渠道之一,这也是文化创意企业获取稳定融资渠道、支撑业务拓展,做大做强企业的重要方式。

股票上市融资是指企业在资本市场以公开发行普通股股票的方式获得资金。由于发行股票需要支付较多的发行费用,同时投资者对回报率的要求使得上市融资的文化创意企业不得不面临较高的融资成本。与债权融资方式相比,股权融资无须在规定时间内偿还借贷利息与本金,所以取得的资金具有长期性。目前,A 股共有文化传媒类企业 144 家,如果加上文化创意和设计服务业、文教、工美、体育和娱乐用品制造业等文化企业,这一数量更为庞大。2017 年,中国 IPO 的文化企业达到 24 家,其中选择在 A 股上市的有 21 家(上交所主板 10 家,深交所创业板 7 家,深交所中小板 4 家),香港上市的有 3 家(香港交易所创业板 2 家,主板 1 家)。

2013—2017 年文化传媒行业 IPO 企业数和融资额如图 4-2 所示。2013 年和 2014 年文化传媒行业 IPO 的企业数量较少,融资规模也较小。2015 年,文化传媒企业 IPO 数量与规模出现爆发式增长,IPO 企业达到 12 家,融资规模达 1458 百万美元。2016 年略有回落。2017 年,文化传媒行业 IPO 企业达到 14 家,融资规模达 1289.41 百万美元,同比上升 63.81%。2017 年度文化传媒领域 IPO 案例中,融资金额最大的当数山东出版传媒股份有限公司,山东出版 11 月 22 日在上交所上市,发行价格为 10.16 元/股,募集资金总额为 27.12 亿元(3.92 亿美元),募集资金净额 26.20 亿元。

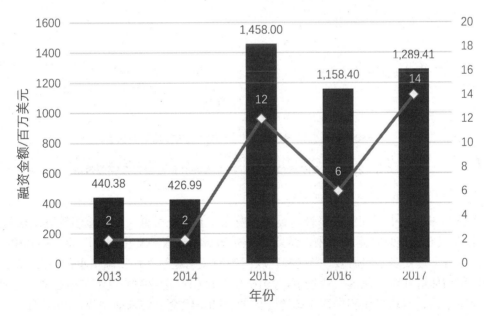

图 4-2 2013—2017 年文化传媒行业 IPO 企业数和融资额

资料来源:中经文化产业(www.ce.cn/culture)。

从细分行业来看,2017 年互联网信息服务、广告创意与代理在新三板挂牌热度较高,而一些 IP 资源、明星资源丰富或者影视制作能力强的新三板文化创意企业的公司业绩突出,不再满足于挂牌新三板,在资本市场开始新的运作。比如,开始寻求与上市公司并购重组以及选择直接 IPO 谋求 A 股上市融资。

(六) 并购重组

作为新兴产业,中国文化创意产业的内在结构调整和能力提升正在不断进行,在新技术广泛带来行业变革的当下,传统内容资源的跨媒介跃迁至关重要。此外,中国文化创意产业正在经历由"量"向"质"的飞跃,迫切需要借助资本市场完成由大到强的蜕变。并购重组作为重要手段,有助于文化创意产业与资本的对接,为文化创意企业开展横纵向一体化实现资源整合和价值放大提供了广阔的空间。

2013—2017 年文化传媒行业宣布的并购数量以及完成数量如图 4-3 所示。文化传媒行业宣布并购案例数量以及完成并购案例数量存在相同的趋势,均在 2016 年达到峰值,分别为 373 个和 200 个,然后在 2017 年出现回落,分别为 274 个和 166 个。

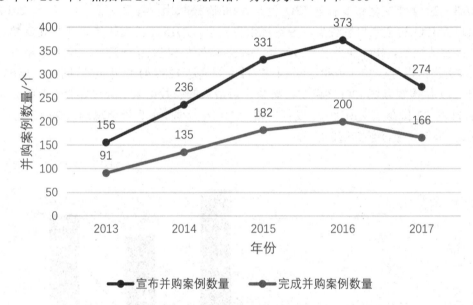

图 4-3 2013—2017 年文化传媒行业宣布并购数量以及完成数量

资料来源:中经文化产业(www.ce.cn/culture)。

2016 年 9 月,中国证券监督管理委员会发布《上市公司重大资产重组管理办法》,针对 23 个行业发布的信息披露指引中,游戏、影视和新闻出版等文化创意产业位列其中,显示了证券监督管理委员会对游戏、影视和互联网等纯概念题材并购日渐慎重的态度,防止高杠杆收购和高估值并购。在这一背景下,2016 年文化创意企业并购重组审核趋紧,包括乐视网、暴风集团、万达院线和华谊兄弟等在内的并购重组交易均未能完成,2016 年全年仅有 6 个电影类项目完成资产并购重组。2017 年 2 月,共达电声宣布终止拟以 18.9 亿元收购新三板传媒公司乐华文化 100%股权的重大重组事项。2018 年 2 月,经证监会并购重组委 2018 年第 10 次会议审核,长城影视发行股份购买北京首映时代文化传媒有限责任公司资产未获通过,证监会给出的审核意见认为,标的资产会计核算基础薄弱,持续盈利能力具有不确定性,且重组完成后上市公司关联交易增加。

近年来,国家对文化创意产业的扶持政策力度不断加大,文化创意产业风生水起,同时在改革开放不断深入推进的大背景下,借助"一带一路"倡议整合海外市场的东风,以及亚投行、丝路基金等的助力,中国的文化创意产业在境外的并购成果不断,在韩国、美国和阿联酋等海外地区都有中国文化创意企业并购的身影。未来,文化资本的走出去与引进来会日渐成为常态,但也存在一些问题,如对投资目的地市场和法律环境了解不足,对投资标的商业模式、业务流程和财务状况缺乏了解、缺乏详尽的整合计划、文化差异和沟通障碍等,都给并购带来风险,甚至导致并购失败。

(七)其他融资方式

除了以上几种主要的融资方式,还有文化创意产业融资租赁和政府和社会资本合作(PPP)项目融资等融资模式。文化创意产业融资租赁主要是指文化创意企业以自身的资产(包括有形资产和无形资产)为载体,通过融资租赁的方式实现融资。2014年9月,北京市明确将著作权、专利权和商标权等无形文化创意资产融资租赁业务纳入北京市服务业扩大开放试点政策范围,并由北京市国有资产监督管理办公室联合中国恒大集团等单位共同成立了"北京文化科技融资租赁股份有限公司"。2016年的数据显示,该公司的注册资本为19.6亿元,已经为近70家文化创意企业融资约15亿元。

政府和社会资本合作,是公共基础设施中的一种项目融资模式。在该模式下,鼓励私营企业、民营资本与政府进行合作,参与公共基础设施的建设。在文化创意产业PPP项目中,建设—运营—移交(Build-Operate-Transfer,BOT)项目运作方式是主流。

社会资本或项目公司通过投标等方式,从政府部门获得对某个文化创意项目的特许权,合同期限一般为20~30年。一般情况下,政府还会给予某些优惠用以吸引投资人。项目公司对新建的文化创意项目进行运作,包括设计、融资、建造、运营、维护和用户运营维护等,并获得项目收益。在特许期结束后,将该项目资产和相关权利无偿或有偿移交给政府。比如,2016年唐山世界园艺博览会基础设施及配套项目。2016年3月—2018年3月文化创意产业政府和社会资本合作项目,如表4-1所示。由表4-1可以看出,旅游、文化和教育是采用文化创意产业PPP融资方式较多的行业,融资项目个数和投资额均高于其他产业。

表4-1 文化创意产业政府和社会资本合作项目

年度	行业									
	教育		文化		科技		旅游		体育	
	项目数/个	投资额/十亿元	项目数/个	投资额/十亿元	项目数/个	投资额/十亿元	项目数/个	投资额/十亿元	项目数/个	投资额/十亿元
2016年3月	409	135.5	222	159.6	66	47.9	437	419.4	141	85.9
2016年6月	483	166.7	267	178.2	87	64.1	515	500.5	176	116.3
2016年9月	524	199.4	301	205.4	118	89.2	592	611.5	202	138.1
2016年12月	553	218.9	317	214.1	127	108.7	659	715.4	208	140.5
2017年3月	593	—	344	238.3	144	117.8	748	891.8	223	—
2017年6月	649	262.2	398	256.4	157	112.7	843	024.7	236	163.4
2017年9月	321	156.4	191	154.8	114	96.2	119	416.6	108	99.8

续表

年度	行业									
	教育		文化		科技		旅游		体育	
	项目数/个	投资额/十亿元	项目数/个	投资额/十亿元	项目数/个	投资额/十亿元	项目数/个	投资额/十亿元	项目数/个	投资额/十亿元
2017年12月	343	175.3	194	158.0	120	98.4	310	426.1	104	98.7
2018年3月	358	214.2	186	159.0	123	101.3	327	473.3	109	82.6

数据来源：CEIC 数据库(www.ceicdata.com)。

当前，中国文化创意产业融资租赁和 PPP 模式还在探索阶段。相信随着这两种融资模式在文化创意产业领域应用的逐渐成熟，政府资金与社会资本、民营资本管理运行的高效率将更好地结合起来，以提高文化创意产业的效率，同时加强公共文化事业与文化创意产业的融合。

近年来，互联网技术的不断更新发展催生出许多包括众筹在内的互联网金融产品。众筹通过互联网的传播，将文化创意作品和文化创意项目展示在人们面前，并由网友通过互联网募集资金。众筹融资方式为文化创意项目资金需求者和供给者提供直接交易的渠道，投资者可直接获取申请者的相关信息并对其进行一定的评价，这成为中小微文化创意企业的文化创意项目所偏爱的融资渠道。对于文化创意项目而言，无论是通过政府财政支持、文化产业投资基金、风险投资、银行贷款还是股票上市融资，对文化创意企业的规模和实力大小都有一定的要求，在获得融资资格之前都会经过一系列严格的审核，融资门槛较高。但是，文化创意企业尤其是民营的文化创意企业的规模和实力较小，对资金的需求较大，不符合主流融资方式的要求，这类文化创意企业往往难以获得资金的支持，同时也限制了这类文化创意企业的发展和壮大。众筹的出现，使得中小微文化创意企业的文化创意项目融资进入了新的阶段，这种融资方式对企业的规模和实力的要求较为宽松，因此对中小微文化创意企业而言无疑是一种成本小、成功率较高的融资方式。

在中国，采用众筹方式来进行融资的大多是音乐制作、动漫和游戏开发等文化创意企业，这类企业的发展仍处于起步阶段，规模较小，急需资金将文化创意资源转化为相应的产品。动画片《大圣归来》正是众筹融资的经典案例，为了保证影片的顺利制作和发行，该片采用众筹融资方式，89位众筹投资者共投入780万元，最终该影片票房年度冲破10亿元。由此可见，众筹满足了中小微企业对资金的需求，保证了文化创意企业的正常运作，有助于提升文化创意产业的融资效率。

当前，中国文化创意企业的融资活动较为频繁和活跃。在中国现行的融资机制当中，存在着多种融资模式，基本可从不同角度满足不同发展水平的文化创意企业的融资需求。文化创意产业的外源融资主要是政府财政投入、文化产业投资基金、风险投资、银行贷款、股票上市融资、并购重组等模式。从中国文化创意产业的融资模式机制、融资规模与政策导向可以看出，虽然银行贷款对整个文化创意产业融资起着中流砥柱的作用，但是政府资金仍然是整个文化创意产业融资的引导和促进力量，是整个文化创意产业融资的政策风向标。

目前，中国文化创意企业还存在发展水平不均衡的特点，整个文化创意产业中既有规模大、实力强、业务范围广的文化创意企业，同时也存在处于刚刚起步阶段的中小微文化创意企业。处于不同发展阶段的文化创意企业需要通过不同的融资渠道来获取资金。总体来说，实力较强的大中型文化创意企业对投资者的吸引最强，且风险相对较低，融资的难度也较低。通过股票融资或者发行债券的方式进行融资可能是最佳选择。对于中小微文化创意企业来说，由于企业经营范围小且不稳定，风险相对较大，在资本市场上的融资优势不大，投资者会对这类企业采取谨慎的态度。因此，可以考虑采取众筹、政府财政支持、文化创意产业投资基金或银行贷款的方式进行融资。

第三节 文化产业投资的宏观管理

一、政府在文化产业投资中的作用

国家财政政策与文化产业的发展密切相关。由于文化产业所提供的文化服务产品直接影响人们的思想和行为，对社会的稳定和发展具有强大的原动力和冲击力，因此国家必须把其中一部分纳入公共产品的生产范围，由国家财政资金支付和补偿其劳动耗费。对于这一部分文化产业的发展，政府起着投资主体的作用。另外，在市场经济体制下，文化产业中为满足居民个人文化消费的需要而提供的生产和服务，逐步作为商品进入市场，实现产业化发展。对于条件尚不成熟、暂时无法在市场中独立生存的文化产业，国家财政需要继续投入资金进行扶持，同时发挥财政资金的导向作用，制定相关的税收优惠政策，吸引社会资金加大对文化产业的投入。对于已经在市场中立足，并具有广阔发展前景的产业，则给予相应的财政优惠政策，帮助其拓展空间，实现快速、良性增长。

政府在文化产业发展中投资的作用，主要是根据文化单位"公益性""准公益性""经营性"的不同性质，以营利和非营利为界限，同时考虑组织收入的条件和能力，对各类文化产业单位实行区别对待，分别确定不同的财政支出政策，调控产业结构，使各类文化产业都得到发展。具体作用表现在以下几个方面。

（一）对于必须由财政保证的公益型文化产业部门，政府起着投资主体作用

公益性文化产业部门主要包括公共图书馆、博物馆、文化馆、科技馆、纪念馆等，这些文化部门主要是为社会提供公益服务且没有收入或收入较少，政府财政对其所需经费给予保证，同时政府要求这些部门充分利用所占有的资源，合理组织收入，用于文化事业的发展。政府将以文化资源开发、利用、服务质量作为测量产业效益的标准，保障对它们的资金的投入，并通过产业政策扶持以确保这类文化部门的公益服务性质和服务水准。

（二）对于财政经常性补贴的文化单位，政府起着投资的辅助作用

财政经常性补贴的文化单位主要包括极少数代表国家水平的艺术表演团体、群艺馆、文化馆（站）、广播电台以及党报、党刊、残疾人和少数民族出版单位等，具有较大的公益性、

福利性和非营利性，同时具有组织收入的条件和能力，财政重点给予经常性补助，以扶持其更快发展。这种补助可以通过多种方式进行：无偿拨款，提供启动资金；无息借贷，项目完成以后还本；低息贷款，项目完成以后连本带息归还；投资分成，项目按结算时的实际收入分成。

（三）对于给予财政优惠政策的文化单位，政府起着政策支持作用

这一类单位主要有一般性艺术表演团体、剧场、电视台、展览馆、美术馆等。这些文化单位虽然有一定的公益性，但更多的是有经营性的，可以通过开展各种经营服务活动取得收入，维持正常的运转支出，获取相应的利润。政府主要在政策上给予相应的扶持，放手让其参与市场经济的自由竞争，自由发展。政府在政策上可以通过四种方式进行扶持：一是在税收、信贷、价格等方面给予优惠，如减免税收、发放贷款等；二是运用谁投资、谁负责、谁受益的市场原则，积极鼓励、引导、动员社会各方参与兴办民营文化企业，打破行业区域和部门局限；三是通过优化结构，搞规模经营和集约经营，形成龙头企业，带动产业群，促进文化产品的深加工和社会服务体系的完善；四是依靠技术进步和提高科学管理水平，达到高投入、高产出、高效益的目的，使文化产业的一些行业成为新的拉动国民经济的增长点。

二、我国文化产业投资的政府策略

目前，文化产业已成为新兴的朝阳产业，在发达国家文化产业早已成为国民经济的支柱。文化产业通过满足人们的文化消费需求，能够创造极为可观的经济价值，起到增加就业、刺激消费、涵养税源等重要作用。在我国，文化产业的发展前景虽然为人们普遍看好，但仍然存在文化产业产能不足等问题，主要是因为现行的文化产业投资政策不能很好地适应我国现阶段文化产业发展的需要。政府可以采取如下措施加大对文化产业的扶持力度。

（一）降低准入门槛，营造公平竞争的文化产业资本市场环境

目前，我国存在一个比较尖锐的矛盾：一方面，大量的文化产业项目因缺少投资而不能实施，文化市场需求被大量放空；另一方面，大量的投资无法进入文化产业领域。与我国文化产业巨大的投资需求相矛盾的是文化产业准入的高门槛政策。民间投资进入文化产业尚有种种限制，这不仅体现在民间资本与国有资本在市场准入条件上的不平等，还体现在我国对民间资本与外来资本的区别对待方面。

为了充分调动民间资金，广开投资渠道，首先要打破垄断，鼓励竞争，支持民间力量投资文化项目，实现文化投资主体多元化和投融资渠道的多样化，让市场在长期资源的配置方面发挥主要和关键作用。政府主要依靠宏观经济政策对文化市场进行引导，再由市场引导分散的企业投资，构建众多的民间投资主体。对于一些竞争性的文化产业领域和项目，政府应逐步减少投资，直至完全退出，腾出空间让民间资本充分介入，自由发展。政府应当集中财力和物力进行大型基础性、公益性项目的投资，从而为文化产业的全面繁荣和发展创造有利的基础和条件。与此同时，政府还应通过制定相关税收政策，鼓励个人和团体对文化事业进行投资与捐赠。在加入 WTO 以后，我国已承诺对外资开放的文化领域同时向民间企业开放，凡外资准入的，原则上可视为允许国内民间资本进入文化产业的领域。

(二）加大扶持力度，建立政府主导的文化产业风险投资基金

文化产业既是一个高利润行业，也是一个高风险行业，因为文化产品和服务的内容还涉及人们不同的价值观和意识形态，它不能不受到政府政策和现行法律的制约和导向，尤其是对像我国这样一个法制不够健全的发展中国家而言，政策的多变必然会给文化产业带来巨大的风险。文化产业同其他产业和服务业相比，投入周期往往较长，甚至在相当长的时间内，只有投入而没有产出。这样的特点，显然与投资者希望尽快收回投资并获取利润的愿望相去甚远。在许多文化产业投资失败的事件中，资本意志耐力成为一个主要的原因。

根据我国的情况，参考国外的一些成功做法，应当由政府牵头，吸纳各方面的资金，建立文化产业风险投资基金，或成立文化产业方面的专业信托投资公司，加强对文化产业风险较大领域或项目的投资支持，着眼于资本的运作，投资于风险大但效益也大的项目。文化产业风险投资基金的运作要严格按照市场规则办事，可参考目前已建立的科技创新基金等运作模式，并结合文化产业的特点，制定一整套从申请到立项再到收益返还等操作的实施办法、规范。

（三）引导金融介入，建立银行业对文化产业投资的信贷机制

文化产业的发展，必须加大金融介入力度，如没有金融的全方位介入，文化不可能真正形成产业规模。良好的金融环境是文化产业健康发展的基础。但就目前情况而言，文化产业的特殊性和文化产品的特殊性使金融业在文化产业的投融资问题上裹足不前，文化产业的成长缺乏强有力的金融支持，这是影响我国文化产业发展的一大制约因素。鼓励文化产业的金融介入，加强文化产业与金融业的融合，对我国文化产业而言具有重大的现实意义。

拓宽投融资渠道，探讨建立银行业对文化产业投资的信贷机制，是实现我国文化产业跨越式发展的必然要求。利用证券市场进行融资，也是金融业介入文化投资的一个主要途径，因为金融在不同领域、不同行业、不同经济主体、不同经济活动以及经济过程的不同环节之间，业已形成了相对稳定的渗透渠道和制约机制。随着以信用交易为主要内容的金融业的迅速发展，文化产业的成长可以通过发行股票、债券，或者进行社会集资等直接的融资方式解决资本短缺的问题。在这方面，中国文化产业的融资还有着广阔的空间。

（四）积极牵线搭桥，加大文化产业引进外资的力度

文化产业要真正做强做大，必须面对国内国外两个市场，仅仅盯着国内市场，文化产业是长不大的，尤其是在当前国外市场的开拓背景下，加强引进外资工作，通过吸引外资解决我国文化产业发展资金不足的问题，同时通过外资引进吸收国外发达国家在文化产业经营管理方面的先进经验，推动中国文化真正走向世界，这对我国来讲是一举两得的事情。政府有关部门在制定文化产业政策过程中，必须把引进外资作为重点予以考虑。根据 WTO 原则，制定和完善外资进入文化产业的法规和政策，并积极做好牵线搭桥工作，为外资进入提供便捷、高效的服务。引进外资可采取先易后难、逐步引进的方针。考虑到文化产品的意识形态属性，可先从文化产业的流通、制造、服务等行业开始，谨慎积极地进行中外合资试点；可率先在书刊、音像制品、广电节目制作发行领域、电视导购等信息服务领域、大型娱乐业领域及某些文化制造业领域列出项目投资指南，与外方建立合资关系，并允许外资实行控股；可通过有项目、有技术、有期限的合资经营，提升我国目前迫切需要改造的基础设施的

技术能力，带动社会就业和相关产业的发展。

思考题

1. 与其他产业相比，文化产业投资有什么特点？
2. 以美国、英国、韩国和日本为例，谈谈国际上文化产业投融资有哪些模式，对我国文化产业投融资有什么借鉴意义。
3. 我国文化产业投资融资模式有哪几种？
4. 政府在文化产业投资中的作用是什么？我国政府在文化产业投资宏观管理上有哪些策略？

案例讨论　　引入新投资者，长城影视能否触底反弹

刚刚被法院公开发布悬赏令并征集财产线索的长城影视，2019年12月25日发布了一条控股股东拟进行股权合作的公告，称拟引入陕西中投资产管理有限公司（以下简称陕西中投）、安徽老凤凰控股有限公司（以下简称老凤凰）两家公司，化解自身的资金压力。曾因推出《大明王朝》《隋唐英雄传》等影视作品而受到关注的长城影视，自2019年以来因业绩下滑、涉及借款纠纷、子公司股权及银行账户被冻结等一系列问题而处于聚光灯下。那么，此次的股权合作能否让长城影视从困局中脱身呢？

拟再增资扩股

公告显示，长城影视接到公司控股股东长城集团通知，长城集团及公司实际控制人赵锐勇、赵非凡与陕西中投、老凤凰签署了《合作框架协议》，长城集团拟引入陕西中投、老凤凰开展股权合作，建立各方可持续发展的战略合作关系，这已不是长城影视控股股东第一次欲引进其他公司展开股权合作。2019年6月，长城影视曾发布公告称，长城集团及长城影视实际控制人赵锐勇、赵非凡与上海桓苹医学科技有限公司（以下简称桓苹医科）签署《合作协议》，计划开展股权合作。

半年时间内，接连两次引入其他公司进行增资扩股，且每一次均提到"债务""危机"等相关描述，不禁令人们联想到长城影视及其控股股东当下所处的困局。

陷经营泥潭

据11月30日长城影视发布的关于部分债务到期未清偿的进展公告显示，部分债权人已经向法院提起诉讼，请求判令长城影视及其子公司立即归还借款本金及利息等，涉及诉讼的逾期债务合计达到4.21亿元，到期未清偿利息则合计为1153.37万元。与此同时，长城影视自上市后接连"买买买"、收购事项达到约30笔的行为，也在一定程度上带来了苦果。

在投资分析师许杉看来，长城影视当下的局面与该公司此前的频繁收购有关，且部分交易采用了使用自有资金的方式，再加上收购标的后期业绩不佳，也未与公司原有的影视业务产生良好的协同，导致公司出现较大的资金压力。

前景阴云未散

长城影视方面在公告中指出,本次长城集团与陕西中投、老凤凰的股权合作,有助于长城集团引入优质的外部资源及资金,共同化解长城集团及公司目前面临的资金压力,各方将优势互补、共同发力,打造可持续发展的战略合作关系。

"若能够获得相关公司的资源及资金支持,对于缓解资金压力能够带来一定帮助,但长城影视若要重新走上正常的发展道路,并非只是资金不足问题,还需持续推出优质的影视作品以稳定自身的市场竞争力。"影视传媒行业分析师曾荣如是说。

据公开资料显示,此次增资控股的两家公司陕西中投和老凤凰,前者主营业务为受托资产管理,并以林业康养产业为依托,后者则以矿产资源的投资及运营,贵金属工艺品、珠宝首饰的研发设计、生产及销售为主营业务,与影视行业的关联度相对较低。

此外,据长城影视半年报显示,报告期内该公司影视业务所实现的收入仅为2050.01万元,在主营收入占比不足一成,仅为8.49%,而具体到作品内容层面,该公司则表示,影视业务的收入来源主要为《浴血红颜》《家国恩仇记》《大西北剿匪记》《大玉儿传奇》《太平公主秘史》《五星红旗迎风飘扬》《母爱如山》《旗袍旗袍》《隋唐英雄传》等的发行收入。但《北京商报》记者查询发现,以上均为前几年推出的作品,并未有2019年新推的影视剧。

在许杉看来,影视公司若要拥有持续的市场竞争力,需要具备推出优质新作的能力,假若长城影视的债务、诉讼、股权被冻结等问题相继解决,亟待解决的便是创作出受市场认可的新作品,从而提升市场竞争力及品牌形象。

资料来源:郑蕊. 引入新投资者长城影视能否触底反弹[N]. 北京商报,2019-12-26.

讨论题:
1. 请对长城影视进行文献和数据调查,讨论其经营管理的困境,并分析其背后的原因。
2. 结合本章内容,谈谈长城影视的投融资模式及该模式的优势和风险。

延伸阅读 扫码学习

文化产业的投资管理

第五章　文化产业的品牌管理

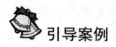 **引导案例**　　　　　**消费升级促进品牌创新**

刚刚过去的 2019 年，大白兔出香水、云南白药出包包、六神出酒，传统国货纷纷亮出新招。而人民文创新国货创新大赛新近发布 70 个新国货品牌，无疑为 2019 年的"国货崛起"热再添一把火。

大赛专家评审团团长吴晓波表示："最近几年出现的国货回潮现象，其实就是本土审美苏醒的最佳佐证。新一代消费者开始学习和培养审美意识，这必然也会折射到他们的消费选择上，他们会更乐于发现本土文化中颜值高、更有个性、有温度的产品。"

另一方面，消费升级的大趋势也在促使品牌方通过不断创新、进化，成为新生活方式的输出者。这也是"国货崛起"的一大原动力。

正如好邻居创始人陶冶在日前举行的中国企业领袖年会上所言，现在的消费其实做的是"生活方式"。以收音机为例，过去消费者购买它是希望获得功能性的资讯，但现在，更多的人是想通过它获得更好的心情和氛围感，这就是生活方式。在其背后，本质是中国消费结构发生了变化，由过去的工厂和生产者主导，变成了以消费者为主导。

近年来，消费市场和消费者心理都在发生急剧的变化。过去，大品牌只要狂砸广告就能占领用户的心，这个套路在新一代年轻人中已经不管用了。因此，企业及时调整产品生产和销售策略显得尤为重要。

好产品需要好创意，好创意从何而来？业内人士认为，最好的创意来自消费者。未来，设计将不再是设计师的专利。从这个角度来看，随着资讯传递越来越便捷、需求多样化和量身定制的发展以及供需链条无缝衔接的不断完善，"人人都是设计师"的时代或许并不太遥远。

未来，又有哪些品类可能走出国门成为世界级奢侈品？吴晓波认为，是丝绸、陶瓷、白酒和茶叶。事实上，上述大赛的获奖名单中，有 11 个茶、酒，或茶、酒周边的品牌，占比超 15%。越是民族的，越是世界的。这些"最传统""最中国"的品类中，或许蕴藏着最宽广的成长空间。

米老鼠的 IP 衍生品收入达到 700 亿美元，几乎是内容收入的 100 倍。其他 IP，如面包超人、高达、迪士尼公主等，在 IP 衍生品的收入上也超过自身内容收入的 10 倍以上。相形之下，我们如何发掘传统文化、拓展类似《西游记》和《三国演义》这样的超级 IP 的衍生品产业链，还有很大课题去做。

中华民族有五千年历史，传统文化精华取之不尽。在中国文化上深耕，将为"国货崛起"

热潮注入源源不断的动力。

资料来源：蒋菡．消费升级促进品牌创新[N]．工人日报，2020-01-08．

本章导读

实施品牌战略，打造一批具有国际竞争力的文化产业强势品牌，是一个长期而艰苦的过程，需要我们从战略的高度来规划和管理。2012年2月23日，文化部发布了《文化部"十二五"时期文化产业倍增计划》，以推动文化产业成为国民经济支柱性产业。其中专门提出打造文化品牌，即"强化品牌意识，以国家文化产业示范基地为依托，培育300家左右品牌文化企业。建立健全品牌授权机制，建立文化品牌营销推广平台，扩大优秀品牌产品生产销售"。正如习近平总书记在2014年文艺工作座谈会上指出的，"精品之所以'精'，就在于其思想精深、艺术精湛、制作精良"。文化产业的精品就是要实现文化产品的精准化，公共文化的精品化就是要使公共文化在向基层倾斜的过程中让老百姓最渴望的公共文化服务内容能够得到最充分的体现和落实。我们的文化发展也一定要打造精品，要做到：既有数量，又有质量；既有高原，又有高峰。这些思路和内容都是"十三五"时期文化建设所不可或缺并且需要一一落在实处的。

本章首先提出文化产业应该树立品牌理念，其次论述文化产业品牌的打造和传播，最后介绍文化产业品牌维护的相关内容。

第一节　文化产业需要树立品牌理念

一、文化品牌及其品牌效应

所谓品牌，一般是指产品与社会多方面关系的总和。它是一种名称、标记或符号，是一种承诺、象征、价值和文化，是一切无形资产总和的全部浓缩。它代表着消费者因其在生活中对产品与服务的感受而滋生的信任和关联性。品牌的符号价值能够给消费者带来地位感、身份感和快乐感。中国策划研究院院长余明阳教授曾说："农业时代竞争土地，工业时代竞争机器，到了信息时代就要竞争品牌。"文化产业品牌不能完全等同于一般意义上的品牌。文化品牌，是文化产业品牌化的结果，是文化的经济价值与精神价值的双重凝聚。

文化产业要赢得市场，参与国际国内文化资本的激烈竞争，使自身立于不败之地，就必须走品牌化建设之路，就必须打造有强大竞争力的文化品牌，因为只有品牌才有经济的竞争力和市场的感召力。以传媒业为例，支配着全球传媒文化产业市场的主要是九大传媒巨头，即时代华纳、迪士尼、贝塔斯曼、维康、新闻集团、索尼、通信公司、环球影业和日本广播公司，这些品牌企业的年收入都在数百亿美元。如果从全球角度看，世界上95%的娱乐市场被全球最大的50家媒体娱乐公司占据着，90%以上的新闻制作被美国和西方的文化集团所垄断。

在发达国家，文化产业之所以成为支柱产业，与其文化品牌发挥的作用密不可分。美国文化产业的增加值绝大部分是由"迪士尼""好莱坞"等具有品牌优势的公司所创造的。迪士尼把动画片所运用的色彩、刺激、魔幻等表现手法与游乐园的功能相结合，于1955年推出了世界上第一个现代意义上的主题公园。1984—1997年，迪士尼的总收入从16.5亿美元提升到了220亿美元，市值也从20亿美元提升到了670亿美元。2008年，迪士尼品牌在《商业周刊》（*Business Week*）和国际品牌咨询公司（Inter Brand）（世界最权威的品牌评估机构之一）评出的世界品牌价值100强中名列第9位，其品牌价值为292.51亿美元。而2012年，迪士尼市值高达895亿美元。2018财年全年营业收入594.34亿美元，净利润为125.98亿美元，同比上涨40%。

在当今世界，经济的竞争就是品牌的竞争，而品牌的实质是文化，如可口可乐、肯德基代表了美国文化，三星代表了韩国文化，同仁堂、全聚德代表了中国文化。人们在购买产品时，不但购买产品的使用价值，而且购买一种品牌、一种文化。文化品牌以物质为载体，以文化为依托，是一种浓缩了的心理或社会内涵的符号系统，它提供给消费者多种精神享受，使消费者能够区分出不同文化销售者的产品和服务，使市场呈现差异化竞争。高文化内涵的产品是文化消费的核心产品，文化品牌价值越大，在市场上的竞争力越强。在我国还未全面实现小康社会的今天，人们投入文化消费的支出比例还很小的情况下，花最少的钱获取最完美的享受，是大众消费的心理，这种消费心理决定了人们在选择产品时，越来越注重追求文化内涵丰富的品牌。

文化产业品牌的效应主要表现在五个方面：一是聚合效应。它是指品牌的吸引力，聚合人力、财力、物力等资源的能力，吸引社会认可、政策倾斜以及管理经验的能力等，使品牌进一步稳固实力，扩大规模，不断发展壮大。二是光环效应。文化产业品牌作为经济、文化领域中的佼佼者，常常会给自己的员工、受众带来一道美丽的光环。在这美丽光环的照耀下，员工及其受众会受到一种正面的激励和影响。文化产业品牌的名气、声誉会对政府、社会、家庭及其社会公众产生一种亲和力和认同感。社会公众会慕名而来，政府、社会也会给予关心、支持，会给文化组织的发展创造良好的环境。三是磁场效应。文化产业品牌在社会受众中树立起极高的威望，它就像磁石一样吸引社会公众，为社会公众所向往。有了一个忠实的受众目标群，就会形成良性循环，组织因品牌而更加有名，又因有名会变得更加优秀。四是内敛效应。它是指对组织内部员工的凝聚作用，形成文化品牌的组织一般都是社会上的成功者。组织的成功、品牌的良好形象会使员工产生自豪感和荣誉感，使员工的精神状态得到提升，并逐渐升华成为一种组织文化，从而给每一位员工以新的士气、志气，使员工的积极性、主动性、创造性得到激发和调动，使组织的各种资源实现优化组合，从而提高工作效率，进一步提升组织的水平和形象。五是带动效应。品牌组织具有龙头作用，它既可以对某一城市、地区的文化产业发展产生带动作用，也可以对相关的行业起到带动作用，还可以对某一领域的经济发展产生带动作用。

二、文化产业品牌的特征

关于文化产业品牌的个性的概念，一般在两个层面上使用：一是在文化产业品牌与品牌关系层面上使用，文化产业品牌与品牌是个性与共性的关系，文化产业品牌是共性与个性的统一；二是在文化产业品牌与文化产业品牌关系层面上使用，每一个文化产业品牌都必须具有自己鲜明的个性特征，都是个性与共性的统一。

（一）文化产业品牌具有品牌的共性

文化产业品牌首先是品牌，它是品牌的一类，具有一切品牌所具有的共性。关于品牌，定义很多。著名营销专家菲利普·科特勒博士认为："品牌是一种名称、术语、标记、符号或图案，或是它们的相互组合，用以识别某个消费者或某群消费者的产品或服务，并使之与竞争对手的产品或服务相区别。"由此定义可以知道，品牌是一个复合概念，它由品牌外部标记、品牌识别、品牌联想、品牌形象等内容构成。一般来说，国际公认的品牌具有六层含义：一是利益。品牌应给消费者带来物质、精神上的利益。二是个性。和"世界上没有两片完全相同的树叶"一样，品牌应传达出差异化的个性。三是属性。品牌要表达出产品或服务的特定的属性。四是价值。品牌应该体现出品牌主体的某些价值观。五是文化。品牌应附加一定的文化。六是使用者。品牌应该体现购买或使用这种产品或服务的那一类消费者。

由对品牌概念的基本分析可以看出，文化产业品牌也完全具备这些共性。可以说，文化产业品牌是组织或品牌主体一切无形资产总和的浓缩，而这一浓缩又可以以稳定的形象及个性化符号来识别，它是主体与客体、主体与社会、组织与消费者相互作用的产物。文化产业品牌具有一般品牌所具有的形象性、创新性、成长性、延伸性、保护性等特点；具有知名度高、美誉度高、信仰度高、追随度高、忠诚度高等同样的内涵和表现；具有良好的形象、良好的质量信誉、核心价值观和核心竞争力，代表着一定的文化，被社会公众赋予了美好的情感，在受众心目中形成了美好的印象和记忆。因此，它也具有一般品牌所产生的巨大效应，在文化产业的快速、稳定、健康发展中发挥着巨大的作用。我们在认识和打造文化产业品牌时，一定要充分注意这些共性，使文化产业品牌建设沿着一条正确宽广的道路前进，使文化产业品牌成为真正名副其实的品牌。

（二）文化产业品牌的个性在于其文化性、精神性

文化产业品牌是共性与个性的统一。分析了文化产业品牌的共性以后，更重要的在于分析文化产业品牌所具有的个性，这样更有利于遵循文化产业品牌塑造的规律和特点，进行文化产业品牌建设，促进文化产业的健康发展。

文化产业品牌既具有经济性，又具有文化性，是经济性与文化性的统一。文化产业是一种在全球化、信息化、科技化和人文化的社会背景下所构建起来的新产业，它以创新为灵魂，以促进文化创新和经济发展为目的，为文化提升与增值服务，推动社会精神与智能的发展，推动经济社会的科学发展。文化产业的特殊性使其既有别于单纯的经济活动而注重自身的文化品位，又不同于纯粹的文化部门而追求经济效益，它的最终目的是为广大消费者提供精神文化消费。发展文化产业，既要考虑它对人们精神生活的引导作用，不能纯粹地以赚钱作为唯一的目标，又必须遵循经济规律，考虑成本和利润。

文化产业品牌的个性在于其文化性、精神性，这是文化产业品牌的实质所在。"文化"是文化产业的根本属性，文化产品具有慰藉人们精神与心灵的作用。发展文化产业，归根结底是为了满足人民群众日益增长的精神文化需要。人们之所以在物质生产之外还要发展文化生产，就是因为一般意义上的物质生产无法满足人们的精神消费需求。在我国，有关文化产业发展问题的政策性阐述，往往都列在"精神文明建设"领域。

从品牌消费的角度讲，人们对品牌的消费并不完全是对商品使用价值的消费，而是对符号及其象征意义的消费，是对文化的消费。文化产业品牌是一种文化标志，是以其文化的先进性使消费者区别不同文化产品或服务的标志系统，具有较高的文化内涵，并且与消费者建立起熟悉和亲切的联系，与特定目标顾客的文化感悟或情感体验对应和贯通，能够唤起消费者的文化联想和情感愉悦，如美丽的山水风光、海滩风情或城市风貌，给游客带来的是超值的心理愉悦感受和美好的生活享受。消费者之所以对文化创意产品的热情不断高涨，就是看中了文化产品的愉悦功能和个性表达功能。

文化产业品牌的个性和内涵决定着文化产业品牌的基本内容、成长过程和方式方法。它告诉我们，文化产业品牌要更加重视文化价值因素，突出其精神性与情感性，注重文化品位、精神价值的铸造和完善，充分发挥文化传承文明、塑造人心的特质和作用。

三、我国文化产业品牌发展的现状

文化产业品牌是文化与经济的有机融合，是资源禀赋和市场机制的高度统一，塑造国内乃至国际上享有盛誉的文化品牌是文化创意产业发展的根本。在当今时代，谁拥有文化品牌，谁就拥有倡领文化消费潮流的主动权，谁就占据文化市场竞争的制高点。伴随广播影视、新闻出版、休闲旅游和演艺娱乐等传统文化产业的快速发展和动漫游戏、新媒体等新兴文化产业的迅速崛起，一大批具有较强实力、竞争力、影响力和自主创新能力的大型文化企业和企业集团脱颖而出，一批拥有原创性、开拓性和新异性的知名文化品牌应运而生，我国文化产业发展开始步入品牌化发展道路。

中国文化品牌作为中国文化产业发展的主体，起步较晚，起点较低，在拥有巨大竞争优势的同时，也存在一些问题。

（一）文化产业品牌发展的优势

随着我国经济结构的不断调整，消费升级加速，精神文化需求也更加旺盛、多元化，消费者对于品牌的认知逐渐加强，这种不断优化的大环境也使得我国文化产业增速迅猛、文化品牌发展亮点频出。

1. 以互联网平台为依托的文化品牌发展迅速

互联网与文化产业的合作日益深入，基于移动互联网的新型传媒文化业态将成为文化产业快速发展的引擎，为我国文化品牌的发展提供一个强有力的突破口。一方面，拥有互联网基因的文化产业正在形成品牌化、旗舰化、集团化的集聚趋势。近几年，我国互联网行业发展迅猛，与文化企业的合作加速拓展，大量资金涌入文化产业，其中值得注意的是很大一部分并购来自互联网公司，尤其以腾讯、阿里巴巴、百度为代表的互联网公司，都将文化产业作为未来最重要的战略重点。互联网打破了原有单一的竞争态势，通过投资、并购、收购及合作，既使得一批小型文化企业能够在BAT[①]等大企业之下获得资源、快速成长，也让BAT等一些大企业收购了众多的中小型文化企业，从而形成了全新的文化产业生态布局，成为未来形成航母文化品牌的有利条件。另一方面，借助互联网平台，文化品牌之间可以达到协同

[①] BAT，B指百度、A指阿里巴巴、T指腾讯，是中国三大互联网公司百度公司（Baidu）、阿里巴巴（Alibaba）、腾讯公司（Tencent）首字母的缩写。

效应。与传统文化企业的发展不同,互联网平台所产生的文化品牌是一个文化生态圈。例如阿里巴巴依托娱乐宝对将要投拍的影视作品进行市场调研及部分融资,阿里影业联合合一影业实现内容创新,发挥华谊兄弟的制片优势,依托华数传媒的营销手段和新浪微博的碎片化宣传,以优酷土豆为播放平台,通过构建这样的协作机制,文化产业链被打通,整个交易的速率和效能都被大大提升了。此外,互联网企业具有极强的整合能力,通过跨界和横向扩张,短短几年时间,以互联网为依托,包括电影、游戏、动漫、网络文学等不同文化产业分支都获得了高速成长,各个行业通过互联网公司和平台不再是孤立地发展,而是实现了网状联结、共生共融,互联网文化品牌已初见锋芒。

2. 科技创新及产业融合推动新文化业态品牌不断涌现

根据全球文化产业发展趋势及我国文化产业发展现状,我们看到科学技术已经成为文化产业跃升的关键驱动力。对于我国文化企业和文化品牌而言,新兴文化业态的涌现及信息技术与新媒体技术的不断革新,刺激更多的文化企业不断创造出新的商业模式和组织形式。首先,在信息化时代,运用数据分析和数据挖掘实现文化产品创新和服务质量提升,将成为文化企业的必然趋势。大数据能够帮助企业洞悉消费者的文化需求,助力文化企业进行精准营销,不仅提高了文化产业预期的回报率,同时也为获得风险投资提供了切实可靠的依据。其次,虚拟现实技术、智能穿戴、体感交互等技术提升了消费者对于文化产品的感知。文化内容可以以多种形式进行呈现,消费者可以看到、听到甚至触摸到或进行更为深层次的互动,通过增加消费者的体验以及开发兼具人文性和科技感的文化产品,使文化品牌可以最大化地与消费者产生共鸣,从而进一步增强品牌与消费人群的黏性。文化品牌还能够通过新媒体打破原有媒介之间的区隔,实现多渠道、多平台、多终端的个性化、高精准度的产品输出,拉近品牌与消费者的距离。最后,新技术有助于文化企业拓宽内容资源的利用率,提升创意资源的转化率,新技术可以更加快捷地将创意雏形进行可视化的呈现,将文化产品更轻松地落地,促进内容资源多样化的表达,实现对于创意更加深入和集中的开发。

3. 投融资及创业模式的多样化促使各阶段文化品牌快速成长

近年来,政府高度关注投融资及创业模式多样化的政策支持,为骨干文化品牌成长创造良好的市场环境。政府投入力度的持续增强以及快速成长的文化市场聚集了越来越多的投资热情,文化资本运作变得更加活跃。银行对于文化产业的信贷规模不断扩大,文化金融创新模式不断增多,大批文化产业投资基金纷纷成立,文化信贷融资规模快速增长,与文化产业相关的并购和整合动力变强,并购大潮客观上持续推进了一些大型文化公司的成长。处于发展初期的中小型企业,在创业初期往往面临原始资金短缺、投资风险高等难题。近年来,互联网金融降低了文化产业的准入门槛,一些小微企业获得积累资本的条件,交易成本被大大降低,文化产业融资形式多样化,众筹等模式的出现,使民间资本更多涌入文化产业。随着股权交易市场的日益健全,各类风险或权益类资本正大举进入文化产业领域,成为最有活力的产业催化剂,中小文创企业的融资途径日渐丰富。"大众创业、万众创新"对于中小型文化企业的发展也产生着积极影响。众创空间、创客服务平台、互联网创业平台、文化企业孵化器等服务组织增加了文化企业的数量,为中小型文化企业提供了更加顺畅的发展渠道。在资金、信息、场地、培训、法律、经营管理等服务资源的支持下,更多具有潜力的中小型文化创业品牌公司不断涌现。

4. "一带一路"倡议助力实现我国文化品牌国际化

"一带一路"倡议的宗旨是借助已有的多边贸易机制和区域合作平台,共同打造政治互信、经济融合、文化包容的利益共同体、命运共同体和责任共同体。"一带一路"倡议与之前的国际多边合作机制不同,它并不局限于政治和经济领域,文化被提升至和政治、经济同等的地位。古老的"丝绸之路"曾是我国向西方输送文化的重要国际通道,今天它仍可以成为我国文化品牌国际化的一个重要渠道。从全球化的背景来看,文化产业集中化、规模化、区域化是十分明显的发展趋势,"一带一路"正是通过构建全新的空间战略布局,实现我国文化产业"走出去",形成互联互通、合作共赢的国际化文化交流平台。从国内文化产业的发展背景来看,"一带一路"已经为我国涉及的地区政府和企业提供了新的发展思路,有利于突破过去不同行政区域各自为政的状态,重新进行各区域文化产业要素的有机联结和整合,扩大沿线地区文化产业就业和消费,建立统一开放的文化产业市场体系。文化品牌和文化企业可以利用国家层面的政策利好,进入沿线文化市场。有资料显示,"一带一路"沿线的广大国家和地区汇聚了全球比重最大的年轻人口,这些年轻人口的消费观念和价值取向将会深刻影响未来全球文化产业的发展趋势。如果我国文化企业能够抓住"一带一路"沿线市场,借助"丝绸之路"所形成的贸易通路,发挥我国作为全球交通枢纽的地缘优势,和沿线不同的国家和地区积极开展文化交流和贸易往来,输送优秀的文化产品和服务,必然能够加快中国文化品牌走出去的步伐。

(二)文化产业品牌发展的问题

我国文化品牌总体上是向前发展的,但由于起步较晚,发育还不成熟,仍存在一系列的问题,品牌繁荣之路任重道远。

1. 缺乏世界顶尖品牌,对外竞争实力依然较弱

与发达国家和地区相比,我国文化产业的国际竞争力不强,主要表现在以下两个方面。

第一,出口产品和服务档次低。目前,我国的文化产品和服务仍处在全球价值链的中低端,对相关产业的带动和引导作用比较小。从细分领域来看,我国文化产品贸易总量很大,呈现贸易顺差,而文化服务贸易领域不仅规模小,而且内容输出上存在着巨大的贸易逆差。

第二,创新能力不足。目前,我国推广到国际市场上的很多文化产品和服务,虽然也带有不少中国文化符号或元素,但由于原创性差、创意陈旧、表现形式落后,或者只是简单的模仿,没有与现代高科技手段进行有效嫁接,导致产品和服务的科技含量和市场适应性不高,国外消费者的接受度较差。

品牌是文化产品和服务出口最重要的无形资产,也是一个国家文化产业竞争力高低的重要标志。迄今为止,中国还没有一个文化品牌具有像美国的好莱坞、迪士尼、新闻集团、时代华纳,德国的贝塔斯曼,日本的索尼等的世界影响力。我国文化产业门类齐全,涌现出了一批快速发展且已具备一定规模的文化出口企业,如国图集团、完美世界、华谊兄弟等。但从总体上看,我国尚缺乏具有国际竞争力且带有鲜明中国文化特色的品牌。

2. 文化产业企业品牌战略意识不强

当前,我国文化产业内部企业品牌战略意识不强,使各项品牌战略实施策略存在很大推进难度。首先,很多文化企业的规模较小,其在发展的过程中难以获得较高的利润,只是进行一些简单的文化产品制作和提供简单的服务,使其在理念和模式上还停留在传统阶段,没

有真正达到品牌战略的相关要求。其次，我国文化产业涉及的部门较多，各企业的发展存在较大的差异，产业内部竞争相对激烈，很多企业没有充分有效地学习其他企业的先进经验和方法来实施品牌战略，这些都在很大程度上拖慢了我国文化产品品牌战略实施的步伐。

3. 品牌形象维护意识薄弱

品牌是企业的主要资产，其市场竞争力和品牌价值来之不易，需要企业不时地对品牌进行维护。品牌维护有利于稳固品牌的市场位置，有助于坚持和加强品牌生命力，有利于预防和化解危机，有利于抵挡竞争品牌。当前，大多数中国文化企业存在品牌形象维护意识较为薄弱的问题。

国有文化企业真正迈出市场化改革步伐的时间比较短，而多数民营文化企业是中小型企业，品牌形象维护意识并不强，常常忽略了以消费者为中心的品牌维护原则。文化品牌的建设需要一个积累过程，文化品牌的经营和维护也需要持之以恒。

4. 缺乏与品牌建设相匹配的高端复合型人才

随着我国文化产业发展步伐的加快，文化产业所需的人才供求矛盾也日益凸显，文化品牌建设中所存在的许多问题，很大程度上也与我国文化品牌建设所需要的特殊人才无法得到满足以及不相匹配密切相关。文化创意产业是一种基于人的智力和创意的内生型经济增长模式，它需要创新型高端复合型人才的支撑，特别是品牌开发与建设需要创意与文化、创意与科技、创意与管理的融合，这就必然要求企业有深谙艺术规律与产业运营、了解文化与科技发展趋势的高端复合型人才，包括具有这些知识和能力的企业战略管理型人才。而从目前我国文化产业发展的现状来看，这方面的人才十分紧缺，人才的培育与吸纳远没有跟上我国文化产业发展的步伐。从人才培育的角度来看，我国文化产业人才培养还处于初级阶段，虽然一些省市建立了一批文化产业研究机构，一些高校开设了与文化产业相关的专业课程，但从整体来看，依然存在数量不足、规模小、实力弱、分布分散的情况。由于我国高校长期采取文理分家、艺术类单列的学生培养模式，更使得对具有交叉学科知识和能力的复合型人才培养进程缓慢。一些科研院所和高校在专业设置上也缺乏前瞻性，缺少必要的师资力量，不能根据市场需求的具体情况进行专业培养，导致很多专业的学生毕业后在企业难以找到合适的工作，即使工作了也无法快速上手。事实上，我国文化产业品牌建设急需大量适应品牌建设需要的创新型高端复合型人才，很多文化企业又苦于找不到满足自己需要的特殊人才，从而使很多企业品牌开发的想法及品牌建设的规划措施难以落实到位。人才问题成了制约品牌建设的一个瓶颈，这是文化品牌建设的体制机制问题。

第二节 文化产业品牌的打造和传播

一、打造文化产业品牌的策略

中国文化产业要真正在世界舞台上占有一席之地并把"中国形象"展现在世界人民面前，打造一批强势的文化产业品牌是关键。文化产业品牌符号的特殊性和巨大的市场价值要求我们遵循产业发展的规律来规划和构建我们的品牌战略。

（一）做好战略品牌分析

战略品牌分析的着力点在于调查和研究目标对象的审美偏好和消费需求，了解竞争者的优势和劣势，分析并评估自身的优势和劣势，为下一步的品牌战略定位打好基础。

1. 消费者分析

一个产业发展的市场前提是存在特定的市场需求。中国经济高速发展，人们在物质生活需求日益得到满足之后，对精神文化的需求越来越迫切，这为文化产业的发展提供了极大的市场契机。品牌在本质上体现的是一种"产品—消费者"关系，文化产业提供的产品以符号形式存在，但是它在营销过程中体现的是一种需求对应模式。消费者分析的关键是要积极主动地调查和研究不同年龄、性别、阶层等消费人群在不同阶段的特定需求和审美偏好，这样才能真正有针对性地开展"以销定产"。

2. 竞争者分析

当前，世界文化产业市场主要由欧美、日韩主导，中国的文化市场也大量被国外的文化产品占领，其中又以美国好莱坞的电影产业和迪士尼的动画、日本的动漫、韩国的网络游戏和影视剧尤为突出。我们要正视差距，认真分析它们的竞争优势和产业发展的成功模式，同时寻找它们的劣势所在，从而扬长避短以占领更多的细分市场。

3. 自我分析

中国发展文化产业具有自己独特的竞争优势，巨大的市场容量、丰富的文化资源、一大批优秀的文化创意人才为打造文化产业强势品牌提供了坚实的基础。同时，我们更要清醒地认识到中国文化创意产业在观念、体制等多方面的薄弱之处，知己知彼，才能有的放矢。

（二）建立强有力的文化产业品牌符号识别系统

强有力的品牌识别不但是体现品牌价值、建立品牌和顾客良好关系的基础，更是品牌战略远景的核心内容。针对文化产业无形性的特点，文化产业品牌符号的识别系统应该重点围绕"符号的品牌""个人的品牌""组织的品牌"展开，它们共同构成文化产业品牌符号的核心价值。

1. 关于"符号的品牌"

消费者对文化内容的消费不是对物质产品的消费，而是对符号的消费，所以打造文化产业强势品牌首先要从符号生成的角度入手。关于符号的品牌，主要是指强有力的品牌名称、标志和设计等，它们作为文化品牌的象征符号而存在。象征符号的意义是约定俗成的，在文化产业品牌中，这种积极的象征意义就来源于文化创作者富有创造力的创意构思，并通过持续一致的品牌传播活动来强化品牌的意义。符号的品牌以品牌名称、标志和设计等视觉形象作为其"能指"，而被人为赋予的象征意义则构成了品牌符号的"所指"。文化创意工作者在构思创作视觉符号时，既要注重"能指"的娱乐性，也要注重"所指"意义的传达，如现在国家大力扶持的以动漫、游戏等为代表的数字娱乐产业，对形象的创作和生产构成了整个产业的核心。而形象首先就表现为以名称、标志和设计等为表现形式的品牌标识，它们构成了形象品牌的象征符号。

2. 关于"个人的品牌"

品牌个性是品牌人格化、个性化的差异性表现。一个强势的文化产业品牌符号必须具有自己独特的个性，因为它不但是保持品牌独特差异性的重要方面，还与理想的消费者形象相对应，是构建消费者和品牌关系的基础。从整个中国文化产业品牌战略来看，品牌个性既要体现出一种鲜明的中国民族特色和中国风格，诞生一批具有时代特征、中国特色的内容品牌和形象品牌，同时也要体现出一种兼收并蓄的博大胸怀，因为文化的多样性并不能掩盖人性的开放特性。如好莱坞的商业类型片，它在展示、宣扬美国主流价值观的同时，往往又能把握住世界共通的人性的因素，从而博得各国电影受众的追捧，创造一个又一个票房奇迹。

3．关于"组织的品牌"

组织品牌主要指打造强势的公司品牌。"中国文化产业必须以追求利润最大化的企业为核心，在提升企业竞争力的过程中，不断提高文化生产和经营的效益，创造大量的文化财富。"由此可见，打造强势的文化产业公司品牌对整个中国文化产业发展战略十分重要。公司品牌的属性主要由公司的员工、文化、价值观等组成，它为公司品牌旗下的延伸品牌和子品牌等提供重要的信誉保证。

以动漫产业为例，打造强势的动漫品牌应该树立系统品牌的战略思维，从动漫公司品牌、产品品牌和卡通形象品牌三大方面入手，进行系统管理。其中，动漫公司品牌通常扮演担保者的角色，为产品品牌和形象品牌提供品质和信誉保证。产品品牌通过跨媒介的符号组合和传播又可以不断地提升卡通形象的知名度和美誉度，它扮演的主要是一个驱动者的角色。而卡通形象品牌则应该在整个品牌系统中占据主导地位，因为"形象生产是动漫产业的核心"。动漫产业如果开发不出成功的卡通形象，那么动漫盈利是无从谈起的。管理动漫系统品牌的关键是不能把公司品牌、产品品牌和形象品牌看成一个个孤立的个体，而应该视为整个系统中相互支持、有机组合的部分，从而产生一种协同效应。迪士尼在系统品牌管理方面就给中国的动漫企业提供了很好的榜样，它在营销推广每部动漫巨作的品牌宣传中，公司品牌、动漫作品品牌和作品中的卡通形象品牌总是有机地相互支持。其中，迪士尼强大的公司品牌形象为作品品牌和形象品牌提供了强有力的信誉保证和市场号召力，而精益求精的动漫作品和卡通形象的成功又反过来促进了迪士尼公司的品牌资产。

（三）鲜明而准确的品牌定位

品牌定位就是为品牌在消费者心目中寻找一个独特的位置，它是构建品牌差异的关键所在。基于前期对目标对象、竞争者和自我特征的战略品牌分析，进行鲜明而准确的品牌定位就成为打造强势品牌的重要举措。中国文化产业的主体是一条以企业为主的协作链条，它把不同的产业参与者（如文化创作者、生产商、销售商等）联结起来，通过分工合作，使文化价值转化为商业价值。分布在这条产业链中的参与者必须清楚地认识自己的竞争优势，找准自己在产业链中的位置，用一种既竞争又合作的"竞合"姿态参与产业的竞争和收益分配。良好的竞争态势可以更好地分配产业的资源，而建立在竞争基础上的协同合作则可以促进整个文化产业的健康发展。由此可见，在文化产业品牌定位中，要用既能体现差异化的品牌特性，又有生态平衡的战略思维来指导我们的营销模式。

以腾讯公司为例，腾讯的品牌定位是"数字化助手"，专心只做三件事，即做连接、做工具和做生态。2015年政府工作报告首次提出了"互联网+"行动计划，2017年又提出了"数字经济"的概念，2018年更是提出了"数字中国"的概念，可以说数字化进程每年都在向前迈步。在中国数字化进程中，腾讯也在不断地思考自己的定位，2018年4月在中国"互联网+"数字经济峰会上，董事会主席兼首席执行官马化腾发表了题为《互联网+助力数字中国建设》的演讲，他说腾讯有所为，也有所不为。腾讯公司的角色定位是为各行各业进入"数字世界"提供接口，为各行各业提供最完备的"数字工具箱"，与各行各业的合作伙伴一起共建数字生态共同体，激发每个参与者进行数字创新。正是腾讯在数字化世界中鲜明和准确的角色定位，使腾讯成为中国服务用户较多的互联网企业之一。2018年6月20日，世界品牌实验室（World Brand Lab）在北京发布了2018年《中国500最具价值品牌》分析报告，腾讯居第二位。2019年12月18日，《人民日报》发布中国品牌发展指数100榜单，腾讯排名第4位。

再以小红书为例，小红书既是一个电商平台，同时也是一个为用户提供分享文字、图片、视频、笔记的用户生活方式的分享平台。这样的社区参与式商业模式，充分调动了用户参与的积极性与能动性，在短时间内为小红书聚集起大量具有相同兴趣和相近地域的用户群体，尤其是小红书品牌定位于年轻女性为主要参与者，它的主要目标群体是以80后、90后为消费主力军的年轻女性群体，构建起以女性为主的社区式参与文化群体。

（四）文化产业品牌符号的延伸

品牌延伸就是利用已经创建的品牌进入其他类产品市场。要把质量作为品牌的根基，加强对衍生产品的品质管理，不断强化和维护品牌符号的核心价值。打造文化产业品牌目标要放长远些，依托品牌优势，运用统一品牌整合各种资源，兼并其他优良资产，把组织与品牌做大做强，形成产业集团。

按照戴维·艾克的观点，品牌延伸就是利用在一类产品中已经创建的品牌名称进入其他类产品市场。作为品牌经营的基本战略之一，品牌延伸已经成为各种企业战略增长的核心。文化产业品牌的诞生一般都会经历一个"意义—品牌—产品"的过程，是一个从无形价值到有形产品延伸的过程，把文化产业品牌符号的象征价值通过品牌延伸策略向有形产品领域转移是打造强势文化产业品牌的内在需求。

以故宫文化IP的品牌延伸为例，故宫文创不拘泥于传统的"旅游纪念品"模式，而是贴近消费者需求，不断推出符合市场需求的文创产品。除了精心的外观设计和亲民的价格，故宫文创的品类也十分丰富，深入日常生活中的每个角落，拉近了与广大消费者的心理距离——胶带、本子、耳饰、怀表、布包、帽子、钥匙扣、卡套等应有尽有。消费者只要拿起手机，浏览故宫文创的网店，就能找到自己心仪的商品，而前去参观的游客在纪念品商店内看到精美的商品后，也很难空手而归。故宫周边产品曾推出了彩妆系列，包装一如既往地保持了故宫文创高质量的特点，还未上架就拥有了相当高的热度，上架后很多热门色号的口红很快售罄。故宫"御茶膳房"主营中式点心，其名字起源于清朝，是清朝皇室宫廷御膳府，2019年除了实体店，网店也逐步建设成熟。"御茶膳房"最热门的点心当属寿桃系列，品类丰富、外观精致、天然安全、价格合理的寿桃系列成为许多年轻人为家中老人祝寿时的不二选择。作为首部走进孩子视野的故宫题材童话《故宫里的大怪兽》，成为持续畅销的"现象级"童书，是一部会讲"中国故事"、善于从中华文化资源宝库中获取灵感、提炼题材的优秀作品。2019年5月，音乐剧《故宫里的大怪兽之吻兽使命》开启全国巡演；2020年1月，

《故宫里的大怪兽》系列全新续作《故宫里的大怪兽之消失的龙女嫁衣》在北京天桥艺术中心首演。

二、文化产业品牌的传播

中国文化产业的大发展归根结底取决于文化产品的开发以及公众对文化产品的消费，文化产业已经步入品牌传播与品牌竞争时代，作为文化产业基础的文化产业品牌，其传播具有独特规律。那么，文化产业品牌的传播有哪些原则及策略呢？

（一）提升品牌知名度是首要的传播战略

文化产品属于体验性产品，消费者没使用前是不知道其品质的，只有体验过才知道产品质量如何，因此消费具有一定的风险性。消费者更加注重外界的评价，也导致了网络效应和马太效应的出现，即越多人使用的文化产品，其品牌价值越大；越畅销的文化产品，消费的人就越多。知名度非常重要，只有高知名度才会形成良性循环，很多文化产品的营销宣传费用占到很高的比例就是明证。提升文化产品的品牌知名度大致有三种策略：加大宣传费用投入；采用差异化的创意；多媒体整合营销传播。

文化产品的知名度可以通过多媒体来传播和提升。以抖音短视频为例，抖音通过多种营销组合方式来满足不同品牌、不同阶段的营销需求，如蓝 V 品牌主页沉淀品牌资产，可以让消费者成为粉丝；特有的抖音挑战赛，帮助品牌赢取海量共创内容；抖音达人定制，为品牌打造最具抖音特色的创意营销方案；抖音内容合作平台——星图，全方位触达抖音 KOL（关键意见领袖），为品牌内容营销提供高效的解决方案。

（二）品牌符号的跨平台传播战略

因为创建一个文化产品品牌的风险大，所以文化企业都重视产品品牌的延伸性。在塑造文化产品品牌时，应该注重核心品牌符号的跨平台性，即核心人物或核心符号、核心理念应该具备一定的平台普适性，过于局限于某种载体或某个地域就很难实现品牌延伸，不能实现社会效益和经济效益的最大化。

再以故宫为例，故宫不仅以品牌符号延伸来打造故宫文化 IP，近年来故宫采用多种新媒体营销方式及制作高质量文化节目等，重塑并传播鲜活、年轻、接地气的品牌形象。故宫积极利用互联网传播工具，不仅开通了官方微信、微博等，还打造了故宫淘宝、故宫文创、故宫出版等新媒体矩阵及"每日故宫""故宫展览""故宫社区"等 App 矩阵，建立多方位新媒体营销阵地，形成有效的品牌宣传。故宫打造大量高质量的文化节目，包括《我在故宫修文物》《上新了·故宫》《国家宝藏》（参与制作）等，让传统文化变得温暖、鲜活、接地气，收获了大量用户的好评。故宫文创的微博营销非常活跃，光微博粉丝就有 596 万，日浏览量超过 100 万，关于故宫秋景、冬景、故宫内的猫等热门话题也有超高的微博转发量。故宫文创的微博风格活泼、有趣，同时寓教于乐，以轻松的形式向大众娓娓道来故宫之景、故宫中人，让消费者慢慢体味其中的文化内涵。"故宫淘宝"的微博粉丝量虽然没有故宫博物院的粉丝多，但是这些粉丝特别活跃、传播能力极强，他们是故宫文创产品传播的主力军。故宫也逐渐成为游客心中开展个性化"主题活动"的极佳去处，下雪去故宫赏雪、月圆去故宫赏月、穿古装在故宫拍照等也成为一种流行趋势，让故宫逐渐成为热门 IP。

（三）品牌文化传播的正能量原则

文化产品品牌的外部性特征，不是单纯地满足消费者的物质功能需求，其具有一定的社会功能与文化功能，过于小众和过于激愤、阴暗的文化产品品牌都很难获得长远的发展。从国内外成功的文化产品品牌案例来看，这些品牌的文化内核都是积极向上、宣扬主流价值观的。

李子柒古风美食短视频已经成为一种文化品牌。李子柒的美食短视频之所以火，本质原因是她代表了当下一种积极的文化现象。她是短视频生产者，内容充满视觉美感，不做作；她是一位自媒体人，用心、持续、高质、真实地输出美食短视频；她是生活的实践者，恬淡而丰富的乡村环境令人向往。李子柒作品中传达出积极向上、热爱生活的态度，是当下求快风气中年轻人需要学习的，她自食其力，传递给我们的是一种积极正确的劳动观。

（四）产品品牌与企业品牌同步传播

如果公司知名度和美誉度也如同旗下产品品牌一样高，那么公司将来推出的产品也较容易获得"背书效应"。例如迪士尼就是成功的典范，其旗下既有知名的产品品牌如《米老鼠和唐老鸭》《狮子王》《人猿泰山》，同时公司品牌也非常知名，公司推出的文化产品都非常畅销。再如李安导演，他导演的作品就是产品品牌，如《少年派的奇幻漂流》《断背山》《卧虎藏龙》，他自己就如企业品牌，这两者的知名度都非常高，出现了"李安出品，必属精品"的口碑效应。再以湖南卫视和旗下品牌节目为例，1997年，湖南电视上星，历经20年来的改革创新与发展，湖南卫视相继推出《快乐大本营》《玫瑰之约》《快乐女声》《快乐男声》《天天向上》《我是歌手》《爸爸去哪儿》《向往的生活》等一系列颇具影响力的综艺娱乐品牌节目，并在全国形成了广泛的娱乐文化风暴，湖南卫视也因此成为全国电视娱乐文化的领军者，其旗下的《快乐大本营》《天天向上》《我是歌手》《爸爸去哪儿》等综艺娱乐文化品牌更是家喻户晓。

第三节 文化产业品牌的维护

据统计，中国文化品牌的平均寿命只有7~8年，而跨国公司文化品牌的平均寿命却有11~12年，跻身世界500强的文化品牌的平均寿命更是长达40~42年。很明显，我国文化品牌的平均寿命太过短暂，文化品牌发展的持续性较差。企业花费大量人力、物力、财力打造的文化品牌，却在短短几年之间消失于人们的视野中，着实令人惋惜，不仅前期投入打了水漂，品牌的消亡还很有可能给企业带来灭顶之灾，解决文化品牌的持续发展问题已迫在眉睫。

大多数企业已意识到了品牌的重要性，纷纷使出浑身解数来打造品牌，然而并不是所有拥有品牌的企业都能意识到品牌维护的重要性，也不是所有意识到其重要性的企业都能很好地维护品牌。从某种程度上来说，品牌的维护比创建更难。品牌维护是一项繁复的系统工程，它不仅要求决策者有敏锐的洞察力、果断精准的决策能力，还要求决策者有抵御诱惑、躲避陷阱的能力，有冷静应对危机的能力，有持之以恒的毅力。只有做好品牌的维护工作，才能保持品牌对消费者持久的吸引力，保证其旺盛的生命力。

一、政府在品牌维护方面的职责

企业无疑是品牌维护工作的主体，但如若没有政府的支持，企业再怎么努力都是事倍功半。在品牌维护方面，政府的职责主要有以下两个方面。

1. 加大打击盗版力度，营造有利于文化品牌成长的市场环境

我国假冒伪劣问题一直很严重，文化领域内的盗版现象尤其严重。盗版不仅影响正版产品的销量，而且扰乱了正常的经济秩序，对人民的身心健康都造成了恶劣影响。盗版问题之所以如此猖獗，是因为我国法律对盗版的处罚不够严厉，同时也是因为正版产品的价格过高。政府一方面要加大对盗版的处罚力度，另一方面也要着力引导文化企业降低正版产品的价格，让普通老百姓都能消费得起。当有一天，正版和盗版价格差不多时，人们就不会再购买盗版产品了，这才是解决盗版问题的根本途径。

2. 建立健全相关的法律体系，为文化品牌的维护工作提供法律依据

在我国，维护文化品牌的法律依据主要有《中华人民共和国商标法》《著作权法》《专利法》，以及《中华人民共和国反不正当竞争法》（以下简称《反不正当竞争法》）。但这些法律都不是专门针对文化品牌的法律。由于文化品牌的特殊性，在适用法律时出现了许多问题，建立健全针对文化品牌的法律体系，就显得尤为必要。

在文化品牌维护方面，政府能提供的仅仅是一些外部条件，关键还得靠企业自身，企业才是文化品牌维护的主体。

二、企业通过法律途径保护品牌

法律是维护文化品牌最有效的手段。不仅品牌名称、品牌标志、商标名称、图形需要维护，构成品牌名称和品牌标志的各种要素同样需要细心保护。

（一）商标的法律保护

从法律意义上讲，品牌即凝聚一定吸引力和价值的使用中的商标。《商标法》规定，经商标局核准注册的商标为注册商标，商标注册人享有商标专用权，受法律保护。

1. 及时注册商标

商标注册是获得商标专用权的主要手段。注册实际上是履行一个法律手续，商标一旦注册成功，其他人就不能给相同或近似的商品注册或使用与自己企业相同或近似的商标，从而可有效防止他人侵犯本企业商标的合法权益。

2. 及时续展到期商标

《商标法》规定："注册商标的有效期为十年。"注册商标有效期满，需要继续使用的，应当在期满前六个月内申请续展注册；在此期间未能提出申请的，可给予六个月的宽展期。宽展期满仍未提出申请的，注销其注册商标。期满之后，只要企业提出续展申请，就可以再获得十年的保护期，续展次数不限。

商标由于没有及时续展而被抢注的事件屡屡发生。商标被抢注后，本是商标所有人的企业由于继续使用该商标而被抢注方告上法庭，以致要么放弃商标，要么交纳商标使用许可费，要么购回商标，无论哪种解决方式都会让企业付出沉重的代价。

3．注册联合商标及防御商标

联合商标是指商标所有人在同一种或者类似商品上注册的若干商标。防御商标就是在不同类别的商品或服务上注册若干相同的商标。注册联合商标和防御商标就是不给别人注册与自己相同或类似商标的机会，无论是在同种类别还是不同类别的商品或服务上，都坚决维护了商标专用权。

4．建立商标监测机制

通过专业部门监控品牌商标的使用和注册情况，防患未然。为了维护自己的商标专用权，企业可聘请专业机构密切关注国家工商总局颁布的《商标公告》，充分利用法律赋予的在先使用权、异议申请权和撤销申请权。

一旦发现《商标公告》上存在与注册商标相同或近似的商标，应及时向商标局提出异议，请求予以撤销。

5．申请认定驰名商标

驰名商标不仅在认证途径和认证时间上享有优势，更重要的是《商标法》规定："就相同或者类似商品申请注册的商标是复制、摹仿或者翻译他人未在中国注册的驰名商标，容易导致混淆的，不予注册并禁止使用。"不仅如此，《商标法》还规定："就不相同或者不相类似商品申请注册的商标是复制、摹仿或者翻译他人已经在中国注册的驰名商标，误导公众，致使该驰名商标注册人的利益可能受到损害的，不予注册并禁止使用。"这种保护已近似于防御注册所取得的跨类别的保护效果。

（二）文化品牌名称和标志的法律保护

当文化品牌名称与商标名称一致时，文化品牌名称和标志的保护是相对简单的，通过《商标法》的相关条款保护即可。目前，大多数的情况是，企业品牌名称常常与商标名称不一致，这时候企业可采取以下方式。

1．主动的事前保护

企业的文化品牌名称和标志要想取得事前的有效保护，最重要也最有效的途径就是实现文化品牌名称向商标名称的过渡。《商标法》经多次修改，已比较完善，可对企业的商标权实行全方位、多角度的有效保护，这种主动的过渡，实质上是一种对文化品牌名称标志被侵权的有效预防。"凡事预则立，不预则废。"企业在运营过程中，要密切关注其他企业是否存在对本企业品牌名称和标志的侵权行为，如果存在，立即向相关部门报告或向人民法院起诉，坚决捍卫自己的权利。

2．被动的事后保护

这主要是指在品牌名称或标志遭到侵权时，企业所采取的行动。此时，企业就不能再依靠《商标法》，而要借助《反不正当竞争法》和《著作权法》，依据这两部法律的有关条款来保护文化品牌的名称和标志。

(三) 文化品牌知识产权的法律保护

文化品牌的构成要素除了商标、品牌名称和标志，还有一些要素对品牌形象具有重要意义，如文化品牌的定位主题句、广告词、代言人等。

按照《著作权法》的有关条款，凡是具有独创性的文字、图片及影视作品，都应纳入保护的范畴。企业在塑造文化品牌形象的过程中，在媒体上所使用的一些广告语、图片和视频等，都凝聚了广告设计人员的脑力劳动。这都是企业品牌资产的重要组成部分，必须依据《著作权法》的相关条款加以保护。

思考题

1. 为什么文化产业要树立品牌理念？
2. 与其他品牌相比，文化产业品牌有哪些特征？
3. 在文化产业品牌的打造上有什么策略？
4. 在文化产业品牌维护上，政府有哪些职责？企业如何保护其品牌？

案例讨论　　91 岁了，米老鼠如何红了这么久

2019 年 11 月 18 日是迪士尼米老鼠的 91 岁生日。童颜依旧的米老鼠先生红了 91 年，如今依然那么受欢迎。是什么让它能够如此长久地"红"下去呢？我们一起来看看。

1928 年，迪士尼推出史上第一部有声动画《汽船威利号》，在里面吹着口哨开着船的米奇因此一炮而红。电影上映那天（11 月 18 日）也被官方定为米奇的生日。

91 年了，米老鼠依然那么可爱，活跃在荧屏内外，传播着真善美。是什么让它一直这么受欢迎呢？我们一起来看看迪士尼用什么办法为米老鼠"续命"。

延长版权保护

米老鼠一炮而红后，如果没有版权保护，大家纷纷趁热度，甚至用恶搞、抹黑来吸引关注，那么米老鼠难以维持美好的形象。为了保护米老鼠的版权，迪士尼甚至推动了美国《版权法》的修订。原本，美国《版权法》只赋予版权 56 年的保护期，也就是说，《汽船威利号》中的米奇本该在 1984 年就超过版权保护期了。为了保住米奇，迪士尼出力游说美国政府延长版权保护期。

在 1976 年和 1997 年，迪士尼和其他企业成功说服美国政府两次调整相关法案，将对版权的保护期延长到 95 年。

不断创新，一直在变

随着时代审美的变化，迪士尼也在修改着米奇的形象。同时，每一个版本都是一个独立的知识产权所有物，也是一种 IP 版权的"软续命"。我们现在看到的米老鼠形象和《汽船威利号》版本中的米老鼠并不一样。《汽船威利号》大获成功后，华特将首部米老鼠动画进行有声化重制，到 19 世纪 30 年代末期，米老鼠动画短片已经达到 15 部，这只小老鼠已经变成了一种文化符号。1935年,动画师弗雷德·摩尔给米老鼠换了新造型,也就是我们今天所熟悉的那个米老鼠。同年,在《米老鼠音乐会》中米老鼠首次被上色,时至今日该动画片已被视为动画杰作。

如今,米奇拥有主题乐园、系列服装,以及电视网络。在这些道具的装扮下,90多岁的它依旧时髦。比如在一个故事里、一个游戏中,它的形象可以不断地发生变化,因为它有一系列的服装道具,如米老鼠在《王国之心》系列游戏中的装扮。

开发衍生品助其"长红"

米老鼠一直活跃在人们的生活中,从未淡出过。它的形象随处可见:动画片、衣服、毛绒玩具、塑料玩具、贴纸、游戏……如今,米老鼠早已经是一个具有良好内容沉淀的IP。根据维基百科的"媒体特许经营产品畅销榜",迪士尼凭借米老鼠IP通过产品售卖、衍生授权等方式,累计获利超过700亿美元。

实际上,米老鼠衍生品之所以可以卖到全世界,是因为米老鼠的故事动人。90多年来,米老鼠已经在超过450部电影、剧集和短片中亮相过,每一次亮相都很惊艳。打开有关米老鼠的电影,你会发现已有的豆瓣评分都在8分以上。

我们也可以看到迪士尼对米老鼠这个IP的珍惜,它并没有因为对利益的过分追逐,而使得在发展IP的过程中放弃对质量的考究和打磨,导致米老鼠这个IP沦为一次性消费品。

从米老鼠身上,我们可以看到IP具备长变现周期和强变现价值。通俗一点来说,它应该是放长线、钓大鱼的事业,而不是可以不顾口碑、赚了钱就万事大吉的一次性消费品。

资料来源:91岁了,米老鼠如何红了这么久? [EB/OL]. (2019-11-26). http://hnwc.voc.com.cn/touch/view_xhn.php?tid=51616014&cid=3623.

讨论题:
1. 迪士尼米老鼠和其他卡通明星相比,为什么能够如此"长寿"?
2. 结合本案例,谈谈文化产业品牌的维护有哪些策略。

延伸阅读 扫码学习

文化产业的品牌管理

第六章　文化产业的人力资源管理

 引导案例　　应用型人才需求旺，冷门专业成艺考黑马

一年一度的"艺考季"已经拉开帷幕。上海戏剧学院昨日公布2020年本科招生最终报考人数为47 220人，再创新高。报考表演专业的考生多达8881人，招录比达253∶1，最难考的则是播音与主持艺术专业，6746名考生将竞争仅有的20个招生名额，堪称"千军万马过独木桥"。

播音主持和演员这类"台前"专业吸引力十足并不稀奇，让很多人没想到的是，"幕后"专业竟也同样吃香。服务于灯光、幕布、服装、化妆的舞台美术系就是这样一匹黑马，2020年仅有50个招生名额，但报考人数突破了5000人，100∶1的招录比着实是"百里挑一"。

"可以预见的是，舞台美术专业还会一直火下去。"上海戏剧学院舞台美术系党支部书记胡佐在接受本报采访时说。舞台美术专业虽源自戏剧，但实际应用领域已超越了戏剧，能与多种艺术品类"合槽"，就业前景广阔，与此同时，文创产业和文化事业的快速发展，形成了对戏剧、影视的大力支持，也决定了对该领域人才的旺盛需求。

跨界形成竞争力，应用型专业"不会轻易被淘汰"

一个幕后工种，竟然成为艺考大热门，它的走红是意外吗？

知名舞美设计师黄楷夫说，舞台美术是应用性很强的专业，所培养的人才不仅能够服务于现代舞台艺术、影视艺术，同时在广告、文创、空间设计等领域也有很强的适应性。"可以认为，舞台美术在未来很长的一段时间里，是不会轻易被淘汰的。"

即便毕业后不选择舞台，从事与美术相关的工作也非常方便。胡佐告诉记者，眼下在多媒体设计、空间设计、环境艺术设计、城市空间设计等传统与新兴领域，出现了越来越多舞美专业毕业生的身影。"用戏剧的思维、导演的思维来做美术设计，成果往往优于传统的美术专业和平面设计专业。用人单位给的反馈非常好。"担任国庆70周年联欢活动烟火总导演蔡国强、2008年北京奥运会开闭幕式灯光总设计师沙晓岚、北京奥运会开幕式化妆造型总设计徐家华等，都是舞台美术专业出身。

其实，2019年艺考阶段，舞台美术系就"小爆"过一回，报考人数比2018年足足翻了三倍，从50∶1的招录比中已经可以看到这个专业"爆红"的趋势。

那么，有点特殊又有点神秘的舞台美术究竟学些什么？据介绍，舞台美术专业极为看重学生对空间能力的掌握。大一新生刚入学就要开始锻炼建模能力，用不同的材料对各种空间进行塑造和表现。"可以视作'复合型'的美术专业，但比纯粹的美术专业涉猎的知识面更广、应用性更强，学科的技术含金量可不小。"黄楷夫说，培养艺术与技术相融合的高端人才，也是戏剧专业院校人才培养的重要方向之一。创新创造能力、审美能力，与技术手段和舞台呈现技巧结合，这样的应用型人才有很强的竞争力。

专业从冷到热的背后，是相关行业的快速发展

国内戏剧以及影视产量、品质的不断提升，直接带来对相关艺术领域人才的巨大需求。除了文艺作品幕后工程的建设者——舞台美术需求旺盛外，音乐剧表演、木偶表演等过去相对冷门的专业，近几年也受到相关行业快速发展的驱动而日益升温。

2020年，报考上戏音乐剧表演专业的考生数量再创新高，达到了1037人，该专业近年来居高不下的人气，推动力出自音乐剧产业的快速发展。据上海市演出行业协会的数据显示，仅2019年上半年，上海音乐剧演出就达到292场，票房收入突破6000万元，音乐剧产业在国内迎来了"大爆发"。

走红的还有木偶表演专业。只招18人的木偶表演专业，从2018年至今报考人数始终"过千"。事实上，木偶表演一直是当代戏剧重要的艺术领域之一，火遍全球的舞台剧《战马》就采用了非洲的木偶技艺，是先锋性和前沿性的代表剧种。中国的木偶艺术同样历史悠久，且种类丰富，今天，这些"非遗"和传统艺术迎来了活化传承的最好时机，给了木偶剧很大的发展空间。

不过，也有学者提醒，"冷"专业的走红过程中，也不排除有部分学生希望通过所谓艺考洼地进入演艺圈。上海戏剧学院院长黄昌勇认为，艺考之路并没有所谓捷径，机会要留给真正需要的人，而不是因为表演等热门专业竞争太激烈而实行的"权宜之计"。对艺术的追求和敬畏，是每一个艺考生必须坚守的底线。比如，京剧表演可谓冷门专业，却总能吸引到一批对传统艺术心向往之的年轻人。上海戏剧学院戏曲学院院长李佩红说，戏曲是个性化，而不是"批量生产"的，对专业的热爱和尊敬才是跨入艺考之门的钥匙。

资料来源：童薇菁. 上戏公布报考人数，50个舞台美术专业招生名额吸引5000余人报考 应用型人才需求旺，冷门专业成艺考黑马[N]. 文汇报, 2020-01-09.

本章导读

任何一个产业的发展都离不开土地、资本、技术、信息、劳动力等生产要素的优化组合，然而，在这一过程中，人是最重要的因素，因为人具有主观能动性，是一切活动的主体，无论是管理创新、制度创新还是产品创新，都必须依靠高素质的人才来推进。文化产业作为一个以创造性为主体的知识密集型产业，对人才的要求就显得更为重要了。文化产业的发展离不开强大的人力资源支持，如何进行文化产业人力资源的开发管理，为我国文化产业的持续快速发展提供合格的高级专门人才，是摆在我国文化产业界面前的重大课题。它要求文化产业人才不仅有一般人才的共性，还需要具备文化底蕴深厚、创新能力较强、社会信息面广、经营之道熟悉等条件。因此，文化产业人才是制约文化产业发展的关键因素，加强文化产业人才培养是发展文化产业的重点。

本章重点介绍文化产业人力资源的特点和分类、我国文化产业人力资源发展现状，以及文化产业人力资源的培养模式和开发管理。

第一节 文化产业人力资源的特点和类别

企业是产业发展的载体,任何企业的发展都离不开人才,人才是决定一个企业成败的关键因素。当今,企业之间的竞争主要是人才的竞争。对从事文化产业经营的企业来讲,由于文化产业的特殊性,企业的发展更应注重文化产业人才的挖掘与培养,它是我国文化产业走向世界并参与国际竞争的关键,是我国文化产业做大做强的重点。所谓文化产业人才,指的是在文化产业经营中,从事文化产品的策划、生产、销售、管理等环节的工作人员。文化产业对人才的要求与物质生产的企业相比,有着自身的特殊性,主要呈现出以下几个方面的特征。

一、文化产业人力资源的特点

(一) 文化的综合性

文化产业的人才必须具备综合性的文化素养,不仅要有深厚的文化底蕴,还要具备完整的文化体系,文化知识要不断更新,唯其如此,才能适应文化产业发展和竞争的需要。

1. 文化底蕴的深厚性

文化产业是以文化资源为生产要素、文化内涵为主要内容、文化产品为经营对象的创造性企业集合,因此文化产业具有时代性、前沿性、创新性、多样性和大众性特征。文化资源具有历史性和共享性,它要求文化企业在拥有本行业与其他企业同等资源的条件下,还要开发和生产出自己的特色产品,这样才能在文化市场上立足。这就要求文化产业人才要充分领悟文化精神,注重内涵,要有扎扎实实的文化功底和灵敏的文化创造力,否则,就难以进行文化产品的创造。在当今社会,许多文化产品的生产者本身就是文化大师或艺术大师,如一些画家、音乐家、书法家、文学家、歌唱家等,他们以自身特有的文化底蕴和独特的文化创造力,生产出文化品位高又深受大众欢迎的文化产品,从而使自己的才华转化为文化价值。文化产业对人才的要求正如一位著名的节目主持人所说的:"电视台、电台节目主持人之间的竞争,不单是在音色、普通话、气质等方面的表现,而且是每个人的文化底蕴和内涵的较量。"

2. 文化体系的完整性

当文化产品作为商品时,它与别的产品有共性的同时也有自身的特殊性,即文化性。它要求文化产业的经营人才不仅具有经济、管理、金融、营销等方面的知识,同时还必须具备文化、文学、新闻、伦理、书画、历史、地理、旅游等相关领域的知识。另外,还要具有一定的计算机、网络等现代科技知识。例如,在现代的出版业中,排版、印刷都必须借助计算机、网络等现代科技手段,它要求从业人员在掌握编辑知识的同时,必须熟练掌握计算机排版、数字网络技术。再如,从事动画产业、电影业和电子游戏业的游戏动画师不仅要具备计算机的基本知识,如 Windows 多媒体编程、游戏设计、计算机图形学、游戏引擎等,同时还要具备美学、绘画、色彩构成理论、角色设定、生物素描、后期合成、游戏体系结构等基本知识。

3. 文化知识的更新性

文化企业生产的产品，其主要元素是文化、知识。随着社会的发展、时代的变迁，文化在不断地发展，知识在不断地更新。作为文化产业人才，要跟随社会的步伐，把握时代的脉搏，要树立终身学习的思想意识，要有"活到老，学到老"的进取行为。唯有如此，文化产业才能跟上时代步伐，才能满足大众不断变化的文化需求，才能在生产经营中获胜。例如，游戏产业是一个蓬勃发展的产业，有众多的企业参与，被认为是 21 世纪角逐激烈的产业。虽然我国的游戏市场很大，但是我国的电视游戏业和计算机游戏业还不发达，缺乏"本土化原创"，难以与国外的游戏业竞争。近年来，国外的大型游戏制作企业，如美国的迪士尼和日本的任天堂、科乐美已开始进军中国市场。所谓"本土化原创"，并不是指包括中国文化题材的游戏，主要是指由中国人完全自主开发、设计制作的游戏。由此可见，游戏产业之间的竞争，实质上就是游戏产业人才知识创新性的竞争。游戏产业的知识更新速度非常快，游戏动画师、游戏程序师必须不断学习才能开发出新的游戏软件，创造出自己的品牌特色。

（二）能力的复合性

在经营文化产业时，文化产业人才不仅要具有多重性，而且还要具备一定的经营管理能力，能有效地对文化企业的人力、财力、物力进行配置，参与市场管理。

1. 角色的多重性

文化产业的从业人员在文化产品的生产中处于核心的地位，文化产品的特殊性，决定了文化产业从业人员的工作角色具有多重性。这就要求他们要学会转换角色，在不同的岗位都能适应工作的要求，而且干得出色。

以报业为例，对于报纸这种文化产品来说，如何选择目标读者，如何确定报道内容，如何确立报纸水准和风格特色，报社的高级编辑最有发言权，其为记者采访、编辑、组稿、排版指明了方向，确定了专业规范。从这一点来说，高级编辑担任的是"决策者"与"设计师"的角色。另外，报纸生产是由诸多工种和工序集合进行的，这一系统的有效运转离不开报纸高级编辑的指挥调度。为了保证新闻传播的时效性以及报纸的高质量，记者、编辑、资料员、技术工人、印刷工人等需要协同作战，使各个环节畅通无阻，各项工作默契配合。此时，报社高级编辑实际担任了"管理者"的角色，指挥各个环节，调度人力、物力，并力求提高整体效率，使出版工作顺利进行。报纸是由各类稿件组合而成的新闻产品，报纸编辑工作的对象主要是各种类型的单篇稿件，这些稿件在很多情况下并不完全符合报纸的要求，需要编辑进行修改，有的还要配备相关的资料、言论、图片等，如何对这些原料进行加工组合，高级编辑既是新闻产品的"生产者"，又是新闻传播的"把关人"。

文化产业从业人员的多重角色不仅表现在出版业，还表现在电影、电视剧的制作等行业。例如，拍一部电影，导演既是总指挥又是总策划，有的还可能在戏中担任某个角色，而在这部电影的生产、发行过程中，导演又担任着销售商的角色。

2．能力的综合性

把文化作为一种产业经营时，就是一种市场行为。文化产品价值的实现要依靠成功的市场交换才能完成，它需要对社会的需求进行预测，以此来确定文化产品的策划、设计、生产、包装、销售等过程，并对生产的投入产出进行计算，对人力、财力、物力进行组织和协调。这些都要求文化产业的人才必须具备一定的经营管理能力，文化产业的经营对其自身发展具有关键作用，只有通过经营才能把文化产品的生产与销售联系起来。近年来，我国图书市场的竞争越来越激烈，各出版社都在全力打造畅销图书，甚至出现了由"出版商+包装商"共同开发畅销书籍的探索模式。世界图书公司推出的"富爸爸，穷爸爸"系列丛书以及由中信出版社出版的《谁动了我的奶酪》《小狗钱钱》等都是由北京读书人文化艺术有限公司担纲策划营销的。由作家出版社出版、郑建华策划并担任责任编辑的《好妈妈胜过好老师》一书，到2012年4月销量已达550万册，创造了家教图书新神话。在畅销书的经营运作中，出版社编辑的角色必须转型，要从单一经营文本，转变为经营产品、经营资本、经营品牌，最终要从文本编辑提升演变为项目经理。

（三）思维的创新性

思维的创新性主要由好奇心、求知欲、怀疑感、思维独立性等因素组成。人们在认识世界与改造世界的过程中，观念创新、知识创新、技术创新、体制创新、管理创新等都离不开思维的创新，也都是以思维创新为先导并贯穿于生产活动中的。

经营文化产业也需要一种有创造性的思维活动。文化行业生产的产品在很大程度上必须满足读者的精神需求，这要求文化产业人才展开艺术想象的羽翼，突破原有规范和模式，以更大的独创性、灵活性去策划、组合生产要素，从而创作更新、更符合大众品位的精神产品。例如，创立于1993年的西西弗书店，凭借多年的良好经营和不断创新，目前已经成为国内民营连锁书店的龙头，在全国70多个城市拥有300多家实体连锁书店。在大部分书店经营困难甚至关门停业的浪潮中，作为传统的标准连锁书店，民营资本的西西弗书店却能实现门店逆势发展而不断扩张，主要得益于其不断创新的服务模式，包括选址、管理以及导购模式等多个方面。

选址方面，门店选址与商业地产紧密合作。西西弗书店曾测算，只要进店人数达到日均1000人，年收入就能够达到500万元。地产商或出于人文情怀或出于丰富商场业态的需求，西西弗有些连锁书店的租金是商场租金的10%，有些书店则是完全免租的。因此，购物中心成为西西弗书店主要的运营场所。自2009年开始，西西弗书店的策略便转向"依托购物中心"的运作模式，为此，西西弗书店在企业内部专门配备了商业地产团队，与地产商进行入驻谈判。这种民营书店与商业地产的合作模式，既为商场带来了人文元素，也为读者接触书店提供了便利，更为西西弗书店的快速发展打下了基础。

管理方面，西西弗书店后台设置有19个专业系统、三大数控模型。采控模型对每一家书店的客群定位、阅读习惯、消费能力进行模型分析，再通过对图书的标签化处理，形成一一对应关系，从而决定哪家书店应该采购何种图书。每过三个月，采控模型都要做一次微调。流控模型是对每一本进店图书进行单品管理，一本书不能随便摆放，而是要经过流控模型观察其销售形态，新书赶老书形成书流。调控模型则是为了解决书店最头疼的库存周转问题，通过店与店之间的内部调剂达到优化库存效率的效果。

导购模式方面，力求方便顾客，把卖书服务做到极致。传统的书店，其卖书的方式多为书架陈列，顾客要买什么书只能一排一排地寻找，颇费周折。西西弗书店创新了引导顾客找书的服务方式：在地面设置精心设计的动线，将顾客引导至自己欲购图书所在的主题区域。从进门到找到想要的书，每位读者只需不到15分钟的时间。

二、文化产业人力资源的分类

文化产业是科学技术与文化艺术高度融合的产业，人的"头脑"是创意经济基本的生产资料，技术是创意经济基本的生产工具，因此文化创意产业对人才的知识与能力结构有着特殊要求。

澳大利亚政府将文化产业人才分为三种类型：专业型工作者，在创意产业中从事创造性职业；镶嵌型工作者，在其他产业中从事创意性职业；辅助型工作者，在创意产业中从事其他职业。

联合国教科文组织（UNESCO）在《2009年文化统计框架》中将文化产业人才分为图书馆人员、档案馆人员和策展人；作家、记者和语言学家；创作及表演艺术家；艺术、文化和烹饪相关专业人员；广播、音效和视觉技术专业人员；工艺品及印刷工作者（包括所有使用黏土、金属、玻璃、木材和纺织品等媒材的工艺品工作者）。

我国学者向勇将文化产业人才分为七类，其中包括：创意人才（艺术家、设计师、导演等）；技术人才（音乐制作人、录音师、摄影师等）；经营人才（社长、团长、经理人等）；营销人才（营销总监、市场推广主管等）；通路经营人才（戏剧经营者、拍卖经销商等）；管理人才（经理、总编、总监等）；研究人才（教授、研究员、咨询顾问等）。

借用美国竞争力委员会《创新美国》工作报告中对21世纪创新劳动力的诠释，从人才维度分析，文化产业人才是具备深度、宽度、广度的人。所谓深度，就是要有一定的理解能力与掌握专业知识的能力；宽度是团队协作的能力，是将不同学科知识在工作中进行融会贯通的能力；广度是要具备接受各方面知识的能力。根据发展产业链，文化产业人才主要分为创意、策划、经营、管理四类人才。

1. 创意人才

创意人才是从事内容创作和设计制作，以技术介入与产业化方式制造和营销不同形态的文化产品，并提供各种文化服务的人才。创意人才是产业发展的最核心力量，要求具有广博的文化视野和杰出的创意能力。

2. 策划人才

策划人才是从事知识咨询、专业评论、活动策划、信息对接及组织承办等的人才。要求具备丰富的文化艺术素养、策划、企业经营管理等各种综合知识，熟悉市场营销、商学、社会学、教育学和传播学等学科。

3. 经营人才

经营人才是从事市场调研预测、生产、营销、售后服务等的人才，为资产资本运营方向负责。在一定程度上，经营人才决定文化创意企业的成败。

4. 管理人才

管理人才是能够对产业环境进行科学评估和把握，站在行业角度审视企业发展方向，制定发展战略的人才。要求具有较强的综合素质，能够将专业知识与其他领域的知识有机结合。

第二节 我国文化产业人力资源发展现状

一、人力资源发展战略与政策不完善

人力资源在文化产业的进步发展中能够增加文化创意的资本产值，然而传统形式的文化产业相关人力资源体系对其发展产生了严重的影响，已阻碍了文化产业行业领域的健康、稳步发展，更制约了其核心竞争力的发展。文化产业已经实现了纵深发展，国际针对文化产业中的人力资源竞争愈加激烈，客观环境也在不断变化，这对现代文化产业相关人才自身的创新能力提出了更为严格的要求。

文化产业虽然属于朝阳产业，但是其毕竟处在发展的初期，实践与发展相关的历史并不长，其在人才资源的引进、开发、应用与管理工作当中欠缺能够效仿和依据的先例，并且人力资源这一关键的资源战略未得到合理有效的注重。人力资源相关的开发工作欠缺良好的体系与系统，不具备预见性、全面性，并且也不够规范，人力资源相关工作还处在"哪里有病医哪里"的状态，对于企业实际发展过程当中对劳动力的需求还只能是应付。重视人才的引入却忽视了有效开发，重视对人才的使用却忽视了合理有效的培养，重视对人才的管理工作却忽视了对其服务工作。这些现象的存在使绝大多数现代文化企业尚未切实关注并注重人力资源相关的开发与管理工作，其尚且处在非常低的状态。

文化产业相关的政策以及人才资源政策相关的配套内容弹性不足，贯彻执行落实得不到位，文化企业中与人才资源相关的引进、使用、培养与发展都还未能切实享受到相关的优惠政策。比如，很多与文化产业相关的特殊人才由于学历、年龄、职称等硬性条件的限制，难以被及时引进；很多人才的工作、住房、家庭、子女入学以及医疗保障等问题尚未得到合理有效的解决，导致人才资源在发展空间与条件方面的限制，进而导致人才资源的严重流失。

二、创意型、跨界型和经营管理型人才缺乏

当前，我国文化产业人才资源架构不合理，创意型人才、跨界型人才以及经营管理型人才严重缺乏。

1. 创意型人才供不应求

文化产业中具有的人才资源架构中，绝大多数都是普通型工人，具备专业技术的人才数量极少，高层次运营人才以及策划、内容开发和设计相关的高端创意型人才资源严重不足，这对于现代文化产业的升级与发展是极为不利的。伴随各类文化市场的拓展与创新，原创的策划人、高级动漫制作工作者、游戏开发者、广告设计工作者、剧本原创作家、设计师以及

编导等创意型人才资源严重供不应求。

2. 文化产业缺少跨界人才

有个很流行的说法叫作"斜杠青年",多数领域需要跨界的技能和才能,我们要做斜杠理念的教育。例如,一些企业既要做文化项目又要做地产项目,这就是跨界,但目前都是只做地产,缺少跨界人才。

文化产业是一个跨行业、跨部门的复合产业,是由"研究—开发—设计—制造—运行—管理"等环节组成的产业链。我国文化产业管理专业至今已在上百所院校中开设,其中"双一流"院校21所,在新兴专业课程中发展进步显著。随着社会对文化产业人才数量及质量需求的提高,高校的人才输送却未能达到社会需求,社会中专业人才需求仍存在巨大缺口。党的十八大以来,我国文创产业发展态势持续走高,文化产业整体融资规模不断扩大。跨界融合成为文化产业发展的新渠道,我国文化产业逐渐进入跨越式的发展阶段。在这样创新融合的环境下,社会需要有文化素养、思维创新、市场洞悉能力强、懂营销会文案、懂管理会技术的应用型、复合型人才,这是对人才的考验,也是对高校专业人才教育模式的考验。

3. 经营管理人才数量偏少

我国的文化企业普遍缺乏市场经验,特别是对国外市场及市场运作规律比较生疏。各类创意文化人才、经营管理人才、技术开发人才和市场营销人才的缺口很大。在进入国际市场时对国际规则所知不多,既无法做到专业运营为企业争取最大利益,也无法做到有针对性地根据市场开发产品。尽管我国的文化资源很丰富,但是经营管理水平不高,文化资源的商品转化率很低,文化产品的精神内涵和艺术精致程度也很低,不仅没有深度开发国内市场需求,而且很少能走出国门与国外的文化产品展开竞争。

我国文化产业经营管理人才数量不足,主要体现在以下四个方面。

(1)高层次、复合型经营管理人才紧缺。

(2)懂经营管理和营销知识的人才少,擅长策划、资本运作的人才偏少。

(3)熟悉国际惯例和规则、擅长市场运作、具有战略思维的外向型经营人才短缺,影响文化传媒的实力和竞争力。

(4)文化经营管理人才的开拓能力和创新能力尚不够强,文化经营管理后备人才不足、活力不强。

三、高校文化产业专业人才培养存在的问题

随着文化产业管理专业受重视程度的不断提高,部分高校在人才培养上成效显著,但仍有众多高校在培养模式上存在很多缺陷。

1. 学科差异化建设较弱

不同专业针对不同地区、不同教学导向在学科设置上是有区别的,但各高校在学科设置上存在批量课程一把抓、没有标准等问题,不能因地制宜,未能根据自身专业就业导向设置差异化、针对性的学科课程。

2. 创新特色的培养模式亟待建立

当今社会互联网、新媒体行业发展势头迅猛,文化产业不断向市场靠近,产业融合文

创新的现实对我国文化产业人才提出了更高的要求，而我国高校在人才培养模式上却相对单一落后，从基础上限制了学生的多元发展。

3．实践型师资力量相对薄弱

当今社会需要有实践能力的人才，反观国内高校该专业人才培养，师资团队大体来自管理学、经济学、艺术设计、中文学等门类，门类杂乱且分配笼统；教学方面也多以课堂教学为主，对学生实践能力的培养不够，人才输送跟不上产业发展。由此可见，优化师资团队很有必要。

第三节　文化产业人力资源的培养模式

关于我国文化产业人才的培养模式，当前主要有高校模式、行业/企业模式和高校与行业/企业联姻模式三种。

一、高校模式

高校是人才与社会市场的桥梁，在创新融合的大环境下，社会越发需要复合型人才。当前，我国高校文化产业管理人才培养在教学体系、特色建设等方面还存在许多不足，这正是高校人才与社会脱节、推动文化产业发展的优秀人才缺失的主要原因。对此，需要高校建立更为科学的教学体系、优化师资团队配置、建立产学研实践平台，鼓励学生创新发展，让学生与社会市场需求更加契合，培养出更具备市场竞争力的文化产业管理专业人才。

（一）国外高校文化产业人才培养

1．美国构建产业为导向的人才链

"创意立国"的概念最早由澳大利亚政府提出，创意产业肇始于英国，美国是世界上文化创意产业头号强国，目前还没有其他国家能够赶上美国在文化上的总体实力和竞争优势。

目前，全美有20余所大学开设艺术管理专业，由于美国在管理学理论实践方面一直处于世界前沿地位，因此该专业在学科建设和人才培养实践方面已颇具气候。

与其他领域一样，美国高校艺术教育同样注重在吸收其他国家先进经验的基础上自主创新，教育体系、制度和方法不断推陈出新，处于百花齐放、百家争鸣的状态，但这并非一种无序的、没有目标的状态。美国高校艺术教育一直紧跟美国社会经济发展的进程，两者相互影响并相互促进。美国非常注重以产业为导向的人才链构建，一方面重点培养"创意核心群"人才，这些人是艺术设计、图书出版、媒介经营、娱乐产品等领域的研发设计创意人才，另一方面培养"创意专业群"人才，这些人是策划、管理学等方面的人才。在这个人才链中，应用型和高端创意人才各司其职，两个核心群之间相辅相成，"创意核心群"提供创意，"创意专业群"则提供技术管理、金融操作、法律咨询等服务。打造完整人才链的培养机制为美国文化创意产业的发展提供了源源不断的人才动力。

2．澳大利亚关注应用能力

作为欧美游戏、影视产业最重要的海外制作基地之一，澳大利亚很早就将创意产业正式并入大学教育体系。澳大利亚政府认为，创意人才的能力包括团队合作、沟通能力，对文化的理解能力，解决问题和决策能力，以及非智力能力，如自信、乐观等。澳大利亚高校对文化创意产业人才的培养目标主要集中在应用型方面。

澳大利亚政府教与学委员会于2009年发起"工作室教学项目"。该项目主要是鉴定、描述和调研工作室教学与实践在艺术、建筑和设计等学科领域的情况，总结出每一个学科中有效的工作室实践经验，为高等教育部门做出决策参考。同时，对工作室教学实践进行系统检查，激励教师进行相关课程的开发、实践和专业发展，帮助高校制定适当的教育政策。该项目为澳大利亚高校在艺术、建筑和设计人才培养方面提供了有力的支持。

此外，澳大利亚高校还非常重视对相关专业学生的创业教育。针对创意人才在创业之初面临的困难，澳大利亚政府制订了"艺术启动"计划，通过澳大利亚委员会，每年向从事创意产业的艺术专业毕业生、艺术家个人及专业机构提供创业资助。

3．英国聚焦过程培养

英国是世界创意产业的最早发源地之一，在制造业日趋衰落的背景下，1997年，时任首相布莱尔提出了聚焦文化创意产业、振兴经济的目标，指出要为有才能的人士提供培训机会，尤其是要注重对青少年进行艺术教育和创造力的培养。

英国高校素来有高等教育和职业教育相结合、培养与就业相统一的传统，并十分重视能力训练，这种教育机制使英国高校的专业与课程设置能够及时根据市场的需要、产业的发展更新调整。随着文化创意产业的发展，英国高校华丽转型，将人才培养顺利纳入了产业链中，培养体系从本科到研究生都非常完备，有效发挥了高校的社会服务功能。英国政府对高校文化创意产业人才培养十分重视，文化传媒与体育部与多所大学合作，设立"创意产业高等教育论坛"，定期邀请政府官员、教育机构和创意企业的代表，就英国创意产业发展和人才培养开展研究交流。政府还鼓励艺术家参与到学校艺术教育中，很多高校聘请艺术家担任学校的艺术教育辅导教师，学校向有关基金会提出申请，给予艺术家一定的报酬，艺术家则在教学相长中获取丰富的创作灵感。作为国家"创意合作伙伴计划"的一部分，贸易工业部推出"设计师与学校联系计划"，设计师走进全国各地的校园，培养青少年的创造能力。此外，英国高校非常注重对普通人艺术和创意潜能的开发，师生走出象牙塔，在社群与文化机构之间、政府与企业之间积极发挥服务功能，有效推动了文化创意产业的发展。由于强调创意的导向思维，英国高校特别注重培养学生关注创意的过程，而不是结果。

4．韩国、日本重视传统文化传承

1998年，韩国政府提出"文化立国"的方针。2000年，韩国成立韩国文化产业振兴委员会，负责制定具体的实施规划，明确发展目标，加强机制建设，尤其是重视对文化创意产业人才的培养。韩国政府从多方面着手改革高校教育和人才培养机制，建立专门的文化创意人才库和"文化创意产业人才培养委员会"，负责人才培养计划的制订、协调，设立"教育机构认证委员会"，对文化创意产业教育机构实行认证制，给予其中的优秀者奖励并提供资金支持。通过完善管理系统、加强院校培养、利用互联网及社会教育机构、鼓励创新等措施培养文化创意产业人才。在文化创意产业人才的培养中，韩国特别重视对民族文化的传承，儒家文化深深根植在韩国的价值观念、行为规范、教育思想和企业文化当中。

文化创意产业在日本被称为"内容产业"，日本高校在文化创意产业人才培养中尤其重视"内容原创力",重视本民族文化。日本高校艺术教育更加注重传统的回归以及本民族文化的彰显,力求培养学生在传统中求创新、创新中保持传统的原创能力,致力于将日本文化传播到世界各国。旺盛的原创力成为日本文化艺术产品的显著特征,全世界闻名的日本动漫产品蕴含着浓厚的民族文化传统。在增强世界各国对日本文化的认同感、扩大日本国际影响力的同时,日本动漫为日本文化创意产业带来了巨额利润。

(二)我国高校文化产业人才培养

人才培养落实到高校,涉及专业学科和专业设置。目前,中国高校对文化创意产业人才培养的专业设置途径主要有两种,即文化产业管理专业和艺术类专业,这两种途径的培养目标和就业领域有很大的重合性。

1993年,中国第一个以"文化经济"为专业方向的四年制本科专业——"文化艺术事业管理"在上海交通大学设立,这标志着文化经济学的理论研究与学科建设进入了中国学术界的视野和高等教育领域。2004年3月,教育部下发《关于公布2003年度经教育部备案或批准设置的高等学校本专科专业名单的通知》,正式批准在山东大学、中国传媒大学(时为北京广播学院)、中国海洋大学和云南大学四所高校中首先开设文化产业管理专业,授管理学学士学位,这标志着文化产业管理专业正式设立。2017年11月,中国文化产业管理专业委员会在江苏南京成立,秘书处设于南京艺术学院。目前,开设文化产业管理专业的大学已经有100多所,而以北京大学、中央财经大学、中国传媒大学等为代表的高校的文化产业及相关领域的硕士、博士招生数量亦呈逐年递增的趋势。很多高校在学科建设定位中强化自身特色,譬如上海交通大学是在传统的理工科基础上强化媒介、设计、创意专业建设,中央财经大学文化产业类硕士研究生主要有应用经济学的媒体经济方向和文艺学的文化创意产业方向。

而产业链上的创意人才培养,其培养的人才在美国被称为"创意核心群"人才,是Richard Florida创意阶层理论中的超级创意核心层,主要集中在高校艺术学门类各专业下,包括艺术学理论、音乐与舞蹈学、戏剧与影视学、美术学、设计学专业人才。

高校文化产业人才培养应该注重以下几个方面。

1. 以就业为导向培养设计人才

高校只有根据产业发展需求设置文化产业类专业,确立就业导向的培养目标,所培养人才的能力和水平才能适应企业的需要。要着重训练学生的设计表达能力、跨学科知识运用能力以及自我发展能力。文化产业管理专业的基本培养理念是以文学艺术素养培养作为经营管理的基础,在加强学生社会观察能力的同时,提高学生的社会实践能力。根据这个基本的培养计划得出的培养目标是培养具有良好文化艺术专业能力的,能把握文化产业中经营运作规律的,了解国内外文化艺术发展趋势并具备现代经营管理知识的高层次人才。

2. 设置文化产业管理专业课程体系

课程体系是实现文化产业管理人才培养目标的基础。高校课程体系的构建要注重课程之间的交叉渗透,着力培养学生的实践能力、协调能力和创新思维能力,努力使学生得到全方位的发展。在建构科学的课程体系过程中,首先要对课程体系进行一个整体性的优化,把文化学、经济学、管理学、艺术学等一系列学科更好地融入文化产业管理专业这一门学科之中；其次，要以研究文化产业价值链为切入点，掌握文化产品从生产、流通到消费等各个环节的特点，积极寻求奠定课程体系的牢固基础；最后，在课程体系构建中要突显出高校自身的专业优势，要植根于当地特有的文化产业资源，开设具有地方特色的课程，从而完善学科的知识结构。

3. 培养学生创新能力

要培养学生的创新能力，首要任务是激发学生的创新意识，使其主动思考，有意识地进行创新。在激发学生的创新意识后，教师还需在实际的课程中采用多元化的教学方式，如开设体验课堂、推广"工作室教学法"等。

4. 构建多元化指导教师团队

高校应遵循系统性、协同性、融合性和多元化原则，构建和加强"专兼协同、分工明确、汇聚合力"的教学创新型专业教师队伍、创业指导型兼职教师队伍、技术技能型专职教师队伍；构建创新创业教师培训基地，增加已有文化产业有关专业教师培训的力度，建立公共资源服务平台，提供多种实训资源与教育教学资源，以此将教师创新创业指导素养与水平大幅度提升；邀请文化产业专业人士与职业经理人等，构成结构良好的指导教师团队；雇用文化产业专家与创业人士，承担兼职教师与创业导师的职责，在校内举办各种专题讲座与职业技能方面的培训活动，达到创新创业教育教学规范化、标准化与有实效性的目的，以此强化对高校学生创新创业实践能力等的培养。

二、行业/企业模式

企业模式指的是文化企业在从事文化产业的经营过程中，通过一系列方法对本企业的员工进行培训，以提高员工的整体素质，或者是随着我国文化产业市场的进一步开放，国内的文化产业企业可以向国外的文化产业集团学习，借鉴其先进的用人机制和成熟的管理模式，不断培育和吸引人才。

例如，在我国广告产业领域，早已开始了对人才的综合性培训工作。这些培训主要集中在五个方面：一是加强员工了解国际市场、通晓国际广告运作经验和较强的沟通能力的培训；二是培养员工具备敏锐的洞察力和市场驾驭能力；三是要求员工必须具备整合营销、传播和策划的复合型能力；四是能够自己创作和设计；五是高层次的技能型人才，这些人才应擅长各类广告的制作，特别是影视广告的制作等技能。

以国家新闻出版广电总局培训中心为例，该中心成立于1996年5月，自成立以来，围绕总局工作大局、行业改革发展管理需要，立足新闻出版人才队伍建设，对新闻出版行业企事业人员开展多层次、多角度的培训。近年来，年均培训量为18 000人次。再以中央文化和旅游管理干部学院为例，中央文化和旅游管理干部学院（中共文化和旅游部党校）是文化和旅游部直属干部教育培训机构，学院以习近平新时代中国特色社会主义思想为指导，围绕文化和旅游部中心工作，开展各级各类文化和旅游干部教育培训工作，为文化建设和旅游发展提供人才保障和智力支持。2019年，中央文化和旅游管理干部学院全年共举办各级各类培训项目355个，培训学员2.58万人次，培训班次和培训人数均实现了跨越式增长。

三、高校与行业/企业联姻模式

文化产业人才是一种应用性很强的人才，这就要求文化产业人才的培养必须将教学、科研与生产有机结合起来，将学校教育与企业、市场需求有机统一起来。党的十七届六中全会通过的《中共中央关于深化文化体制改革推动社会主义文化大发展大繁荣若干重大问题的决定》提出，"鼓励和扶持高等学校和中等职业学校优化专业结构，与文化企事业单位共建培养基地"，这为解决我国文化产业人才培养中存在的重理论轻实践问题、形成产学研相结合的培养机制指明了方向。应立足于文化产业的特点，积极构建开放、共赢、互补、高效的文化产业产学研相结合模式，培养既有理论知识又具实践经验的文化产业人才。

高校与行业/企业联姻模式指的是高校与行业/企业建立合作关系，共同培养文化产业人才。其主要有以下两种模式。

（一）文化产业行业/企业与高校合作联动

国外高校在人才培养上充分发挥了企业、政府、学校各界的不同作用，我国的人才培养也应鼓励高校与高校、高校与企业之间的合作。跨校、跨学科的教学模式能够让学生吸收不同教学体系下的专业内容，有利于学生的创新多元发展；校企合作中企业提供项目与实践指导，增加学生在校期间与市场接触学习的机会，鼓励学生自主学习成长，以培养出集理论和创新应用于一身的复合型人才。

以游戏企业三七互助娱乐为例，多年来，它一直是百强互联网公司。2019 年中国互联网企业 100 强榜单出炉，三七互助娱乐蝉联游戏行业第一。作为行业社会责任的主导品牌，三七互助娱乐一直致力于游戏行业创新人才的定位，不断深化校企联动，不仅探索校园层面创新人才的潜力，给予创新人才机会，还积极推动大学与互联网公司之间的深层交流。三七互助娱乐认为，"走出去，引进来"双向互动校企联动模式可充分发挥学校和企业各自的优势，促进中国游戏产业创新人才培养的可持续发展。三七互助娱乐一直关注和支持广东省重点大学的创新创意活动，为学生提供展示创新思维、表达自我的舞台。2019 年 6 月，三七互助娱乐与中山大学数据与计算机科学学院、华南理工大学软件学院联合举办"2019 年黑客马拉松"和"黑框架"等专业活动创意设计竞赛，鼓励参与团队从云计算、大数据、人工智能和互联网+等领域的创新计算程序或应用程序开始。三七互助娱乐还赞助了华南理工大学软件学院项目开发大赛；多年作为参与中山大学互联网展的指导单位；与华南农业大学合作华农专业研讨会；等等。这些校企联系不仅使大学生感受到团队合作在创造力方面的重要性，还提高了学生在互联网技术方面的实践和创新能力。同时，三七互助娱乐还挖掘了一批才华横溢的年轻人，并为公司留住了优秀人才。

（二）高校设置培训文化产业人才的机构

该机构为文化企业代理人才培训，或是专门为文化企业培养高学历、高素质的人才，在该机构设置新专业，聘请该行业的研究专家以及从事文化产业的成功人士进行专题讲座，或者进行不定期的培训，以提高文化产业人才的专业素质和技术水平。

2017 中国文化产业职业教育高峰论坛是第十三届文博会深圳 F518 创意园分会场的重要活动之一，邀请高等院校专家学者、资本机构、孵化基地三方代表进行对话，围绕"文化产业的人才需求趋势"和"文化创意人才培养与投资模式的探讨"等主题,探讨文化创意人才发展路径和高层次的文化创意人才的培养途径,实现文化创意教育与人才发展的对接。

例如,在我国广播电视类的专业性高等教育机构中,比较有代表性的是中国电影学院、中国传媒大学以及浙江广播电视高等专科学校和广播电影电视管理干部学院等院校。再如,2018年,重庆市文化委与本市9所高校签订合作协议,在文化产业人才培养等方面加大协作,9所高校共成立各类人才培训基地、机构18个,预计每年可培养文化产业人才6000人,为重庆文化产业发展提供大量的智力支持。重庆市文化委与重庆大学共建"重庆大学文化创意产业研究院",以重点抓好文化产业发展理论研究和实践应用,突出西部特色,努力打造成为在重庆市乃至全国有较大影响力的高端智库。

2019年8月,互联网+文化和旅游产业创新人才培训班在浙江大学继续教育学院开班。浙江大学继续教育学院和干训基地充分发挥浙江大学的学科资源优势和浙江的区域发展优势,充分利用浙江经验、浙江模式、浙江范式中的鲜活案例和经验,通过发挥资源性优势,在干部教育培训、企业培训和专业技术人才培训方面形成特色。

第四节 文化产业人力资源的开发管理

文化产业的发展离不开强大的人力资源的支持。如何进行文化产业人力资源的开发管理,为我国文化产业的持续快速发展提供合格的高级专门人才,是摆在我国文化产业界的重大课题。鉴于我国文化产业人力资源的现状和问题,本书将从以下方面对人力资源的开发管理进行阐述。

一、观念创新

首先,要加强文化产业人力资源的思想政治教育和职业精神、职业道德教育,努力构建一支政治强、素质高的文化产业人才队伍。其次,要从思想上突破人才使用上的束缚,大胆起用人才。为此,应树立五种观念:一是树立人才观,以宽阔的视野定义文化人才;二是树立"以人为本"的理念;三是树立"双赢"理念,即坚持企业、员工共同发展的"双赢";四是树立现代教育理念,坚持引进与培训相结合,加大教育培训步伐;五是树立平等、公正的用人理念,对现有人才和外来人才在人才政策、人才待遇上一视同仁,努力留住和用好现有人才,盘活现有人才存量,充分发挥其作用。最后,更新文化经营管理人才观念:一要重新评价和界定文化经营管理人才的价值和标准,充分重视人才的地位和作用;二要尊重经营人才成长的客观规律,促进文化人才管理工作尽快转型。

二、体制创新

1. 要以开发文化产业人力资源为重心,推动政府管理体制创新

(1)政府主管部门应制定符合我国国情的文化产业人力资源政策,全面实行经营管理者任期制、目标责任制和考核评价制,建立社会化的专业技术人才的引进和评价制,推行干部竞聘上岗制、全员劳动合同制,并逐步建立收入与效益挂钩的分配制度,努力创造使优秀人才脱颖而出的环境。

(2) 政府相关部门要从过去单纯的人事及培训工作,转变到以人力资源开发为主要任务上来,逐步建立起文化企业法人进修培训制度,使文化企业的主要管理者、经营者定期得到培训,特别是重点解决当前高层次经营管理人才稀缺的问题。

(3) 围绕发展具有国际竞争力的文化产业实体,以培育创新精神、创业能力和经营管理水平为核心,加快培养造就一批职业化、国际化的优秀文化企业家,一批政治强、素质高、业务精的经营管理人才,一支具备较高专业素养和较强创新能力的专业技术人才队伍,建立起文化人才的蓄水池。

2. 要深入进行文化产业人事制度改革,加快人才配置市场化步伐,推动文化产业人力和人才资源的整体开发

努力创造优秀人才进得来、留得住、用得上的人事管理体制,建立起有活力的文化产业优秀人才、特殊人才的使用与激励机制。依托各地人才市场,加强文化产业人才信息库建设,积极探索和逐步建立"户籍不迁、关系不转、来去自由、智力投入"的柔性流动的人才引进新模式。

三、机制创新

(一) 用人机制的创新

1. 建立灵活的用人机制,创造良好的用人环境

建立科学合理的人才配置体系,关键是要彻底打破文化产业部门主要依靠指令配置员工的单一模式,建立开放的、与市场接轨的、能进能出、能上能下的用人机制。

(1) 制定科学的招聘标准,采取内选外聘相结合的方式,择优录用人才。

(2) 建立岗位竞争机制和合理的人员流动机制,加大考核力度,做到量才使用、人尽其才。

(3) 建立绩效管理体系,发挥绩效管理在薪酬、晋升、培训中的积极作用。绩效考核主要以业绩考核为主,综合评价各类人员的能力、态度等方面,为奖金发放和员工升降、调动和培训提供依据。

(4) 提供"金台阶",为每个关键的优秀人才设计适合其个人特点的职业发展计划,并提供和实施周全的培训方案,让员工看到个人在组织中的发展方向和前途。

2. 构建符合文化产业特点的灵活的薪酬机制

必须承认人的基本需求和精神需求,制定合理的薪酬制度,使其不仅在当前对员工有激励作用,还在未来对职工有吸引力。可行的、优厚的工资和福利待遇有助于培养员工对组织的长期依赖性和忠诚度;建立企业危机和福利保障机制,使他们无后顾之忧;利用适当的期权、适当的债务等长期激励和牵引措施,加大其离职的阻力和成本;积极探索按劳分配和按生产要素分配相结合,允许有特殊才能的人才以知识产权入股企业,参与利润分配制度、人才签约制度和绩效分配制度等,以增强对人才的吸引力。

当前,有些文化产业企业实行的"底薪+奖金"的模式也给我们很大的启发:"底薪"可以以工作经历及教育背景做参考，基本上差距不大；而"奖金"可以根据工作性质和人才层次的不同采取不同的计量标准和评价方式。采取这种模式既有利于增加文化产业企业对人才的吸引力，也有利于保护老员工的工作积极性，进一步增强组织的凝聚力，推动组织的发展。

3. 创新人力资源激励机制

需求是人的行为的原动力，是人的积极性的源泉。需求的满足既是人的行为的出发点，又是人的行为的归宿。激励是强化需要动机的手段，通过激励可以最大限度地调动人的积极性，因而应当重视激励的作用，努力运用各种激励的方法，调动文化产业人力资源的积极性。

激励手段中最主要的是薪酬激励，同时还要配合使用情感激励、群体激励等方式。情感激励靠的是感情的力量，它体现的是人与人之间的互相尊重、互相关心的良好人际关系。一方面，它从思想方面入手，以情理的疏导达到尊重和信任，从而实现在思想上的融通和对问题的共识；另一方面，它还可以从精神上激发和激励人们去努力克服工作中遇到的挫折和困难，从而激起人们自觉干好工作的热情。群体激励是个人在群体活动中受群体关系的影响所形成的激励，组织要创造"爱"的气氛、"美"的环境，让员工感到离开群体将会丧失自己的社会性，甚至难以生存。

需要的多元性决定了激励方法的多样性。为了使激励措施真正起到应有的作用，在实施激励中，应紧紧把握员工的需要，针对不同情况因人而异、因事而异，恰当地处理好五个方面的问题：一是要坚持物质激励和精神激励相结合的原则；二是要注意多种激励机制的综合运用；三是要充分考虑员工的个体差异，实行差别激励；四是要掌握适度和公平的原则；五是要保持上下沟通，认真研究员工的心理变化。

（二）育人机制的创新

1. 积极运用市场化、国际化手段，创新育人机制

紧紧围绕加入世界贸易组织后文化产业结构调整的实际，研究制定高层次人才引进与现有人才培训规划，切实加大对紧缺急需的应用型、复合型、创新型人才的引进与培训力度。一方面，在高端人才匮乏的情况下，可适当引进其他成熟产业的职业经理人；另一方面，采取"短、平、快"的方式，委托有关院校根据用人需求举办各种类型的在职培训班。可采用考核选拔、派遣出国、学习深造、学成返回的培养模式，在国外或国内高校建立人才培养基地，分批选派优秀人才前往学习，开展学术交流和科技合作，同时引进国外人才培训的先进理念、技术和现代管理方法，加强国际合作培训。

2. 重视高校的人才培养

应特别重视高校的人才培养，在文化精神、产业理念、现代技术相融合的最佳状态中培养出合格的专业文化产业管理人员。据不完全统计，目前全国已有100余所高校设立了文化产业管理专业或相关系（所），独立的文化产业学院也在建设中，这是培养文化产业专业人员的基地，也是人才培养的主渠道。这就要求做到以下几点。

（1）对中国文化产业人才的培养现状进行深入细致的分析，制定符合中国实际的高校文化产业管理专业的培养目标、课程设置、师资要求、教学方式、实践环节乃至就业前景等

内容的近期专业建设与长远发展规划。

（2）特别重视强化实践教学环节。一是应建立相应的实验室，包括信息技术实验室、数字化技术实验室、电子商务实验室、文化创作室等；二是应采用社会（企业）调查、参与研究咨询、企业代职实习等多种实践教学方式和手段，尤其是要积极探索在文化企业特别是跨国文化企业建立教学实习基地，与企业联合培养学生的途径。

（3）在人力资本投入有限的情况下，保证人才培养的重点。即以高层次人才培养为重点，加大力度抓好以科学技术带头、人为代表的人才队伍建设，形成一支在国际竞争中阵容强大的文化产业"国家队"。

思考题

1. 文化产业人力资源有哪些特点？
2. 举例说明文化产业人力资源有哪些类别。
3. 试分析我国文化产业人力资源的现状和问题。
4. 我国文化产业人力资源培养有哪些模式？

案例讨论　　　　影视创作呼唤"通才"

党的十九届四中全会明确提出，建立健全把社会效益放在首位、社会效益和经济效益相统一的文化创作生产体制机制。对影视创作生产方来说，就是要建立符合社会主义先进文化发展规律和文化市场规律的生产经营机制，以确保推出的作品既能在思想上、艺术上取得成功，又能在市场上受到欢迎。创作出这样的作品绝非易事，文艺家既要有对市场的准确判断，又要有对生活的细致观察，还要有高超的艺术创作技巧。

作为文化产品的影视作品不同于一般商品，具有独特的市场特性。人们的精神需求很多是潜意识的，隐藏在心灵深处，往往不会自动显现出来。好作品能极大地激发出人的这种需求，同时人们对文艺作品的兴趣像流动的江河一样变动不居，莎士比亚再好，人们还是希望明天看到新的作品。

看似复杂的影视作品也有共性，那就是：要想获得持久的生命力，要想吸引广大观众，作品必须给人以美的感受。当今中国是一个波澜壮阔的时代，不缺少美的人物和故事，缺少的是发现美的眼睛。这种发现可能表现为灵感乍现、妙手偶得，而这种能力的提高却颇需功力。

就当下来说，影视创作者要想创作出美的作品，提高作品艺术价值实现的成功率，就要以现实主义的审美理想，积极感受新时代整个社会昂扬向上的精神气象，感受中国社会沧桑巨变中张力满满的世间故事，感受日益复杂的社会体系中各个行业、领域的运行规律，感受不同群体审美趣味的差异。

具体言之，创作者要让深入生活、洞察时代成为常态。时代精神、世态人情存在于人们的生产生活实践之中。影视创作生产必须坚持以人民为中心的创作导向，以服务人民的炽热情怀，积极深入现实生活，努力从整体上感受时代律动，洞察精神意蕴。世事洞明皆学问，人情练达即文章。影视创作者应强化主动性与自觉性，加强平时积累，并通过各种渠道和方式，将这种理念变成计划，形成机制。

同时，影视创作者要让自己具备深厚的知识底蕴和艺术素养。高度的艺术敏感性和市场判断力不是凭空产生的，既需要长期艺术实践经验的积累，又需要广博丰厚的知识和社会阅历做支撑，既需要懂文艺，又需要懂市场。从某种程度上说，影视创作需要的是"通才"，这既需要个体的自觉努力，也需要相关教育培训机构完善培训理念、机制和课程设置。

从创作机制上看，影视行业应该建立"创""投"分离的组织机制，也就是说，要保障创作策划中专业人士的判断不受干扰，不能谁投资就听谁的。电视剧《破冰行动》最后几集的改编受到观众"吐槽"，就反映了这一点。正确的组织体系应该是投资者、运营管理者与策划创作者各司其职，各展所长，这需要理性、胸怀，更需要制度的保障。

影视市场判断是综合能力的反映，既要具备高度的思想境界、艺术修养、知识涵养，又要具备敏锐的社会洞察力，往往多方面碰撞才能产生出灵感的火花。我们可以借鉴发达国家影视行业的经验，建立健全集思广益的工作机制，特别是注重发挥影视评论家理论基础好、站位高、地位超脱的优势，探索建立评论家前期介入、诊脉把关的有效机制。

资料来源：袁正领. 影视创作呼唤"通才"[N]. 光明日报，2020-01-15.

讨论题：
1. 谈谈影视创作人才应该具备哪些能力。
2. 针对我国文化产业人力资源发展的现状和问题，谈谈你对文化产业人力资源开发和管理的建议。

延伸阅读 扫码学习

文化产业的人力资源管理

第七章　文化产业的项目管理

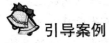　引导案例　　山水文园与六旗集团在华合作项目搁浅

山水文园陷入资金链危机后,美国六旗集团在华拓展计划受挫,双方合作项目山水六旗主题公园已停建多时。在山水文园欠款风波愈演愈烈的背景下,六旗集团近日发布公告称,山水文园应向其支付的费用出现违约,该公司已根据协议向山水文园发送正式催债通知。

山水六旗项目搁浅

作为全球最大的主题公园运营商之一,六旗娱乐集团旗下拥有分布于美国、墨西哥和加拿大的10余家主题公园,而其最负盛名的是过山车项目。

山水文园与六旗集团的合作始于2014年,并签署了排他性战略协议,双方将合作在中国建设多个山水六旗文旅项目,山水文园成为六旗在中国的唯一品牌授权商。2015年9月,山水文园宣布在嘉兴市海盐县打造"山水六旗国际度假区",承诺投资300亿元。

按照规划,山水文园与六旗集团将布局11个主题公园,分别位于浙江、重庆和南京等地。但2019年年底,山水文园曝出欠薪、资金链断裂的消息,而预计于2019年开业的浙江海盐山水六旗主题公园,也处于荒废停工状态。

据悉,原计划最早开园的浙江海盐山水六旗项目被推迟至2020年,重庆和南京项目则分别由2020年和2021年延至2021年和2022年开业,整体被延迟1年左右。

合作失败的背后

六旗集团作为美国老牌主题公园运营商,一直保持在全球主题公园游客量排行榜前十位,其体量和知名度紧随迪士尼和环球影城之后。业内人士指出,在迪士尼在中国取得成功后,山水文园开始寻求文旅转型的可能性,这与试图进入中国市场的六旗集团不谋而合。

"地产模式与主题公园看似一致,实则完全不同。地产企业可以通过预售回笼一部分资金,但主题公园必须在全部建成投入使用几年后,才能开始盈利。"中国主题公园研究院院长林焕杰说。

周鸣岐认为,上海迪士尼、北京环球影城项目均是与当地国有企业合作,在土地供应、公共设施建设等多方面都有保障,但山水六旗项目与迪士尼、环球影城的运作模式有所不同。"对于六旗而言,很难得到同等力度的支持,所以后续应该还是会选择与房地产企业合作。"

"山水文园与六旗集团合作失败为相关企业敲响警钟,盲目追求知名IP没有意义,要有专业团队运营,管控成本最有效的方法还是自己做。"林焕杰说。

资料来源:李丹昱. 合作方山水文园陷资金链危机 六旗集团在华拓展计划遇挫[EB/OL].(2020-01-16).http://www.cls.cn/depth/430223.

 **本章导读**

随着社会的迅速发展，无论是企事业单位还是政府机构都面临着严峻的竞争和发展的压力，几乎都在不断报出新产品、新技术、新工艺和各种改革措施。这些创新和改革都不同于一般的日常活动，具有一次性和独特性的共同特征，采用常规的运行管理难以完成这些任务，必须组成专门的项目班子，按照专门的计划，在一定时间内完成，这就是项目管理的方法。由此可见，在企事业管理和政府管理机构中都存在着项目管理的强烈需求。文化活动作为一个具有完整计划、活动主体和活动目标的对象，同样可能成为专门的项目，进行全面、专业的控制。这一控制不同于投资决策，而更多地表现为对某一专门任务加以组织实施。例如，要拍摄一部电视剧，一旦投资决策已经做出，投资方数以千万计的资金投入剧组，那么如何确保这些资金的安全，并成功运用好这笔资金，以及按计划确定导演、演员和"服装、化妆、道具"等基本班底，修改剧本，联系拍摄地点、外景、群众演员等，直至完成后期制作，交出可供播放的电视剧，所有这些活动就是一个完整的项目管理过程。可以说，项目管理是文化产业管理的主要部分。

本章介绍文化产业项目含义、特点和主要环节。文化产业项目经理是行使项目管理的重要角色，本章特别介绍了文化产业项目经理的作用和应具备的能力。

第一节 文化产业项目管理的含义和特点

一、项目管理的起源及其定义

项目管理（Project Management）是运用各种相关知识、技能、方法与工具，为满足或超越项目有关各方对项目的要求与期望，所开展的各种计划、组织、领导、控制等方面的活动。一般来说，项目管理专家把项目管理划分为两个阶段：20世纪80年代之前为传统的项目管理阶段，20世纪80年代之后为现代项目管理阶段。

20世纪80年代以前，工程建设规模较小，大都由项目业主直接进行管理，自己提出任务和计划，自己采购各种材料，自己雇用工匠施工。20世纪80年代后，随着工程建设规模的扩大、项目的增多，出现了专门从事工程设计和施工的咨询工程师、建筑营造商，项目业主也从自营管理转入设计、施工分包和工程管理。第二次世界大战以来，随着科技的进步和经济的增长，人类社会逐步进入后工业时代和精神经济时代。一方面，社会分工日益复杂；另一方面，生产的社会化愈演愈烈。社会生产在"分"与"合"之中寻求新的对立统一，特别是进入精神经济时代，人们更加注重人文精神在社会经济发展中的作用，现代主义和后现代主义学说，都比较重视经济的"合理性"和人的"全面发展"的研究，这一切不仅为项目管理科学的产生奠定了直接的理论基础，还为项目管理科学的应用准备了良好的文化环境。为了实现项目各相关要素高度的协调、控制和系统安排，保证项目整体的统一性与高效率，项目管理应运而生。项目管理不仅是现代生产力发展的结果，也是发达的市场经济和现代文化的共同需要。项目管理体现了科学精神和人文精神的统一，体现了现代科学思维、技术理性精神、人本主义倾向、团队精神或合作精神的统一。

从广义上讲，项目管理是对项目完成过程的全面控制和管理。从狭义上讲，项目管理则特指取代业主内行管理，而由专业机构和人员进行的管理。国际咨询工程师联合会认为，项目管理是多种资源利用与活动的协调，将各部分的单独工作整合成多专业、多方面的整体努力，以便建设项目在业主要求达到的进度、质量和费用目标内完成。与此同时，项目管理作为一种制度安排和组织体系，不仅把各利害关系者的期望和目的在求同存异的基础上统一成一个整体，而且把所有参与者的多种价值观，在并存共容、互补竞争的基础上整合成一个系统。所以，这种统一的基础必然是有效地利用资源和可持续发展，而不是局部利益和眼前利益。

随着系统论、控制论和信息论的成熟和应用，项目管理理论和方法也日益成熟。目前，项目管理的主要方法包括阶段化管理、量化管理和优化管理三个方面。

从20世纪60年代起，国际上许多人对项目管理产生了浓厚的兴趣。目前，有两大项目管理的研究体系，即以欧洲为首的体系——国际项目管理协会（International Project Management Association，IPMA）和以美国为首的体系——美国项目管理协会（Project Management Institute，PMI）。

IPMA的成员以代表各个国家的项目管理研究组织为主，于1965年在瑞士注册，是个非营利性的组织，它的宗旨是促进全球项目管理的发展。根据1996年的资料，IPMA中作为正式会员的组织有26个，作为非正式会员的组织（观察员）有25个，正式会员组织中的个人成员可自动成为该协会的个人成员。IPMA非常重视专业人员资格认证工作。项目管理专业人员取证分为A、B、C、D四个级别，级别之间的档次标准差距很大。其中，A级是工程主任级别证书，简称CPD，即总经理一级；B级为项目经理级别证书；C级为项目管理工程师级别证书；D级为项目管理技术员级别证书。

PMI的成员主要以企业、大学、研究机构的专家为主，现在已经有40 000多名会员。它卓有成效的贡献是开发了一套项目管理知识体系，将项目管理的基本内容划分为九个领域，即范围管理、时间管理、成本管理、质量管理、人力资源管理、沟通管理、采购管理、风险管理和综合管理。PMI的资格认证制度从1984年开始，目前已经有8000多人通过认证。

二、文化产业项目管理的含义

文化产业项目管理的含义包括三部分：一是政府文化行政主管部门的行业管理；二是公益性文化项目的管理；三是营利性文化项目的管理（文化企业的项目管理）。这三者具有不同的项目管理目标。

对于政府文化行政主管部门的行业管理来说，这是依据国家的有关法律、法规，依法行政，履行社会责任的行为。例如，文化部门对网吧开设的前置审批，对境外演员入境演出的审批。其目标是社会性的管理，具有强制性、权威性。

对于公益性文化项目的管理来说，它是对所有由政府或民间机构、慈善机构所拨款项，按照节约、合理的原则进行专款专用，完成既定任务的过程。例如，为某基金会建设一座专题美术馆，或者为某一次大型运动会排练一场开幕式晚会。

对于营利性文化项目的管理（文化企业的项目管理）来说，它是合理运用获准的投资，按照商业计划书的规定进行具体的运作和控制，以确保项目或产品按时保质地完成，为最终实现利润提供使用价值载体。例如，某唱片公司为一新人推出首张个人专辑，从宣传造势到歌曲选配乃至 MTV 中个人形象的设计，等等，全都服从于同一目标，就是尽可能多地增加销量。只要法律没有明文禁止的，企业都要尽可能地将政策用足、用活。

各方面的管理共同构成文化产业管理的完整体系。从大的方面看，社会上所有的文化项目都是政府文化产业管理的对象，因而政府的项目管理可以说是对项目管理的管理。而公益性文化项目和营利性文化项目的管理都是为了完成某一项具体文化活动展开的实施过程，是对各种资源和生产要素的调配和控制，是对人力、财力、物力的综合管理。

三、文化产业项目管理的特点

现代文化产业项目管理也有规划、实施、控制等过程，但同时又具有与以往项目及其他行业项目显著不同的特点。

（一）文化产品的原创性和知识性

文化项目开发与生产的是以精神内容要素为核心的文化产品，其投入的资源，除了资金和实物资本，更重要的是大量的创意、版权和人力资本等无形的要素。例如《超级女声》，关键在于一个好的创意和商业模式，能够将各种资源有效地组合起来。每一件文化产品都具有不可重复性、不可替代性和不可再生性。文化项目的生产必须具有相当大的创新度。精神内容要素的雷同无法吸引消费者的兴趣，也不能在市场中立足。应当说，其他产业的生产也具有原创性，但是没有一个像文化产业这样是依赖原创性而生存的。

文化产业的知识性在于向社会提供各类知识产品和知识服务，满足人们对文化消费资料的需要。文化产业是创意产业、内容产业，文化人才是文化产业的主体，创意是文化产业的灵魂。原创性和知识性决定了文化产业的核心竞争力在于人才。因此，文化产业项目管理对创意型、技术密集型团队的人力资源管理、沟通管理等工作都提出了非常高的要求。

（二）项目发起的复杂性与综合性

精神内容生产包括内容的创新和从创新到产品化生产的两个过程。前者是对项目产品中所包含的精神内容的创作、策划与组合；后者是将相应的精神内容要素固化到相应的物质载体中去成为产品形态。例如，电影需要导演、演员、编剧等创意人才的劳动，这些通常称为线上部分；而电影创意要转化为电影产品，必须通过电影的摄像、道具、场务、化妆、后期制作等多个部门协同完成，这些生产部门通常称为线下部分。通过法律、金融和保险等环节的合作，获得项目的资金，通过发行环节进行电影营销。电影还会产生大量的知识产权，如哈利·波特系列、迪士尼系列等，可以通过形象许可和版权经营，形成玩具、图书、文具等产品。

一个文化产品项目要实现纯精神产品到准精神产品的价值转化，是一个复杂的过程，不但要对项目运行过程中资金、成本、进度和风险进行管理，同时还要建立起完善的内容信息管理、版权管理与开发系统。一个项目要想获得成功，不但要在相应的领域具有较高的艺术水准，而且需要考虑到目标受众的需求、赞助企业的需求、国家的法规政策及导向，以及本企业的优劣势等，它不像建筑项目、工业制造项目，需求明显，较易识别。一个文化活动项目的目标确定可能要经过几个回合，需要经过一定的调研，经过各个利益相关方的目标整合。在我国，文化需求的增长在与日俱增，瞬息万变，而又缺乏市场运作经验的积累，相关的数据和统计信息比较匮乏，项目发起的难度就相应增加。在文化活动走向市场化运作的同时，需要考虑更多的市场因素，相较于别的行业，文化产业产品的独特性要求更高。这就要求项目策划和审批的决策者具有综合的素质。

（三）项目策划的艺术性和技术性

一般而言，文化项目的策划从项目发起时就开始了。在国外，很多艺术类项目的发起实行的是艺术总监负责制，他们同时负责项目的具体策划。对于综合性的文化活动，如演出、展览等大型活动，其策划人员和项目的发起人可能不同，但一般要求项目发起人具备一定的项目策划能力。相对于其他行业项目，文化项目的技术性多半包含在设计中，其技术性就体现在策划中。例如，一名奥运会开幕式的总负责人（国外称为总制片人）应该懂得与策划内容相关的技术支持，如现有的影像设备水平、物流管理技术等。在策划项目的同时，还要考虑到市场结合点，做到艺术和市场的结合。

（四）项目实施结果的不可修改性和风险性

一般文化项目一经确定，一旦举办或者发行，其结果就具有不可修改性。例如，一个展览、一台演出，即使不是现场直播，对于直接现场的观众来说，其结果具有不可修改性。有的大型活动不可能有预演，不像IT项目中的软件开发，可以一次一次地模拟运行检验，所以其风险性比较大，一个疏忽可能就会造成不可弥补的损失。同时，文化项目往往投资大、风险高，存在较多的不确定性因素。对于文化活动项目而言，其策划和控制尤为重要，它作为项目一次性的特征更为明显，其要求项目经理和成员既要具备较强的创新能力，又要具有较好的市场预测和风险控制能力。

（五）文化产品的双重属性

文化产品具有意识形态和商品的双重属性，因而存在社会效益与经济利益两个方面的目标，项目管理必须将两者结合起来。文化项目都有严格的审批程序，不但其立项、活动名称、场所、渠道等需要审批，甚至具体的内容都要进行有关的审批或备案。以引进境外影视剧为例，《境外电视节目引进、播出管理规定》（国家广播电影电视总局令第42号）规定："省级广播电视行政部门受广电总局委托，负责本辖区内境外影视剧引进的初审工作和其他境外电视节目引进的审批和播出监管工作。"审查标准是境外电视节目中不得载有以下内容。

（1）反对中国宪法确定的基本原则的。
（2）危害中国国家统一、主权和领土完整的。

（3）泄露中国国家秘密、危害中国国家安全或者损害中国荣誉和利益的。

（4）煽动中国民族仇恨、民族歧视，破坏中国民族团结，或者侵害中国民族风俗、习惯的。

（5）宣扬邪教、迷信的。

（6）扰乱中国社会秩序，破坏中国社会稳定的。

（7）宣扬淫秽、赌博、暴力或者教唆犯罪的。

（8）侮辱或者诽谤他人，侵害他人合法权益的。

（9）危害中国社会公德或者中国民族优秀文化传统的。

（10）其他违反中国法律、法规、规章规定的内容。

另外，有些项目还需要交通、消防、公安、环卫等部门的协助。在涉外项目中，其审批程序更为严格。

第二节　文化产业项目的选择和计划

在企业理念下，项目管理大概可以看作是多个过程的连续，通过这些过程，完成企业的使命。这些过程或者环节涵盖了项目计划、决定、实施和监控等，其中计划和决定实际上是"意志的形成"，实施和监控则表现为"意志的贯彻"。在具体运作过程中，必须重点把握好以下两个方面的问题。

一、文化产业项目的选择

项目选择就是决定做什么的问题，是确定具有良好潜力的投资对象的过程。投资者和企业可能面临多个可以选择的方案，需要对项目进行分析和评价，确定最佳的投资对象。对于一名项目经理来说，接手一个项目首先必须考虑该项目的目标是否明确，评价一个项目是否值得启动，并是否有可能顺利完成，必须根据特定的项目设立评价和选择的目标。项目管理的宗旨就是在规定的时间和资源内，实现合理的项目目标。

（一）文化项目评价指标多样性

对项目的选择通常就是对项目的整体评价与选择过程。项目分析需要生产、销售、财务、人力资源以及市场竞争环境等方面的信息，这也就是我们通常所谓的项目可行性分析。当然，这种分析包括企业项目投资决策评估。项目经理必须通过项目可行性分析，写出详细的项目可行性报告或者项目商业计划书。项目经理除了分析项目可得到的利润外，还要分析该项目可能面临的环境、各种有利的和不利的因素，特别是要分析如果资金不能及时到位，项目开发的内容与团队要如何处理；如果项目拖延时间过长，是否对公司以后的业务发展有影响；等等。

对文化项目的评价包括财务和非财务两个方面。财务评价无疑是评判一个项目是否可行的关键评价指标，也是选择项目的基本依据。但是，人们往往过于注重财务评价指标，而忽视了长期的、非财务的目标。在文化项目管理中，尤其是要关注关系到企业无形资源使用状况的非财务目标。例如，很多电视节目除了广告收入之外，收视率是一个重要的指标，也是广告收入来源的基础，其次是节目的品牌和主持人知名度的提高。再如，很多门户网站在初期建设阶段，其评估指标除了成本和收入方面之外，最重要的可能是点击率和用户人数。对于网络游戏等行业而言，游戏的玩家人数多少和游戏运行的稳定性是重要的指标。明确的项目目标是具体和可度量的，应避免使用不明确的目标。对项目的评价首先要明确项目的评价内容，包括可交付结果。通常情况下，项目工作组和项目风险承担者要在项目开始之前，先就项目可交付结果达成一致意见，即可交付结果必须满足具体质量标准和成本限制。总之，需要考虑到项目的方方面面，将可能产生的问题、解决方案以及未能解决的问题都要仔细地考虑到。

此外，文化项目的产出影响具有长期性，在文化项目评价方面要注意项目的长期效益。同时，文化项目具有文化意义和社会效益，项目的选择和评价要注意项目所产生的社会效益。例如，奥运会的投入十分巨大，其产生的效益并不是在当年结束，不限于奥运会的盈余结算。大量场馆资源具有长期经营的潜力，奥运经济对整个地区经济的贡献和拉动作用不可忽视，同时奥运会对国家和城市的形象树立有着不可估量的贡献。

（二）文化项目选择中的谈判与合作

文化项目在项目选择方面对创新程度的要求较高。电影制片人会阅读大量的剧本，而最后选择拍摄的只有几部。出版商对畅销书的选择也十分严格。唱片公司对新艺人的选择和包装需要进行大量的市场调查和评估。在时装和时尚工艺品业，往往通过大型的展销和展示会等市场方式来检验和评价样品，然后在获取订单的情况下进行投资生产。即使是对公益文化项目进行赞助，也要经过较多的审核程序。在文化项目的选择过程中，常常会涉及与风险投资商、合作伙伴的合作与谈判等问题。

例如，在中外合作电影项目的选择中，首先要对电影项目题材本身是否具有市场潜力、项目合作方的实力进行评估，然后双方还要就剧本、导演等一系列问题进行磋商。项目选择和启动是双方经过多轮谈判达成的项目共识，其间还要与银行、投资商、保险机构、演员经纪机构等谈判，往往需要形成一揽子协议，才能保证项目的成立。另外，还有一些文化项目可以通过项目洽谈会、项目招商推介会的方式，进行项目的推介。在这种项目的交易和招标会上，项目投资者获得相关项目的信息，通过谈判和进一步的项目调研和考察对项目进行选择。

中介机构也是文化项目的主要来源。好莱坞电影产业中，有很多著名的电影艺术家经纪管理公司，如创新精英文化经纪有限公司（CAA）、国际创新管理公司（ICM）等，这些电影公司往往签约很多导演、演员和编剧等，通过打包运作模式，把好的剧本、导演、明星等组合成一个项目包，与制片厂谈判关于项目的投资，将项目包整体出售。这些艺术经纪公司极大地推动了好莱坞电影工业的发展。

二、文化产业项目的计划

项目经理接受项目后首要的工作就是计划，为项目制定相应的时间表、功能表、人员表、配合部门表等系统的计划安排。在这里，计划显然是最重要的过程，计划是未来行为在思想上的先行，也是对各种行动选择的权衡，其结果是选择出一条最有利的途径，实现企业的价值目标和资本的增值。文化项目的计划涉及两个过程：一是项目概念策划过程，就是对项目的创意过程，确定项目的主体和核心理念、项目的定位和项目经营模式；二是项目的具体计划过程，就是将创意具体转化为项目的目标，并对项目目标进行分解从而形成项目计划书的过程。

（1）文化项目往往起源于一个好的创意，"超级女声"的概念和"想唱就唱"的鲜明主题就确定了"超级女声"项目的根本内涵。项目的策划是项目的创意过程，必须围绕一个核心的理念把各种要素组合起来，将好的创意转化为切实可行的商业模式。项目的商业模式就是以项目的创意、目标为中心，将各种要素组合起来形成的盈利模式。

（2）明确项目的目标体系，设立项目最终需要达成的目标清单以及达成这些目标的途径。此时，需要让项目负责人有一个清晰的头绪，把项目的每个步骤和每个环节的衔接都思考清楚。例如，举办一次演唱会，需要完成的最终目标是收入和利润等财务方面的指标，同时还会有公司知名度提升、后期衍生音像产品、明星代言和版权等方面的机会的形成。为了这些目标，需要考虑具体实现的途径，例如如何通过广告、门票销售等实现收入目标，如何利用演唱会的场地、节目、明星组合以及相应的广告宣传和营销来实现项目目标，等等。一个项目可以通过工作分解的方式，被分解为任务、子任务、工作包等层级结构，一般微软的项目管理软件都可以实现这个功能。

（3）为项目的进行设定标准，也就是对上述工作分解形成的任务、子任务、工作包等各个层级，确定其对项目总体的绩效、进度和成本的贡献，也就是确定每个环节需要达到的绩效、成本、进度等方面的目标，以及每个环节和层次的分工和责任。通常，可以借助一些工具来有效地将时间、功能、资源分配等进行计划。例如，演唱会项目可以将其分解成广告赞助、门票销售、演出节目和明星、演出工程、媒体宣传等各项任务，每个任务又可以被分解为不同的子任务，对于每个子任务又可以分解为相应一组工作形成的工作包。例如，广告赞助可以将其总目标分解到各个演出营销片区，由不同的营销人员负责，而每个片区的广告赞助又可以进一步分解为大客户群体和中小客户群体，对大客户的营销和对中小客户的营销工作可以被定义为不同的工作包，确立不同的绩效、进度和预算目标，给予不同的政策。

所有这些层次形成的工作层级结构，必须被合理地按照一定的时间进度方式组织起来，以确保项目能够按照一定的时间表和目标要求来推进和进行考核。

（4）分析每个步骤和环节所需要的资源，相关的人员配备和分工等，即为了实现每个环节和步骤的任务，需要相应地配备资源、制订资源计划和项目预算。不同的任务和工作包会有不同的绩效目标和能力需求，例如大客户和中小客户的特征不同，营销模式和组织不同，对项目绩效的贡献也不同，因此在人员配备和资源分配上也会有不同的政策。通过对每个任务和工作包进行合理的资源配置计划，可以核算与编制出项目的预算。根据这些任务和目标的分解，以及项目时间进度的安排，可以形成项目预算在不同期间的分配。这种任务和进度方面的计划，为项目执行与控制奠定了基础。

最后，为了保证项目顺利完成，这个计划当然不是固定不变的，需要不断地进行相应的调整。

第三节 文化产业项目的经理与团队

一、文化产业项目经理的作用

长期以来,文化产业领域由于其特殊的意识形态属性,经济性和营利性一直居于次要位置,再加上国有垄断体制的效率缺失,文化产业的项目管理一直未受到重视。将一部电视剧本作为一项投资,其经济属性非常明显,但长期以来,以导演为核心的艺术精英一直起着主导作用,而真正的项目管理者,如制片人,却处于从属和服务的地位。这种问题本质上源于人们对文化艺术的认识误区:一是文化是需要赞助的,不仅不能生钱,甚至还不能还钱;二是文化是艺术家自我精神的张扬,是主体性行为,而不同于其他为客户服务的客体性行为;三是文化是喉舌,是阵地,是花园,但不是赚钱的工具。艺术家是国家和人民的艺术家,是高尚的、高雅的,不可沾上铜臭气。

由于人们长期没有将文化经营项目的经济效益放在首位,微观职能和社会功能界限不清,定位模糊,经营性文化项目的管理仍然停留在事业单位的管理水平。20世纪90年代初期以后,随着民营资本和外资向文化产业领域的渗透,经营性项目管理的概念才逐步引入,并以项目管理的方式,成功运作了一大批有影响力的文化产业项目,如华谊兄弟公司推出的系列贺岁片、深圳华侨城集团的"世界之窗"、杭州宋城集团的宋城,以及在北京、上海举办的环球嘉年华项目等。这些项目的共同点在于,目标非常明确——将项目运作过程作为企业行为、盈利行为;无论是运用自有资金还是对外融资,都将投资回收和增值作为第一要务。这一切都完全符合资本的三个基本要求,即安全性、流动性和增值性,这也是营利性项目管理的主要目标。

营利性项目管理是社会化大分工和生产流程标准化的产物,也是文化产业化的标志。以美国好莱坞的影片业来说,经过百年来的发展,它已经形成了项目运作的标准"格式"。首先,根据工业化生产的一般规律,将电影生产流水线上的每一道工序、每一个岗位都做了精细的分工。其次,把制片人确定为整套流程的主管,负责挑选和管理各个部门的领班。最后,根据"商品=产品+品牌"的公式,建立了明星制度,成为名副其实的"梦幻工厂"。

制片人一般是指电影公司(或者电视栏目)的老板或资方代理人,负责统筹指挥影片的筹备和投产,有权改动剧本情节,决定导演和主要演员的人选。制片人大多懂得电影艺术创作,了解观众心理和市场信息,善于筹集资金,熟悉经营管理。

通俗地讲,"制片人"就是投资者或者能够拉来赞助的人。我国著名的制片人张纪中,先后担任了《笑傲江湖》《射雕英雄传》《天龙八部》等电视剧的制片人。张纪中当过演员,做过导演,最后发现自己最适合做制片人。制片人要擅长市场推广,要不然怎么收回投资?在拍《神雕侠侣》时,张纪中就让"小龙女"一角炒作了一年多,弄得全国皆知。制片人最怕的是亏本和超出预算,所以要精打细算,如经常听闻成龙在拍电影时,要求演员用手纸不得超过三张,因为他本身就是影片的制片人。

张纪中在接受采访时解释了"制片人"是怎么一回事。他说,制片人是剧组的第一负责人，就像一个工厂，制片人是厂长，导演是总工程师，导演只对艺术负责，制片人对一切负责。制片人的素质、心态直接影响到一部电视剧的品质。制片人不必是专业的精英，但眼光更重要，以便发现优秀的题材、本子、演员。也就是说，在项目管理过程中，项目经理或负责人起着核心作用。在影视剧生产中，管理责任人就是制片人，而不是导演或者明星。

二、文化项目经理应具备的条件

那么，文化项目的责任人或者项目经理需要具备什么条件呢？以动画电影的制片人为例，我们可以分析出以下几条。

1．对本行业的艺术生产有基本的了解和修养

动画电影制片人应该深入了解动画电影的特性及相关知识，具备这门艺术中各方面的造诣，并了解它的制作流程。他必须是一个内行，一个专家，并具备艺术的综合素质。

2．对本行业的市场形势和竞争态势有深入的研究

了解市场，深入研究观众心理，并能高瞻远瞩，成竹在胸，准确地选择剧本、创意、导演、设计和组建团队，才有可能进行良性的资金运作和引领市场导向。

3．把握全局，以最经济的方法实现资源的最优配置

现在，中国动画已经不像过去那样人才匮乏，已不缺少热心投入研究动画的创作者。事实证明，中国人并不缺乏想象力和创造性，不缺乏有导演天赋的人。能力是从实践中来的，而美术绘画造型更是我们的强项，在表演及动作设计上我们也有成功的经验，特别是电脑技术的火热，青年一代的纷纷崛起，制作技术也在不断提高。那么，我们还缺什么呢？缺的就是资源整合和有效的系统的专业管理。目前，全国各地都有不少承接国外影片加工的动画公司，但由于没有原创性，没有市场运作，终究无法成为独立的营利组织。

4．较强的管理能力和市场运作能力

没有票房，也就没有后期产品的开发；没有艺术质量的成功，也就没有真正商业的成功；没有良好的市场开拓，也就没有充足的制作资金和良性的资金运转。动画电影没有市场运作，没有资金运转，所有的一切都会落空。项目经理必须具备较强的风险控制、团队管理、项目计划与进程控制，以及市场营销的能力。

三、项目团队的组建和管理

在负责一个项目后，项目经理必须组建相应的项目团队。当然，组建项目团队的方式有很多种，对有的短期项目，团队的组织方式是从公司各部门抽调相关的人员，在短期内组成一个团队完成项目，或者是通过临时招聘，聚集一些相应的专业人员来完成项目的开发和生产。当然，有时正巧企业自己就有已经磨合过一段时间的专业项目团队。对于一名影视制片人来说，他可能需要根据策划方案，决定由谁来完成故事的改编和编剧，由谁来执导，剧中重要角色由什么样的影星或者新人来出演，再加上各摄影、剧务、场记、服装、道具等专业人员，从而组建专门剧组。剧组就是一种典型的项目团队。

一般情况下，决定团队必须在既定投资总额的基础上，寻找一个最佳的组合，而不可能不着边际地追求全部是一流人才。在文化产业项目中，人力成本常常是最重要的成本。一部投资1 000万元人民币的小成本电影,不可能用太多的名角和身价过高的国际大牌导演,而是要通过较合理的人员组合来形成投入产出效益的最大化。例如,可以包装一些新的演员,强调题材和故事情节比较吸引人,以及安排较好的档期等。早期的贺岁片就是这样的例子,投资不大、定位准确、效益不错,两三个名角和导演之间的固定组合,搭配一些明星客串,而且还捧红了一些新人。

团队的另一个重要问题就是相互的沟通与合作,应当尽可能地缩短磨合期,以共同的目标激励大家,分工协作,合作共赢,一定要防止出现"同室操戈"、最终"同归于尽"的情况。对于文化产业来说,这一点尤其重要。作为项目经理的一个重要任务就是帮助大家减缓工作的压力,调节心情,协调关系,保证团队的和谐。

为了便于管理、明确职责,项目经理必须对团队实行内部分工和目标考核,及时掌握各小组或者团队成员的项目进展情况和存在的问题,并及时加以处理和解决。在团队中,必须明确团队中成员的具体分工和责任,建立起信息沟通的规则和渠道,建立相应的工作程序、激励和考核制度。

第四节 文化产业项目的控制

一、文化产业项目风险监控

风险监控是指在决策主体的运行过程中,对风险的发展与变化情况进行全程监督,并根据需要进行应对策略的调整。通过构建评价体系,根据时点的不同,欧阳友权在《文化产业通论》中将文化产业项目评价分为跟踪评价、实施效果评价和影响评价三种类型,利用评价对项目的效益、作用、影响进行系统、客观地分析,以达到风险监控的目的。

评定高质量的文化产业项目可以分为三个层次:第一层,具有广泛的市场运作空间和利润增值空间;第二层,能够带动其他相关产业共同发展,形成产业链或产业集群;第三层,寓教于乐,启迪心智,具有广泛的社会影响。文化产业项目的监控和评价很大程度上在于对文化资源的监控和评价。文化资源评价要素的分级指标体系是文化产业项目监控的较为适用的工具,它主要通过对文化资源要素的不同级别指标进行评价,来监控项目运行风险所存在的具体运行阶段。

文化产业与一般产业的不同之处在于文化产业项目更加侧重于社会效益。风险监控有时候需要通过对社会效益的监控来实现,如各类节庆活动的举办对于当地民众生活的每个层面,无论社会、文化、经济、环境还是政治都会产生影响,影响包括正面效益和负面效益。文化产业项目所产生的社会效益如果负面影响很大,就会产生对于项目运行不利的因素,如拍摄电影的时候污染了当地环境、影视作品中可能会产生道德方面的问题等负面效应都会对项目运行带来一些风险。因此,风险的监控还应当关注到社会效益。

文化产业项目风险控制策略包括风险规避、风险转移、风险减轻、风险接受等。项目风险控制流程如图7-1所示。

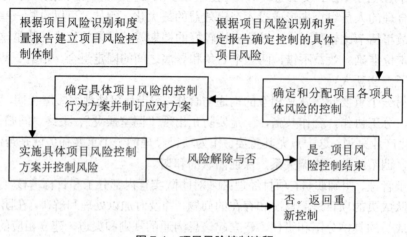

图 7-1 项目风险控制流程

（一）风险规避

文化产业项目风险规避指改变项目计划来消除特定风险事件的威胁。风险规避需要建立完善的风险应对机制，在项目运行时就建立完善的风险应对流程。文化产业项目风险规避更多在于对系统性风险的规避，如在项目立项之初，就应该对该项目的政策环境、竞争对手以及相关外围因素进行调研，以此规避一些系统性的风险。对于非系统性风险的规避更多采取一些技术性的手段和商业策略，如对于电影项目，当电影的成功因素更多地集中在某一位明星或者某几位明星身上的时候，该项目的风险就会聚集，因为人的因素是相对难以控制的因素。因此，技术在电影拍摄中的地位逐渐取代人的因素，动画片就是规避掉明星对于票房号召力风险的最好方式。

（二）风险转移

风险转移是转移风险的后果给第三方，通过合同的约定，由保证策略或者供应商担保。风险转移通常都需要有第三方给予一定程度的支持。文化产业项目中最容易将风险进行转移的就是保险，而且保险在文化产业项目的风险控制中越来越受到重视。在电视剧和电影的拍摄中，经常会出现意外事故，如康洪雷在拍摄《我的团长我的团》时，现场爆炸导致工作人员死亡的事件；2010 年 10 月，正在上海拍摄的电视剧《我和春天有个约会》片场发生意外，台湾艺人 Selina（组合 S.H.E 成员之一）和内地艺人俞灏明因为一场爆破戏而导致严重烧伤，之后被送往上海瑞金医院紧急治疗。因此，给演员上足够的保险可以保证影视剧项目的正常运行，以控制项目风险。在艺术品市场中，艺术品保险构成了艺术品交易市场体系中的重要组成部分。人保财险、太保财险和出口信用保险公司已经开始承接大型展览、拍卖活动的艺术品保险项目。

分包也是风险转移的一种重要方式。对于大型文化产业项目，可以将其分解为不同模块，将其中不擅长的部分分包给更加专业的公司或者团队来运作，这样可以有效地转移掉一部分风险。

（三）风险减轻

风险减轻是减少不利的风险事件的后果和发生的可能性到一个可以接受的范围。通常，在项目的早期采取风险减轻策略可以收到更好的效果。风险减轻通常可以通过找到合作方共同分担某些风险，如投资规模大的电影可以由多个投资方共同投资来减少其中某个投资方的风险。通过对项目的分解，可以与相关的公司或者团队进行合作，以降低自己的风险。通过改善内部的管理方式也可以减轻项目的风险，如建立结构合理高效的项目团队，合理设置项目团队各部分的权限配置，建立高效的沟通机制，定期检查工作等方式，从内部管理方面来减轻项目运行的风险。

（四）风险接受

在风险规避、风险转移或者风险减轻都已经失效，或者项目执行成本超过接受风险的情况下，只能接受风险产生的结果，通常是不得已而为之。文化产业项目因为文化产业的特殊属性而增加了项目本身在运行过程中的复杂性，从而也加大了项目运行的风险。建立合理的项目识别和监控体系，适时应对风险，从而达到规避、转移或者减轻项目风险的目的。在所有的应对措施都失效的情况下，只能接受风险。

二、文化产业项目资金与成本控制

项目资金是项目的基础。如何筹措资金，确保资金按计划供应是项目实施的前提。任何项目都离不开预算的编制和财务分析，这是投资人或者业主最关心的事情。项目经理必须落实既定的各路资金，说服投资者及时拨付资金，确保项目生产过程的顺利完成。与此同时，还要配合投资方，对到账资金进行有效的监管，确保有效使用，防止浪费和不当超支。对于一些文化项目来说，许多环节无法精准核算，例如，电影项目常常采用制片人承包制，超支不补，结余归己，这种方法有效地调动了项目经理加强管理的积极性。当然，必要的财务管理仍然是不可忽视的，这不仅是为了向投资者报账，也有利于日后对项目进行总结、结算和评估，为下一个项目的管理提供经验和借鉴。

对于在项目运作过程中有资金回笼的，还要注意对回收资金的管理。如果项目投资期较长，还要考虑如何用回收的资金抵冲下一阶段投资，如用预售海外音像版权抵冲电视剧投资，这一切要求项目管理者具备一定的财务知识和资金运作能力。

项目融资的基本途径和方式已经在第四章"文化产业的投资管理"中介绍过，这里着重介绍项目财务管理和成本控制的问题。

（1）传统会计核算方法与项目运行特征之间的不适应往往会造成项目的收入和成本之间不能匹配。在传统的会计系统中，收入是在项目完成的时候才记账确认的，这对那些跨财务周期的项目来说会产生严重的问题。因为每个报告期内这类项目都会累计上报，却看不到任何收益，在项目最后的报告中一次性上报，与之相关的费用却很少同时显示出来，或者根本没有显示。项目在早期的各个报告期内显示的信息为亏损状态，而在收入最终集中上报时却记录了超常的收益。因此，项目的收入和成本应当在会计核算期间合理地加以分配。

（2）项目工作必须得到严格控制，职能部门不能为了改进或者调查遥不可及的潜在风险，而随意插手项目工作。一旦职能性工作达到项目经理的要求，满足了该项任务的目标，就需要砍掉多余的费用，以防止名目繁多的费用堆积成山。例如，电影的拍摄需要严格的进度和成本控制，不能为了一个场景拍摄或者剧本某个情节的修改而耗费大量的时间和费用。此外，项目经理通常对项目应急预算有责任，这部分预算资金是准备在项目开始显露出无法实现既定目标时使用的。因此，这些资金必须得到认真的控制，以避免随意挥霍。

（3）项目如果需要采购设备、原材料和分包服务，必须清楚地界定出特定的需要，还要找到最低的价格和最具竞争力的供应商。在项目进度中应该考虑到为"货比三家"留出足够的时间。应该避免不完整的信息、说明意图或者有特定要求的采购和外包服务情况，应该为项目准备完整的说明资料，如果有关协议和合同建立在不完整的信息基础上，而供货商随后又要求改变标的最初的范围，那么整个项目就会失去控制以致被供货商所操纵。例如，当拍摄电影需要在异地寻求联合摄制合作，必须对异地拍摄的任务加以明确的界定，如场景的分解，每个场景所需要的道具、人员工资、周期都要经过严格的计划和预算，项目的范畴和资金配置计划不应该在没有得到准许的情况下加以改变。

（4）项目经理需要合理地安排各项成本费用支出的承诺时间，即订单确立和付出款项的时间，将项目的财务成本（利息费用）减至最低。可以使用进度冗余时间来拖延下达订单付款的时间点，这样可以使材料到货和现金流出的时间都不会过早。当然，这是在不影响项目总体进度的情况下，项目经理通常可以通过下达包含延迟支付的订单，利用供货商和服务提供商交来的账目为项目融资。项目经理还可以考虑供货商和服务提供商的定价结构，通过分期付款的方式降低总体价格，并为项目带来净利润。在分期付款中，项目经理可以通过正确安排分期付款的期限，将项目的现金流入的期限结构同现金流出的期限结构对应起来，从而在整个项目周期内，将现金余额保持为零，以实现项目的财务成本最小化。实际上，如果安排得恰当，有利的付款期限结构可以为项目保持一个正的现金头寸，这会为项目创造利息收入，而不必承担现金短缺所造成的利息支出。此外，立即付款可能会得到较好的折扣，在折扣额超过延迟付款的利息节省额的情况下，可以采取这样的做法。

（5）对于内部融资的项目，即企业从收入中提供项目资金来源，不从外部融资获得资金的项目，管理层所希望的是在最短的合理时间内回收投资。还有一些文化项目，其时间和周期的要求非常高，如演唱会、定期的体育赛事、定期举办的会展项目等。在这种情况下，项目不必要的拖延都会造成风险的增加和进度延迟。此时，项目的进度控制和投资回收就是最重要的目标。而对于内部融资项目来说，越早完工，投资回收的过程也就开始得越早。

三、文化产业项目进程控制

（一）进度管理的概念

项目进度管理，也称为项目时间管理，是指在项目的进展过程中，为了确保项目能够在规定的时间内实现项目的目标，对项目活动进度及日程安排所进行的管理过程。

任何项目都有一定的时效，如一部影片可能要选择最佳的档期，或者按照国外邀请函出国进行商业性演出，都要求项目在规定时间内完成，这就要求项目团队按照时序进度，倒排工期，克服一切困难，创造性地解决问题，按时保质地完成项目。一台演出完成后，除了客户验收外，最好是公司内部再做一次相应的验收，这样可以保证项目的成功率，同时也可以起一个内部监督的效果,还可以使公司项目过程不断进行改进,为以后其他的项目提供范本。

(二) 项目进度计划方法

安排进度计划的目的是控制时间和节约时间,而项目管理的主要特点之一,就是要有严格的时间期限要求。进度计划要说明哪些工作必须于何时完成,以及完成每一项任务所需要的时间,最好同时也能标示出每项活动所需要的人数。例如,国外电影制片商在电影拍摄过程中都会根据场景的要求,确定每个场景的加工周期、需要的道具、演职人员的数量等。常用的制订进度计划的方法有以下几种。

1. 关键日期表

这是最简单的一种进度计划表,它只列出一些关键活动进行的日期。例如,一次会展项目的组织安排,包括项目策划、项目融资、项目营销、项目票务、项目布展工程、项目现场安全控制、项目物流和餐饮等配套服务等多个活动,需要根据会展项目的规律加以组织,以确定关键活动的里程碑。

2. 甘特图

甘特图也叫线条图或横道图,如图 7-2 所示。它是以横线来表示每项活动的起止时间。甘特图的优点是简单、明了、直观、易于编制,因此到目前为止它仍然是小型项目常用的工具。即使在大型工程项目中,它也是高级管理层了解全局、基层安排进度时有用的工具。

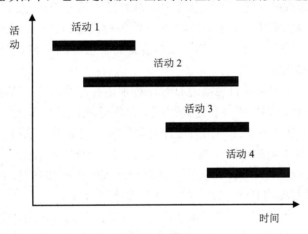

图 7-2 甘特图

在甘特图上,可以看出各项活动的开始和终了时间。在绘制各项活动的起止时间时,也会考虑到它们的先后顺序,但各项活动间的关系没有表示出来,同时也没有指出影响项目寿命周期的关键所在。因此,对于复杂的项目来说,甘特图就显得不适应。

3. 关键路线法和计划评审技术

关键路线法(Critical Path Method,CPM)和计划评审技术(Program Evaluation and Review Technique,PERT)是 20 世纪 50 年代后期几乎同时出现的两种计划方法。随着科学技术和生产的迅速发展,许多庞大而复杂的科研和工程项目出现,它们工序繁多,协作面广,常常需要动用大量人力、物力、财力。在有限的资源条件下,如何合理而有效地把人力、物力、财力组织起来，使之相互协调，以最短的时间和最低的费用，最好地完成整个项目就成为一个突出的重要问题。CPM 和 PERT 就是在这种背景下出现的，这两种计划方法是分别独立发展起来的，但基本原理是一致的，即用网络图来表示项目中各项活动的进度和它们之间的相互关系，并在此基础上进行网络分析，计算网络中各项时间的多少，确定关键活动与关键路线，利用时差不断地调整与优化网络，以求得最短周期。然后，还可将成本与资源问题考虑进去，以求得综合优化的项目计划方案。这两种计划方法都通过网络图和相应的计算来反映整个项目的全貌，所以又叫网络计划技术。

很显然，采用几种不同的进度计划方法本身所需的时间和费用是不同的。关键日期表编制时间最短，费用最低。甘特图所需时间要长一些，费用也高一些。CPM 要把每个活动都加以分析，如活动数目较多，还需用计算机求出与总工期相关联的路线，因此花费的时间和费用将更多。PERT 法可以说是制订项目进度计划方法中最复杂的一种，所以花费的时间和费用也最多。应该采用哪一种进度计划方法，主要应考虑下列因素。

（1）项目的规模大小。很显然，小项目应采用简单的进度计划方法，大项目为了保证按期按质达到项目目标，就需考虑用较复杂的进度计划方法。对于一个演出项目，通常只要用简单的甘特图或者关键日期表，列出项目的进度日程表。而对于一些大型的文化项目投资，如文化旅游景区的开发，投资巨大，涉及土地划转、分期开发、工程建设、质量要求等多方面任务的协调和资源的配置，需要通过较复杂的 CPM 或 PERT 方法加以细化。

（2）项目的复杂程度。这里应该注意到，项目的规模并不一定总是与项目的复杂程度成正比。例如，电影大片拍摄，规模虽然不小，但相对具备较完备的操作规范，可以用较简单的进度计划方法，而奥运会的管理包含很多复杂的子项目，涉及很多专业知识，可能就需要较复杂的进度计划方法。

（3）项目的紧急性。在项目急需进行时，特别是在开始阶段，需要对各项工作发布指示，以便尽早开始工作，如果用很长时间去编制进度计划，就会延误时间。

（4）对项目细节掌握的程度。如果在开始阶段项目的细节无法解决，CPM 和 PERT 法就无法应用。通常，好莱坞的电影实施流水化作业，有一套成熟的操作程序，可以用计划的方法把日程和进度提前安排下来，而对于一些文物遗迹的挖掘和开发，在开始阶段存在很多的不确定性因素，不可能将每一个阶段的工作都完全地细化。

（5）总进度是否由一两项关键事项所决定。如果项目进行过程中有一两项活动需要花费很长时间，这期间可把其他准备工作都安排好，那么对其他工作就不必编制详细复杂的进度计划了。

（6）有无相应的技术力量和设备。例如，没有计算机，CPM 和 PERT 进度计划方法有时就难以应用，而没有受过良好训练的合格的技术人员，也无法胜任用复杂的方法编制进度计划。

思考题

    1. 什么是文化产业项目管理？文化产业项目管理有哪些特点？
    2. 以动画制作项目为例，试分析文化产业项目经理应该具备哪些条件？

3. 文化产业项目管理主要包括哪些环节？每个环节应该如何进行管理？

 **案例讨论** 　　　　　小游戏项目管理的那些事

案例作者

徐州，高级项目经理，现就职于腾讯，负责页游、小游戏和棋牌类游戏的项目管理工作。目前，在项目管理岗位已近5年，其间负责过端游、手游、页游和小游戏等各大平台的项目管理工作，积累了较为丰富的项目管理实战经验。

案例简述

自微信小游戏平台正式对外开放以来，小游戏如雨后春笋般在微信平台上线。基于小游戏本身具备的轻巧、大平台、传播快、无须安装、发布便捷等特点，小游戏的研发周期也一再缩短，基本上2～3个月就可以上线。在这样的背景下，小游戏的项目管理也面临新的挑战，在时间紧急的情况下，如何快速地确定目标、规划好版本，制订可落地执行的计划？多人并行开发，如何保证人力最优？版本快节奏地开发，如何保证效率？系统扎堆完成，如何保证验收的效果？在项目出现人力变动后，作为项目经理，又该如何应对突发事件，以确保项目目标的顺利达成？这些都将在这次的分享中，通过一个实际的小游戏项目管理过程为大家呈现。此外，在小游戏项目管理的过程中，也摸索出对于不同的团队，包括策划、开发、美术、测试，也有不同的管理方式。这些也都将在本次分享中一一介绍。

案例背景

小游戏从立项到上线，整个研发周期都短很多，而需求、任务量却很大。作为项目经理，对小游戏的项目管理也在勇于求变。此案例是以一个实际小游戏项目管理的过程，来分享如何多快好省地达成项目上线的目标。

成功（或教训）要点：

（1）时间短，如何快速规划版本，制定可落地执行的计划？

a. 厘清规划； b. 分解目标； c. 盘点资源； d. 制订计划； e. 美术先行。

（2）人员相对充足，多人并行开发，如何保证人力资源最优，资源利用最大化？

a. 明职责； b. 赋权责； c. 立规则； d. 建流程。

（3）版本快节奏开发，如何提升执行力，保证效率？

a. 定优先级； b. 梳理依赖关系； c. 细化目标粒度； d. 资源先行； e. 加速决策。

（4）多人员并行各系统的开发，系统扎堆完成，如何保证验收效果？

a. 开发自测； b. 美术效果验收； c. 策划验收； d. 每日计划； e. 形成闭环。

案例ROI分析：

（1）1周内高效地完成核心玩法版本。

（2）1个月内开发完成周边系统功能。

（3）2个月内，达成第一个可发布版本的标准。

（4）版本上线1周，外网质量反馈良好。

（5）实践经验可复用其他小游戏项目的研发。

案例启示

（1）通过小游戏项目管理的实践，提炼并验证了项目管理的三部曲：明确项目的目标（目标和收益）、搭建项目的受控环境（建立项目的游戏规则，提升执行力，让项目受控，在框架内运行）、学会预测未来（预防风险，提前规避问题，抓项目的重难点），形成可复制的项目管理经验。

（2）针对不同的团队，如开发、策划、美术、测试，总结提炼出不同的管理方式。

资料来源：小游戏项目管理的那些事[EB/OL]．https://www.top100summit.com/detail?id=13601.

讨论题：

1．试讨论小游戏项目管理案例的启示。

2．现代文化产业项目与以往项目及其他行业项目显著不同，结合本案例，谈谈文化产业项目管理的特点。

 延伸阅读 扫码学习

文化产业的项目管理

第八章 文化产业的知识产权管理

 引导案例　　　　莫以"尊重"名义侵犯知识产权

2019年4月,全球首张黑洞照片发布后,在网上迅速刷屏。令人意外的是,不到24小时,一个关于黑洞照片版权的话题上了热搜——视觉中国官网称,"黑洞图片"根据版权人要求只能用于新闻编辑传播使用,未经许可,不能作为商业类使用。视觉中国的这一行为很快遭到广大网友的集体围攻。天津市互联网信息办公室连夜依法约谈视觉中国网站负责人,责令该网站立即停止违法违规行为,全面彻底整改。

视觉中国的官网定位是"正版商业图片、视频、音乐素材交易平台",正版平台拿着黑洞图片,甚至国徽、国旗图片印上自己的logo进行交易就合法吗?何为正版?拥有著作权或合法授权使用才是正版的本意。

早在1990年,我国制定颁布了《中华人民共和国著作权法》。该法在保护文学、艺术和科学作品作者的著作权,以及与著作权有关的权益,鼓励有益于社会主义精神文明、物质文明建设的作品的创作和传播,促进社会主义文化和科学事业的发展与繁荣,鼓励创作、维护著作权人权益的同时,也列明了著作权的合理使用范围,在公众权利和私人权利之间划分了界限。

企业固然追求盈利,但也不能只顾眼前得失一头扎进"孔方兄"里。回顾中国著作权保护发展的历史,类似视觉中国这类素材交易平台确实功不可没,但是在商业利益的驱使下,平台发展偏离了初衷,实属不该。

企业要想长久发展,必须在法律的框架内经营,而不是打着法律的旗号做着不守法的行径。企业经营离不开正心、守法,尊重著作权、著作权人权益,才是此类企业经营商业逻辑的合法起点。事发后,视觉中国很快道歉,对不合规图片做了下线处理,并自愿关闭网站进行整改,不过公众更希望企业今后能摆脱盲目逐利,加强内控,加强版权管理机制,明确网站管理责任。在素材获取方面,设立专业的投稿监督机制,明确图片、视频、音乐等素材的权属来源等,净化"版权池"。

热点终将冷却,但教训不能丢弃。尊重知识产权应成为人们共同的自觉,从立法到执法都应正视和规制图片行业的版权乱象,堵住其滥用维权的"黑洞"。

资料来源:余婕. 莫以"尊重"名义 侵犯知识产权[N]. 北京日报,2019-04-17.

 **本章导读**

美国是把知识产权保护与产业发展紧密结合起来并取得巨大成功的国家。以美国电影

产业为例，围绕着版权衍生出剧本创意、音像出版、图书出版、特许经营、主题游乐园甚至主题宾馆等庞大的产业群，产业群上的每个链条给版权产业这棵大树带来了充足的营养。不只是版权人，这个产业群里的每个人都获益匪浅。所以就很好理解为什么国外的著作权人可以活得那么从容优雅，这一切都源于美国先进而又严格的知识产权保护制度。

诺贝尔经济学奖获得者、芝加哥学派代表罗尔斯在研究中国为什么在长期发展中迟迟没有产生出具有创新精神的企业家阶层时指出，其原因就在于制度的缺失，缺乏产权制度，特别是知识产权制度。本章首先分析文化产业的发展依赖于知识产权保护和加强知识产权保护的重要性，其次分析我国文化产业知识产权管理的现状和存在的问题，最后提出文化产业知识产权管理的对策。

第一节　文化产业的知识产权

21世纪是知识经济的时代。知识经济是以知识、智力、无形资产等智力成果为基础所形成的知识产权投入为主的经济。而知识产权由专利、版权、商标组成。以"专利"投入为主的"高新技术产业"和以"版权"投入为主的"文化产业"已成为我国经济可持续发展的支柱产业。

一、文化产业的核心是版权产业

对文化产业的概念，国内外理论界尚无统一的定论。从本质上讲，文化产业是以版权产业为核心的，提供精神产品的生产和服务的产业。狭义的文化产业，就是指版权产业，包括出版发行业、新闻业、广播影视业、网络服务业、广告业、计算机软件业、信息及数据服务业等。广义的文化产业，除了版权产业以外，还包括艺术创作业、艺术品制作业、演出业、娱乐业、文物业、教育业、体育业、旅游业等。文化产业的核心是版权产业。

所谓版权产业，依照美国的划分包括四类：第一类，核心类的版权产业，其特征是创造有版权的作品或者受版权保护的物质产品，主要指对享有版权的作品的再创作、复制、生产和传播，如报刊、书籍出版业、电台和电视台广播业、录音节目制作及影视磁带出版业、电影制作、戏剧创作演出、广告业，还有计算机软件开发和数据处理等信息产业；第二类，属于部分的版权产业，就是说有一部分物质产品是有版权的；第三类，发行类版权产业，是指对有版权的作品进行批发和零售，如书店、音像制品出租店等；第四类，与版权有关的产业，指在生产销售过程中，要用到或部分用到与版权有关的产品，如计算机、收音机、电视机、录像机、录音机、音响设备等产业。

20世纪上半叶，文化产业在世界范围内都不太发达，尤其是在第三世界国家更是如此。20世纪90年代以来，电子出版、数字化、网络传输等高新技术的发展和在文化领域的广泛应用，大大推动了以版权产业为核心的文化产业的发展，并在许多国家的经济体系中所占的比重快速提升，正在成为各国经济新的增长点，甚至成为国民经济的支柱产业。

以美国为例，版权产业已被作为国民经济中一个单独的产业来看待。美国是全球版权产业最发达的国家,从 1996 年开始,版权产业超过汽车、农业、航天等其他传统产业,成为最大的出口门类。

发达国家通过协会组织集体管理版权。发达国家的行业组织十分发达,这些组织担负了行业管理和利益保护的工作。以影视节目版权保护为例,美国电影协会(MPAA),词作家、作曲家和音乐出版商协会(ASCAP),英国的机械复制权保护协会(MCPS)和表演权协会(PRS),法国剧作家、作曲家协会,均为组织成员代理版权维权诉讼,根据行业组织协议对版权纠纷进行仲裁,并负责加强组织成员的版权自律工作。制作公司投入大量人力、物力管理保护版权。英国广播公司(BBC)的版权部有 400 人,建立了一个庞大的数据库,所有节目版权信息,不管是新制作还是过去入库的,都有非常详细的信息,随时可以查阅。

引入数字版权管理技术。数字版权管理技术通过对数字内容进行加密和附加使用规则,对数字内容进行保护。微软、惠普、时代华纳等著名公司都在保护数字化内容的数字版权保护技术上投入巨资。

2003 年,世界知识产权组织(WIPO)在知名专家的共同努力下制定出世界知识产权组织模型,它已在这 5 个国家试行,2006 年由世界知识产权组织发布了试行结果。在世界知识产权组织的积极推动下,世界上已有 40 多个国家开展了版权相关产业经济贡献的研究。在 WIPO 模型基础上对版权产业经济贡献的国别研究结果如表 8-1 所示。表 8-1 中的数据是基于世界知识产权组织的研究并考虑了一些国家的基本特征,如美国版权产业的贡献率达 12%,这充分说明这一部门在经济中起到了比传统部门更重要的作用。经济的一个主要贡献者应当得到足够的政策措施的支持,这就可以解释各国政府对版权产业所采取的积极政策。但是,这一研究的结果并不体现一个国家全面的经济发展水平。在版权的保护下,创意部门表现强劲,如在墨西哥和菲律宾这两个发展中国家,其创造的就业机会占全国的就业率超过 11%,这证明了对这一行业采取积极的促进措施是对的。创造就业机会对很多国家来说是最重要的发展路径,而且也是最重要的社会指标,这一证据可以用作制定政策或对国内政策和实践进行调整的依据。

表 8-1 在 WIPO 模型基础上对版权产业经济贡献的国别研究结果

单位:%

国家	对 GDP 的贡献率	就业人数比率	国家	对 GDP 的贡献率	就业人数比率
美国	11.97	8.41	墨西哥	4.77	11.01
新加坡	5.70	5.80	克罗地亚	5.48	6.01
加拿大	5.27	6.96	巴西	5.60	6.90
拉脱维亚	4.00	4.40	保加利亚	3.42	4.31
匈牙利	6.67	7.10	牙买加	5.10	3.03
菲律宾	4.92	11.10	罗马尼亚	5.54	4.17
俄罗斯	6.06	7.30			

资料来源:摘自"世界知识产权组织系列研究报告"之《美国版权产业的经济贡献》,由世界知识产权组织、经济学家协会、国际知识产权联盟合作研究。

我国版权相关产业的经济贡献仍采用世界知识产权组织的方法,通过行业增加值、就业人数、出口额三个经济指标来衡量。2019年4月，中国新闻出版研究院发布《2017年中国版权产业的经济贡献》调研报告表明，2017年中国版权产业的行业增加值为60 810.92亿元人民币，占全国GDP的7.35%，城镇单位就业人数为1673.45万人，占全国城镇单位就业总人数的9.48%，商品出口额为2647.73亿美元，占全国商品出口总额的11.70%。2017年中国核心版权产业保持良好发展态势，行业增加值为38 155.90亿元人民币，占全部版权产业的62.7%，占比继续增大；2017年中国核心版权产业的城镇单位就业人数为914.98万人，占全部版权产业的54.7%；2017年中国核心版权产业的商品出口额为45.64亿美元，占全部版权产业的1.7%。

2020年1月，中国新闻出版研究院完成的《2018年中国版权产业经济贡献》调研报告显示，2018年我国版权产业的行业增加值已增长至6.63万亿元人民币，相比2013年产业规模增长了55%；从对国民经济的贡献来看，我国版权产业占GDP的比重提高至2018年的7.37%，占比呈逐年提高的态势。版权产业在我国转变经济发展方式方面发挥了重要作用。新闻出版、广播影视、软件、广告与设计等新业态加快融合发展，推动核心版权产业快速发展。2018年中国核心版权产业行业增加值已突破4万亿元，达到4.17万亿元人民币，同比增长9.30%，占全部版权产业的比重达63%，对版权产业发展的主体作用更加明显。我国版权产业在促进就业增长、推动外贸出口方面发挥了积极作用。2018年我国版权产业的城镇单位就业人数为1645.53万人，占全国城镇单位就业总人数的9.53%。2018年我国版权产业的商品出口额比2017年增长5.66%。近年来，随着我国对外贸易宏观调控力度的不断加大，版权产业的商品出口额已实现连续2年增长，在全国商品出口总额中的比重稳定在11%以上。

经过多年发展，中国版权产业的经济贡献与美国等发达国家的差距正在不断缩小。根据世界知识产权组织的最新报告，各国版权产业在GDP中的比重调研平均值为5.18%；版权产业对就业的贡献在各国间也有差异，平均值为5.32%。中国版权产业在GDP和就业中的比重均位于调研平均值以上，在已调研国家中处于较高水平，但与美国、韩国、澳大利亚等部分发达国家相比仍有一定差距。《美国经济中的版权产业（2018）》指出，2017年美国版权产业的行业增加值为22 474亿美元，占全美GDP的11.59%；就业人数为1162.53万人，占全美就业人数的7.87%；核心版权产业的出口额继续保持增长的态势，音乐、影视、软件和出版物四类核心版权产品的出口额为1912亿美元，比2016年增长了3.92%。总体上看，美国版权产业的发展水平高于中国版权产业。2017年美国版权产业的增加值约是中国版权产业增加值的2.5倍，2017年美国版权产业增加值占GDP的比重高于中国版权产业增加值，占GDP比重达4.24个百分点。

随着我国版权产业的不断发展，这种差距正在不断缩小，2006年我国版权产业的增加值仅为美国版权产业的14%左右，而到2017年，我国版权产业的增加值已占到美国版权产业的40%左右。

二、文化产业发展依赖于知识产权保护

知识产权的制度体系包括若干相对独立又彼此联系的环节。根据文化产业链的运转规

律,文化产业链大致要经历创造培育、内容确权、市场运营和环境营造四个阶段。知识产权创造、保护、运用和文化建设分别对文化产业链的创造培育、内容确权、市场运营和环境营造起到保障作用。

(一)知识产权创造与文化产业创造培育

知识产权创造即获取知识产权的水平与能力,是知识产权运行体系的起点。我国《国家知识产权战略纲要》明确提出,要促进知识产权创造,提升知识产权创造能力,提出了"建立以企业为主体、市场为导向、产学研相结合的自主知识产权创造体系"的战略措施,知识产权创造体系的目的在于通过各种手段鼓励企业、大学、研究机构及社会个体等主体获取知识产权,继而提升国家或地区的知识产权拥有量。

文化产业创造力最终表现为文化产业中的个人和市场主体产生创造性文化产品的能力,这与知识产权创造的目标相一致。知识产权创造激励文化产业市场主体进行创造、创作、创新,提升文化企业的文化产品价值。在传统的新闻出版行业,国家大力提倡传统文化产业的转型,创造元素的加入会促进传统文化产业的升级与转型;在数字出版、电视电影等领域,随着文化科技融合趋势的全面深化,用创新技术和科技来提升文化内容的传播效率、增加科技含量也需要创造的作用。知识产权创造除了强调市场主体的创造能力外,还强调大学、研究机构以及普通民众创造活力的作用。文化产业的发展同样离不开大学和研究机构的创造作用,文化企业与各大学和研究机构积极合作已然成为各国文化产业发展的新趋势,这是一种典型的产学合作新模式。再者,"草根创造"(普通民众的创造)一方面可以从宏观方面推动整个社会的创造气氛并激发创造活力,另一方面文化产业创造力需积极地汲取、吸纳各个阶层的创造力。

(二)知识产权保护与文化产业内容确权

知识产权保护是一个集立法、执法、司法于一体的制度体系。知识产权立法通过规定权利的内容和行使来保障创造者的权利。

我国著作权法规定了19种侵犯著作权的种类,我国专利法将侵权行为分为直接侵权与间接侵权,我国商标法也将商标侵权行为规定为直接侵权与间接侵权两大类,都通过追究侵权者的民事责任、刑事责任和行政责任来切实维护权利人的权利。知识产权保护以保障创造成果为制度功能,保护文化产业的创造成果。文化产业创造力的结果表现为各式各样的智力创造成果,这些创造成果需要法律的保障方能产生经济价值和效益,其中知识产权保护制度为文化产业创造成果提供了一个全面系统的保障体系。首先,作为创造成果的出版发行物、电视剧、电影、动漫产品、戏曲节目等都受到著作权法的保护;其次,电影、数字出版作品、新媒体产品等创造成果包含丰富的技术元素,受到专利法的保护;最后,地方特色的工艺品、旅游纪念产品等创造成果,受到商标法的保护。随着互联网技术的发展与普及,现有的知识产权保护制度和保护体系受到冲击,面临着重构和调整。这些都充分说明了知识产权保护与文化产业发展之间的关联和互动,印证了文化产业发展、文化产业创造力的激励对知识产权保护的依赖性,正如有学者总结的:"在知识经济条件下,文化产业作为一个新兴产业,它的发展更需要紧密地依赖知识产权保护。"

(三)知识产权运用与文化产业市场运营

知识产权运用是指将知识产权市场化和产业化。知识产权作为一种财产权,其潜在的市场价值和经济价值只有在知识产权进入市场、形成产业后方能显现。

知识产权运用以实现创造成果的商业化和经济价值为制度功能,实现文化产业的经济价值。知识产权运用关系到企业、大学、研究机构的创造成果转化问题,影响着创造的经济价值。文化产业乃国民经济增长的新动力,要实现和扩展这一动力的驱动力量,势必以文化产业创造力进入市场继而转化为经济利益为要件。现行的价值评估体系无法直接对文化产业创造力进行价值界定和衡量,因而只能以知识产权和知识产权运用能力为保障机制来评估文化产业各主体的经济实力。文化产业创造力只是一种能力,通过人的作用转变为创意后转化为文化产品,文化产品的价值以知识产权作为量化标准,文化产品在市场中的效益和价值最终决定了文化产业创造力的价值。因此,知识产权运用具备了实现文化产业创造力经济价值的功能。

(四)知识产权文化与文化产业环境营造

知识产权文化的主要目的是为社会创造一个良好的创造氛围。知识产权文化是由有关知识产权的价值观念、学术思想、行为习惯和能力、法律制度和组织机构等构成的有机整体。知识产权文化建设旨在提高市场主体创新意识与能力,鼓励社会公众将知识产权转化为经济价值。知识产权文化以营造良好的创造环境为制度功能,为文化产业的可持续发展营造良好环境。

知识产权文化建设以一系列制度、政策和行动为基础,包括知识产权宣传、知识产权普及、知识产权教育等。知识产权宣传提升人们对于知识产权内涵和作用的认知,知识产权普及提升人们尊重知识产权的意识并倡导人们的创造行为,知识产权教育提升各个阶段学生群体的知识产权认知和行为,培育国家未来创造主体的创造和创新能力。知识产权文化建设为文化产业创造力的生成、激发提供良好的社会环境。文化产业是一个以创造为核心的产业,对创意有极大的依赖性,而创造能力和丰富多彩的创意并非凭空产生,它需要一个良好的社会环境和适宜的激励机制和制度。适宜的文化产业创造力激励方式和机制也受到社会环境的影响和制约,毫无疑问,好的社会创造氛围会有利于文化产业创造力的激励,而充斥着盗版、剽窃风气的社会环境会有害于文化产业创造力的激励。因此,知识产权文化建设所隐含的提倡良好的社会创造氛围、激发全社会创造活力的功能为文化产业创造力的激励和生成提供了制度基础。

第二节 文化产业知识产权管理的现状

随着经济的发展,我国综合国力的增强,为了满足社会的发展需要,国家对知识产权保护的法律体系进行了完善,以适应经济全球化的新形势。目前,我国文化产业发展中的知识产权保护已经初见成效。但是,知识产权建设中还存在着很多问题,通过对近年来我国司法实践中涉及的文化产业相关案件进行分析,制约文化创意产业发展的知识产权保护问题主要表现为两个方面：文化企业知识产权管理制度不健全和文化企业尊重他人知识产权观念欠缺。

一、文化产业知识产权保护初见成效

在法律方面，主要表现为对专利法、商标法、著作权法等有关法律法规的掌握和运用，文化产业知识产权保护工作快速发展，保护力度得到进一步增强。1990年我国通过了《著作权法》，规定艺术家作品保护期达到作者去世后五十年之久，其间原创者的所有发表权、修改权、保护作品完整权、修复权等不得侵犯。1984年3月，通过了《专利法》，并于2008年12月修订完善，"保护专利权人的合法权益，鼓励发明创造，推动发明创造的应用，提高创新能力，促进科学技术进步和经济社会发展"。2020年10月17日通过了第四次修订，并于2021年6月1日起施行。此次修订将法定赔偿额上限提高至500万元人民币，下限提高至3万元人民币。

业界推动方面，2011年中国产权实物论坛发表《文化产业知识产权保护长沙宣言》，系统提出文化产业知识产权保护的重要性和具体要求，"知识产权实务界要谋求与各企业、各机构、各管理者、专家以及一切进行自主创新人员的精诚合作；鼓励和帮助文化创意人才将他们的无形财产转换成专利价值、品牌价值加以保护；要按照《国家知识产权战略纲要》的要求，把对文化创意人才的保护落实在激励创造、有效运用、依法保护、科学管理四个方面"。

在政策方面，2014年出台的《深入实施国家知识产权战略行动计划（2014—2020年）》和2015年出台的《国务院关于新形势下加快知识产权强国建设的若干意见》，有力地将我国文化产业知识产权保护战略的实施推向深入。在此期间，一方面，文化产业知识产权保护发展指数大幅度改善，2013—2017年，保护发展指数整体呈现稳中有升态势；另一方面，知识产权环境发展水平进步明显。文化产业知识产权服务机构、人员数量、知识产权意识等各方面都得到快速提高。截至2019年，通过文化产业实务上的努力，我国文化产业已经步入知识产权保护较好、保护能力较强的创新型国家之列。

二、知识产权管理制度还需完善

目前，存在于文化创意产业中的突出问题是，大多数创意企业对知识产权的作用和如何起作用认识不足、运用不当，导致很多非常好的创意和产品在诞生时就因没有得到适当的全方位保护而流失。创意流失主要有三种情况：首先，对创新成果保护意识不强。在形成了有独创的技术成果后，对技术成果没有采取适当的保护措施，导致技术成果不能得到保护。其次，人员流动引起创意流失。例如，人员辞职、跳槽带走了专有技术和技术秘密，导致创意流失。最后，成果闲置造成创意流失。例如，研发出来的技术没有及时申请专利，新品牌没有及时注册商标，甚至导致别人或其他企业抢先申请或注册专利、商标。

文化创意企业知识产权管理制度不健全，主要体现在自身知识产权保护存在欠缺。我国文化产业的发展目前尚处于发展阶段，大多数文化创意企业规模偏小、成立时间较短，较少关注对自身知识产权的保护，也不注重对侵犯他人知识产权的防范，而这又表现在以下几个方面。

1. 企业自身知识产权管理制度缺失或不健全

由于企业内部知识产权管理制度的缺失，导致企业知识产权无法得到正常的运用和保护。例如，一些企业对于员工在职期间的创作成果的知识产权归属没有相关约定。

2. 不注意运用现行的知识产权法律制度保护自身知识产权成果

文化创意企业在经营过程中未树立"权利先于创造"的理念，使得创作成果不能有效地转化为知识产权权益。这体现在，进行著作权登记的比例较低。半数以上的企业未进行著作权登记，导致在诉讼中证明自身作品完成时间时存在困难，同时缺乏品牌塑造意识，给侵权者以可乘之机。一些企业对其经营过程中使用的商标标识、企业标志等未及时进行商标注册，导致自身品牌被他人抢注，等等。

3. 缺乏合同观念和严格履约意识

从各类知识产权合同纠纷的审理情况来看，不少文化创意企业在与他人合作过程中缺乏合同观念。在合同签订环节，不重视在合同中对知识产权归属等重要事项进行明确约定；在合同签订后，缺乏严格履约意识，合同履行过程中随意性较大，导致合同纠纷发生后，难以有效保护自身权益。

4. 缺乏必要的维权和防范侵权能力

由于缺乏专业的知识产权管理部门和人员，不少企业对于侵权行为不能及时进行维权，一定程度上放任了他人的侵权行为。

三、尊重知识产权的观念亟待加强

由于中国地域辽阔，知识产权审判水平不等，还存在一些地方保护主义，因此令不法分子有机可乘。由于网络和传媒的发达以及信息技术的飞速发展，侵权行为的传播非常迅速。各种因素造成维权成本越来越高，而且即使赢得诉讼，还是有可能得不到满意的赔偿。这些都造成了创造者怠于行使自己的权利，久而久之，就会影响他们的创作积极性，进而阻碍整个行业的发展。

文化创意产品创造成本高、投入大，但复制容易、侵权成本低，一些企业在经营中为获取短期利益，不尊重甚至随意使用他人的知识产权，以致各类侵权现象严重。

在涉及文化创意产业知识产权案件中，侵权类案件占80%以上，这反映出相关企业在发展过程中缺乏尊重他人知识产权的意识，在作品创作、传播过程中不尊重相关方的知识产权。从侵权的类型来看，既有因缺乏知识产权意识、疏忽大意侵犯他人权利的一般性侵权，也有主观恶意明显、以侵权为牟利手段的恶性侵权，还有因新型商业模式设计存在缺陷而引发的新类型侵权。具体表现在以下七个方面。

1. 文化艺术行业的侵权问题

文化艺术行业的侵权问题主要表现为抄袭、剽窃现象严重。一些文化创意从业者擅自将他人的文字作品、美术作品等稍加修改或改头换面后作为自己的作品使用，引发侵权纠纷。例如，在国内首例对参照他人摄影作品绘制油画行为做出侵权认定的摄影家薛华克诉油画家燕娅娅侵犯著作权案，被告燕娅娅在绘制油画过程中擅自参照了原告薛华克的摄影作品，且其油画作品与薛华克的摄影作品高度近似，从而被法院认定构成侵权，判令禁止使用其油画。

2. 新闻出版行业的侵权问题

新闻出版行业以出版社被控侵权案件居多，且出版社作为被告的案件败诉比例约占90%。不少出版社在出版过程中只是与作者签订出版合同，让作者保证不存在侵权问题，但不重视对作品是否存在侵权问题进行实质性审查，出版审核制度流于形式，以致出版物侵权现象时有发生。从司法实践来看，大多数出版单位均曾因类似情形被诉至法院，由于未能尽到法律规定的审查义务而被判决承担相应的侵权责任。

3. 广播、电视、电影行业的侵权问题

这主要表现为，既有影视节目在制作过程中使用他人作品或作品元素未获得授权引发的侵权纠纷，也有制作完成的影视节目被他人非法传播导致权利人利益受侵犯的情形。

4. 软件、网络及计算机服务行业的侵权问题

一方面，表现为软件企业员工离职后，入职其他公司或自行创业后，盗用原单位源代码进行软件开发而引发侵权问题；另一方面，表现为网络侵权现象严重，互联网非法传播是当前文化创意行业面临的最大侵权风险。网络侵权案件在涉及文化创意产业案件中占据近70%的比例，充分说明了这一问题的严重性。绝大多数权利人针对互联网侵权行为的救助方式是提起民事诉讼，但情节严重的非法传播行为可能因构成犯罪而被追究刑事责任。

5. 广告、设计行业的侵权问题

这主要体现在相关企业在设计产品过程中使用文字、图片等素材时，疏于对素材来源和权利归属的审查，从而导致对他人知识产权的侵犯。一些企业在设计过程中直接从互联网上下载图片进行使用，由于这种使用大多没有征得摄影作品著作权人的许可，也没有支付报酬，在诉讼发生后往往面临败诉的后果。

6. 会展行业的侵权问题

会展行业的知识产权侵权纠纷多数与展台设计相关，主要有两类情况：一是参展方通过展台设计招投标获得设计单位的设计方案，但在未与投标单位订立合同、支付费用的情况下，擅自使用他人提交的设计方案；二是展位设计单位在接受参展单位委托后，不进行自主设计，而是剽窃他人已有设计或稍加修改后提交给参展方使用。

7. 艺术品交易行业的侵权问题

这主要表现在艺术品拍卖、销售环节的赝品泛滥问题，在相关经营主体不能提供作品合法来源的情况下，均被认定构成侵权。例如，在著名画家赵建成诉北京琴岛荣德拍卖有限公司侵犯著作权纠纷一案中，因被告在拍卖会上拍卖的画作系赵建成相应作品的赝品，从而导致纠纷发生。

第三节 文化产业知识产权管理的主体、路径和措施

文化产业是社会经济文化形态从低级阶段向高级阶段演进的新型产业类型，它的迅速

发展改变了中国文化的发展形态和增长方式。发展文化产业对稳增长、促改革、调结构、惠民生、防风险及提升国家软实力具有不可替代的作用。党的十九大报告指出,要建立文化自信,发展文化产业,建设社会主义文化强国,并明确提出今后一段时间内,发展文化产业是经济社会发展的重要目标之一。版权制度是知识产权制度的核心组成部分,关于版权保护强度对文化产业发展绩效的影响问题,多数学者认为,版权保护能够有效地促进产业发展和文化繁荣,激励人类文明进步。

一、文化产业知识产权管理的主体

文化创意产业复合型知识产权保护策略的建构和实施依赖于相关参与主体的具体执行措施。政府职能部门、行业协会和创意企业是与文化创意产业发展关系最为密切的参与主体,基于其在文化创意产业发展中的不同地位而分别采取不同的推动举措,对于复合型知识产权保护策略的建立和有效运作十分重要。

(一) 政府职能部门

政府是现代经济的重要参与者,在经济的宏观调控中发挥着不可替代的作用。对于文化创意产业知识产权战略的建立,政府职能部门应该在三个方面发挥作用。首先,强化知识产权执法措施,降低权利人的维权成本。我国知识产权法关于赋权的规定已经比较完善,存在的主要问题是知识产权执法措施软弱无力,权利人维权成本过高,影响了权利人创造和维权的积极性。国家应该在知识产权立法上加大对侵权的惩罚力度,赋予知识产权行政执法机关更加灵活有力的执法手段,严厉打击日益泛滥的侵权行为。目前,我国立法机关正在全面修订《著作权法》《商标法》《专利法》,其中备受瞩目的亮点就是拟议建立惩罚性赔偿制度和赋予知识产权执法机关更加强大的执法权。其次,为文化创意企业提供必要的财政支持。资金短缺是目前我国文化创意企业面临的普遍困难,政府职能部门应该充分利用现有法律框架内的灵活财政措施,给予创意企业税收方面的优惠和知识产权费用方面的支持,以使我国的创意企业能轻装上阵。最后,应努力营造鼓励创新的宽松的社会环境,特别是鼓励多元化的文化生活。文化创意产业在西方的兴起,与20世纪60年代以来在欧美兴起的重视差异、反对主流、张扬个性的社会思潮和社会运动具有紧密联系。文化创意产业的特殊性就在于依靠人的创造力,过度僵化落后的体制、对人约束过度的社会环境,不利于充分发挥人的创造力,反而会抑制人的活力。

(二) 行业协会

行业协会作为同行业文化创意企业的自律组织,在知识产权战略实施方面发挥着不可或缺的作用。首先,行业协会在文化创意产业内部按照行业而设,针对性强,业务熟悉,完全有条件、有能力制定本行业的知识产权保护策略供旗下的企业参考。其次,行业协会可以聚集所属企业知识产权信息,发现在知识产权保护中存在的共性问题,组织所属企业进行经验交流,以提高知识产权保护水平。最后,行业协会根据其章程规定的自治权,还可以协调会员间的知识产权纠纷,约束会员企业的侵权行为,并可以对非会员企业的侵权行为组织力量进行调查取证,支持会员企业的维权行为。

（三）创意企业

文化创意企业是文化创意产业的主体，不断提高企业自身知识产权创造、运用、保护和管理的能力，对文化创意产业的健康发展极其重要。首先，文化创意企业应该提高自身的知识产权战略意识，树立正确的知识产权观念，在积极有效地维护自身知识产权的同时，尊重他人的知识产权，带头遵守知识产权法律。其次，文化创意企业还应该根据本企业的实际情况和所属行业的性质，建立自己的知识产权保护策略和知识产权规章制度，以使自己的智力成果和投资能够获得有效的法律保护。在创意基础上进行知识产权积累，将创意转化为知识产权保护的范畴，应当成为创意企业长远发展的战略理念。最后，创意企业应该建立有效的人才激励机制，落实知识产权法关于职务作品和职务发明的奖励制度，最大限度地发挥企业人才的创造力，创作出更多、更好的文化和科技作品。

二、文化产业知识产权管理的路径

（一）政府和行业协会层面

1. 完善文化产业知识产权保护制度

以现有知识产权法律制度为基础，结合文化产业的特征，制定和完善适合文化产业特性的知识产权保护制度。如对计算机软件及互动休闲娱乐行业的知识产权保护，就应更多地集中于软件著作权登记制度、计算机软件保护条例的完善，以及企业对于技术保护的运用；在抄袭、剽窃现象较为严重的时尚、广告、建筑设计行业，就需要进一步加强对设计作品的侵权界定以及推行商业秘密保护的方法。

文化产业包括多个行业，应结合我国的国家科技创新战略及产业发展规划，确定若干需要重点保护的行业，如出版业、动漫网游、工业设计、软件及影视制作等，并且有针对性地确定该行业的知识产权保护重点和制定相应的保护制度。

2. 理顺与协调知识产权管理与保护体制

知识产权管理和保护涉及诸多行业，贯穿在创造、利用和保护知识产权的各个环节。与知识产权有关的管理部门比较多，目前我国专门设立了国家知识产权局、国家工商总局商标局、国家版权局，分别负责专利、商标、版权等方面的管理事务。但是，各职能部门在条块分割的管理体制下，因缺乏有效的沟通渠道和协调机制，政策和管理之间不衔接，难以形成合力、统一作战，已成为全面、系统地推进知识产权战略实施的主要瓶颈之一。因此，应当有效整合现有知识产权相关管理部门的管理职能，尽快实行知识产权工作的归口管理，将专利、商标、版权等知识产权工作合为一体，提高我国知识产权管理与保护工作的效能。

要严厉打击假冒伪劣产品等侵犯知识产权的违法犯罪活动，对侵权者尤其是故意侵权者除加重民事赔偿责任外，还要追究其刑事责任。同时，要加强对执法人员的培训与考核，提高执法人员的综合素质，实行严格的持证上岗制，以确保执法的合法有效；建立各项执法制度，健全各项执法监督机制，规范执法行为，提高办案效率；对典型案件进行曝光，充分发挥舆论监督作用；采用集中整治与分散治理相结合的形式，增加对侵犯知识产权活动查处的频率。

3. 对中小规模文化企业的扶持及公共服务

政府可以建立相应的知识产权信息平台,提供包括专利、已登记著作权在内的各类信息检索,便于创作者了解与其相关的已有作品、技术发明的知识产权情况,避免侵权和重复创作,促进创意交流;也可以集合社会的资源来设立各种创意创新基金,创造一个低成本、高效率的文化产业投融资环境来鼓励文化企业的设立、发展。此外,知识产权公共推介和商务交易平台的建立,将有助于作品传播和创意资产的商品化,并降低文化企业知识产权保护的成本。

(二)企业层面

1. 文化创意企业应综合运用多种法律手段保护自身知识产权

文化创意企业在健全知识产权管理制度的同时,在经营过程中对于创意成果应当有意识地寻求多重法律保护。

文化创意企业的创意成果往往体现为形状、图案、色彩及其结合。在我国知识产权法律制度下,形状、图案、色彩及其结合可以获得《专利法》《商标法》《著作权法》《反不正当竞争法》的多重保护。以著作权保护为例,著作权法的保护对象是文化、艺术与科学领域中具有独创性的作品,作品受法律保护的是思想的表达,这种表达包括形状、图案、色彩及其结合等表达形式。当出现纠纷时,可向《著作权法》寻求保护。当然,这些还可以成为外观设计、商标标识,从而成为《专利法》《商标法》的保护对象。

需要注意的是,获得著作权、商标权、专利权需要具备不同的条件,履行不同的手续。比如,著作权自作品创作完成之日起产生,著作权的取得不需要履行登记或注册手续,但进行著作权登记后,权利人所取得的著作权登记证书可以作为证明权利取得时间和权利归属的初步证据,进行维权时可以减少在权属证明上的举证负担。

文化创意企业应加强对知识产权相关合同的管理。一方面,为避免因人才流动产生知识产权侵权问题,文化创意企业应与员工签订知识产权协议及保密条款,对于员工职务成果的知识产权归属以及保密事项、保密义务和违反保密义务的后果进行全面约定;另一方面,文化创意企业在与他人就知识产权成果的创作、使用、许可等事项进行合作时,应当对重要事项进行明确约定。以委托创作为例,企业在接受他人委托进行创作时,应就创作成果的权利归属、成果交付时间、交付方式、验收标准、款项支付条件、违约金条款等事项进行明确约定。

2. 文化创意企业应建立侵权防范机制,避免侵犯他人知识产权

文化创意企业在加强对自身知识产权保护的同时,还应注意避免侵犯他人的知识产权,可从以下三方面着手。

一是使用他人作品应征得权利人的许可并支付报酬。文化创意企业在使用他人作品时,应事先征得著作权人许可,订立著作权许可使用合同或者著作权转让合同,就使用、转让的内容进行明确约定;在获得授权后,严格依照合同约定的范围和期限进行使用。需要指出的是,虽然互联网上存在海量免费传播的作品,但互联网上的作品通常缺乏明确、清晰的权利人信息,难以准确辨别这些作品是经权利人授权的传播还是一种未经授权的非法传播。为稳妥起见,笔者建议,文化创意企业在使用来自互联网上的作品时应当格外慎重,在无法确定权利归属及著作权人本身意愿时，尽量不使用来源不明的作品。

二是在申请专利或商标注册过程中所使用的设计成果、标识应当是自行独立完成的智力成果。根据我国专利法的规定，授予专利权的外观设计不得与他人在申请日以前已经取得的合法权利相冲突；商标法规定，申请注册的商标不得与他人在先取得的合法权利相冲突。由此可见，文化创意企业获得知识产权保护必须以自身付出创造或独创性劳动为前提，不得擅自使用或剽窃他人的智力劳动成果，否则，即便其被授予专利权或商标专用权，亦可能因权利基础不具有合法性而被宣告无效。

三是建立完善的内部侵权防范审核机制。文化创意企业在经营过程中应建立专门负责知识产权审查的机制，并与创造、获得授权环节相独立，在产品对外发布前对知识产权的合法性进行全面审查，以确保授权链条的连续性和完整性。

三、文化产业知识产权管理的措施

1. 加强对文化产业知识产权保护的认识

要开展多样化的知识产权保护的宣传工作，包括知识产权的普法教育、宣传以及信用体系的建设，提升知识产权的保护意识。要提高企业保护知识产权的能力，在保护自己的知识产权的时候，是主动的保护、有意识的保护，而不是出现问题后的被动保护。文化企业可以通过法律途径维护自身权益，构建知识产权方面的防御机制。要提高企业内部在知识产权保护方面的管理力度，形成保密协议或者保密条款，清晰地规定出创作成果的产权到底归属于谁，并注册必要的商标品牌。

2. 推进文化产业知识产权的运用

专利技术应当走产业化的道路，国家也要加大对其的支持力度，给予核心技术改造以及技术创新更多支持，对于以专利技术作为核心开发的产品，要给予优先认定，着力建设知识产权类密集型的产业示范工程，这样才能更有效地转变当地经济增长方式。同时，要改善文化产业知识产权利用政策的环境、强化金融层面的支持、培育企业应用知识产权的能力。

3. 扩大文化产业知识产权保护对象的范围

应当从文化保护较好的发达国家汲取经验，拓展知识产权保护的对象，只有把创意纳入保护的对象，才能更好地激励文化产业人才进行创新、创作，提高原创的积极性。应当对现有的知识产权保护的法律体系不断地进行完善，弥补监管的不足，避免法律法规的冲突，加强文化资源保护的力度，提高传统文化在国际上的竞争力。

4. 加强文化产业知识产权的执法和司法保护力度

强化在文化产业知识产权方面的行政执法，提高打击力度，针对重复性侵权、群体侵权等一些扰乱市场的行为，必须重点打击，降低其对社会的影响程度。对于在大型的商业场所开展的监督保护工作，推进相关政务信息的公开，在社会信用评价体系中纳入恶意侵权的行为，以此来维护社会公正。要完善行政执法机制，优化执法程序，从而重视行政执法和调解同刑事司法之间的衔接，提升执法效率。要提高专利保护力度，强化知识产权的司法保护，重视商标专用法保护，强化版权保护，提高地理标准的保护力度，同时也要强化海关监管。在行政管理方面，要提升效能的建设，提高科技创新知识产权的管理工作力度，科学指导企事业单位的知识产权保护工作，从而推进文化企业的知识产权的管理制度的建立。

5. 优化文化产业知识产权的市场交易体系

要对文化产业知识产权的交易平台进行优化，以传统版权交易、知识产权中介为基础，构建出全国性或者区域性的知识产权交易中心，运用公平、公正的平台，面对不对称信息的问题可降低交易成本，提高交易效率。可以模仿电子商务平台的发展模式，对于一些知识产权，鼓励其进行线上交易，建设线上交易平台。要进一步完善知识产权的价值评估体系，在文化产业特殊性的基础上，结合工业产权评估基础，对评价因子进行合理的评价，通过高科技和大数据技术，将定性分析和定量评估结合在一起，构建出完善的、符合文化产业知识产权的价值评估体系。

6. 重视文化产业知识产权人才培养

重视文化建设，组建优秀人才队伍，培养更多知识产权保护人员；重视知识产权保护方面的宣传；重视与之相关的配套服务建设，助力知识产权的开发，并将其利用在实践中；重视组织领导工作，增加督促与检查的力度，给予更多财政支持，对相应法律进行完善。

思考题

1. 为什么说文化产业的核心是版权产业？
2. 文化产业知识产权管理包括哪些主体？
3. 我国文化产业知识产权管理中存在哪些问题？针对这些问题谈谈解决的对策。

案例讨论　AI生成作品具独创性，受著作权法保护

机器人不是人，它写出来的东西能享有著作权吗？

自人工智能蓬勃兴起，开始出现在新闻写作、视频音乐创作等领域后，有关人工智能作品的著作权问题就一直困扰着学界和实务界，争议颇多。

近日，深圳市南山区人民法院的一纸判决率先给出了司法方面的答案：AI生成作品属于著作权法保护范围。这一由腾讯公司状告"网贷之家"未经授权许可，抄袭腾讯机器人Dreamwriter撰写文章的案件，为人工智能写作领域第一案，以腾讯公司胜诉告终。

据了解，Dreamwriter是腾讯公司自主开发的一套基于数据和算法的智能写作辅助系统。自2015年8月20日开发完成以来，原告主持创作人员使用Dreamwriter智能写作助手每年可以完成大约30万篇作品。

涉案作品为2018年8月20日由Dreamwriter智能写作助手创作完成了《午评：沪指小幅上涨0.11%报2671.93点通信运营、石油开采等板块领涨》财经报道文章，Dreamwriter软件在大量采集并分析股市财经类文章的文字结构，不同类型股民、读者需求的基础上，根据主创人员独特的表达意愿形成文章结构，并利用收集的股市历史数据和实时收集的当日上午的股市数据，于股市结束的2分钟内完成写作并发表，文章末尾注明"本文由腾讯机器人Dreamwriter自动撰写"。

此文在腾讯证券网站上首次发表后，上海盈讯科技有限公司在该文章发表当日复制涉案文章，通过其经营的"网贷之家"网站向公众传播。这一行为在腾讯公司看来侵犯了其享有的著作权，因此将上海盈讯科技有限公司诉至法院。

法院审理认为，从涉案文章的外在表现形式与生成过程来分析，此文的特定表现形式及其源于创作者个性化的选择与安排，并由 Dreamwriter 软件在技术上"生成"的创作过程均满足著作权法对文字作品的保护条件，属于我国著作权法所保护的文字作品。

判决书显示："涉案文章由原告主创团队人员运用 Dreamwriter 软件生成，其外在表现符合文字作品的形式要求，其表现的内容体现出对当日上午相关股市信息、数据的选择、分析、判断，文章结构合理，表达逻辑清晰，具有一定的独创性。"

法院同时认为，涉案文章是由原告主持的多团队、多人分工形成的整体智力创作完成的作品，整体体现原告对于发布股评综述类文章的需求和意图，是原告主持创作的法人作品。

法院最终认定，被告未经许可，在其经营的"网贷之家"网站上向公众提供被诉侵权文章内容，供公众在选定的时间、选定的地点获得的行为，侵害了原告享有的信息网络传播权，应承担相应的民事责任。鉴于被告已经删除侵权作品，法院判定被告赔偿原告经济损失及合理的维权费用人民币 1500 元。

中山大学法学院教授李扬告诉《法制日报》记者，将文学、艺术和科学领域内具备独创性的人工智能生成物认定为作品并通过著作权保护，有利于鼓励作品的创作和传播，促进文化的多样性，同时激励人们研发能够减轻人的智力劳动和体力劳动、能够生成具备独创性作品的人工智能，并利用该人工智能进行作品创作。

资料来源：张维. AI生成作品具独创性 受著作权法保护[N].法制日报，2020-01-08.

讨论题：

1. 举例说明你所了解的文化产业知识产权的侵权现象。

2. AI生成作品具有独创性，受到著作权法的保护。结合本案例，谈谈你对我国文化产业知识产权保护与管理的建议。

延伸阅读 扫码学习

文化产业的知识产权管理

下篇

文化产业与管理分论

第九章　新闻传媒业管理

 引导案例　　AI 加持新闻业，助力媒体人潜力加速释放

近年来，随着人工智能技术的发展与应用，各大行业都在加速转型与升级，新闻行业也不例外。对于新时代的新闻行业发展来说，其面临着传播速度、内容质量、受众需求、形式创新等方面的多重挑战，这些都需要依靠人工智能技术来寻求突破。

目前，人工智能在新闻行业的落地已经以虚拟主播、AI 编辑、新闻播报机器人等多种形式出现。对于新闻行业来说，人工智能一方面提升了新闻写作、播报的效率、质量和准确性，另一方面也大大解放了传统媒体人，释放出行业价值。

2019 年两会期间，我国多家新闻媒体不仅将 AI 应用到新闻采编、播报和制作之中，同时也进一步开创出相应的 AI 专属栏目，以此吸引更多新闻受众。这对于新闻行业来说，既是一次创新式发展，也是对当下智能潮流的顺势而为。

而在 2019 年 8 月 26 日，我国新闻行业又在此迎来了新的发展机遇——一个庞大的媒体机器人矩阵整装而来，25 款功能不一的智能机器人通过覆盖行业各大环节，再度给当前新闻行业的升级发展带来了全新动力。

据悉，这 25 款媒体机器人中，有助力新闻人"采集"新闻资源的突发识别、人脸追踪、安全核查、文字识别、数据标引、内容搬运、多渠道发布、热点追逐等机器人，同时也有助力新闻人"处理"新闻资源的智能会话、字幕生成、智能配音、视频包装、视频防抖、虚拟主播等机器人，几乎囊括了从幕前到幕后新闻工作者的所有岗位。

从中我们看到，人工智能技术给新闻行业带来的不仅是内容、速度、准度等体验上的提升，同时也带来了在需求分析、用户受众、人力解放上的巨大价值。借助 AI，传统媒体人不需要再为繁重复杂的新闻制作而劳累，也不必再为找不到热点新闻或新闻不够抓人而苦恼，行业发展将整体进入快车道之中。

针对人工智能对新闻行业带来的重大裨益，2019 年以来，国家方面也开始关注和重视探索 AI 在新闻行业中的全流程应用。其主张，要加强文化共性关键技术研发，完善文化科技创新体系建设，加快文化科技成果产业化推广，加强文化大数据体系建设，推动媒体融合向纵深发展，促进内容生产和传播手段现代化以及提升文化装备技术水平，其中人工智能、大数据、VR/AR 等技术受到了特别倚重。

不过，在"AI+新闻"加速发展的同时，AI 给新闻行业带来的一些问题也引发了人们的担忧与恐慌。不少媒体人认为，AI 的介入可能会对他们的岗位造成威胁，AI 相比于人更加高效、精准、专业的作业能力，让他们感受到了被取代的危机。除此之外，人工智能在新闻

行业应用的伦理道德挑战、新闻版权挑战、新闻真实性保证等，也让行业对 AI 的应用不敢全面放开。

应对上述这些问题，首先我们认为 AI 取代媒体人暂时是杞人忧天，在 AI 没有具备自我意识之前，其想彻底取代人类为时尚早，其更多的是起到一个辅助人、解放人的作用，因此我们大可放宽心与之和谐共处。

而关于伦理道德、新闻版权、真实性等方面的限制，我们则需要从技术、标准、法律等角度进行监督、规范和管理。通过法律来保底，制定设计完善的伦理标准，同时培养专业人员素质，在技术上把控和保证新闻真实性，以此来攻克 AI 应用带来的各种限制难题。

放眼未来，新闻行业的发展离不开人工智能的协助与加持，而人工智能的成熟也需要新闻行业的落地实践，两者可谓相辅相成。在这样的背景下，我们需要加速推进人工智能与媒体人的深入合作，因为人类永远是新闻业务关键环节的核心，人与机器只有融合交流，才能创造新闻行业和 AI 发展更加美好的未来！

资料来源：AI 加持新闻业，助力媒体人潜力加速释放！[EB/OL]．（2019-08-27）．https://www.ofweek.com/ai/2019-08/ART-201721-8120-30404583.html．

本章导读

我国政府始终高度重视媒体发展，支持中国媒体同外国媒体在新闻传播、人力资源、信息技术、业务发展等方面加强交流、深化合作。在推进改革开放和社会主义现代化建设的过程中，鼓励和支持中国媒体贴近实际、贴近生活、贴近群众，创新观念、创新内容、创新形式、创新方法、创新手段，增强亲和力、吸引力、感染力，在弘扬社会正气、通达社情民意、引导社会热点、疏导公众情绪、搞好舆论监督和保障人民知情权、参与权、表达权、监督权等方面发挥重要作用。

当今世界，随着经济社会的快速发展和科技进步的日新月异，信息的传递和获取日益快捷，全球传媒业正经历着前所未有的深刻变革，新闻传媒在经济发展和社会生活中的作用越来越重要。本章首先介绍新闻传媒的属性和传播过程等知识，然后介绍我国新闻传媒的发展现状和特征，最后论述新闻传媒业的管理模式及其变革趋势。

第一节　新闻传媒的属性和传播过程

一、什么是新闻传媒

新闻传媒业是新闻机构及其各项业务的总称。现代新闻传媒业是由报社、通讯社、广播电台、电视台、新闻期刊社、新闻电影制片厂等专门机构，运用报纸、广播、电视、新闻图片、新闻期刊、新闻电影等传播媒介进行的新闻活动的总称。随着社会的进步和人类物质文化生活水平的提高，新闻传媒在人类生活中起到的作用越来越大，成为一种不可忽视的力量。新闻传媒负载着意识形态、文化、信息、社会服务等多种功能，在各国都是一种不同于其他行业的特殊行业。周光召院士认为，21世纪的新闻传媒是信息社会的核心领域之一，是各国政治和经济发展的制高点，是人们工作和生活不可或缺的基本工具。

新闻传媒具有双重属性：作为具有意识形态的精神产品的生产者，新闻传媒从属于上层建筑范畴；作为向大众提供信息的载体，新闻传媒又从属于信息产业，这在西方发达国家是一个共识。1997年，美国沿用多年的"标准产业分类SIC"被新的"北美产业分类标准NAICS"所代替，新分类系统的一个重大变化就是设立了一个新的二级产业——信息业。信息业没有包括我们通常会想到的计算机制造业，而是包括了出版业（包括软件出版）、电影和录影业、广播和传播业、信息服务业和数据处理业等。这个代码为51的产业群就是"内容产业"（Content industry）。传播媒介具有两种功能：喉舌功能和产业功能。

作为喉舌功能，新闻传媒可以宣传一个组织、一个政党、一个国家的立场和主张，历来为各国的政治家所推崇。马克思早期曾主编《莱茵报》，毛泽东曾主编《湘江评论》，邓小平同志在法国留学期间也积极从事《少年》《赤光》的办报活动，20世纪30年代曾主编中国工农红军总政治部《红星》报，主管红一军团的油印《战士报》和《八路军军政杂志》，宣传马克思主义思想。西方资本主义国家一样重视传媒的宣传作用，他们办有少量的官方传媒或者公共传媒以宣传其内外政策，同时对其他私营传媒的舆论导向进行间接控制，使之符合统治阶级的利益。由于我国与西方资本主义国家的社会体制的根本不同和宪法理念的差异，传媒实现宣传功能的方式存在着很大的不同。长时间以来，我国把新闻传媒的喉舌功能作为其唯一重要的功能，广播、电视、报刊等大众传媒作为党和国家的重要喉舌，其意识形态属性一直被放在最突出的地位。

作为传媒的产业功能，传媒可以让公众、消费者了解商品和服务，可以为企业塑造良好的形象，进而实现盈利。传媒有两种可以销售的商品：一是将新闻内容卖给受众（读者、观众、听众），获得发行收入；二是将报纸版面或者播出时间（电视、广播）卖给广告客户，获得广告收入。在世界范围内，新闻传媒也是一个巨大的产业，如默多克新闻集团、路透社集团、新加坡报业控股集团、华纳媒体等。在福布斯富豪排行榜上，100名富豪中就有20名传媒业老板。

二、新闻传播的具体过程

新闻传播与大众传播是特殊与一般的关系，新闻传播既有与大众传播相同的共同性，也有与大众传播不同的特殊性。

从传播过程看，新闻传播过程与大众传播学关于传播过程的理论是一致的，同样必须具备拉斯韦尔提出的传播过程的五要素，也同样应该注意反馈。从信息论的角度看，新闻传播是一种信息的传输转换过程，也是需要经过信源、编码、信道、信宿、译码这样一个传播过程的信息系统：客观世界发生的事物的存在方式和变动状态，构成新闻的信源；新闻机构及其专职人员充当了主要的传播者，要通过他们对信息的收集和加工处理进行编码，制成新闻才能投入传播；报纸、广播、电视等传播媒介成为信道，其所传播的各种消息、音响、图片、画面等都包含着一定质的信息量；而接收信息的人（读者、听众和观众）就是充当信宿的受众，他们需要对传播者的编码进行译码，才能理解信息的内容和意义。因此，只要注意到通信系统那种机械的、物质的信息传递与新闻这种有机的、社会的信息传播之间的区别，考虑到新闻传播过程中的人的功能性因素和社会因素，吸收一些研究者对传播过程的各个环节的研究成果，申农-韦弗的信息论模式就仍然可用于新闻信息的传播。

以上是新闻传播与其他类型的大众传播以及通信系统的信息传递的共同点，但新闻传播与它们又有所不同。这不仅表现在传播的内容上（新闻传播只限于新闻信息），而且表现在传播的过程中（新闻传播有其不同的特点）。

新闻传播的过程是一个多级传播的过程，因而存在着多级的信源、信道和信宿，也存在着多级的噪声干扰和信息反馈。新闻传播的过程可分为以下三级。

第一级传播：是从客观事物发出信息到新闻媒体接收信息的传播。这时，客观事物是信源，新闻媒体的记者、通讯员是信宿，记者、通讯员获取、接受信息的渠道是信道。记者、通讯员在采集、获取信息时可能受到来自各方面的干扰，而在获取信息之后也可能提出自己的意见，进行信息反馈。

第二级传播：是新闻媒体内部的传播。这时，记者、通讯员充当了信源，他们将所获得的原始信息加工成可供传播的信息，即新闻；媒体内部传递新闻稿的通道成为信道；经过层层筛选，到最后做出可否传播决定的决策人，是信宿，在媒体内部的传播过程中，同样可能受到来自各方面的干扰；而一份新闻稿可否被采用，以及在采用前所经过的必要修改，反映了媒体内部对这份新闻稿的态度，这也可以说是一种反馈。

第三级传播：是从媒体传播新闻到受众接收新闻的传播。这时，新闻媒体成了具体的信源，广大受众是信宿，而传播和接收新闻的通道是信道。在这一传播过程中，就更可能受到各方面的干扰，而受众的信息反馈也就更为直接了。

由此可见，新闻传播是一个多级的、完整的信息传输过程，是一个有机的、社会的信息交流系统；在其传播过程的每一级中，都不能不受到人的功能性因素和诸多的社会因素的影响，而与机械的、物质的信息传递有着本质区别，因而不能不考虑传播的效果和对传播的控制问题，这是新闻这种多级传播形式的特点。从整个新闻传播过程看，信源是指作为新闻的来源和传播的开端的第一级信源，即客观世界发生的事物的存在方式和变动状态；信宿是指作为新闻的最后接收者和传播终端的第三级信宿，即受众；信道是指由新闻媒介发出新闻到受众接收这些新闻的这一段信道，即第二级信道。而对干扰和反馈的研究，也往往将侧重点放在第三级传播上。在这一传播过程中，新闻机构及其专职人员（主要是记者）起着十分重要的作用，他们作为职业传播者，担任着双重角色：对信源来说，他们是信宿，对原始信息进行收集、选择、加工，制作成新闻，供新闻媒介进行传播；对受众来说，他们又是信源，将加工制作好了的新闻通过一定的媒介传给受众。这是新闻传播过程的一个大致的流程。据此，我们将在以下几节分别对新闻传播的信源、传播者、信道、受众以及传播的效果和社会控制等问题进行论述。

第二节　新闻传媒业的发展和问题

与国外的传媒产业相比，我国的新闻传媒性质有所不同，它是中国共产党领导下的社会主义事业的重要组成部分，是精神文明建设的重要领域，是社会效益优先的主要传播者，它必须坚持社会主义方向，以马克思主义新闻观为指导，唱响主旋律、传播正能量，为党和国家大局服务；另外，中国的新闻传媒产业同样兼具产业属性，必须遵循市场经济规律，以现代企业的理念和管理方式，去占领市场，获取收入和利润。由此也诞生了极具特色的中国传媒体制，其长期以来呈现出"一元体制、二元运行"的特征。"一元体制"指的是国家所有，"二元运行"指的是传媒企业既需要国家的财政拨款，也需要通过国家赋予的权利去赚取广告收益。但在新的社会环境和产业形势下，过去依靠行政垄断赚取双重收益的模式不可持续，也已不合时宜，尤其是近 10 年来，互联网、新媒体迅猛发展，与传统媒体形成并驾齐驱之势。在新兴经济的冲击下，传媒、电信、计算机业的产业界限日益模糊，边界的扩张催生了产业规模化的发展，也推动着行业转型和管理体制的变革。从产业政策上来看，党的十八大报告明确提出了要落实"五位一体"建设的总体布局，要使文化产业成为国民经济支柱性产业，一系列涉及文化产业管理体制的变革，必将对传媒业的发展产生深远的影响。在此背景下，我国的新闻传媒业正迎来新一轮的转型发展。

一、新闻传媒业的发展现状

随着经济全球化趋势的深入发展和我国社会主义市场经济的发展，新闻传媒业的发展也呈现出一种新的发展态势，对我国社会经济的发展也产生了重要的影响。同时，我国新闻传媒业的发展也出现了新特征。

（一）新闻传媒业的发展特征

就目前来说，影响我国传媒业发展的因素主要有四个方面：政府的新规制、技术的不断进步、社会的发展变迁以及资本的介入和新走向。在这四方面因素的影响下，我国的新闻传媒业发展取得了长足的进步，表现出以下一些新的特征。

1. 新闻传媒业中混合所有制占据了主导地位

过去，我国的新闻传播媒体包括电视、报纸等都是公立的，是由国家和政府共同掌控的。随着社会经济的发展，国内外交流日益频繁，大量的外资和民营资本进入传媒业发展体系；资本巨头也积极介入新闻业的发展过程，新的公私合营、民营和个体经营的传媒业发展形式不断涌现出来。目前来说，国有资本在新闻传媒业发展过程中的垄断地位已经彻底改变，混合所有制形式已经成型。

2. 新闻传媒业形成了以互联网为中心的传播新格局

目前，传统的新闻媒体形式呈现"颓废"的发展态势，成为传媒业发展中的"配角"；新媒体占据主导地位，发挥"主角"作用。而就新媒体来说，国有新媒体并不占据主导地位，民营的媒体形式发挥指导作用，具有广泛的社会影响力。

3. 新闻传媒业中出现了新闻生产和分发分离的新运行模式

就全世界范围来说，美国的新闻传媒业发展最为迅速，其中 Facebook 是全球最大的信息平台，每日信息浏览量巨大。而我国最大的新闻平台是今日头条。在这些平台上，个人能够发表自己的言论，平台也具有了"信息超市"的功能，并逐渐发展成为"自由发表观点的市场"，这就是"新闻生产"的过程。同时，平台还按照"算法分发"的模式准确地推送信息，提高了推送效率。除此之外，新闻的私人定制趋势也愈来愈明显。

4. 新闻传媒业出现了新的生产和传播模式

这主要是指新闻生产过程中的"去中心化"和传播媒体发展的"去边界化"。新闻生产逐渐与用户生产融合起来，呈现出新的发展态势。过去的新闻生产线发生了变化，"中央厨房"进一步改造，呈现出"前窄后宽"的形式。媒体的边界也逐渐弱化，多个入口也为用户提供了便利。调查领域"新闻众包"形式也发挥着愈来愈重要的作用。另外，新闻传媒业的发展也进入了"图片时代"，形成了所谓的"无图像不新闻"的现状，各种直播、虚拟现实等可视化表达成为新闻媒体发展的主流态势。

（二）新闻传媒业的新业态

新闻传媒业的新业态特征，主要表现在以下三个方面。

1. 媒介融合走向深化

"媒介融合"这一概念最早由美国马萨诸塞州理工大学的伊契尔·索勒·普尔（Ithiel De Sola Pool）教授提出，其本意是指各种媒介呈现出多功能一体化的趋势，主要指的是电视、报刊等传统媒介融合在一起。媒介融合的概念包括狭义和广义两种。狭义的媒介融合是指将不同的媒介形态"融合"在一起，会随之产生"质变"，形成一种新的媒介形态，如电子杂志、博客新闻等；而广义的媒介融合则范围广阔，包括一切媒介及其有关要素的结合、汇聚甚至融合，不仅包括媒介形态的融合，还包括媒介功能、传播手段、所有权、组织结构等要素的融合。也就是说，媒介融合是信息传输通道的多元化下的新作业模式，其把报纸、电视台、电台等传统媒体与互联网、手机、手持智能终端等新兴媒体传播通道有效结合起来，资源共享，集中处理，衍生出不同形式的信息产品，然后通过不同平台传播给受众。

媒介融合是新闻传媒业格局变化的重要推动力量，这一融合过程是传统媒体与互联网的产业逐渐模糊化的过程。媒介融合是在技术的支持下实现的，网络技术、数字技术等的运用使媒介融合的水平和层次不断得到提升。我国新闻传媒业媒介融合也进一步走向深化。

2. 传统主流媒体平台化

从 2011 年新兴媒体的市场份额超过传统媒体开始，中国传媒产业格局经历了从 2011 年平面、广电、互联网、移动互联网四分天下逐渐到 2013 年传统媒体、互联网和移动互联网三足鼎立，再到 2017 年移动互联网主导的一超多强局面。而到了 2018 年，在 5G 和下一代互联网技术的推动下，移动互联网会继续占据主导地位，这种一超多强的格局已逐渐稳定。

传统主流媒体加速整合，多家报纸正式休刊，还有一些合并出版，报业紧抓内容核心，深度整合。同时，一些具有实力的传统主流媒体也开始加强平台建设，构筑生态体系。2018年6月，人民日报社正式上线全国移动新媒体聚合平台"人民号"，吹响了媒体行业融合的号角。目前，已有 2000 多家主流媒体、党政机关、高校、优质自媒体和名人入驻。"人民号"是主流媒体自建平台的一种大胆尝试,也是构建主流价值引领的新媒体生态的努力方向。

目前,国内媒体平台主要指倾向于为自媒体提供服务的平台,总结起来可以分为三大类:新闻和资讯聚合分发平台,主要有今日头条的头条号、腾讯的微信公众号、百度的百家号、阿里的大鱼号;短视频创作和分发平台,主要由抖音和快手垄断;直播平台,主要有虎牙、YY、抖音、斗鱼和快手等。媒体平台区别于平台型媒体。平台型媒体主要是指拥有专业编辑权威性且面向内容和服务提供者开放的数字内容实体,这绝不是一个纯自媒体平台,其落脚点在媒体;而媒体平台特指为自媒体、专业化媒体提供内容生产、分发的平台,其落脚点在平台。人民日报社所办的"人民号"属于平台型媒体,本质上是媒介融合后的新型媒体形态。平台型媒体是主流媒体进行媒介融合的重要方向,不过其效益依然需要进一步评估。

3. 技术催生媒体跨域发展

近年来,云计算和人工智能技术开始运用。新华社发布了媒体大脑 2.0 "MAGIC"智能生产平台,MAGIC 是"MGC"(机器生产内容)和"AI"(人工智能)两大概念的结合,以大数据处理技术、智能算法技术以及人机协作技术为核心。MAGIC 平台好比一条零部件生产组装流水线,新闻内容将被自动拆解为一个个颗粒,然后进行重新组装。经过这条流水线加工后,机器可以生产更多新的内容。2018 年 11 月,新华社联合搜狗发布全球首个合成新闻主播——AI 合成主播,在新闻领域开创了实时音视频与 AI 真人形象合成的先河。2018 年 6 月,人民日报社发布"人民日报创作大脑"平台,旨在为内容生产进行多向赋能,集成了智能写作、智媒引擎、语音转写、数据魔方和视频搜索五大功能,是人工智能时代媒体工作者的生产力工具平台。此外,作为"中央厨房"的重要技术平台,媒体云技术在县级融媒体中心建设过程中已大面积推广。

在信息传输环节,5G 技术不仅会实质性地提升信息传输效率,还将直接带来体验环节的重大变革。一旦 5G 商用,将会极大地释放移动互联网的能量,届时短视频、4K 高清视频、AR/VR、物联网等技术应用将迎来爆发式增长。

二、新闻传媒业存在的问题

社会实现转型以来,中国新闻传媒业的功能和属性也在逐步发生变化,在变革中寻求新的路径和发展模式。面临愈加激烈的竞争,传媒业的发展模式也在不断动摇,尤其是在转型的过程中,很多问题也暴露出来,主要表现为以下四个方面。

1. 新闻传媒业体制

在体制上,影响传媒产业发展的问题主要表现在两个方面:一是国家宏观管理体制;二是传媒组织自身的管理体制。由于长期的计划体制所形成的强大制度惯性,我们的宏观体制还不能完全适应市场体制的发展要求。同时,政府的管理理念、机制和规则系统等方面,也还存在一定程度的计划体制色彩,政府职能还没有完全转变到市场轨道上来,行政干预、地方保护主义、市场法规体系不健全等问题仍然存在。另外,我国现行的传媒管理体制没有很好地把握内在的规律,整体还是比较零乱分散,没有凝聚的力量。这样一来,一些实力较强的传媒集团不能突破体制的限制,把零碎的市场整合起来也难以发展得更大更强。

2. 新闻传媒业经营模式

虽然我国已开始从"单点式"的经营向传媒产业价值链的经营转变,但是实质上还存在赢利模式单一、传媒整合产业价值链能力弱的问题。我国传媒市场专业化分工不够,传媒产业价值链尚未完全形成。传媒严重依赖广告,经营模式单一。由于传媒整合产业价值链能力不高,资源整合能力不强,传媒业的竞争不是真正内容和服务质量的竞争,而是对有限的广告费进行你死我活的争夺,尽管投入不少,但是传媒业依然市场总量不大、经营绩效不高、发展后劲不足。

3. 新闻传媒业规范管理

随着行业的发展,中国传媒业虽然重视公众,但也一定程度上藐视公众。一些媒体为了吸引大众,故意制造一些庸俗、低级趣味的话题新闻,违背了大众健康、先进的文化需求。

首先,在许多媒体从业者心中,过分地把政治作为传媒业唯一的宣传内容,在弘扬主旋律的基础上,忽视了传媒业与大众的交流、对社会的深入写照、对文明的传承、对娱乐文化的推崇。在体制上,传媒业由国家投资,所有者应该是全体公众,但大多时候是由传媒业内部人控制的,全体公众是缺席的,这就使公众失去了对传媒机构的监督权利。

其次,行政管理与市场经济具有天然的不协调性,市场越是往前发展,这种不协调性就表现得越突出。在市场经济的推动下,传媒业的企业化管理程度逐渐提高,众多适应市场竞争的策略应运而生,如以收视率、点击率论业绩,它们已经成为媒体的主旋律,甚至为了博取受众的眼球,媒体故意制造猛料,不负责任地制造一些"绯闻逸事",比如耸人听闻的故事。传媒业在制造各种产品的过程中,要时刻铭记以满足人们的文化需要、提升人们的精神生活为前提,使人们潜移默化地树立正确的价值观,提高思想道德素质,杜绝放大"星""性""腥"的内容。要注重对精英文化的传播,推动传媒企业在世界文化舞台上传播中国声音,讲好中国故事。

对于制造假新闻的媒体和记者,仅仅谴责不能从根本上解决问题,还需要进一步的整改,传媒业需要不断地完善管理方式,改进管理手段,建立健全工作队伍,加强文化修养,提高传媒人的整体素质。

4. 新闻传媒业人才发展

人才竞争是一切竞争之本,而对智慧密集型的传媒行业来说,传媒专业人才更是其极为重要的资源。可以说,既有新闻传播知识又具有媒介经营意识的传媒人才是媒介竞争力的核心体现和有效保证,是媒介最宝贵的财富。但是,作为传媒产业的重要资源,传媒人才也是稀缺的,甚至已经成了制约传媒产业快速成长的一个重要因素。除此之外,从宏观的传媒产业链条上看,我们还缺乏职业的中介服务人才。随着传媒产业的专业化发展,其市场要素必然日益增多。如何用市场的眼光配置资源,使整个国家的传媒业发展更富效率,中介人才或服务机构在这方面将会发挥很大作用。

国家统计局公布的数据显示,2017年互联网普及率达到55.8%,其中农村地区互联网普及率达到35.4%。互联网上网人数7.72亿人,比上年增加4074万人,其中手机上网人数7.53亿人,增加5734万人;移动互联网接入流量246亿G,比上年增长162.7%。伴随着传媒业深入的改革以及社会经济的飞速发展,新媒体形态急剧崛起,媒介形态的革新对传媒人才的能力结构也提出了新的要求。传媒人才在拥有"互联网+"思维的前提下，还要具备融媒体需要的整合传播策划能力。面对这样的人才要求，许多传媒公司都面临着人才短缺和人才恐慌的问题，"用人荒"是新媒体的痛点。在许多传媒企业招录的人才中，90%为90后，由于这部分群体大部分是刚毕业的大学生，从业经验不足，而传统媒体行业的人由于知识面单一，对新媒体市场的接受能力不足。传统媒体所需的单一能力不太能胜任新媒体的需求，新媒体人才不仅要拥有"一技之长"，还需要多才多艺，也就是既熟练掌握传统新闻采写编评等基本技能，又具有图片、视频编辑处理能力和编程、运营能力。合适的综合性传媒人才成为传媒企业可遇不可求的对象。

第三节　新闻传媒业的管理模式

自改革开放以来，我国国民经济经历了由计划经济体制逐步向社会主义市场经济体制转轨的过程。伴随着这一过程，我国新闻传媒产业也经历了从"全面管理"模式逐步转变为"重点管理"模式的深刻变革。党中央、国务院于2006年1月颁发的《关于深化文化体制改革的若干意见》，标志着"重点管理"模式已成为新闻产业的主流管理模式。随着改革的逐渐深入，新闻传媒产业将会出现由"重点管理"模式逐渐朝着"调控管理"模式变革的发展趋势。

一、改革开放之前我国新闻传媒业的管理模式

改革开放之前，我国新闻传媒产业的管理模式可以用"全面管理"来加以概括。在管理体制上，报业、广播业、电视业由新闻出版署、广电部和中宣部负责管辖，各省市分别设有相应的新闻出版、广播电视及宣传管理部门，其下又有主管单位、主办单位、出版单位，形成三级管理体制。

这一时期，政府对新闻传媒机构各个方面的权利，都实行严格的管制。政府对新闻传媒机构的"全面管理"主要体现在以下方面。

1. 市场准入权管制

任何一家新闻传媒机构（报社、电视台、广播电台等），都必须有主管单位、主办单位、出版单位，形成三级管理体制。政府对新闻传媒机构的设立实施严格的审批制度，不论是报纸，还是广播电台、电视台，政府都实施严格的按计划审批制度，凡是没有经过批准的，均为非法机构，一律会受到严厉的惩处。

2. 生产经营权管制

新闻传媒机构既没有独立核算权，也没有自主经营权，其生产原材料、生产资料（土地、厂房、机器、设备等）、生产内容、生产形式、生产组织、生产产品、生产数量、生产领域等，政府都要对其实施严格的管制，并按计划进行调拨。没有计划，即使生产需要，也不可能得到；没有计划，即使市场需要，也不可能生产。

3. 产品销售权管制

政府严格控制着新闻传媒机构产品的销售渠道、销售区域、销售方式、销售对象、销售价格、销售数量，实施所谓的"统购统销"。

4. 人事聘用权和劳动分配管制

政府严格控制着新闻传媒机构所有工作人员的进入调出、职务升迁、劳动分配、福利待遇等，并实施计划管制。新闻传媒机构没有自主用人、解聘人和独立实行内部劳动分配的权利。

5. 产权管制

政府对新闻传媒机构的产权实施严格的管制。首先，规定只有国有资本才能出资组建新闻传媒机构，严格禁止外部资本进入该领域；其次，对新闻传媒机构实行事业单位管理，不承认新闻传媒机构拥有独立的产权；最后，不允许新闻传媒机构自行处置自己的资产，严格禁止兼并收购、产权交易。

"全面管理"模式是一种典型的计划经济体制管理模式，这种管理模式使我国新闻传媒行业成为国家垄断行业，确保了政府对新闻传媒机构的绝对领导和控制。在"全面管理"模式下，包括产权在内的各项权利全部被国家控制，政府对新闻传媒机构拥有绝对的权威，新闻传媒机构少有行动的自由。

二、改革开放以来我国新闻传媒业管理模式的变革

改革开放以来，我国国民经济经历了由计划经济体制逐步向社会主义市场经济体制转轨的过程。在这一过程中，处在"全面管理"模式下的新闻传媒产业所存在的许多弊端就逐渐暴露了出来。

政府对新闻传媒机构的各项权利全部加以严格控制，使其不能自行选择自己的目标市场，不能自主经营，不能刊登广告，不能自办发行，新闻传媒机构难以发挥自身活力。

由于没有市场，不能获得销售收入，没有独立核算、自主经营的权利，新闻传媒机构完全依赖国家行政拨款，自身没有"造血"功能，因此各新闻传媒机构自我发展的效能不可能得以实现。

政府机关少数掌握权力的人完全控制了新闻传媒机构，"唯长官意志是从"就成了新闻传媒机构必然的行为准则。在这样的局面下，新闻监督、新闻的公平正义基本无法体现。

新闻传媒机构主要听从"长官意志"，没有来自市场的压力，不用担心被读者观众所抛弃，其缺乏面向普通大众做好新闻服务的基本动力，面向大众的服务功能受到压抑。针对这种情况，在改革开放的大潮中，对新闻传媒产业的基本管理模式进行变革便成了必然的选择。

我国新闻传媒产业在管理模式方面的改革始于20世纪70年代末期的广告刊播开禁，其后，部分媒体被批准试行"事业单位、企业化管理"；80年代，自办发行、多种经营开始在报业推开；90年代初期，党中央、国务院正式将广播电视业列入第三产业；90年代中期，

都市报在全国兴起；90年代后期，各地报业集团和广电集团纷纷组建；90年代末期至今开始资本运作。从总体上看，这些改革措施主要是围绕"简政放权""放松管制"展开的，具体来说主要是放松与新闻媒体生产经营有关的"三权"管制。

1. 对新闻传媒产业的生产经营权逐步放松了管制

首先，放松了对生产原材料采购权的管制。允许新闻传媒机构根据自己生产的需要采购生产原材料，如纸张、油墨、录音录像磁带等，不再由上级按计划调拨。其次，放松了对生产资料（土地、厂房、机器、设备等）购置权的管制。新闻传媒机构可以根据自己生产的需要自行添置各种生产资料（当然较大的建设项目仍须向计委报批）。再次，放松了对生产内容的管制。党委宣传部、新闻出版和广电行政管理部门只向各新闻传媒机构发出各种指导性意见，不再审批报纸的具体版面设置和电视的具体栏目，传媒可以根据市场需求自行设置和制作版面、节目。目前，对报纸刊登的内容和广电行业自行制作的节目仍然保留了事后审读和刊播前审查的权力。另外，放松了对新闻传媒机构生产形式、生产组织的管制，不再严格控制新闻传媒机构的内部机构设置，允许新闻传媒机构根据生产的需要自行设置内部组织。最后，放松了对新闻传媒机构内部财务核算的管制。允许各新闻传媒机构实行独立的财务核算。进入20世纪90年代末期，国家新闻管理部门又进一步出台政策，允许新闻传媒机构把经营性资产和编辑出版刊播业务分离开来，独立组建公司，改善内部经营管理。后来，又出台了允许新闻传媒机构跨媒体经营的政策，为媒体经营拓宽了道路。这些改革措施使我国新闻传媒机构在一定程度上成为一个独立的商品生产者。

2. 对新闻传媒产业的产品销售权不再严格限制

首先，允许各媒体刊播广告。媒体刊播广告对报纸而言是销售版面，对广播电视而言则是销售时段，其实质是销售媒体所拥有的读者、观众。其次，允许报纸自办发行，允许广电行业自己制作和销售生产节目，如电视剧、娱乐节目等。这实际上是开放了媒体的销售渠道。再次，开放价格管制。对报纸的销售价格和广播电视生产的节目，允许其根据市场情况自主确定销售价格。最后，开放地域权管制。对报纸不再限制其销售区域，对广电节目允许其向国际、国内两个市场销售。上述种种权利的开放，其实质是对新闻传媒机构产品的销售渠道、销售区域、销售方式、销售对象、销售价格、销售数量进行全面开放，这使新闻媒体获得了自身的造血功能，同时也使自己拥有了真正的活力，使得大多数新闻传媒机构在国家大幅减少财政拨款甚至完全"断奶"的情况下，能够依靠自己的产品从市场销售中获得经济收益，保持良好的发展势头。

3. 政府逐步放松了对新闻传媒机构工作人员的进入调出、职务升迁、劳动报酬分配、福利待遇等各项权利的管制

除了高层管理人员仍然由上级机关任命以外，允许新闻传媒机构根据需求自行决定员工的聘用、职务升迁、劳动报酬、福利待遇，促使新闻传媒机构能够有效地运用激励机制吸纳各种人才，实施奖惩分明的内部管理制度，调动从业人员的积极性。

这些改革措施使我国新闻传媒机构在内部经营管理和外部面向市场方面表现出极大的活力，改革开放40多年来我国新闻传媒产业逐步走上了蓬勃发展的道路。

第四节　新闻传媒业管理策略

新闻传媒作为新时代中国特色社会主义的建设者、记录者和推动者,是中国特色社会主义文化的重要构成,也是国家治理体系和治理能力现代化的重要构成。互联网的迅猛发展,深刻改变着舆论生态和传播方式,社会思想意识复杂多样、相互交织,特别是随着新媒体的快速发展,国际国内、线上线下、虚拟现实、体制内体制外等界限愈益模糊,构成了越来越复杂的大舆论场,更具有自发性、突发性、公开性、多元性、冲突性、匿名性、无界性、难控性等特点。习近平总书记指出,"谁掌握了互联网,谁就把握住了时代主动权;谁轻视互联网,谁就会被时代所抛弃","过不了互联网这一关,就过不了长期执政这一关"。面对互联网的挑战和机遇,更需加快建立全媒体传播体系,引导主流舆论,弘扬主流价值,积极服务国家治理体系和治理能力现代化。

党的十九届四中全会指出,要建立以内容建设为根本、先进技术为支撑、创新管理为保障的全媒体传播体系,为打造中国特色的全媒体传播体系提供了根本遵循。建设全媒体传播体系,对主流媒体内容驱动、技术研发以及模式治理都提出了全新要求,是构建网上网下一体、内宣外宣联动的主流舆论阵地的基础,是发展社会主义先进文化、广泛凝聚人民精神力量的保障,也是服务国家治理体系和治理能力现代化的创新,有助于实现治理观念现代化和治理技术现代化的统一。

一、新闻传媒业管理体制创新

中国的传媒业正在经历一场新的变革——双转。双转即传媒体制转轨和形态转型,是中国传媒业目前所面临的新的变革:一是体制转轨,也可称为"转企改制";二是形态转轨。前者是指传媒由事业单位逐步变为企业性质的单位,后者是指传媒运作方式从单一向多媒体甚至全媒体转变。从中国传媒业的发展史来看,这是一场真正意义上的制度创新。

新技术推动了体制创新,体制创新反过来为新技术拓展了发展空间。例如,传媒业在运作机制上就有编营分离、制播分离等改革,前者实际上把编辑部门和经营部门剥离开来,经营活动不再对内容生产有重要影响,独立化的内容生产显然有利于实现公正、客观、真实;后者即制播分离,是除了新闻节目以及部分核心节目外,其他大部分栏目都不再由电视台制作,而交由独立的制作公司来完成并提供。这种改革一方面可以使得媒体将精力集中在做好新闻节目上,另一方面也充分调动了各种社会资源,实现真正的产业化,也有利于人才培养和流动,最终实现传媒业的蓬勃发展。传媒集团在试图努力完成资源调配,完成人财物的重组,建立现代企业制度,创新传统媒体转型模式。受众对传媒业的认可和运用,也在不断地加速传媒业的转型速度,使其真正进入数字化的生存形态。

与传统媒体相比,近年来新媒体的数量大大增多,基于互联网的微博、微信等平台创造出海量的自媒体平台,新媒体的自主性、开放性、互动性让舆论引导的主体、格局都发生了变化,传统媒体时代管理报纸、电视台等的方法已不适用,新闻管理方式明显落后。在新媒体背景下，我国新闻管理存在着网络立法不完善、宏观调控乏力、对网络新闻缺乏有效监督，在管理部门和法规方面存在多部门、多头管理，导致新闻管理重叠乃至冲突时有发生。在中央要求传统媒体进行媒介融合、增强传播力的背景下，媒介管理部门必须应对新媒体和媒介融合环境的改变，为媒介融合提供良好环境。

学界对新媒体环境下新闻事业管理制度的讨论主要集中在新闻法制、媒介功能、流程管理、媒体规制四个大方面，从宏观到微观不一而足。

1. 完善新闻法制

新媒体时代的新闻管理制度与传统媒体时代相比，有变的地方，也有不变之处，新闻法制建设是传统媒体时代和新媒体时代的共有问题。当前，我国新媒体传播领域出现的乱象，如知识版权不受重视、公民个人隐私权肖像权等得不到有效保障、网络媒体打擦边球的现象时有发生，部分原因是媒体的自律能力不足，更主要的原因是新闻管理制度的模糊。在法律法规、文件、意见等的多级管控之下，形成了新闻事业管理法规多而不齐的局面，造成了诸多执法空隙。加强新闻立法，给予媒体更多法制约束成为学界重点关注的话题。进入新世纪后，广电总局、新闻出版总署等管理部门相继出台多部法规，但是网络媒体技术的进步日新月异，我国新闻传播事业也越来越繁荣和成熟，出台一部符合国家管理新闻事业和传媒业发展需求的新闻法就显得尤为重要。在新闻事业管理部门方面，需要明确部门职责，明晰新闻管理思路，这是新媒体时代的新闻事业管理的一大需求。虽然新闻立法的重要性已经成为共识，但鲜有文章就立法路径做探讨。

2. 转变媒介功能定位

转变新闻管理体制的第二个焦点是执政党对媒介的功能定位问题。2014年8月18日，《关于推动传统媒体和新兴媒体融合发展的指导意见》获通过，习近平总书记在针对该意见的讲话中提到，要以互联网思维推进传统媒体与新媒体的融合。互联网思维的核心要求就是以用户为核心进行产品构造，变宣传本位为社会公器，将媒体看作民众自由表达意见的平台，充分实现媒体的社会监督、守望等功能。有学者认为，在互联网环境下，政府将国际社会公认的采访权通过行政许可的形式转化为体制内媒体和人员的特权，实际上难以抑制互联网媒体及其从业人员进行新闻报道，也造成了互联网管理的漏洞。在互联网技术的推动下，用户也成为内容生产的一部分，在线上线下的舆论场中扮演重要角色。政府与其运用行政手段将网络媒体、用户隔绝在新闻传播的体制之外，不如放开准入制度，让网络时代的媒体真正成为公民自我表达的平台。这一说法切中了当前网络媒体在采编权上的不平等现象，也是新媒体背景下最受关注的网络新闻管理议题。

3. 新媒体传播流程的管理

有学者从新闻生产传播的流程出发，提出了新媒体环境下新闻事业管理体制的五个维度，即日常内容与突发事件报道的管理、内容生产流程的管理、内容生产者的管理、用户的管理、舆论引导的管理。这五个维度虽然切合了传播过程的几个要素，但是并未真正与传统媒体区别开来，新媒体的爆发性、互动性传播特点并没有在新的管理模式中体现。在加强受众引导方面，有论著提出可以从逆向思维出发，从抓住增强媒体公信力的视角出发，要求加强传统媒体的新媒体新闻传播力建设，这实际上偏离了对管理方法的探讨转向对增强舆论导向的探讨。新媒体技术和平台本身也为新闻事业管理提供了新思路。基于互联网平台的大数据开发为舆情监测和媒介内容管理提供了新思路和新方法。

4. 合理调整媒体规制

长期以来，我国传媒管理机制不完善，仍然存在行政干预，同时媒体内部经营运行不畅，组织结构不合理，缺乏一套行之有效的自我控制和监管体系，黑幕、不良资产现象仍时有发生，传媒行业的市场准入和退出机制不合理。对于任何一种产业来说，规制都是最重要的发展关键点，传媒产业也不例外。传媒产业在转型和融合的过程中，规制作为制度层面的问题，直接影响传媒产业运行的效率和公平。要实现媒体融合，需要从三个方面调整媒体规制：一是探索二元管理模式，经营性、公益性媒体实行多性质、多层次分类管理，使传媒机构真正成为自主经营、自负盈亏的市场经营主体。二是建立现代传媒企业制度，形成具有市场活力的企业内部治理结构。对媒体的组织结构进行重构，成立全媒体机构，以此为平台，让过去以媒体类型为标准结构划分，变为按照内容产品、服务供给、用户类型进行组织建构，参考企业的事业部模式，垂直化发展，从而将生产与流通、线上与线下、多屏与多端、产品与服务、平台与经营等打通，为"中央厨房"的持续进行打下制度和结构基础。三是建立合理的媒体市场准入和退出机制。

二、构建现代全媒体传播体系

习近平总书记指出，"移动互联网已经成为信息传播主渠道。随着 5G、大数据、云计算、物联网、人工智能等技术不断发展，移动媒体将进入加速发展新阶段。要坚持移动优先策略，建设好自己的移动传播平台"。建设全媒体传播体系，就必须以新媒体，特别是移动媒体的生产和传播为核心，必须以先进技术为支撑。当前，要提高 5G 等新兴技术的研发应用能力，必须以新技术赋能新媒体，建立自主可控、传播力强的新型传播平台。

1. 加强 5G 等新技术开发应用

一些传统媒体虽起步较早，但因受理念、资金、体制机制、人才等方面的制约，市场和技术基本被今日头条、微信、微博、抖音等互联网巨头垄断，依托传统媒体发展起来的新媒体一直处在"跟跑"阶段。这些年来，传统媒体也在大力发展新媒体，积极探索媒体融合，但成功的案例并不多。5G 时代，只有瞄准技术发展新趋势进行前瞻性布局，研究开发 5G 技术的新媒体和媒体融合，才有可能在激烈竞争中重新赢回主动权。

移动互联网的崛起，使手机几乎可以展现出所有生活场景，而 5G 将在这一方向上走得更远，人们将无时无刻不在进行信息交换，真正实现"全程媒体"场景化传播。在 5G 赋能下，人们将运用各种表现手段，调动所有感官体验，真正营造身临其境的沉浸式体验。媒体形态将出现解构、重构，AR、VR、数字视觉艺术等形式多样、互动性强的传播形态将进一步普及，数字内容的吸引力和感染力将大幅提升。

加快以 5G 等新技术构建新体系、新模式，研究建立 5G 环境下移动空间的信息消费新场景，创造满足用户多元需求的新型数字化内容，也成为 5G 时代媒体是否具有存在价值的关键。比如，新华网着力打造 5G 富媒体实验室，开发 5G 技术传媒应用，就是让 5G 技术充分赋能媒体传播的积极探索。

2. 以新技术推动媒体融合发展

当前,网络往往成为负面舆情发酵、错误思想传播的策源地和放大器,大大增加了舆论引导和内容管理难度。习近平总书记指出,"主流媒体守土有责,更要守土尽责,及时提供更多真实客观、观点鲜明的信息内容,牢牢掌握舆论场主动权和主导权"。新的舆论格局下,如何牢牢掌握舆论阵地、抓牢意识形态主导权已经成为传统主流媒体的责任和使命,同时也对当下媒体深度融合、重构主流舆论格局提出了更高要求。

现今,新媒体发展迅猛,开展正面宣传和舆论引导的环境、氛围、对象、方式发生了深刻变化。要想成为定音鼓,主导社会舆论,必须在新媒体和媒体融合上占据技术的制高点,成为新媒体平台的建设者、内容需求的创造者、热点话题的策划者、引领趋势的先行者,将舆论阵地向新媒体领域拓展。近年来,主流媒体大量采用动漫、VR、短视频等全媒体传播方式,其新颖生动、可知可感的视觉画面,诉诸情感的表现形式,增强了主流意识形态传播的表达力和亲近感,也充分彰显了主流媒体凝聚社会共识的责任担当。

3. 打造新型主流媒体

党的十九大报告宣告了我国已进入习近平中国特色社会主义新时代,并指出我国社会主要矛盾已经转化为人民日益增长的美好生活需要和不平衡不充分的发展之间的矛盾。新时代对传媒行业来说,要解决的主要是人民日益增长的对新闻信息和表达的需求,与媒体的供给和服务难以满足需求的问题。满足人民对新闻信息和表达的时代需求,就要求我们打造新型主流媒体。

《关于推动传统媒体和新兴媒体融合发展的指导意见》指出,新型主流媒体具有三大特点:一是媒体形态多样。传统媒体形态单一,已经不适应新的媒体传播环境,必须走与新兴媒体融合发展之路,创新多种媒体形态和传播形式,并将其"融为一体",实现媒体形态上的融合,形成全媒体传播体系。二是技术先进。移动互联时代,媒体传播技术日新月异,只有紧跟技术开发趋势,不断开发应用最新技术,夯实媒体融合技术支撑,才能成为新型主流媒体。三是传播力、引导力、影响力、公信力强。媒体融合,不是为了融合而融合,而是为了切实提高党的新闻舆论传播力、引导力、影响力、公信力。传统主流媒体在各类新媒体冲击下,受众大量流失,传播力大幅下降,打造新型主流媒体,就是要在移动互联时代重塑传播力、引导力、影响力、公信力。

近年来,移动互联网大潮席卷全球,深刻改变了传播格局,过去由专业媒体人主导的大众传播,已经转变为全民参与的传播,每个人都可能成为内容提供者、传播者;海量信息,众声喧哗,也稀释着各类平台内容的专业性。对信息的筛选、判断与解读,需要专业眼光,更考验主流媒体的专业能力。当网络媒体告诉人们发生了什么的时候,主流媒体要告诉人们这件事为什么会发生、应该怎么看,要揭示新闻事实发生、发展的原因,揭示事物之间的内在联系和发展趋势,引导人们认识事物的本质和规律。主流媒体的专业能力、专业优势,任何时候都不能丢。

4. 实行人才多元培养

我国的传媒人才绝大多数都是传统媒体出身,对新媒体所需要的各种能力和素养的掌握远远不够。相关统计数据显示,我国互联网、手机用户数量已居世界首位,未来3~5年新媒体及融合人才的缺口将高达60万~80万。未来,我国的媒体融合发展中最为缺乏的两类人才：一是精细专业的内容制作者；二是职业经理人。大量数字新媒体行业的经营管理和媒体业务人才成为迫切需求。在媒体融合的大趋势下，培养既懂采编等业务技能，又掌握新媒体应用和数字技术的复合型服务人才变得尤为重要。第一，利用高校资源和现有的人才培养政策，分层培养各类人才——本科注重实用性，硕士定位于策划和管理人才，博士着重于科研。第二，大力培养数字新媒体行业的经营管理和媒体业务人才。第三，建立有效的人才激励机制，形成一套行之有效的阶梯式人才培养和遴选机制，并辅以一定的物质和精神奖励。在媒体的深度融合中，鉴于多层次、多类型的人才和知识流动，采编人员需要具备良好的综合传播能力，培养全媒体人才变得十分重要且迫切。

三、数字经济带动新闻传媒业

习近平总书记曾多次强调，要"做大做强数字经济"，建设"数字中国"。在给首届中国国际智能产业博览会的贺信中，习近平总书记指出，"促进数字经济和实体经济融合发展，加快新旧发展动能接续转换，打造新产业新业态，是各国面临的共同任务"。以数字经济作为转型突破口，做优做强做大传媒产业，不仅能够为建设全媒体传播体系提供必要的技术支持，同时也为建设全媒体传播体系提供坚实的物质保障。

1. 实现传统媒体高质量发展

当前，数字经济正在开启一个构筑转型发展新格局、重塑未来发展新动力的崭新时代。促进数字经济和实体经济融合发展，加快新旧发展动能接续转换，打造新产业、新业态和新的商业模式，是当前和今后一个时期的重要转型方向，也是高质量发展的时代要求。在数字经济新时代，传统媒体需因时而动、乘势而上，紧紧抓住数字经济发展机遇，推动数字经济与传统产业融合，深入实施"互联网+""文化+"，打造新产业新业态，建立起可持续的数字化商业模式和运营模式，以高质量数字产业推动传统媒体高质量发展。

对如何推动媒体融合发展，中央出台的《关于推动传统媒体和新兴媒体融合发展的指导意见》指出，要提高技术研发水平，打破小而全、大而全的观念，积极通过多种方式吸收借鉴、善加利用先进传播技术和渠道，为推进媒体融合发展提供便利条件和坚实保障。不论是推动媒体融合建立全媒体传播体系，还是发展数字经济壮大媒体产业实力，仅仅依靠传统媒体自身力量都难以实现，必须以开放、连接、共赢的理念，以媒体资源为优势，以自有技术能力为支撑，与更强大的互联网公司开展合作，发挥各自优势，共同做大做强数字产业。

在数字经济时代，主流媒体集团应从顶层设计上将数字经济作为转型发展的方向，制定适应新的媒体传播格局和数字经济发展趋势的战略规划，真正从数字化转型、科技赋能、构筑生态等方面规划传统媒体的战略发展方向。比如，人民网发布《深度融合发展三年规划》，构建资源集约、结构合理、差异发展、协同高效的全媒体生产体系、传播体系、商业体系，重构互联网内容生态，强化开发数字经济产业能力。

2. 发挥传统媒体产业基础和人才支撑

近年来，传统主流媒体以培育、并购等方式，相继进入网络游戏、数字娱乐、网络影视、舆情服务等业务领域，逐步建立了数字经济平台，取得了初步成效。浙江日报报业集团积极向数字化转型，先后建立了数字娱乐、大数据等数字化产业平台，为媒体融合和产业发展奠定了坚实基础；河南日报报业集团通过实施媒体平台经济战略，积极推动媒体与数字产业融合，2018年数字经济产业实现收入近1亿元。

当前，大数据已经成为重要资产，一切靠数据分析、用数据说话，收集、处理数据的能力成为核心竞争力。媒体触角延伸至社会的方方面面，具有广泛的受众资源、信息资源，这些都是媒体发展数字经济的重要基础和资源。开发好这些数据资源，挖掘数据潜在价值，根据受众需求开发各类商品、信息、培训、服务等市场，将催生形成媒体数字经济。

近些年，随着媒体融合的深入推进，主流媒体逐步培养了一批复合型专业技术人才队伍，他们既懂媒体传播规律，又熟悉数字经济产业。在技术上，由完全依靠外部技术力量，逐步过渡到有意识培养自有技术团队，具有较强技术创新能力。比如，浙江日报报业集团已拥有包括边锋团队在内的千余名互联网专业技术人员，其他一些媒体集团也都有相当规模的技术团队，拥有一定技术能力，并以此为基础培育出智慧政务、智库服务等数字经济项目。

3. 建成强大的全媒体传播体系

发展数字经济，能够补齐建设全媒体传播体系要求的坚实技术支撑和产业保障。建立全媒体传播体系，也能够打开数字经济发展空间，促进数字经济发展，两者相互促进、相互补充、相得益彰。建设全媒体传播体系，平台建设、技术投入、人才培养等都需要投入大量资金，必须具有一定的产业基础，筑牢高质量发展根基。发展数字产业则能够夯实传统媒体经济基础，为建成具有强大竞争力的全媒体传播体系提供物质支撑。

媒体融合和数字经济都以技术为支撑，都要建立商业模式，两者既有共同点也有互补性，相互之间的融合既扩大了数字经济容量，也创新了媒体融合的营利模式。媒体集团通过发展数字经济，既增强了技术支撑，也增强了产业实力，有助于加快媒体融合、全媒体传播体系建设。诸如广东等省份，还将支持党报集团媒体融合、转型发展纳入数字经济发展规划，积极推动党报集团向具有较强实力的数字文化创新企业转型。

实现融合发展，构建全媒体传播体系，靠的是自身"造血"而不是"输血"。传统主流媒体通过融合发展提升了影响力，但如何变影响力为盈利能力，成为打造新型主流媒体绕不过去的问题。融合发展需要大投入和持续投资，当前构建全媒体传播体系还处于国家和地方财政的"输血"阶段，处于媒体集团利用多年积累的自有资金投入阶段，但如果仅靠"输血"来投入和发展，而不具备自我"造血"能力，只有投入而得不到回报，融合发展就不可持续，打造新型主流媒体的目标就难以实现。经过多年实践，传统主流媒体在推动融合发展、构建全媒体传播体系的同时，积极探索发展数字经济新路径，形成了有效营利模式，壮大了媒体产业实力，推动了媒体融合发展，建立并增强了自身的"造血"功能。

媒体发展数字经济，往往依靠先进技术能力和广泛的传播优势、媒体资源等数字开发产业项目，比如智慧政务、智慧旅游、智慧教育、大数据、电子竞技平台等，这些项目和平台本身就具有较强的信息传播属性，是媒体宣传舆论阵地的延伸，也是全媒体传播体系建设的重要部分。发展壮大数字经济产业，将有力推动全媒体传播体系建设。

区块链是分布式数据存储、点对点传输、共识机制、加密算法等计算机技术的新型应用模式，区块链技术的广泛应用，正不断改变着传统的媒体业态。"区块链+媒体"的应用创新，将积极推动数字经济发展和全媒体传播体系建设。媒体的新闻作品、文学作品、摄影作品、创意设计作品乃至用户浏览数据、互动评论内容，都可作为数字经济的内容承载，均是价值巨大的数字资产,并可通过资本化运作获得融资回报。开发运作媒体数字资产,既发展壮大了媒体数字经济产业,也夯实了建设全媒体传播体系的内容基础。区块链还有助于加强数字版权保护,区块链会记录新媒体采用传统媒体资源的痕迹,有助于传统媒体内容版权保护。另外,还可以通过股权众筹等模式,推动媒体产品进入文化金融市场,实现媒体产品有形化、资产化、资本化。

4. 行业延伸和多元经营

传统媒体应借助互联网迅猛的发展势头,进行全产业链开发,用"媒体+电子商务"等方式开拓多元经营途径,进行多元化产业延伸,重建商业模式,探索资本融合新路径。

首先,纸质媒体和文化产业联结。以报社或报业集团为代表的行业的延伸可以立足于其优质内容,以文化产业为支撑向电子商务拓展,在尊重报业自身的定位及资源和所处的区域环境的基础上,思考向哪个产业拓展、向哪些行业延伸。比如云南、浙江报业分别立足于各自丰富的旅游资源和动漫特色产业,大力推进智慧旅游、游戏开发等多元化发展策略,延伸产业的发展对传统媒体的主业起到了很大的反哺作用。

其次,广电媒体与网络技术联结。对于传统的广电媒体来说,应坚持其优势"内容为王"。在新兴媒体技术优势上与其互补,通过自建平台和对接平台两种方式开发渠道,对其内容进行充分开发和挖掘。一是广电媒体与网站平台对接。电视与现有的门户网站如新浪、腾讯等资源对接,作为传统媒体的电视,优质的内容是其优势,而以新媒体为代表的互联网则擅长技术和平台,前者将节目版权卖给互联网,后者通过自身强有力的平台传播出去,二者结合,增益互补。二是广电媒体与社交平台的对接。广电媒体借助社交平台进行节目的推送和传播,如微信订阅号"央视新闻"等都已成为很多新媒体受众必订阅的公众号,其关注度、阅读量和影响力借助这一平台进一步增强。一些电视机构也纷纷开启"吐槽"模式,通过互联网,特别是微信、微博的普及,智能手机和移动互联网也成为一个重要的互动平台,许多优秀的节目内容通过移动互联网被广为传播,增强了电视节目的影响力。

最后,数字媒体与社会生活联结。要巧妙嫁接数字化时代社会大众迫切需要解决的生活难题,为社会生活提供便利和服务。同时,可以巧借数字媒体,利用其传播迅速、广泛、精准的优势,借助大数据、云计算等技术手段,开发包括电子商务在内的多元化营销渠道和方式,在商品市场、社会生活资源、社会公共服务体系等多方面弥补其缺陷和不足,把传统单纯的大众传播媒介转型为综合性大众生活媒介。例如,当前很多移动支付和手机银行客户端,包括支付宝、中国银行、浦发银行、招商银行等会有许多关于"生活"的板块,实际上就是利用其客户端吸引用户流量来转化成经济效益,在方便客户办理银行业务之余,也充当了电子商务的平台。传统媒体和新媒体在融合过程中,应该多多借鉴经济主体尤其是大型快速发展的互联网巨头的发展经验,转变观念,将自身视为市场经济中独立的经营主体来看待,拓展经营领域,多渠道创收,从而实现真正的多元化经营。

在数字化时代发展的今天,"整合、共享、便捷、价廉、安全"已经成为互联网思维的核心,媒体可以结合"智慧城市"的规划蓝图,在医疗保健、教育、文化艺术等社会公共服务领域打造共享体系,充分借助互联网和信息化的发展,来产生巨大的社会效能和经济效益。

思考题

1. 什么是新闻传媒？新闻传播具体包括哪几个过程？
2. 谈谈当前我国新闻传媒业的发展特征和存在的问题。
3. 为了建立健全新闻传媒体系，发展壮大新闻传媒业，请讨论当前有哪些管理和发展策略。

 案例讨论　　　岂能放任自媒体"以谣生利"

怎样做自媒体最"赚钱"？近日，一则长篇报道揭露了某些地产自媒体年入千万元的"生财之道"：打着为粉丝维权的旗号，干着敲诈勒索的营生，不但定期收取企业"封口费"，还隔三岔五地组团精准打击。企业深恶痛绝这些黑社会般的行径，但受制于"黑料"传播之迅速与维权效率之滞后，又不得不乖乖花钱消灾。

这波操作再次刷新了人们的认知，更让大家直观地看到信息发布门槛无限降低之后的巨大负面效应。犹记互联网诞生之初，许多人都沉浸在"人人都有麦克风"的欣喜中；自媒体的兴起，更让人寄望所谓草根表达。只可惜，现实远不如预想般美好，"麦克风"里传出了大量劣质信息，自媒体生态圈俨然一地鸡毛。当人们尚不能完全识别产自暗黑流水线的谣言、"洗稿"产业链上的爆文之时，拿人钱财搬弄是非的"黑公关"、夸大效果的商品营销、敲诈勒索的"有偿不闻"已大行其道……劣质信息如病毒，变种不断丰富，传播也越来越快。

键盘一敲、鼠标一点，小道消息就满天飞。网络空间变身信息垃圾场，害莫大焉。调查显示，假新闻的传播速度比真相快6倍，而分析认为，"这可能与人性有关"。事实上，在诸多劣质信息中，我们总能看到"迎合"的影子，甚至有人错误地提出，一个好产品应满足人性的"七宗罪"。迎合与被迎合的恶性循环，正在将传播的底线越拉越低，那些向企业"敲诈勒索"的自媒体，收割着至关重要的关注和专注，又何尝不是在透支整个社会的理性与善意。

在"求关注大战"日渐白热化的年代，我们更需看清媒体的行为边界。事实证明，任由信息泥沙俱下地呈现于公众之前，毫无选择、毫无门槛，那多半会杂草丛生。提供内容服务，并非信手拈来之事。无论何种媒介形态，无论网上网下，只要是向外界传播信息，只要拥有一定规模的受众，就必须讲究专业技能和职业操守。对于信息的适当包装当然必要，但绝不能以突破底线、违法乱纪之举吸引眼球。一个合格的信息发布者，必须对笔下的文字负责，对每一位读者负责，对文章的影响负责。在这一点上，自媒体与机构媒体，不应该有任何分别。

管好泛滥的劣质信息势在必行。但就目前情况来看，"管"的举措多限于删帖、封号等"事后管"。管理的滞后，往往超过了网络传播的"黄金48小时"，"对号不对人"的处罚远谈不上彻底，让信息病毒随时可以另起炉灶。期待管理者拿出效率与力度，拿出预见性，还网络一片清朗空间，还人们的视野一片澄澈。

资料来源：胡宇齐. 岂能放任自媒体"以谣生利"[N]. 北京日报，2018-10-26.

讨论题：
1. 谈谈当前我国自媒体管理中存在的问题。
2. 结合本章内容，谈谈你对我国新闻传媒业管理有什么建议。

 延伸阅读 扫码学习

第十章　图书出版业管理

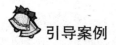 引导案例　　　　　　书，尽情听

如今，无论上下班路上、做家务时，还是运动中，越来越多人以听书为伴。从网络小说到经典名著，一本本图书化作声波传入亿万读者耳中。据中国新闻出版研究院统计，2018年，我国有近三成人有听书习惯，一个庞大的市场正在使有声书成为新的风口。

纸质书销量平稳，有声书成出版业新的发力点

接力出版社副总编辑马婕说，目前接力出版社有声书的盈利能力虽然还不及纸质书，但是已远远超过2017年之前的营收，甚至与电子书的盈利能力比肩。

《平凡的世界》有声书，在喜马拉雅上的播放量已超过3300万次，上千读者给出了满分评价。"纸质版《平凡的世界》累计售出了1000多万套，像这样'自带流量'的头部图书，其有声版上线后也迅速成了头部产品。"出品方负责人黎遥说。

中国出版集团整合旗下人民文学出版社等丰富出版资源，已在喜马拉雅上线300多种有声书产品，收获了40多万名粉丝。人民文学出版社还搭建了"人文读书声"有声小站，实现听书、看书、看视频等多种阅读方式的融合，已积累约5万名用户。

纸电声三种形态相互促进，满足不同的阅读需求

有声书会冲击纸质书吗？从目前看，有声书推出后反而促进了纸质书的销量。马婕说，有声书和纸质书拥有不同的传播介质，它们对应的是用户不同的使用场景。有声书和纸质书不是替代的关系，而是相互补充。纸电声三种不同形态的内容产品联动发力，能更大化呈现出IP价值。

黎遥认为，截至目前，有声书、电子书对纸质书的影响都是正面的，许多读者倾向于纸质书、电子书、有声书各备一本，以满足随时随地的阅读需求。

并不是所有图书都适合做成有声书，能有效转化成有声书的资源其实是有限的。黎遥认为，故事性强的内容更适合做成有声书。

"电子书、有声书的加入也促使出版机构改变工作流程。"马婕说，现在电子书、有声书、交互电子书的策划前置到纸质书策划的过程中，编辑不得不在图书策划的时候，兼顾其他阅读形态甚至新媒体形式。

市场规模将持续扩大，呈现出更多元的音频内容

由于适应的场景格外多样，有声书的市场规模超出了以往的认知，看似小众的市场其实并不小。

8.28亿元，这是2019年12月"喜马拉雅123狂欢节"内容消费的总额。"这体现了新

消费力量的崛起，越来越多的消费者愿意为优质内容付费，内容创作者也能从中获益。"喜马拉雅创始人兼联席 CEO 余建军说："用户的眼睛是雪亮的，往往那些投入巨大的人力、物力制作的节目，反响都不错。"广播剧《三体》刚一上线，就有接近 20 万人订阅，播放量超过百万次。"不难看到，用户对音频内容的需求多元。"余建军说。

目前在各大平台上播放量靠前的有声书，以娱乐性和故事性强的作品为主。在喜马拉雅上，小说《庆余年》的收听量超过 9870 万次。

越来越多人把"听"作为一种全新的生活方式。喜马拉雅活跃用户的使用时间，最初每天仅 30~40 分钟，现在每天有 170 多分钟。余建军认为，有声书市场目前仍处于方兴未艾的阶段，有很大增长潜力，"就整个内容消费市场而言，音频是个相对小众的市场。希望市场继续扩大，让音频进入用户更多的生活场景。"

资料来源：张贺. 书，尽情听[N]. 人民日报，2020-01-09.

本章导读

我国的图书出版业是社会主义文化产业的重要组成部分，对于构建社会主义和谐社会、满足人民群众的精神需求、实施科教兴国战略等方面有着重大的战略意义。也正是因为如此，图书出版业始终受到从中央到地方的各级党政部门的高度重视。我国的图书出版业坚持正确导向，不断巩固马克思主义在意识形态领域的主导地位，以科学发展观为统领，在整个国民经济快速健康发展的带动下，持续稳步健康发展，取得了辉煌的成绩。改革开放 40 多年来我国图书出版业的沧桑巨变，经历了从"书荒"到"书海"的辉煌发展时期。根据各个时期物质文化生活的发展，我国的图书出版呈现不同的传播现象和特征变迁。但从总体上说，当前我国出版业总量规模极大，但其质量、效益、竞争力、影响力同发达国家相比还有很大差距。

本章首先介绍我国图书出版发展的现状；其次介绍什么是图书出版管理，图书出版管理有什么重要意义，以及我国图书出版管理发展阶段；最后介绍图书出版管理的原则、内容和手段。

第一节 新时代图书出版业的现状

一、我国图书出版业的当代发展

党的十八大以来，出版发行业以扎实推进社会主义文化强国建设为目标，守正创新、攻坚克难，在巩固壮大主流思想舆论、增强文化自信、满足人民精神文化需求、提升国家软实力等方面取得了重要进展。

经过 70 多年特别是改革开放 40 多年的艰辛探索、砥砺奋进，新闻出版业发生了天翻地覆的变化，党委领导、调控适度、运行有序、促进发展的新闻出版宏观领导体制不断完善；

坚持正确导向、富有活力的新闻出版微观运行机制初步形成；保障人民群众基本文化权益、覆盖全社会公共出版服务体系大致构建；以公有制为主体、多种所有制共同发展的出版产业初步确立；传播健康出版产品，促进资源优化配置，竞争有序的出版市场环境进一步净化；推动新闻出版走出去的对外开放格局基本形成。

（一）图书出版业总体发展良好

2017年图书出版发行行业营业收入1036.59亿元，同比增长2.51%。2013—2015年，图书出版发行行业保持约15%的平均增长速度，自2015年以来，在数字阅读、新媒体等冲击下，图书出版行业的营业收入增速逐步减缓，如图10-1所示。

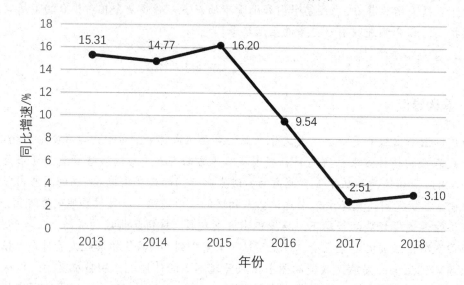

图10-1　图书出版发行行业2013—2018年营业收入同比增速趋势

资料来源：公开资料整理。

国家新闻出版署最新数据显示，2018年，新闻出版产业营业收入、资产总额和所有者权益继续增长，经济规模稳步提升，全国出版、印刷和发行服务实现营业收入18 687.5亿元，同比增长3.1%；拥有资产总额23 414.2亿元，增长5.6%；所有者权益11 807.2亿元，增长4.4%。其中，图书出版营业收入、利润总额增长提速、营收增速在8个产业类别中名列第一。

图书出版行业净利润增长总体稳健、景气度较高。出版行业2012年全年净利润增速为7%，之后区间波动，2013年达到最大值26%，2017年净利润增速处于低点，为6.5%，但是总体增速比较稳定，净利润增速6年中没有跌破6%，总体处于稳定增长模式，是熊市中比较好的防御品种。

2018年，全国共出版图书519 250种，同比增长1.32%；其中初版新书247 108种，同比下降3.14%，再版重印图书272 142种，同比增长5.74%。图书再版重印率为52.41%，这一再版重印率不仅保持了2012年以来持续7年的再版重印率递增趋势（见图10-2），还创下中华人民共和国成立69年间图书再版重印率最高纪录，可谓中华人民共和国图书出版之"最"。

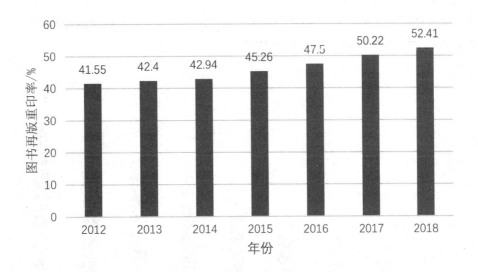

图 10-2　2012—2018 年我国图书再版重印率趋势

资料来源：国家新闻出版署（www.gapp.gov.cn）。

图书再版重印率创新高，既是出版业高质量发展的重要标志，也是出版业产品结构优化、精品意识提升和精品生产扩容的突出表现，同时也体现了出版业的日趋成熟、运行成本的降低、产品生命力和资源再生能力的增强，以及产业效能的提高及文化传承、知识积累作用的强化。

2018 年，我国图书零售市场实现销售码洋 894 亿元，同比增长 11.3 个百分点，其中网上书店实现销售码洋 573 亿元，同比增长 24.7 个百分点；实体书店实现销售码洋 321 亿元，同比增长 6.7 个百分点，如图 10-3 所示。

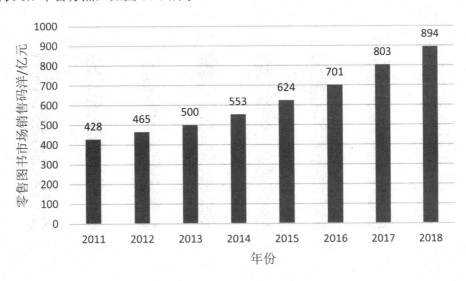

图 10-3　2011—2018 年中国零售图书市场销售码洋

资料来源：国家新闻出版署（www.gapp.gov.cn）。

随着电子商务的发展,网上书店的市场份额逐年增长。2018 年,我国网上书店零售码洋达 573 亿元,同比增长约 25%,如图 10-4 所示。

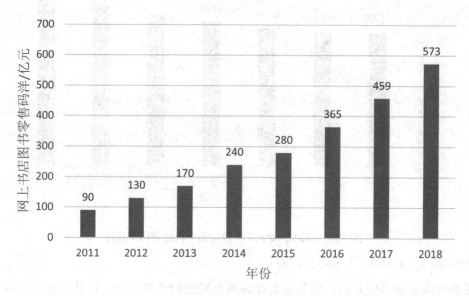

图 10-4　2011—2018 年中国网上书店图书零售码洋

资料来源:国家新闻出版署(www.gapp.gov.cn)。

在出版社方面,2012 年我国出版社的数量为 580 个,2014 年之后,我国出版社的数量维持在 584 个左右,每年出版社数量的变化幅度较小。截至 2018 年,我国出版社的数量约有 585 个,如图 10-5 所示。

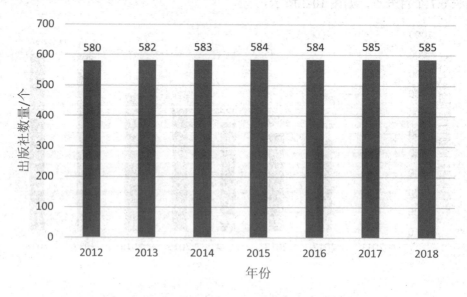

图 10-5　2012—2018 年我国出版社数量统计图

资料来源:国家新闻出版署(www.gapp.gov.cn)。

我国图书出版市场结构的重要特征是市场集中度偏低，大型出版商竞争优势不明显，属于分散竞争型市场结构。由于国家对出版社的业务经营许可管理严格，大众图书出版方面，仅国有出版单位才拥有专有出版权，其余大众图书公司只能和国有出版单位进行合作出版。近年来，民营图书公司机制灵活、成长迅速，渗透力和竞争力不断提高。2018年，中信出版集团在整体图书零售市场的码洋占有率为2.47%，占有率排名第二，处于行业领先地位。

（二）图书出版业管理体制完善

与发达国家相比，我国图书出版发行业的集中度较低，不利于整个行业的发展。2009年，新闻出版总署发布《关于进一步推进新闻出版业体制改革的指导意见》，提出加速新闻出版行业体制改革。目前，出版发行行业战略重组的大幕已经拉开，跨省并购、合作正逐步涌现，培育资产和资源集中度高的大型出版传媒集团已成为我国出版发行业未来发展的必然趋势。

针对一些国有文化企业改革不到位、两个效益相统一的问题没有很好地解决，片面追求经济效益、忽视社会效益的情况，2018年12月，中宣部印发《图书出版单位社会效益考核试行办法》，明确可量化的标准，包括出版质量、文化和社会影响、产品结构和专业特色、内部制度和队伍建设等指标。

许多出版发行企业按照两个文件的精神，积极探索党委领导与法人治理结构相结合的管理模式，实行企业党委成员以双向进入、交叉任职的方式进入董事会、监事会和经营管理层的制度，党委书记兼任董事长，既保证了党委对出版导向、重要人事和资产配置的决策权，也保证了董事会把党委的决定贯彻到企业的运营和管理之中。同时，还在出版集团和上市公司设立总编辑岗位，建立健全编辑委员会，统筹重大选题策划，组织重点产品生产，履行内容把关的终审职责。由此，一批传承中华文明、传播中国声音、培育民族精神、凝聚社会共识、提高公民素质、促进经济发展、推动社会全面进步等方面的精品力作不断涌现。《习近平总书记系列重要讲话读本》《习近平用典》《习近平谈治国理政》《习近平新时代中国特色社会主义思想三十讲》《毛泽东年谱》《邓小平传》《理论热点面对面》《抗日战争》《中国共产党90年史话》等主题图书成果丰硕；王安忆的《匿名》、贾平凹的《极花》、严歌苓的《芳华》、徐则臣的《王城如海》、梁晓声的《中国人的人性与人生》、张炜的《狮子崖》等原创文学作品深受读者欢迎；《一百个孩子的中国梦》《沭阳上学记》《我的影子在奔跑》等图书成为儿童文学中的佼佼者；《基因传》《当自然赋予科技灵感》等科技及科普类图书具有较高的质量。

2017年，中央文化体制改革和发展工作领导小组印发《关于加快推进国有文化企业公司制股份制改革有关工作的通知》，提出在国有企业改革大框架下，充分体现文化例外要求，积极推动国有文化企业公司制股份制改革。2018年2月26日，财政部和中宣部联合印发《中央文化企业公司制改制工作实施方案》。许多已转企的出版社、非时政类报刊出版单位进行了国有独资或国有文化企业控股下国有多元投资主体的探索与实践。这一时期，在坚持出版权特许经营前提下，江苏、北京、湖北等三省市开展了制作和出版分开的试点工作。一些出版物印刷发行企业尝试引入其他领域国有资本或非公有资本，开展了混合所有制改革。青岛城市传媒股份有限公司、南方出版传媒股份有限公司、中国科技出版传媒股份有限公司、山东出版传媒股份有限公司和新华文轩出版传媒股份有限公司等相继在深圳证券交易所和上海证券交易所上市。

我国对报社、期刊社、图书出版社、音像出版社和电子出版物出版社等出版单位的设立及其出版物的出版、发行依法实行许可制度。另外，我国对非公有资本进入文化领域严格按照《国务院关于非公有资本进入文化产业的若干决定》中规定的政策许可领域及范围进行管理，严格限制非公有资本投资设立和经营通讯社、报刊社、出版社等；非公有资本不得经营报刊版面、广播电视频率频道和时段栏目等；外资进入我国文化领域严格按照《关于文化领域引进外资的若干意见》中规定的政策许可领域进行管理，明确禁止外商投资从事书报刊的出版、总发行和进口业务，音像制品和电子出版物的出版、制作、总发行和进口业务，以及利用信息网络开展视听节目服务、新闻网站和互联网出版等业务。

（三）图书出版业向数字化转型

随着以数字化、网络化为代表的现代信息技术发展的突飞猛进，人类生产和传播方式发生了巨大变革。互联网打破了传统媒体的时空界限，成为覆盖广泛、快捷高效、影响巨大、发展势头强劲的大众传媒，这无疑对传统出版业提出了全新的挑战，出版生产和传播尤其是都市类报刊、实体书店的数量较以往都呈现出明显下滑趋势。传统出版如何拥抱网络并与其融合发展，成为新闻出版业发展不可回避的重大课题。2014年4月，国家新闻出版广电总局和财政部印发了《关于推动新闻出版业数字化转型升级的指导意见》，推动新闻出版单位数字化转型升级。中国出版集团、中国工信出版传媒集团、辽宁出版集团、浙江日报报业集团等新闻出版企业不断改革创新，努力打破时空和终端界限，在内容、产品、载体等方面融通融合，运用大数据、云计算、区块链等网络技术激活多年累积的内容资源，进行多种创意与多次开发，生产多种产品，实现出版内容、技术应用、平台终端、管理手段、人才队伍的共融互通，努力形成一体化的组织机构、传播体系和管理机制。新华书店总店、安徽新华发行集团、新华文轩等国有发行企业在巩固传统发行主渠道地位的同时，加快网上发行主渠道建设，运用现代化数字技术、网络技术形成新的出版传播力。为对实体书店给予扶持，2016年6月，中宣部、国家新闻出版广电总局、国家发展改革委、教育部、财政部、住房和城乡建设部、商务部、文化部、中国人民银行、国家税务总局、国家工商总局11部委联合印发《关于支持实体书店发展的指导意见》，提出到2020年要基本建立以大城市为中心、中小城市相配套、乡镇网点为延伸、贯通城乡的实体书店建设体系，形成大型书城、连锁书店、中小特色书店及社区便民书店、农村书店、校园书店等合理布局、协调发展的良性格局，此举开创了国家支持实体书店发展的先河。随后，安徽、浙江、四川等省份纷纷出台相关政策，支持实体书店的发展。

（四）图书出版业进一步国际化

为配合"一带一路"建设，2014年年底，"丝路书香"工程获批立项，成为新闻出版业唯一进入国家"一带一路"倡议的重大项目。我国新闻出版走出去的目标对象，不再仅仅聚焦于欧美主要发达国家，同时也要关注"一带一路"沿线国家。这些国家地缘政治关系相对紧张，民族冲突、宗教矛盾问题比较突出。除个别国家外，多数国家的经济相对落后，出版物购买力较弱，同时文化差异和意识形态也各不相同，对我出版物不一定认可和接受。不管是出版物，还是出版企业，走出去都面临着新的风险和新的挑战。随着"丝路书香"工程的实施，在英文版权贸易不断增长的基础上，其他语种特别是小语种版权贸易实现较快增长，语种结构也不断改善。一批解读中国梦、传播当代中国核心价值观、发出中国声音、讲述中国故事的主题、文学、少儿、历史、对外汉语教材等类型的图书占据了重要位置。这包括蒙古语、越南语、泰语版的《习近平谈治国理政》，马来语版的《中国经济发展的轨迹》，阿拉伯语、希伯来语、土耳其语版的《双赢的未来：全球化时代的中国经济》，印地语、僧伽罗语、乌尔都语版的《中国梦与中国道路》等。

目前，至少有16家出版企业在"一带一路"沿线国家设立了分支机构或引入本土化运作机制，通过当地的翻译、出版人才来推广我国优秀的出版物。在这些走入丝绸之路国家的主体中，既有国内大型出版集团，如长江出版传媒集团、浙江出版联合集团等，也有单体出版社，如中国人民大学出版社、中国社会科学出版社等，还有民营出版机构。在合作方式方面，既包括投资或并购现有海外机构，也包括与境外文化企业合作经营，建立海外分社、翻译研究机构、中国主题编辑部等形式。同时，新闻出版界还通过参加国际书展主宾国和北京国际图书博览会等方式，加大对周边国家和"一带一路"沿线国家交流的力度和广度。这一阶段，我国除继续参加法兰克福书展、伦敦书展、美国书展、意大利博洛尼亚儿童书展、巴黎图书沙龙、莫斯科国际书展等综合性和专业性国际书展外，还先后参加了伊斯坦布尔国际书展、新德里世界书展、开罗国际书展、加尔各答国际书展、突尼斯国际书展、阿布扎比国际书展、布拉格国际书展、贝尔格莱德书展、罗马尼亚高迪亚姆斯国际图书与教育展等。其中，由81家出版单位组成的我国代表团携5000多种出版物在2016年印度新德里世界书展上亮相，达成588项版权协议及172项合作意向。在第23届罗马尼亚高迪亚姆斯国际图书与教育展上，我国50多家出版机构的3000多册精品图书参展。在这两个书展上，我国均以主宾国身份参加，参展规模和版权贸易成果均创新高。

二、我国图书出版业的当代特点

出版发行行业在产业发展趋势上体现出数字化、资本化、规模化的特点，在产业链条商业模式上体现出上下游产业趋同的特点，在产业核心竞争力上体现出融合发展的特点。

（一）数字化

数字化出版加速渗入行业的各环节。网络在线阅读、手机阅读、手持式阅读器阅读等数字阅读方式正成为一种普遍的阅读方式。按照我国目前的信息化发展速度以及电子阅读器、网络教学软件、电子书包等数字应用技术的不断完善，数字化出版方式渗入我国出版发行业各环节的速度将不断加快。

出版发行产业是互联网应用较早的行业，数字化是出版发行产业互联网应用最重要的抓手。从管理信息化到产品数字化、资源数据化，本质上都随着互联网技术的发展而变化，管理信息自动化是数字化的基础，产品数字化是产业转型的基础，数据化是实现数字产品商业价值的基础。尽管出版企业是与新技术、新科技最接近的产业，但是我们也应该看到，出版发行产业中的数字化水平或者互联网技术的应用水平差距较大，部分企业仍然停留在管理信息化的建设阶段。

伴随智能终端的普及，数字阅读规模日益扩大（见图10-6），逐渐对图书出版行业造成一定冲击。纸质阅读多为文学作品等的"深阅读"，而数字阅读多为网文作品等的"浅阅读"，两者满足不同人群的阅读需求，纸质书将持续吸引"深阅读"用户。

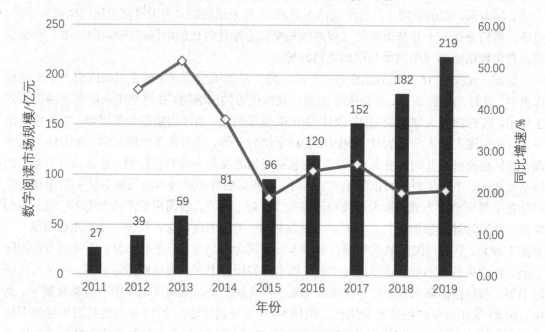

图 10-6　2011—2019 年数字阅读市场规模及增速

资料来源：中国产业信息网（www.chyxx.com）。

（二）资本化

现代企业发展史是科技的发展史，也是资本的发展史。资本运作已经成为现代出版企业迅速成长的关键力量，出版业在产品、市场、人才、品牌竞争的同时，兴起了资本、制度和数字化的竞争。

中国出版发行企业资本化的历程是出版发行产业体制改革的结果，大体上经历了治理公司化、运营资本化、资产证券化三个阶段，从企业形态或治理结构的发展方向来说，首先应该是治理公司化。出版发行单位从事业体制企业化管理，到2002年文化体制改革，就是希望把出版发行单位建设成为现代公司制企业，打造合格的市场主体，股东承担有限责任。转企改制的下一步就是股份制改造，不管是股权融资，还是产业链条中的兼并重组、项目投资，资本运营会成为出版发行企业的常态。资产的证券化是资本运营市场化的较高阶段，上市融资已经成为出版发行企业重要的发展战略。

（三）规模化

现代企业竞争没有一定的市场规模就没有竞争力、没有话语权。出版发行企业也不例外，都希望又大又强。规模化既是大多数出版发行企业的发展战略，也是其追求的目标。从出版发行企业的实践来看，大体上都通过产业多元化、渠道集约化、存量创新化来实现规模化发展。

规模化首先是产业的多元化。我们很难讲，出版社就是一个编书的企业，书店就是一个卖书的企业，在新华书店系统中，没有一个新华书店的营业收入全部是来源于卖书的。在专业化基础上的适当多元，已经成为文化企业经营的常态。组建出版发行集团或企业内的业务重组是用集约化的方式实现规模化。将存量的资产创新化运营既是多元化最直接的路径，也是最安全的方法。

（四）业务模式趋同

从产业上下游看，出版发行企业业务模式趋同的现象越来越明显。从20世纪50年代开始的编印发专业化分工的边界在今天已经越来越模糊。出版物标准共享、渠道共享、信息共享、运营平台共享让产业上下游越来越接近，你中有我、我中有你，特别是出版社、书店、图书馆之间几乎无距离。在自办发行、互联网的大背景下，开实体店、网上旗舰店，甚至微信、抖音都已经成为出版社卖书的平台，是把书店能做的事情都做了。而书店的环境也越来越好，读者更愿意在书店里点上一杯咖啡，选上一本自己喜欢的书度过一个洒满阳光的下午，各种特色书店越来越像图书馆。图书馆和新华书店之间的融合也越来越密切，"你读书我买单"成为中国出版业为读者服务、促进全民阅读的亮点之一，让外国同行艳羡。新华书店的商业模式和图书馆的服务模式在出版物管理标准统一且实现读者信息共享时，如果再有一个联结新华书店和图书馆的平台，对于读者来说，去书店和去图书馆看书将不会有什么不同。

（五）融合发展

融合发展是建立文化产业核心竞争力的抓手。新华书店可以通过线上线下的融合发展盘活存量，实现增量，一旦实施，将实现产业跨越式发展；出版社内容和技术的融合实现了产品的多样性、传播的精准性、消费的互动性，同时又推动了文化、资本和科技的融合。我们应该看到，文化企业的快速发展是建立在资本和科技双轮驱动的基础上的。

第二节 图书出版业的管理和发展

出版活动不是单纯的精神生产活动或单纯的物质生产活动，它兼有精神生产和物质生产的双重性质，它所生产的产品，既是精神产品，又是物质产品。对出版活动的管理既要有对其精神生产活动的管理，主要是对出版物的内容进行监督和引导，管理的原则是精神生产规律，如精神生产由物质生产所决定和制约的规律、精神生产由社会生产所决定和制约的规律、精神生产双重性的规律、精神生产加速增长的规律等，又要有对其物质生产活动的管理，包括制定产业发展政策，调整产业结构和布局，提高产品的编校质量、印装质量，提高出版企业的经济效益，对物质生产管理的主要原则是符合经济规律，等等。

一、图书出版管理的起源

图书出版管理的历史源远流长。在我国,早在秦代就留下了政府对出版管理的记载。秦始皇统一六国之后,采纳了李斯"焚书坑儒"的建议,对《诗》《书》等诸子百家之书进行焚毁,而保留医、药、卜筮、种树之书,这是我国政府对图书生产与流通实行管理的最早记载。隋唐以后,随着雕版印刷术的发明和越来越广泛的应用,政府对出版的管理也越来越重视。如 835 年,唐文宗下令敕诸道府不得私置印版。到宋代,政府对出版活动的管理已相当广泛,措施也很严密。如 1090 年,宋哲宗令礼部拟定的出版管理办法中规定:凡议时政得失、边事军机的文字,不得写录传布;国史、本朝会要、实录,不得传写和印刷;其他书籍,若要印刷出版,程序也很严格,首先要有选官审定,凡有益于学者方许出版,戏亵之文,不得雕印;书目确定后送秘书省备案,委州县监司、国子监觉察。元代、明代、清代政府也都曾对图书的出版、流通等做过大量的管理工作。

在国外,国家对图书出版的管理亦有相当长的历史。英、法等国对出版都实行严格的特许制和检查制。例如,在 16 世纪初期,英王亨利八世就颁布命令,禁止外国出版商的出版活动,保护本国出版商,他是英国进行出版管理的第一位皇帝。同一时期,法国的皇帝也开始对出版进行管理,下令禁止印书,违者处以死刑。

二、图书出版管理的概念

图书出版管理是一门科学,这早已成为图书出版界大多数人的共识,但是在 20 世纪 90 年代以前,我国不仅没有出版管理的专著,而且在有关的出版专业著作和工具书中,对图书出版管理做出明确解释的也比较少见。从 20 世纪 90 年代开始,论述图书出版管理的文章开始增多,但到底什么是图书出版管理,至今仍众说纷纭。

图书出版活动具有极广泛的文化影响,因而在生产和流通过程中,必定要服从社会的管理、制约。这种管理、制约主要来自以下三个方面。

(1) 司法部门,依据本国的法律、法规进行监督。

(2) 行业组织,按照行业公认的原则进行协调。

(3) 政府专设的出版管理机构,出于国家统辖出版事业和出版活动的要求,实行规划、协调、规范和监督。

图书出版管理是整个文化工作的一部分。出版管理有对出版部门的管理,也有对社会上非法出版活动的管理。对出版部门的管理,有坚持出版方针政策的管理,也有经济活动和业务活动的管理。出版管理是一门专门学问,涉及多种学科,它探索自身在社会发展进程中的运动规律,研究生产力的合理组织、生产关系的正确处理、管理思想和管理方法的不断改进,以增进出版物的社会效益和经济效益,为我国社会主义精神文明和物质文明建设贡献力量。

图书出版管理有宏观管理和微观管理两类。一般来说,国家、政府、行业组织的管理为宏观管理,出版企业内部的管理为微观管理。但这种划分并不是绝对的,如政府部门、行业组织的管理行为,并不一定都是宏观管理行为,也有某些微观管理工作;而小的出版管理者,如出版企业的管理者的管理工作,也不尽是微观的管理工作,也有若干宏观管理的内容。

图书出版发行行业从产业链条来看，分成上游的内容创作和策划（作家和策划人），图书出版及下游渠道发行。其中，内容创作和出版是整个产业链的核心，直接带动印刷、物资供应和出版物发行三个环节（见图10-7）。

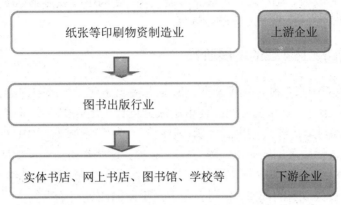

图10-7　图书出版行业产业链结构示意图

总之，图书出版管理，是政府机构、行业组织或出版企业为实现一定的目标而对出版全产业链（包括编辑、印刷、发行、物资供应、教育、科研等）的一切活动及与出版业相关的部门（如工商、税务、运输、邮政等）进行计划、组织、指挥、协调、控制和监督等的总称。

三、图书出版管理的意义

图书出版是一项可以产生广泛、深远社会影响的文化活动和经济活动。对出版进行管理，具有社会、政治、经济等多方面的意义。

图书出版管理是维护统治阶级利益的需要。出版活动是一项政治性很强的宣传活动和文化活动，它既有为全社会、全民族、全人类服务的社会性，又有为一定阶级所掌握、所利用的阶级性；它既可以生产增强民族凝聚力、激励人们奋发向上的社会效益很好的作品，又可以制造出涣散民族意志、破坏民族团结的社会效益极差的精神垃圾。因此，任何国家、任何阶级都不会放弃或者放松对出版业的管理。

图书出版管理是出版业健康发展的有力保证。出版业在发展过程中，会遇到许多问题，如淫秽、色情出版物屡禁不止；非法出版活动猖獗，一些不法书商假冒出版单位或伪造出版单位非法制造出版物，或盗印正式出版物，严重扰乱出版物市场，冲击合法出版物的生产与销售；泄露国家机密，危害国家安全；某些出版者见利忘义，片面追求经济效益，导致低级、庸俗出版物充斥市场；等等。这些问题的出现，从整体上损害了出版业的外部环境，导致出版业内部的混乱、无序，合法、守法的出版者得不到应有的保护，违法、非法的出版行为得不到应有的惩罚，出版业健康、有序的发展受到极大的威胁与损害。因此，必须加强对出版的管理。

图书出版管理是出版业自身发展的必然要求。从出版业的外部环境来说，政府部门，如工商、税务、文化等与出版业的关系日益密切；各种社会团体，如学术团体、青年组织、妇女组织等对出版的影响也在不断增加；出版业与国外的合作、交流更加频繁。这些都需要进行组织、协调，争取社会各界对出版业的发展给予必要的理解、合作、支持。从出版业的内部来讲，图书生产的环节日益增多，一部图书的出版要经过选题策划、稿源组织、编辑加工、排版、校对、印刷、装订、宣传、发行等10多个环节和部门才能送到读者手中，没有组织协调是难以顺利完成的。近年来出版事业飞速发展，新的出版载体迅猛增加，使出版业的发展出现了许多新情况，也要求加强出版管理。

四、我国图书出版业管理的发展阶段

2009年，经党中央批准，国家新闻出版总署提出了建设出版强国的目标。中央领导同志也提出要求，大约用10年的时间，使中国成为世界出版强国。到目前为止，中国出版业虽然发生了巨大变化，已经成为出版大国，但还未成为出版强国。党中央做出的媒体融合发展（融媒体）的重要决策，现在也还没有完全落实，这些都是迫切需要研究和解决的问题。2019年恰逢中华人民共和国成立70周年，回顾出版业的发展历程，总结出版管理体制改革的各阶段性举措及其取得的成果，有利于为下一阶段的政策决策提供依据，助力出版强国目标的早日实现。

由此可见，我国已经从中华人民共和国成立时的书荒发展到了现在的书海。70年来，出版品种更加多样化，出版内容大大丰富，出版规模空前巨大，这些成绩的取得除了国家整体环境的促进作用、GDP持续增长的带动，以及出版技术的飞速发展等其他因素外，出版管理体制的改革起到了决定性的作用。

（一）出版发行业管理的奠定时期（1949—1965年）

1. 管理机制的确立

1949年10—11月，中央人民政府新闻总署（1952年撤销）和中央人民政府出版总署（1954年撤销）分别成立，这是中华人民共和国成立后新闻出版业的两个最高管理机构。中央人民政府新闻总署主要执行国家的新闻政策及有关新闻的法律、法令、施政方针，而更多的与国家出版、印刷、发行事业有关的工作，则由全国出版系统的行政管理机构——中央人民政府出版总署负责。1954年11月，出版总署撤销，其所管理的与出版相关的行政业务划归文化部出版事业管理局。

2. 基本制度体系的确立

出版业一直是意识形态领域里比较重要的行业，党和政府向来重视出版工作，对出版方针、出版内容、出版体制等进行指导、规定是出版管理机构的应有之责。1951年，中央人民政府出版总署召开第一次全国出版工作会议，确定了我国出版事业的基本方针是"为人民服务"，提出了出版业要实现专业化分工的要求：按照意识形态的属性，将编辑出版和印刷、发行相分离；按照出版内容的不同，确定出版社的不同编辑出版范围。这次的专业化分工确立了出版业体系的基本格局。1952年9月，中央人民政府出版总署发布《关于公营出版社编辑机构及工作制度的规定》，首次提出出版社对书稿应实行编辑初审、编辑主任复审、总编辑终审的"三审制"。总体来看，国家设立的中央—地方两级出版管理体系，期刊登记审批制、扫黄打非等出版市场管理功能、出版物的排版制作流程、印刷发行体制机制等上位政策，基本稳定并延续了下来，为我国形成完备和成熟的社会主义出版体系奠定了基础。

（二）出版发行业管理的失序时期（1966—1977年）

1966年，"文化大革命"开始。1967年1月起，文化部机关包括出版局在内的各部门业务工作全部陷于瘫痪，1970年5月成立"国务院出版口"（简称出版口），1973年经国务院批准，将国务院出版口改为国家出版事业管理局（简称国家出版局）。"文化大革命"前，全国有出版社87家，其中中央级出版社38家、地方出版社49家，职工10 149人（其中编辑4570人）。"文化大革命"开始后，许多出版社被合并或撤销，到1970年年底，全国出版社仅剩下53家，其中中央级出版社20家、地方出版社33家，职工4694人（其中编辑1335人）。1966年年底，全国期刊从1965年的790种降至27种。1969年，新华书店总店的工作陷于停顿，各省级分店被解散，直到1973年，新华书店总店及各省级新华书店才陆续恢复建制。

（三）出版发行业管理的演进时期（1978—2010年）

1. 出版管理体制改革的探索阶段（1978—1991年）

出版社的改革与发行体制改革是整个出版体制改革的两翼，二者联结在一起，整体推动着出版体制的改革。联结着出版社与市场流通环节的图书发行体制改革是出版体制改革的重点和突破口。考虑出版社的改革一定要把发行改革作为重要内容和关键环节，否则出版社的改革搞不好，发行体制改革也搞不好。

1982年，文化部发布的《关于图书发行体制改革工作的通知》提出，改革的目标是建立"以国营新华书店为主体，组成多种经济成分、多条流通渠道、多种购销形式，减少流转环节"的图书发行网。1988年5月6日，中宣部和新闻出版总署联合发布的《关于当前图书发行体制改革的若干意见》和《关于当前出版社改革的若干意见》，成为当时出版体制改革的两个指导性文件。1985年和1986年的两次全国出版局（社）长会议，对出版社的改革起到了重要推动作用。两次会议对出版社的属性问题、出版内容管理、出版方针等进一步提出了明确的要求。会议提出，贯彻党的出版方针，必须处理好经济效益和社会效益、出版物内容中的允许与提倡、作者创作自由与编辑责任这三类关系。总体上，这个阶段的主要特征就是放权、让利、搞活，逐步强化市场在资源配置中的作用。各项改革措施的出台极大地激发了出版社和发行单位的积极性、创造性，也解放了出版生产力，初步改变了出书难、买书难的问题，出版业呈现一派繁荣发展的局面。

2. 出版管理体制改革的调整阶段（1992—2000年）

1992年10月，党的十四大召开，正式确立了我国建立社会主义市场经济体制的目标，新闻出版总署提出，出版业也要建立适应社会主义市场经济体制的出版体制，但由于前一阶段的开放和搞活，出版业在繁荣发展的同时也产生了一些负面效果。由于片面追求经济利益，思想政治工作未能得到足够的重视，加之在资产阶级自由化思潮的影响下，个别图书、刊物上的文章和作品偏离了马克思主义和社会主义的正确轨道，滋生了精神产品商品化的倾向。1994年，中共中央办公厅、国务院办公厅联合发出《关于加强和改进书报刊影视音像市场管理的通知》。面对新时期出版业所面临的新的发展状况，1997年国务院发布了《出版管理条例》，对出版事业的方向、指导思想、任务和出版单位的设立与管理，以及出版物的出版、印制或复制、发行等都做了明确的规定。这是中华人民共和国成立以来第一个全面系统的有关出版管理的行政法规，确定了我国对出版物管理的基本原则与基本制度，也标志着出版业依法管理进入了一个新的阶段。

3. 出版管理体制改革的转型升级阶段（2001—2009年）

2001年对中国出版业的发展来说，是非常关键的一年。2001年，我国加入了世界贸易组织，在世界贸易组织的各种框架、协议要求下，出版业的销售领域要对外资开放，尽管经过改革开放后20余年的发展，出版业已成绩斐然，但是直接面对国外巨头的冲击时，依然存在巨大的资金、人才、技术等各方面的压力。建立与社会主义市场经济体系相匹配的出版体制，更好地发挥社会主义市场的作用，变得格外关键和重要。2003年，《外商投资图书、报纸、期刊分销企业管理办法》《中外合作音像制品分销企业管理办法》等文件出台，对外资进入相关领域进行了规范管理，同样非公有资本进入发行分销领域也得到了支持。2009年3月，国家新闻出版总署出台了《关于进一步推进新闻出版体制改革的指导意见》，提出要完成经营性新闻出版单位的改制工作，打破传统事业单位的管理模式，建立现代企业制度，实现跨地区、跨行业、跨所有制的合作，这次新闻出版领域的大变革为中国文化产业国际竞争力的提升奠定了基础。截至2009年年底，全国已有268家地方出版社、100多家高校出版社、101家中央部委出版社完成了转企改制。这个阶段的管理体制改革在整个出版业发展历程中，具有至关重要的作用。之前进行的发行体制和出版社管理体制的改革探索，都是为了适应经济发展需要、国家发展大计而进行的系列探索，目标就是建立适应社会主义市场体系的、具有国际竞争力的现代化的出版体系。随着出版社转企改制完成，一批具有现代企业制度、跨行业、跨区域、跨所有制的出版集团得以建立，并快速发展起来。

（四）出版发行业管理的创新发展时期（2010年至今）

2010年，出版单位的转企改制工作基本完成，之后的文化体制改革需要向纵深推进。随着科技的进步，出版手段的不断增加，出版业态更加丰富多样，出现了传统出版、数字出版、网络出版、电子出版、大数据出版等出版新业态，新的出版业态需要新型的管理制度，这个阶段出台了多项针对新的出版业态的法规、政策、指导意见等。2010年出台的《关于加快我国数字出版业发展的若干意见》和《关于发展电子书产业的意见》，分别对我国数字出版业、电子书产业的发展目标、内容规范和保障措施等方面进行了说明。2014年出台的《关于推动新闻出版业数字化转型升级的指导意见》，进一步推动了新闻出版业的数字化转型升级。2015年通过的《关于推动传统媒体和新兴媒体融合发展的指导意见》，强调要用互联网思维，实现传统媒体和新兴媒体优势互补、一体化发展，推动二者在内容、平台、渠道、经营、管理等方面的深度融合，努力建成几家传播力、公信力和影响力都很强的新型媒体集团。2016年通过的《关于加快新闻出版业实验室建设的指导意见》，确定了重点发展的20家出版融合发展实验室。在以大数据技术和人工智能为核心技术的新一代互联网的背景下，政府部门通过相关政策引导，积极推动出版业由传统业态向新型业态、由传统媒体向新兴媒体发展的转型与升级。2017年，国家新闻出版总署署长柳斌杰接受《中国新闻出版广电报》采访，谈到出版业今后的改革时，他提到五点：一要继续深化体制改革，打破融合发展的障碍，保障社会效益与经济效益相统一。二要深化机制改革，建立现代企业制度，把文化企业推向社会。三要推进人事制度改革，建立优秀人才选用和激励机制。四要推进政策制度改革,降低准入制度,形成出版业竞争的"高地"。五要深化产权制度改革,推进股权制度改革。2018年3月,中共中央印发了《深化党和国家机构改革方案》,宣布由中央宣传部统一管理新闻出版工作,即将国家新闻出版广电总局的新闻出版管理职责划入中央宣传部,其职责包括贯彻落实党的宣传工作方针,拟定新闻出版业的管理政策并督促落实,管理新闻出版行政事务,等等,体现了党对新闻出版业的高度重视与加强舆论阵地建设、牢牢把握正确舆论导向的战略思考。

第三节 图书出版业管理的原则、内容和手段

一、图书出版管理原则

(一) 政治原则

出版工作是宣传思想工作的一个重要组成部分,许多出版物,特别是社会科学方面的出版物,大都具有一定的政治倾向性,体现、宣传一定的政治思想、政治主张、行为规范、道德准则等,所以任何国家、任何时代的出版管理工作都不可能回避政治原则,社会主义市场经济条件下的出版管理更是如此。我国出版管理的政治原则就是:确保出版工作为人民服务,为社会主义服务,为改革开放和经济建设服务;将社会效益放在首位,坚持社会效益和经济效益相统一;坚持"百花齐放,百家争鸣"。

(二) 有效原则

有效原则是出版管理的最基本的原则,无效就等于没管。出版管理是否有效,不是看出版管理机构制定、下发了多少规定、指示、命令,也不是看出版管理部门或出版管理者做了哪些管理工作,而是要看管理措施是否得到了贯彻、落实,是否达到了预期的效果。例如,对买卖书号、版号的管理,不是看做了多少规定、下发了多少文件、召开了多少会议,而是要看买卖书号、版号的行为是否被制止。再如,对"扫黄""打非"的管理,不仅要看查抄了多少黄色出版物和非法出版物,更要看制黄贩非的活动是否受到遏制。有效原则要求出版管理机构的行为要有效、出版管理机制有效率、出版管理人员精干。

(三) 效益原则

所谓的效益,是指社会效益和经济效益。出版业具有明显的双效特征,所以,出版管理一定要照顾到两个效益,坚持把社会效益放在首位,争取两个效益均达到最佳。出版业作为产业,出版社作为企业,担负创造经济效益的社会责任,不创造经济效益,就失去了其存在与发展的物质基础,相应地,也就没有社会地位。同时,出版工作又是一项影响广泛的社会活动和文化活动,它要受国家政治、法律、宗教、道德、风俗等多方面的影响与制约,不顾及社会效益的出版行为最终必将损害其经济效益。社会效益和经济效益是出版工作中两个不可分割的组成部分,出版社、出版管理者只注重一个效益的行为,都是不健康的出版行为或管理行为。

（四）能级原则

所谓能级原则就是根据法规、机构、人员的不同作用和不同级别，建立起一定的秩序和规范，形成比较稳定的出版管理结构。处在不同能级上的法规、机构、人员，承担不同的管理职能和任务，享有不同的权力和利益。不同能级之间按照一定的次序排列，不能随意交叉或打乱。例如，中央一级的出版管理机构负责全国的出版管理工作，省一级的出版管理机构负责全省的出版管理工作，市一级的出版管理机构负责全市的出版管理工作，各级出版管理机构的职、权、责、利分明。

（五）反馈原则

反馈是控制论中的重要概念。控制系统把信息送出之后，其作用会反馈回来，以影响下一个信息的输出。没有灵敏的、正确的反馈，就不能及时、准确地发出下一个指令，因此必须建立公正、负责、全面的反馈网络体系。在出版管理中，应特别注意反馈信息的全面、完整，切不可把局部的、少量的反馈信息当作全部的信息，从而影响出版管理决策的正确性。

（六）系统原则

出版管理的对象，即编辑、印刷、发行、物资供应、教育、科研、外贸等环节，都不是孤立地存在的，它们共同构成了一个完整的出版系统，每一个管理指令均会对系统内的所有子系统产生不同的影响。在实施管理时，既要考虑对某一个子系统的影响，又要考虑到对整个系统的影响，只对局部有利而对全局不利的管理行为是不成功的。系统原则要求从系统的、长远的利益出发，同时顾及局部的、眼前的利益，但不能因为局部的、眼前的利益而损害全局的、长远的利益。

（七）科学原则

从管理到管理科学，经历了一个漫长的发展过程。与过去主要依靠经验管理不同，现代管理是建立在科学的基础之上的。科学原则要求，出版管理机构或出版管理者的管理决策，不再是依靠一两个人的经验，依靠个别人的"拍脑袋""突发奇想"，而是在全面调查研究并掌握大量的、全面的、真实的信息基础上，在专家的直接参与下，集合集体的智慧做出的，只有这样才能保证决策的科学性。

二、图书出版管理内容

（一）制定、实施有关的法律和行政法规

出版业必须有各种制度保证才能健康地发展。出版管理的一项重要工作就是制定各种法律规章制度并监督其贯彻执行。中华人民共和国成立以来，我国的立法机构、出版行政管理机构已经制定、实施了大量的出版管理法规，如由国家立法机关——全国人民代表大会及其常务委员会制定的法律、法规，由国家最高行政机关——国务院（政务院）制定的行政法规、决定和命令，由国家出版管理行政机关发布的指示、规定和通知等。另外，许多省市的立法机关、出版行政管理机关也制定了大量的地方性出版管理法规。

（二）制定发展战略或发展规划

出版业的发展不能是盲目的、毫无目标的。出版管理的重要任务之一，就是根据不同的时期、不同的情况，制定不同的发展目标和发展规划，并动员和组织各种力量实现此目标和规划。发展战略或发展规划有长期、中期、短期之分，实现的难易程度不同，但重要的是通过制定发展战略或发展规划，引导出版业每隔一段时间都能跃上新的台阶。

从中国共产党召开十一届三中全会以来，我国出版行政管理机关制定了许多出版业的中长期发展规划，如1978年全国科协、国家出版局制定了《1978—1985年全国重点科普图书出版规划》，同年国家出版局制定了《1978—1980年部分重点少儿读物出版规划》，1991年新闻出版总署制定了《出版事业"八五"计划及十年发展规划》，1996年新闻出版总署又制定了《新闻出版事业"九五"计划及2010年长远规划》，2001年新闻出版总署组织实施了"十五"国家重点图书出版规划，规划项目共列入1606种图书，2002—2005年经过三次调整，规划项目最终调整为1552种图书。2006年国家新闻出版总署发布《"十一五"期间（2006—2010年）国家重点图书出版规划》，2011年国家新闻出版总署发布《新闻出版业"十二五"时期发展规划》，等等。

（三）管理出版人才与出版教育

出版人才是出版业兴旺发达的关键，对出版人才的培养和使用是出版管理的内容之一。出版人才管理要贯彻以人为本的精神，充分地解放出版人才的生产力，调动他们的积极性和创造性。一是要尊重出版人才，给出版人才一定的政治、学术地位，认真听取、采纳他们的合理建议；二是要关心和爱护出版人才，给他们创造良好的生活和工作条件；三是大胆使用出版人才，使他们有用武之地；四是要采取正规教育、业余教育、继续教育等相结合的办法，为出版业的发展源源不断地输送合格的人才。

（四）管理出版物市场

在社会主义市场经济条件下，出版物市场对出版业发展的影响越来越大，绝大部分出版物终将进入出版物市场。出版物质量的高低，出版企业经营管理的好坏，都要经过出版物市场的评判。随着出版事业的不断发展壮大，出版市场的竞争日趋激烈，进入出版物市场的出版物品种迅猛增加，出版物的形式也发生了新的变化，出版管理者必须加强对出版物市场的管理，防止出现不平等竞争、过度垄断等有碍市场健康发展的行为。另外，随着我国改革开放的不断深入及我国与外国交往的增多，国外的淫秽、色情甚至反动的出版物也会通过种种形式流入我国出版物市场，加上国内一些不法书商制造、贩卖色情、淫秽甚至反动的非法出版物，我国出版物市场面临着日趋复杂的形势。因此，规范和净化出版物市场已成为出版管理的重要内容。

（五）管理出版物质量

出版物质量既关系出版业的社会效益，也关系其经济效益，是出版管理的核心内容。出版管理者应通过出版物质量检测、评估和保障体系，引导出版企业不断提高出版物质量。出版物的质量包含三个层次：一是出版物的内容质量，这是评判出版物质量的基础和根本，只有好的内容，才能赢得读者，才能流传于世；二是出版物的编校质量，一个出版物，内容虽好，但句法不通，错字连篇，使人不忍卒读，再好的内容也难以发挥好的效用；三是印装质量，它是对内容质量、编校质量的保证与支持。这三种质量对出版物来说是缺一不可的，某一方面或某两个方面质量好的出版物都不能成为质量好的出版物。我国出版行政管理机关历来非常重视对出版物质量的管理，2004年12月24日，新闻出版总署颁布了新的《图书质量管理规定》，同时废止了1997年发布的试行的《图书质量管理规定》。在新的《图书质量管理规定》中，图书质量的分级和标准更加明确和易于操作，图书编校质量差错率的计算方法也更加科学合理。

（六）管理国际交流

国际经济贸易一体化进程的加速发展和我国加入WTO，不仅为我国利用国际出版资源开拓了更加广阔的前景，而且为我国出版业走向世界提供了千载难逢的时机。面对不断扩大的出版业的国际交流与渗透，出版管理的责任与担子不是减轻了，而是加重了；对出版管理的要求不是减少了，而是增加了。要管理好国际交流，就必须对国际交流的意义有全面的认识。出版业的国际交流既是一项文化工作、宣传工作，又是一项经济工作。我国各级出版管理机构应该高度重视对国外出版物市场的开拓与建设，加强对出版物出口工作的鼓励与扶持，使我国出版物的输入与输出共同发展。

（七）制定产业组织政策

任何产业的发展都离不开相应的产业组织政策，出版产业也不例外。在计划经济体制时期，我国出版业作为单纯的事业，没有产业组织政策可言。现阶段，我们正在向社会主义市场经济体制迈进，出版业中的许多问题，如出版、印刷、发行企业之间的人均利润过于悬殊，出版企业之间的竞争机会极不平等，出版企业的规模经济效益不高，等等，这都需要制定产业组织政策来加以解决和调控。我国加入WTO之后，为了适应参与国际竞争和追求出版规模效应的需要，国家新闻出版总署又积极引导出版业组建出版集团，使出版业的产业组织形式发生了根本性的变化。因此，对我国出版业来说，制定科学的产业组织政策显得尤为重要。

三、图书出版管理手段

（一）法律手段

法律手段是出版管理发展到一定阶段的产物。许多国家通过制定专门的出版法律或相关的法律来规范出版行为，并取得了显著的效果，积累了丰富的经验。我国也十分重视利用法律手段管理出版工作，不仅在宪法、刑法、民法、保密法等法律中对出版行为做出了法律规定，还制定了《著作权法》《出版管理条例》《音像制品管理条例》《印刷业管理条例》《互联网出版管理暂行规定》等专门的法律和法规，已经形成了比较完备的出版法律体系，出版管理已步入了有法可依的时代。

利用法律手段管理出版业有许多优点：一是具有强制性，即一定区域内的人（包括自然人和法人）和团体都必须遵守；二是具有很强的稳定性，即法律一经颁布，就要在相当长的时期内发挥作用，为便于执法者掌握与守法者遵守，法律不可能频繁地修改和变更。但是，法律手段也有缺点：一是法律滞后是普遍存在的现象，新问题、新情况不断涌现，但原有的法律可能没有相应的规定，新的法规又尚未出台，给依法管理带来困难；二是法律手段比较僵硬，缺少必要的灵活性和变通性。

（二）行政手段

行政手段就是出版管理机关或出版管理者依靠行政权力，通过行政命令直接对被管理者发出指示、规定、通知、命令等，以实现管理目的的一种管理措施。行政手段在管理中的应用很早，在法律手段没有出现或法律法规不健全的条件下，行政手段是最主要、最有效、最常用的手段。行政手段有许多优点：一是便于集中统一，所有的出版企业、出版活动都受同一个行政管理机构的领导，便于集中力量，统一行动；二是比较灵活，行政命令可以随时随地发布，可以根据不同地区、不同企业的不同情况，采取不同的措施。但是，行政手段也有很多的不足：一是受管理者的水平影响，管理者的水平高低对行政管理的效果影响很大；二是行政手段要通过层层的行政机关和大量行政人员执行，极易变形和走样，且管理成本会相应增加。

在出版法规健全的条件下，虽然行政手段依然不可缺少，但是也不要过分地依赖行政手段，特别是不能滥用行政手段。行政手段的运用，是建立在一定的法律基础之上的，应依法行政。

（三）经济手段

经济手段就是利用经济原则对出版业进行管理，包括税收、贷款、投资、工资、资助、奖惩等经济措施。例如，政府可以通过对不同性质的出版企业、不同性质的出版物实行差别税率，以调整出版企业的出版行为，调整出版物的结构；可以通过对大型的出版企业、印刷企业、发行企业投资或贷款，推动企业的技术改造和科技进步；可以调整出版物的出口税率，鼓励出版物的出口；可以设立各种奖励基金，扶持符合国家利益的企业；可以对违法、违规的企业、出版机构实行经济惩罚，规范出版行为。

经济手段是出版管理的有效手段，它可以促进出版产业内部的资源、资金、人才等的合理流动，实现出版资源的合理配置。

经济手段并非万能，它有一定的局限性，特别是在出版企业内部，单纯的经济手段虽然在调动职工的积极性方面有一定的作用，但也带来了买卖书号、片面追求经济效益等问题。还有个别企业不是从挖掘内部潜力、提高科技水平、完善服务措施等入手，而是一味地向国家和上级部门要经济政策、要补贴，错误地理解了经济管理的含义。

（四）思想政治手段

重视思想政治工作是中国共产党一贯的优良传统，也是我国出版管理的一贯做法。我们要经常进行深入的思想政治工作，不断提高出版人员的思想素养和社会责任感，以保证出版工作健康发展。每一项政策出台之后，都要发挥思想政治工作的作用和特长，向广大的出版工作者宣传它、解释它，争取得到绝大多数人的理解与支持，以使出版人员在实际工作中能更加自觉地遵守与执行。

思想政治手段是我国出版管理的特色，我们应该深入地加以研究，结合当前的出版形势，使思想政治管理手段更加人性化，更加完善。

思考题

1. 试论述我国图书出版业的发展现状。
2. 什么是图书出版业管理？图书出版管理有什么意义？
3. 图书出版业管理应该遵循哪些原则？
4. 图书出版业管理主要针对哪些方面和内容？
5. 对图书出版业进行管理可以通过哪些手段？

案例讨论　实体书店的核心爆发力，在于打造消费者"学习场"

《文汇报》1月10日报道，近年来，在国家一系列利好政策的支持下，加上全民阅读活动的持续推动，我国书店数量不断增加。据2020年中国书店大会发布的报告，目前中国实体书店数量超7万家，2019年国内关闭了500多家书店，但新开书店数量超4000家，书店总量与增加量均居世界第一位。

传统的实体书店是一方阅读的坚实阵地，如今，付费自习室也悄然兴起，成为多元阅读和满足学习需求的一种新的趋势，在很多城市渐渐落地开花，市场前景广阔。从某种程度上说，付费自习室是"知识付费"在线下的延伸和拓展，消费群体很大。但是，为什么付费自习室没有开在早已熟知的、形态成熟的学习场所书店呢？提出这样的问题，并不是说付费自习室这种盈利模式有多么好，也不是说书店应该开付费自习室来蹭热点，而是探讨书店在转型的过程中，还有多少想象的空间，该如何进一步开拓发展思路。

《2019年中国图书零售市场报告》指出，2019年，网店图书零售码洋规模增长较快，同比增长24.9%，规模达715.1亿元；实体店继续呈负增长，同比下降4.24%，规模为307.6亿元。这说明，越来越多的人习惯在网上买书，实体书店仅靠卖书，未来堪忧。

考虑到书店的社会效益、文化价值，很多地方都出台了扶持书店发展的政策。以北京为例，2019年共计239家书店获得了实体书店项目扶持，扶持资金近1亿元。然而，如果离开了政府的财政补贴和税收优惠，一些书店恐怕会有生存问题。对于多数书店来说，没有情怀是做不大的，仅靠情怀又是很难坚持做下去的，因为书店能挣到钱才能长久。

一些书店已经认识到了这一问题。根据相关报告，2019年实体书店行业的一个基本态势就是在传统业务基础上进行多元化尝试，卖书的同时还提供咖啡和文创产品，这几乎成了一种潮流。这些"书店+"的探索满足了一部分人消费升级的需求，却进入了有流量没销量的窘境：打卡、喝咖啡的人多，买书的人少。此外，咖啡、文创产品本身有自己的市场蛋糕，留给书店的已是很小一块。

于是，不少业界人士开始聚在一起探讨一个话题：书店重做——重做书店的价值，塑造全新的行业品牌形象。"学习场"的构想随之被提出来，即全天候地为消费者提供多样化的、收费的学习场景，让消费者将线下付费学习的消费活动与书店紧密关联起来。这既包括付费自习室的形式，也包括付费讲座、与知识付费平台共办活动等形式。一些书店已经做了类似的尝试，比如河北省秦皇岛龙媒书店于2019年组织读书会、家居收纳讲座等40余场收费活动，对每场人数、收费等都进行了一定的探索，效果不错。

实体书店业转型已经成为共识。"学习场"这样的大胆构想被提出来，说明转型的道路越探越宽，已经跳出了原有的"书店+"思维，重新定义了书店，试图让其他行业主动加入书店。

实体书店转型虽是必然，但不管转向哪里，主业都不能丢掉；不管形式怎样变化，都应该以坚守书店的核心价值为前提。书店始终应该是社会的文化绿洲、大众的思考净土、全民阅读的牢固阵地，而让书店的荷包鼓起来，这样的坚守才会更有底气。

资料来源：杜鑫. 实体书店的核心爆发力，在于打造消费者"学习场" [N]. 工人日报, 2020-01-14.

讨论题：

1. 你认为实体书店是否还有发展前景？你对实体书店的转型有哪些想法和建议？
2. 请进行资料调研，讨论现阶段我国图书市场和发达国家相比还有哪些差距；谈谈中国图书市场面临哪些挑战，未来的发展趋势是什么。

 延伸阅读 扫码学习

图书出版业管理

第十一章 广播影视业管理

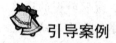引导案例

"小众"不再"小众"的秘诀：文化底蕴和情感温度的创新表达

从 2019 年年底到 2020 年年初，一部网络纪录片《但是还有书籍》收获了极高的口碑。这部在哔哩哔哩网站上刚刚播完的作品共五集，由演员胡歌担任旁白，聚焦的是编辑、装帧师、翻译、书店老板、绘本作者、旧书收藏家等爱书人的故事。上线至今，这部纪录片收获了超过 557 万的播放量以及 3.6 万个弹幕，在知名影评网站上更是拿下 9.3 的超高分。

更令人欣喜的是纪录片的后续效应——片中提到的一些冷门书籍被青年观众放入了购物车。在纪录片第一集上线的第三天，作家袁哲生的小说集《寂寞的游戏》便在出版社官方淘宝店卖出 700 多册，在当当网上更是卖断了货，临时紧急加印 8000 册。同样一度卖断货的还有中华书局的《郑天挺西南联大日记》，在纪录片更新期间，这部作品售出千余册。

与网红主播、偶像明星动辄千万级的带货能力相比，图书千册的销量并不惊人，但让冷门纯文学以及历史书籍在热衷发弹幕的年轻一代中走红，足以证明纪录片的文化穿透潜能。在业内人士看来，《但是还有书籍》是继《我在故宫修文物》后，又一部用青年审美打开市场局面的纪录片佳作，其背后传递出这样一个市场信号：所谓青年观众好评多多的"网感"，绝不是指低姿态的迎合，而是基于文化深度与情感温度的创新表达。

在书籍的奇幻漂流里，打捞爱书人艰辛、迷茫、幸福的时刻

"阅读是一座随身携带的避难所，让我们在这个世界以外，还拥有无数个平行世界。"纪录片总导演罗颖鸾说。"书籍，从一诞生，就开始了它的奇幻漂流"——从作者的书稿，到文字翻译，再经编辑和设计师之手成册，接着进入书店、图书馆，而后流转到二手书店和淘书人手中……《但是还有书籍》用五集的结构，展现了这场"奇幻漂流"，大结构下是感人的幕后故事。

最令观众感动的是《但是还有书籍》中爱书人有情怀、有性格，甚至是有血性的瞬间。一对 80 后小夫妻 lulu 和蜗牛，开着车跨越了 11 个省市，将"流动书店"开进城市与乡村的各个角落。在农村设摊时，一些扛着锄头的村民踌躇着不敢打开崭新的书籍，lulu 鼓励大家："书就是用来看的。"这句话触动了无数人；女儿诞生后，绘本作家"熊暗"为自己改名"熊亮"，并且一头扎进儿童心理学研究，改变风格，开始了明亮可爱的童书创作。"幼吾幼"的他希望为孩童创造出丰饶的精神家园；为了出版小说《寂寞的游戏》，沉默内敛的编辑朱岳联络各方关系帮忙推广，甚至一气之下将以"冷门"为由拒绝帮忙的哥们儿拉黑。这群性格迥异的平凡个体，因为对书的热爱显得生动不凡，让人们在快时代里感受到缓慢阅读的意义。

内容惊艳、传播老练的年轻态纪录片正成为市场新宠

以往,纪录片的核心受众为受过良好教育的群体。近年来,内容、传播年轻化的趋势越发明显,一批"年轻态"纪录片频频"出圈"成为网红。走红于青少年云集的视频网站,收获大量讨论弹幕,赢得年轻人点赞的《但是还有书籍》,正是"年轻态"纪录片中的典型案例。好看之外,这部纪录片的走红,也提供了一个小众纪录片内容、形式、传播的有益范本。

在呈现形式上,纪录片也进行了创新探索。区别于传统播音腔,为《但是还有书籍》担任旁白的,是首次为纪录片配音的演员胡歌。纪录片团队认为,用富有个人色彩的声音,增添内容产品的"人格化"属性,是当下纪录片创作领域的一大趋势。这样的配音方案确实成为纪录片的一大亮点,有观众评价:胡歌的配音犹如友人向你娓娓道来,很是亲切。同样让观众眼前一亮的,还有纪录片对动漫效果的运用,简约又充满文艺范儿的插画填补镜头难以捕捉的灵动体验,每集都有短暂呈现,不至于喧宾夺主。

《但是还有书籍》在传播上,同样花了心思。纪录片上线后,胡歌便在个人社交网站上转发片花,为作品造势,明星自带的粉丝效应为纪录片完成了第一波受众积累。大众化的影视明星之外,青年文化领域的圈层传播同样重要。在文艺青年聚集的豆瓣网上,不少豆瓣红人也对该片进行了推广。

资料来源:张祯希."小众"不用"小众"的秘诀:文化底蕴和情感温度的创新表达[N].文汇报,2020-01-15.

本章导读

当前,我国广播影视面临着难得的发展机遇。习近平总书记在党的十九大报告中指出,满足文化需求是满足人民日益增长的美好生活需要的重要内容。正如习近平同志所说,满足人民过上美好生活的新期待,必须提供丰富的精神食粮。这说明,在中国特色社会主义新时代,文化建设的地位更加重要,作用更加凸显。党的十九大确定了历史新方向,开启了新时代新征程,广播影视产业改革处在一个新的历史起点上,进入改革攻坚、转型升级、创新发展的关键阶段。面向未来,我们期待广播影视内容产业、广电网络产业、新媒体新业务迎来更大发展,真正实现由广播影视大国向强国迈进的目标。

广播影视业是文化产业的重要行业。本章首先阐述广播影视业的特点和构成,以及广播影视业在建设社会主义文化强国中的地位与作用;其次介绍我国广播影视业的发展现状;最后论述广播影视业的管理策略。

第一节 广播影视业的含义和意义

一、广播影视业的特点

按照产业经济学理论,界定一个产业的标准应当主要有以下三条。

(1)产业主体不仅包括追求利益最大化的企业,还应包括提供公共产品或服务的非营利性的组织、机构，如果某个行业或部门从事营利性经济活动，以营利作为活动的主要目的，肯定称其为产业。

（2）产业的区分和存在的主要标志是它所提供的产品或服务的用途和性质。

（3）产业的存在要求有一定的规模，即它所代表的产品或劳务必须达到一定的市场占有规模、生产规模和产出规模。

按照上述三条基本标准来衡量影视业的有关经济活动，影视业完全具备成为一个产业部门的基本条件。

配第-克拉克定律和库茨涅兹法则指出，随着经济发展及人们收入水平的提高，产业间产品附加价值的差异以及由此带来的相对收入差异，使劳动力、资本首先从第一产业向第二产业转移；当人均收入水平进一步提高时，劳动力与资本又逐步向第三产业转移；同时，三次产业增加值的比重随之发生变化，第一产业比重不断下降，第二产业比重由快速上升到逐步下降，第三产业则经历上升、徘徊、再上升的过程，最终将成为国民经济中最大的产业。影视产业属于较高层次的服务业，其在我国第三产业增加值的比重将随着我国经济发展而进一步上升。影视产业具有社会意识形态属性，还具备特定的产业竞争性，它是由特殊的生产企业组成的产业组织。影视产业的蓬勃发展是经济发展的必然规律。

广播影视产业属于文化产业中的视听行业，主要包括电影、电视和广播，是指在商品经济体制下，电影、电视、广播产品在制作、放映、播放及销售等生产或服务环节中形成相互竞争与合作的企业的集合。

相对于其他产业而言，广播影视产业主要有六个特点：一是与意识形态紧密相连，在宣传领域占有重要地位；二是与资金市场紧密相连，是一个高投入的产业；三是知识密集程度较高，进入的门槛也比较高；四是在国际贸易中，具有明显的文化贴现现象；五是影视产业相对于其他产业来说外部效应更大；六是智能化、数字化、虚拟化等新经济特征日益渗透到新兴的影视产业中。

二、广播影视产业的构成

广播影视产业的内涵极为丰富，它包括产业组织、产业结构、产业布局、产业关联度和产业政策等多个方面的内容。影视产业组织是广播影视产业内部各机构之间的关系。广播影视产业结构以信息服务为主体，其资源配置主要依靠市场。

广播影视产业是一个庞大的社会系统工程：系统内，广播影视产业是一条长长的产业链；系统外，影视产业又与多种相关行业辐射交融，犹如"宇宙行星"模式一样有多种可开发性。同时，影视产业又受到社会环境、政治经济、科技进步、人文等诸多因素的影响和制约，每一种因素都会深深影响并制约着广播影视产业的总体进程和发展走向。这就要求广播影视业必须有系统内和系统外两种机制的良好配合，并达到优化耦合，只有这样才能使影视产业步入良性循环的轨道。

从系统内看，影视产业的结构为一条长长的产业链，业务主要围绕广播影视产品的制作—发行—放映展开。从节目形成开始的融资、策划到资金回收的完成，大致可分为五个阶段：第一阶段，融资、策划阶段；第二阶段，生产制作阶段；第三阶段，发行和集中进行市场营销阶段；第四阶段，放映阶段；第五阶段，回收资金并进行广播影视后产品开发阶段。广播影视产业链的构成如图 11-1 所示。

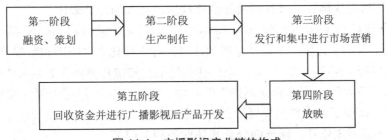

图 11-1　广播影视产业链的构成

广播影视的产业化要求建立以销售为基点，以资本市场融资为手段，以可行性分析与成本核算为依据，以制片人为中心，使广播影视生产进入良性循环的生产体系。根据现代广播影视产业的发展特性，广播影视产业的收入结构不再以电影的票房收入或电视播映收入为主，而是影视产品的后市场开发收入占主导地位。广播影视产业可以凭借其规模化、系统化吸引众多相关产业的参与和支持，并开发相当广泛的辐射领域，为其他相关产业带来大量的市场需求和潜在的市场机会，带动与之相关类产品的市场开发。

三、广播影视行业在国民经济行业中的分类演化

国民经济行业分类是国家行业的分类标准，全面反映社会各方面的经济活动，是生产要素发展和社会分工不断深化的产物，并在经济活动实践的应用中得到持续修正。

我国广播影视行业不仅是党和政府舆论宣传的重要阵地，也是国民经济支柱性产业的重要组成部分。在国民经济分类标准的修订过程中，广播影视行业分类也在逐步细化与完善，不仅反映了行业自身的发展历程与阶段性特点，也体现出广播影视与文化、通信、信息等行业日益密切的联系与交融，展现了广播影视行业蓬勃的生命力和对国民经济发展日益增强的支撑作用。

1.《国民经济行业分类标准》首次制定时，强调广播电视事业属性

在 1984 年首次制定的《国民经济行业分类标准》（GB/T4754-1984）中，广播影视行业全部划分到"教育、文化艺术和广播电视事业"门类下的"广播电视事业"小类中，强调行业的事业属性。

2. 1994 年第一次修订，产业化发展促使行业分类调整

在 1994 年颁布的《国民经济行业分类标准》（GB/T4754-1994）中，广播电视行业的分类名称不再以"事业"结尾，而是将"电影事业"与"广播、电视事业"合并为"广播电视电影业"大类，其下设置"广播""电视""电影"三个小类。与此同时，鉴于广告业的迅速发展，此次修订中，在"社会服务业"门类下新增了"广告业"小类。广播影视行业对于国民经济增长的拉动效应逐步显现。

3. 2002 年第二次修订，新增广播电视传输服务门类

对比 1994 年和 2002 年的《国民经济行业分类标准》，我国广播影视行业分类的变化主要集中在两个方面：一是新增"广播电视传输服务行业"，并细分了"有线广播电视传输服

务""无线广播电视传输服务""卫星传输服务"三个小类;二是将"电影业"进一步细分为"电影制作与发行""电影放映"两个小类,并新增"音像制作业"。

4. 2011年第三次修订,节目制播社会化程度提高推动分类细化

在2011年修订的《国民经济行业分类标准》(GB/T4754-2011)中,广播影视行业分类的变化主要集中在三个方面:一是"电影制作与发行"细化为"电影和影视节目制作""电影和影视节目发行"两个小类;二是"电信和其他信息传输服务业"更名为"电信、广播电视和卫星传输服务业";三是"音像制作"更名为"录音制作"。广播影视行业分类得到进一步明确和细分,体现了行业快速发展扩张的阶段性特征。

5. 2017年第四次修订,新增细分新媒体业务相关门类

在2017年新修订的《国民经济行业分类标准》(GB/T4754-2017)中,广播影视行业分类的新变化主要有三个:一是新增"广播电视集成播控"小类;二是"卫星传输服务"细分为"广播电视卫星传输服务"和"其他卫星传输服务"两个小类;三是"广告业"细分为"互联网广告服务"和"其他广告服务"两个小类。广播影视行业分类进一步优化。

广播影视行业不仅是党和政府舆论宣传的重要阵地,也是社会公共信息传播的重要渠道,同时也是国民经济体系中的重要组成部分。伴随着我国经济的快速成长,广播影视事业产业持续壮大,很多新的产业门类应运而生,行业内涵和外延不断拓展,反映在历次《国民经济行业分类标准》的修订中,广播影视行业相关门类不断充实细化,与文化、通信、商务服务等行业的联系日益紧密。

四、广播影视在建设社会主义文化强国中的地位与作用

广播影视一方面代表人们的诉求,另一方面更代表了中国故事的演绎。渐渐地,我们开始通过电影、电视和书籍给其他国家讲中国故事,而中国故事往往都是以文化为开端,所以广播影视讲述的就是中国文化。我们国家走社会主义道路,实施改革开放,都与我们的文化息息相关,全都蕴含着对文化的理解,所以对此更要自信。

近年来,我们的中国故事讲得越来越好,主旋律作品也成为"爆款IP","让主流的经典再次成为流行的先锋",更多的中国文化经典越来越得到国际的认可,这说明中国文化为实现中国梦贡献了巨大的正能量。

在新时期,我国在实践创造中实现文化创造,在历史进步中实现文化进步。中国文化讲得好,赢得了八方喝彩。归结起来,广播影视在文化建设中起到了极大的作用。沿着新时期文化强国的发展方向,面临国际上传媒行业的竞争和挑战,我国的文化产业时时刻刻都在进行改革和完善。改革和完善的力度最大的之一是广播影视的转变。许多优秀的电视作品,比如《舌尖上的中国》和BBC纪录片《中国春节》等,将中国传统文化仔细考究并记录下来,再将这些中国文化传送至世界各个角落。《经典咏流传》以"和诗以歌"的形式,用古诗词和部分近代诗词配以流行乐,配之以歌诠释诗词之美。媒体作为传递主流价值的"信使",在历史和今天之间架起了一座桥梁,在先辈与青年之间建立纽带,让世界听见中国的声音。四国音乐家中英文合作演绎《登鹳雀楼》,中西合璧的方式让中国文化更好地走向世界,让外国人也能感受到中国文化的美。

中国人更加了解中国文化，更有文化自信，外国人也更加喜欢中国文化。所以，在建设文化强国的进程中，广播影视是支柱性产业，领跑着社会主义文化强国的建设。

第二节 广播影视业的发展现状

广播影视产业是文化产业中最具影响力、最有活力的产业之一，也是发展最为迅速、与人们生活关系最为密切的一个文化产业领域，是指按照工业标准生产、再生产、储存、分配与消费广播影视产品和服务的一系列市场行为与经济行业。广播影视产业主要包括以下几个方面。

（1）产品生产部门：电台、电视台、电影制片厂、影视制作机构、动画制作机构等。

（2）产品经营部门：广播电视广告公司、电影院、影剧院、器材公司等。

（3）信号传输部门：网络公司、发射台、转播台等。

（4）衍生产业部门：影视中介公司、演艺公司、会展场馆等。

一直以来，中国广播电视网络有限公司（以下简称"中国广电"）被作为事业单位看待。以前，中国广电无疑为拥有这顶桂冠为荣，但现在看来，恰恰是这个金箍束缚了中国广电的发展。与中国进行的轰轰烈烈的改革相比，与其他行业的改革进程相比，中国广电的改革无疑是很晚的，是迟缓的。一直到20世纪80年代中期，一些有识之士才在改革大潮的推动下，初步树立起了市场意识和经营意识，在中国广电领域内进行一些尝试性的改革，其中包括湖南广电的魏文彬。湖南广电是全国广电改革的一个缩影，大致经历了频道改革、组建集团、上市融资、产业拓展几个阶段。到目前为止，走在前列的中央电视台和部分省级电视台、市级电视台在做大做强产业方面取得了一些成绩，但所有成绩的取得，都离不开策划者和执行者强烈的市场意识和创新意识、敢于不可为而为之的魄力。

一、市场规模不断扩大

我国广播电视行业发展经历了以下几个主要阶段。

（1）共用天线阶段（1964—1983年）。在一定区域内用户共用一套天线系统，通过高频电缆将电视信号送至各用户。

（2）闭路电视阶段（1983—1990年）。该阶段的信号传输主要通过同轴电缆进行，配备一定的前端设备，组建电视分配网。

（3）高速发展阶段（1990—2010）。1990年11月，我国《有线电视管理暂行办法》颁布，广电网络带宽大大增加。这一时期有线广播电视传输行业经历了模拟电视—单向数字电视—互动数字电视等几个发展阶段。目前，大部分地区仍处于数字化整转和双向化改造进程中。

（4）2010年开始，随着三网融合的推进，IPTV（交互式网络电视）迅速发展，互联网电视等新业态快速起步，有线广播电视传输行业迎来了全面竞争。随着信息技术、网络技术和传播渠道的日益多样，移动互联网快速崛起。

以下分别介绍有线电视、IPTV、互联网电视（OTT）的发展情况。

（一）有线电视

有线电视网络加快了双向化、智能化、宽带化建设。全国有线电视网络整合取得积极进展，有线电视互联互通平台示范试点、有线无线融合网试验扎实推进，使双向覆盖用户、宽带用户、高清用户、智能终端用户等重要用户指标均有不同程度提升。全国有线数字电视用户有 2.03 亿户，数字化率 90.76%，双向网络覆盖用户超过 1.69 亿户。有线电视用户数量整体减少，甚至有的省份有线电视用户减少量超过 100 万，但是总体收入略有增加。有线广播电视收视费收入和付费数字电视收入同比有所下降，三网融合业务收入同比增长超过 30%。这表明，有线电视行业正由数量扩张向质量提升转型，有线网络业务也在向高质、高端、高附加值转变。受有线电视实际用户数减少等因素的影响，有线电视基本收视费收入下降，与此同时，有线电视增值业务、集团客户业务等发展较快，在网络收入中的比重不断提高，有望成为有线电视发展新的增长点。有线网络公司加强组合收视，追求差异化发展，全面开展智慧化布局，积极探索区域化智慧业务，实现对社区居民"吃、住、行、游、购、娱、健"等生活七大要素的互动协同。2017 年，各省网络公司进一步打造有线网络新视听，开设 VR、3D、4K 频道，推出具有特色化、差异化的内容，如四川广电网络在高清交互平台上线游戏、影视剧、体育等海量节目，东方有线、福建广电网络等上线"央视专区"等节目频道。

（二）IPTV

IPTV 汇聚了广电、电信及互联网三方优势，成为用户大数据、创新内容生产及创新营销传播的重要平台，极大地拓展了传统大屏电视的功能边界。国网公司发布的《2017 年第三季度中国有线电视行业发展公报》显示，第三季度 IPTV 用户净增 941.4 万户，环比增长 9.2%，收视渗透率提升 2 个百分点，总数达 11 213.5 万户。平台建设方面，IPTV 平台基本建成"全国一张网"，总平台实现对节目的一键上下线透传和重点推荐，将央视内容以统一电子节目指南（EPG）的方式下发至全国各省（自治区、直辖市）分平台，从播控端到用户端实现全程全网。

2017 年，IPTV 继续保持较快发展。一是利用自身优势，强化营销推广，通信运营商以宽带绑定的模式推广 IPTV，推出极具吸引力的优惠套餐，很多宽带用户转化为 IPTV 用户；二是强化网点建设和服务，IPTV 依托运营商现有网点，强化网点功能，将其打造成客服中心、运营中心，为用户提供线上线下多重服务；三是大力开展三网融合业务。IPTV 正为用户提供个性化、交互化、可定制的 TV 服务和信息服务，建设包括"内容、渠道、平台、服务"在内的互联网生态系统，推出点播、回看、时移等交互功能及互动游戏、远程教育、电子商务、远程医疗等更多增值服务和应用。

（三）互联网电视

互联网电视是广电传输产业市场化程度和发展活力较高的领域，网络音视频内容渗透率较高，电视应用正成为其发展亮点。国网公司发布的《2017 年第三季度中国有线电视行业发展公报》显示，第三季度互联网电视用户净增 620 万户，收视渗透率首次突破 20%，用户总量达到 8954 万户。互联网电视行业是广电传输产业市场化程度和发展活力较高的领域，网络音视频内容渗透率较高，电视应用正成为其发展亮点。据报道，2017年上半年，OTT在线内容资源总量为54 000部，对比2016年，新增内容超过14 000部，87%的网络优质内容资源在OTT端都能看到。

OTT用户不仅是在"看电视"，还是在丰富的App应用中寻找更多的娱乐、社交、生活功能。生活类、游戏类、教育类、分发平台类电视应用数量日益庞大，为用户带来了越来越丰富的使用体验。

二、内容和质量不断提高

近年来，电影、电视剧、综艺节目、纪录片、动画片等产量保持快速增长，无论是数量规模品种，还是质量效益经营，广播影视内容产业的发展方式正在从以数量规模增长为主向以质量效益提高为主转变。

节目创新创优不断深化。强化节目特别是上星频道节目的结构化管理和宏观调控，坚持"小成本、大情怀、正能量"的节目自主创新方向，拓宽创新视野，积极探索电视节目形态与更多主题、更广领域的融合，公益、文化、科技、经济类节目比例明显增加，涌现出了一大批优秀原创节目。

以2017年为例，国家新闻出版广电总局（以下简称"广电总局"）实施"电影质量促进年"行动，稳步推进百部主旋律题材创作规划，抓源头、促精品，形成了主旋律突出、类型多样、题材均衡的创作播映格局。献礼片取得好成绩，涌现出《十八洞村》《血战湘江》《建军大业》等主旋律电影，特别是洋溢爱国主义激情的《战狼2》跃身成为现象级作品，斩获56.83亿元的票房，创下了中国电影的多项纪录。2017年，电影出品数量也跃上新台阶，全年生产电影故事片800部；银幕总数超过5万块，位居世界第一；电影票房550亿元，同比增长12%，稳居全球第二大电影市场。对国产电影而言，不能单纯地以数量取胜，而要以质量取胜，关键是要出精品。目前，中国电影中获公认的精品尚少，特别是能进入国际市场的高质量电影作品还有待进一步挖掘打造。

现实题材电视剧仍占据主导地位。2017年，制作电视剧1.6万集，保持了现实题材在创作播出中的主导地位，以往充斥银屏的穿越剧、玄幻剧、宫斗剧等数量大幅减少，涌现出了一批反映当代都市生活、经济发展变化和社会制度变革的现实主义题材电视剧，像《鸡毛飞上天》《急诊科医生》等影视作品，较为自然地将社会主义核心价值观融入创作，展现了党的十八大以来以习近平同志为核心的党中央治国理政的卓越能力和非凡成就，时空的转换和人物的命运有机统一，展现出历史的变迁和时代的变革，堪称普通人创造美好生活、书写平凡故事的好作品。现实题材的反腐影视剧《人民的名义》，密切关注中央强力反腐的现实行动，深刻剖析发人深省的现实问题。

纪录片生产迈上新台阶，涌现出一批具有代表性的纪录片"高峰"作品，引发社会关注。

三、新媒体新业务不断成长

近年来，随着政府管理部门的重视和政策的日益完善，特别是在"网上网下统一标准"、网剧备案登记制及网络剧、微电影等网络原创视听节目系列管理规定的规范管理下，网络剧、微电影、网络综艺节目等网络原创节目不断增加。网络视听新媒体已成为传播党的声音的重要阵地，成为传播社会主义文艺的重要力量，成为人民群众文化信息消费的重要平台，成为实施创新驱动战略、培育新经济的重要引擎。

传统媒体将发展新媒体作为重大战略取得了引人瞩目的成绩。各级播出机构充分利用新媒体传播主流声音，弘扬主流价值观，讲好中国故事，加大融合发展和媒体合作的广度深度，共同构建舆论引导新格局，推出了一批传播广、点击量高、口碑好的融媒体产品，不断放大主流媒体的"音量"。像央视新闻客户端，持续打造"新闻联播头条工程"，推进央视新媒体"首页首屏首条"建设，并不断向全网新媒体多平台延伸，其以时政微视频为重要抓手，发挥独家视频优势，打造受众喜闻乐见的时政微视频精品。在党的十九大召开期间，央视积极发挥融媒体报道优势，利用"三微一端一平台"全媒体矩阵化传播，全方位、多层次、全景式报道党的十九大；央视还不断通过新媒体平台打造传统节日文化品牌、打造文化节目标杆、打造融媒体公益平台、打造中国舆论场，凝聚社会共识，不断创作出融媒体内容精品，弘扬主流价值观。湖南卫视则与芒果TV紧密实行内容、渠道、平台、经营和管理融合。与商业视频网站不同的是，芒果TV不依靠资本投入，而是依靠优质的内容拉动，2017年全平台月独立用户突破2.8亿，率先在视频网站实现盈利，成为广电系统新媒体业务的排头兵。

视听网站发力内容业务，网络原创内容影响力不断加大。在政策的推动下，网络原创节目不断增加，引进节目比例减少，特别是开展了"中国梦"主题原创网络视听节目创作推选展播活动和优秀网络文学原创作品评选推介工作，助推了网络原创视听节目、网络文学创作生产持续快速增长。2017年全年各网站备案网络剧640部、网络电影（微电影）6246部、网络动画片740部、网络纪录片191部、网络栏目2827档，头部效应明显，涌现出一批具有较强艺术感染力的节目，成为网络文艺的主导力量。以优质内容为保障，在线视频和平台的影响力不断增加，近几年甚至出现了"先网后台"的播出模式。网络内容总量稳中有升，内容品质显著提升。网络综艺节目低俗化的倾向得到明显改观，整体格调积极健康，大制作、现象级的网络综艺节目不断涌现，网络内容产品已成功撕下原来的粗制滥造、以数量抢占市场的节目标签，逐渐成为堪比电视综艺，甚至品质高于电视综艺的精品。

独播、付费已经成为优质网络内容的主要盈利形态。以网络剧为例，2017年上线的网络剧中，独播剧占94%，占播放总量的93%；付费剧占85%，付费剧的播放量占总播放量的96%。

视频网站加大力度深度参与内容制作。2017年，视频网站独立制作的网络综艺节目占所有上线节目的46%，参与制作的节目占72%。2017年，爱奇艺推出近200个优质内容项目，内容投资超过100亿元。爱奇艺爆款综艺《中国有嘻哈》总成本高达2.5亿元。腾讯视频于2017年推出了40个核心视频类别，2018年扩展到70个以上，以求更广泛、更精准地满足不同受众的兴趣需求。精良的制作加上独具互联网特色的大数据技术、日趋成熟的宣传模式和资本的驱动，在这些合力的推动下，网络内容生产制作行业实现了良性发展。可以预见，超级网综的趋势将延续，各大视频平台都会拿出巨资来下注各家的头部综艺。

党的十九大确定了历史新方向，开启了新时代、新征程，广播影视产业改革处在一个新的历史起点上，进入改革攻坚、转型升级、创新发展的关键阶段。面向未来，我们期待广播影视内容产业、广电网络产业、新媒体新业务迎来更大发展，真正实现由广播影视大国向广播影视强国迈进。

四、宏观体制不断进步

总的来说，中国广播影视产业管理体制的发展滞后于广电产业本身的发展，但 10 多年来，仍然有了很大的进步。上星工程是促进广电发展的一大举措，其后批准部分地方成立广电集团，也是促进广电产业发展的重要因素。文化体制改革的推进，促使广播电视体制结构发生变化。2004 年，中办发〔2004〕24 号文件，融资政策放宽，准入门槛降低，使更多社会力量参与到广播影视业发展，资本动作初见成效。2004 年，广电总局第 44 号令《中外合资、合作广播电视节目制作经营企业管理暂行规定》对系统内、系统外、社会资本和外资进入广播影视产业做出了新的规定。2004 年，广电总局出台了《关于促进广播影视产业发展的意见》，这是广播影视产业快速发展的指导性文件。2005 年，中共中央、国务院发出《关于深化文化体制改革的若干意见》则把广电产业的发展推向一个高潮。国家"十一五"文化发展纲要对文化产业发展做了全面规划，明确了发展广播影视产业的重点和方向。国家《关于推动我国动漫产业发展的若干意见》对影视动画产业创新发展提供了政策支持和机制上的保障。

2014 年 3 月，国务院发布《国务院关于推进文化创意和设计服务与相关产业融合发展的若干意见》（国发〔2014〕10 号），明确提出全面推进三网融合，推动下一代广播电视网（NGB）和交互式网络电视等服务平台建设，推动智慧社区、智慧家庭建设。

2014 年 4 月，国务院办公厅发布《关于印发文化体制改革中经营性文化事业单位转制为企业和进一步支持文化企业发展两个规定的通知》，明确提出 2014 年 1 月 1 日—2016 年 12 月 31 日对广播电视运营服务企业收取的有线数字电视基本收视维护费和农村有线电视基本收视维护费，免征增值税。通过公司制改建实现投资主体多元化的文化企业，符合条件的可申请上市并扩大融资，以实现融资渠道的多元化。

2017 年 5 月，中共中央办公厅、国务院办公厅印发了《国家"十三五"时期文化发展改革规划纲要》，提出强化文化科技支撑，推动"三网融合"，加快全国有线电视网络整合和智能化建设，建立互联互通、安全可控的全国性数字化文化传播渠道，优化文化产业结构布局。

2018 年 2 月，习近平主席主持召开全国宣传思想工作会议时提出：要加强传播手段和语言方式创新，要扎实抓好县级融媒体中心建设，更好地引导群众、服务群众。2019 年 4 月，广电总局发布《县级融媒体中心网络安全规范》《县级融媒体中心运行维护规范》《县级融媒体中心网络安全规范》三大规范。

2019 年 8 月 20 日，国家广播电视总局印发《关于推动广播电视和网络视听产业高质量发展的意见》的通知，结合广播电视行业实际，提出加速升级新型产业体系，大力优化产业布局，大力完善市场体系，加强政策支撑等意见。

第三节 广播影视业的管理策略

一、运用新理念进行广播影视业监管

电视剧几乎是我国所有电视台最为重要的播出资源和收视、收入的内容支撑,应当高度重视对它的管理、创作与经营。

第一,国家有必要改革对电视剧审批和管理的方式。比如,构建"边编边审边拍边监边播"的卫视周播剧创制管理战略,减少我国电视剧从报批、备案到制作、播出长年累月的时间与精力浪费,避免播出剧作是"过去式"、不贴近时下生活热点、较少带给观众喜闻乐见的身临其境感和缺少现实关照的状况。尽快借鉴国外电视剧创制运营所采用的"周播制"和"边拍边播制",以及创作生产"以编剧为核心"并充分融入受众调查意见的先进模式,使受众有更真切的现实感、参与感、互动性和成就感,从而有效地满足受众的欣赏欲并确保收视率。例如,浙江广电局在一些重点县市设有影视剧审查分支机构,对影视剧的审批和监审服务到了一线,提高了效率。

可以考虑对影视剧公司按照守法、守信和讲政治的情况进行资质分类,对于优质公司,可以施行项目制的行业管理机关实时审查监督的有中国特色的"边编—边审—边拍—边监—边播"的影视剧产业运营体制。这样不怕麻烦,体现媒体深度融合的理念、方法、行为,与国际先进经验、模式齐头并进,有管理、服务制度创新突破,"冒着热气儿"的电视剧的创作运营,无疑会显著地增强电视剧反映现实生活、满足受众需求的真实感、时效性、贴近性和服务性,并减少电视剧创作生产和行政监管的成本,提高电视剧产业孵化和市场运营的效率,拓展电视剧海外营销和参与国际竞争的能力。

第二,减少不必要的政府管制,增强对电视剧创作生产和对外营销的服务。包括建立电视剧行业有效的信息交流平台;尽快处理好仍在发酵的"一剧两星"与产能过剩的冲突等政策问题;对能够通过审查又能走出去的电视剧实行重奖的激励性政策;等等。

第三,运用基于大数据的卫视自制剧战略。通过大数据、云计算对细分化的受众进行分析,精准搜寻和选择被受众追捧的题材、内容、导演和演员,以降低失败的风险。重视开发、利用即将研发成熟的"编剧机器人"极端高效、精准和完美的强大效能。

第四,实施多元化盈利的卫视产业链战略。我国电视剧的制片商收入,除了极少的广告费和有限的网络播映收益外,资金回笼主要依靠出售版权,因此延伸产业链、进行多元化盈利应成为战略方向。除了冠名权、网络播映权,同名的图书、游戏、电影,剧中的广告植入产品,等等,都可以成为网络热销产品,都需要做巧妙、精细化的营销策划。

第五,高度重视视频网站自制剧的制作生产。视频网站做自制剧不仅节约成本,而且对于视频行业的内容规范以及完整产业链的打造也都具有不可估量的深远意义。

第六,电视剧的生产出口要有的放矢。既要精于题材选择,针对当下中国现实生活,又要准于价值取向,追求人类共同的诉求,体现有普遍意义的价值观。

第七,优化升级受到挑战但并未退出历史舞台的传统播出渠道。更加用好以卫视平台与视频网站的联播作为电视剧排播的标准配置,并把传统媒体与互联网思维相融合,将之作为电视剧行业止跌企稳的突破口。在传统媒体日趋式微的过程中,传统媒体(机构)可以通过拓展和发展互联网业务,更好地开发和经营电视剧产业来弥补和促进传统媒体(机构)整体发展的能力和规模。

第八,去产能,解决电视剧过剩问题。国产电视剧的出路,很重要的一点是解决电视剧的产能过剩问题。广电总局对新拍摄制作电视剧的备案公示是按月计的,2018年1—6月,全国电视剧拍摄制作备案公示的剧目数量分别为95部、3753集,115部、4496集,66部、2690集,110部、4222集,111部、4613集,108部、4284集,上半年共备案公示605部、24058集,相比2018年同期增多70部、17387集。备案只是"占个坑",届时拍摄完成通过审查获得发行许可证的大约只占1/4或1/3。广电总局对电视剧的宏观调控应更加科学有效,除了宏观调控外,积极拓宽网络平台的播出渠道,进一步加强以视频网站为代表的网络渠道与电视台和制作公司的合作。

第九,特别重视呵护、培养年轻受众群。大视频时代,以85后、90后甚至00后为代表的年轻群体为主力的视频消费人群已经成为主要的电视剧视频消费人群,他们同样也是我国整个消费群体的重要组成部分,是广告商特别看重的目标消费人群,而且他们的消费影响力可以作用于不止一代人。

二、借鉴国内外广播影视节目模式

用心引进、借鉴和仿效,也是一种虔诚而有态度的学习。引进是要付费的,这是法律要求,也是对创作者和版权人知识产权的尊重。大尺度的借鉴和仿效,在国内尚有一定的投机空间,但是必定不会长远。

借鉴、仿效者自然会获益良多,但各种节目样态、模式和特色经营项目的生命周期与发展曲线不同,对其需要有敏锐、准确的理解和把握。契合市场需求、给中国人带来巨大愉悦与感动的电视引进节目《中国好声音》,令浙江卫视任性地掀起收视与创收热潮,增加了收入,提升了频道的竞争力、影响力。该节目强烈的策划动机与推广意识、超前的创意思维和传播理念、先进的制作方式和运作方法、巨大的版权魔力和营销投入,应该可以给我们足够的启示。

三、推行广播影视产品的多元化营销

推行多元化营销,加强与手机媒体的融合。移动互联网的蓬勃发展打破了信息载体的界限,数字内容可以跨越到娱乐、网络、通信、服务各个行业之中,这为广播影视产业的发展提供了更好的机遇,广播影视从业人员要积极应对这一挑战,朝着上下游进行延伸,将各个产业环节联通起来,构建出"内容+平台+应用+终端"的产业链。在媒介融合背景下,传统广播影视产业与新媒体的迎合成为必然趋势。在市场的引导下,广播影视产业应该跟随互联网的发展脚步,从功能、物理、运营、商业模式方面进行融合,消除新媒体与传统媒体之间的隔阂。在新的历史背景下,无论是新媒体,还是旧媒体,都将朝着社交化、网络化、数字化、融合化的方向发展,最终迎来传统媒体与新媒体相伴相生的新格局。

广播、电影、电视作品都需要充分的全媒体传播与整合营销,而美国好莱坞电影的整合营销运营的体系和实践非常值得借鉴,从影片的选题策划、剧本撰写、取景拍摄到目标人群确定、特色文化展现等,无不体现其研精毕智,如在影片《2012》中,中国元素的破天荒植入就耐人寻味。

整合营销传播是指企业在经营过程中,以由外而内的战略观点为基础,以与利害关系者进行有效沟通为目的,以营销传播的管理者为主体所展开的传播战略。它分为客户接触管理、沟通策略及传播组合等层面,把广告、促销、公关、直销、CI(企业视觉形象识别)、包装、新闻报道等一切传播活动都涵盖到营销活动的范围之内,目的是使企业能够将统一的讯息传达给消费者。整合营销传播是运用"一个声音"的一元化策略。

其目标为:以消费者为中心,研究和实施如何抓住消费者、打动消费者,与消费者建立一种"一对一"的互动式的营销关系,不断了解客户需求,不断改进产品和服务,通过各种营销手段建立消费者对品牌的忠诚,整合使用各种载体,以实现最有效的传播影响力。它有战术的连续性、战略的导向性两个特性。对于认知、形象、功能、协调的整合,基于消费者、风险共担者的整合,关系管理的整合(整合营销的最高阶段)是其七个层次。整合营销传播有建立消费者资料库、研究消费者、接触管理、发展传播沟通策略、营销工具的创新、传播手段的组合六种方法。

当前,广播影视产业经营机制的创新,要实现多元化跨界向全媒体发展的转型。首先,搭建广播影视产业发展的业务框架,凸显核心资源,开发、开展主要业务和跨界融合的相关多元增值服务与新媒体业务;其次,实施多种形式的跨领域并购、整合与重组,组建大型的跨媒体广播影视传媒集团或产业联合体,增强市场竞争力。

构建广播影视节目全媒体整合营销传播体系,是为了适应受众收听、收视的渠道、方式、状态、诉求和习惯所呈现出的多元、多样、多变状态,并使节目市场呈现空前碎片化状态。"营销即传播,传播即营销"是整合营销传播必须坚持的理念,积极引导受众,自觉顺应市场变化与新视听传媒的新要求,不断地在内容创新、差异化定位和多元化经营等方面做足功课。

电影业成功的主要原因越来越被认为是电影制片人和经销商之间的同步。要努力赢得市场和注意力,并将宣传推广、市场拓展、广告经营、节目销售和衍生品开发销售进行整体把握、有机融合、系统调控,贯穿、伴随于节目策划、创意制作、播出营销的全过程,有效构建广播影视节目全媒体整合营销的传播体系。

比如,隶属于阿里巴巴影业集团有限公司的阿里影业,其主营业务包括互联网宣发、内容制作以及综合开发。2017年,三个业务收入均有大幅增长,而贡献最大的则是互联网宣发,全年营收高达19.70亿元,占总收入的83%,与上一年同期相比增长高达189%,这主要归因于"淘票票"的收入基础稳步增长,售票手续费持续上升。

全媒体整合营销传播的具体做法多种多样,需要不断地借鉴和创新。关键要以整合为中心,讲求系统化管理,强调协调与统一,注重规模化与现代化。同时,要做好社会公关,通过支持公益慈善事业和参与重大社会活动,塑造良好社会形象,扩大社会影响力,提升社会知名度和美誉度,实现社会效益与经营效益的有机统一和双赢。

四、防治广播影视业机构的管理陷阱

不同的广播影视产业机构,会因为当地特殊的政治文化而具有特殊的机构文化乃至管理陷阱,这是广播影视产业转型发展必须预防和治理的。主要体现在以下几个方面。

第一,机构全面行政化。按官场规则运行,不按市场规则运行;按行政单位模式固化考核,不提行业专业性;职工晋升渠道是升官,不是成为业务骨干;所有工作是对领导负责,领导说行,不行也行;习惯垂直管理,习惯于一竿子插到底;管理职能的所有表现是命令,激励、沟通、协调等职能的作用非常有限。

第二,多数的领导不熟悉业务。没有任期内的工作目标;部门职能不熟;主要领导"三非"出身多,即领导非市场出身多、非节目出身多、非技术出身多;大多数现学现卖、边学边卖,学会就当专家。

第三,专业人才选用拒绝市场化。领导看到谁好谁就上;人才选用缺乏量化标准;公开竞聘多是走过场式;广播电视台是"夫妻店""家族店"最严重的地方;人事腐败是未被揭开的腐败重灾领域;领导选用的人才风格同一化;人员出走多是对台里人事制度深感无望的一种公开投票。

第四,节目评定没有量化标准。社会热点度和明星指数没有量化;与主要竞争栏目的竞争维度没有设定;推出或撤减栏目没有决策参数依据;不会用决策表或决策树进行量化分析;新上一档栏目没有科学的 SWOT 分析;对竞争栏目的成功较少进行定性和定量分析。

第五,圈子文化盛行。圈子文化、效忠文化、站队文化盛行;圈子的力量胜过领导的权威;圈子的意图可左右领导的意图;圈子内相互提携;圈子是单位发展的毒瘤。

另外,面对传统广电广告经营等的下行颓势,国家有关部门在寻求解决办法时,应防止有违法理、有损法治尊严和消费者基本权益的执法、监管从轻的情况发生。

五、治理广播影视业的网络视听节目

互联网、新媒体的发展极大地带动了广播影视产业的媒体融合与转型升级。但是,一些网络视听节目中存在着价值扭曲、娱乐至上、内容低俗、作风庸俗、表现媚俗、品质低劣、格调低下、语言失范以及以标题对受众进行诱导与骗读等问题。另外,还有非法抓取、剪拼改编视听节目,歪曲、恶搞、丑化经典文艺作品的现象,甚至一些社交媒体上发布或转发的内容会藏有政治反动、导向错误的大问题,都亟须运用法治利器予以约束、引导和整治。

新媒体一度的野蛮生长和管控失当等不尽如人意的问题,成为新时代制约广播影视产业发展的绊脚石,亟须依法进行更加严格的管控和整治。

网络短视频问题严重,监管困难。针对一些网络短视频格调低下、价值导向偏离和低俗恶搞、盗版侵权、"标题党"突出等问题,国家网信办会同工信部、公安部、文化和旅游部、广电总局、全国"扫黄打非"办公室五部门,在 2018 年 7 月 26 日开展网络短视频行业集中整治时,依法处理了一批违法网络短视频平台。

国家亟须从民族命运、健康生态和社会秩序的大局出发,通过立法为电信业制定基于大数据的非线性计价与限用算法的规定,每天根据移动端微信、游戏等在线时长施行阶梯定价、网速减缓甚至中断干扰,当超过公认的严重危害健康的消费时长阈值的时候,宽带流量的价格就会陡然增加。

另外，还可以针对老年人、未成年人设定以时段、时长和类型等为变量的消费套餐进行强制性自律或他律等。当然，更为合法、科学、人性化的是应建立基于大数据、新媒体产品"防沉迷系统"的网络化法治监管体系。

近年来，国家新闻出版广电总局不断加强视听节目管理，《互联网视听节目服务管理规定》（2015年总局令第3号，原国家广电总局、信息产业部令第56号修订版）、《关于加强微博、微信等网络社交平台传播视听节目管理的通知》（新广电发〔2016〕196号）、《关于进一步加强网络原创视听节目规划建设和管理的通知》（新广电发〔2016〕198号），强调网络视听节目要坚持与广播电视节目同一标准、同一尺度的《关于进一步加强网络视听节目创作播出管理的通知》（新广电发〔2017〕104号）、《关于加强网络视听节目直播服务管理有关问题的通知》（新广电发〔2016〕172号）、《关于进一步规范网络视听节目传播秩序的通知》（新广电办发〔2018〕21号），等等，都对约束新媒体的"野蛮疯长"和无度放纵发挥着作用。

 思考题

1. 什么是广播影视业？广播影视业有什么特点？广播影视产业链包括哪几个阶段？
2. 谈谈我国广播影视的发展现状。
3. 随着文化体制改革的日益深入，我国政府应该如何对广播影视业进行管理？

 案例讨论　　打击电影盗版要"堵"也要"疏"

带着"贺岁档""国产科幻片"等标签，电影《流浪地球》大年初一上映后口碑、票房双丰收。不过《流浪地球》在吸引观众的同时，也吸引了不怀好意的盗版者。有卖家在某二手平台叫卖盗版《流浪地球》，声称是完整版高清资源，售价低至1元，更有甚者将正热映的多部贺岁片打包出售，售价不过2元。

春节期间合家团聚，是影视作品集体"登场"的黄金时间。这些年可谓好戏连台，上映的贺岁电影一部连着一部，让观众大饱眼福，纷纷叫好。在这场视觉盛宴中，除了出品方、发行方、观众受益外，一些从事盗版的人员也没有闲着，他们利用手中窃取的"资源"，赚得盆满钵满。

盗版窃取创作者的劳动成果，其危害显而易见，无论是国内还是国外都采取一系列办法予以打击。如，美国电影协会及成员公司已联合Netflix、亚马逊等全球30家公司，共同成立全球性组织，旨在通过全球公司之间的合作，充分利用各方的技术和经验，提升打击网络盗版的水平。在国内，国家版权局近日发布声明，将严厉打击网络侵权盗版，保护优秀国产电影，对严重侵权盗版的不法分子移交公安部门采取刑事手段予以严厉打击。要想让盗版没有生存的空间和土壤，首先就要加大打击力度，提高盗版者的违法成本，形成打击盗版的"天罗地网"，让盗版者无所遁形。

除了强力打击以外,还要采取先进的技术措施,让盗版者"望洋兴叹"。有数据显示,盗版行为每年会导致美国电影行业损失大约 220 亿英镑,这些盗版行为包括在网上泄露和传播剧本、影片等内容。美国好莱坞试过太多方法打击盗版电影而无果,未来将使用区块链等技术来打击盗版电影。区块链等技术国内同样可以进行尝试,或许将成为应对盗版的"撒手锏"。

在对盗版"堵"的同时,也要理性地看到,虽然社会各界对盗版的声讨声一直不小,但在真正面对唾手可得的盗版资源时,能拒绝的人并不多。这就需要采取"疏"的办法,要在全社会营造尊重知识产权的氛围,使人人都能真正成为知识产权的维护者。

另外,需要"疏"的是票价。网上经常看到某某电影票房几十个亿、回报率非常高的新闻,这说明投资某些电影利润是可观的,也意味着观影票价有一定的调整空间。如今,电影票价动辄四五十元,对普通观众来说并不是一个小的数目,这也是许多人选择盗版的直接原因之一。众所周知,电影院的视觉效果是盗版的电影无法比拟的。如果电影门票价格降低一些,就会吸引更多的人去电影院观看,自然而然就会产生更多的票房收入,形成一种良性循环。

"今天的你我,重复昨天的故事。"每一年的这个时候,有关打击盗版的声音就出现在网络和公众面前,成为讨论的热点话题。虽然每年相关部门都采取了措施去打击,但没有实现根治,依然"你方唱罢我登场"。在打击盗版方面,已经方向明确、目标清晰,需要持之以恒地打击。一方面,要采取"堵"的办法,在打击力度上、技术上下功夫,让违法者得不偿失,无所遁形;另一方面,也要采取"疏"的办法,在社会氛围、门票价格上下功夫,让盗版者有想法没办法。我们期待,通过"疏堵结合",让影视产业朝着更好的方向发展。

资料来源:龙跃梅. 打击电影盗版要"堵"也要"疏" [N]. 科技日报, 2019-02-15.

讨论题:

1. 盗版窃取创作者的劳动成果,其危害显而易见,谈谈你对打击盗版的建议。
2. 人人都能成为知识产权的维护者,谈谈你在尊重版权、拒绝盗版方面是怎么做的。

 延伸阅读 扫码学习

第十二章　网络业管理

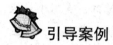 **引导案例**　　　有效加强互联网婚恋交友行业监管

在互联网时代,担当起红娘、月老职责的婚恋网站口碑参差不齐。诸如实名制审核不严,个人隐私、信息安全得不到保护,霸王条款强制消费,捆绑诱导消费,虚假、骚扰等搅乱用户生活的问题屡见不鲜。

在此背景下,百合佳缘、友缘在线、陌陌、探探等婚恋交友网站近日发布了《互联网婚恋交友行业自律公约》。这一举动可谓自下而上地建立柔性约束,通过行业自律重构秩序,长远看将有利于网络婚恋交友行业风评的扭转。

中国网恋交友行业的发展历时超过 10 年,已构建起线上线下的商业服务链条。艾瑞咨询的研究报告显示,2018 年中国网络婚恋交友行业的市场营收达 49.9 亿元,网络婚恋行业在整体婚恋市场中的渗透率为 54.4%。该渗透率的逐年稳步提升,呼应着 80 后、90 后乃至 00 后这批网络原住民步入婚恋市场的客观趋势。他们的社交主渠道与网络密切结合,加之网络自身成本低、发散性强等优势,年轻一代借由互联网交友平台寻觅此生挚爱,已变成一种常见现象。

不过,有不少经由婚恋网站找到另一半的年轻人,并不愿声张自己结缘的途径。这多少与社会上对于婚恋网站的非议有关,甚至有网友归纳这类网站无非是打着做媒的旗号搞"三托四骗"——机票托、花篮托、酒吧托以及借贷诈骗、中奖诈骗等。的确,眼见网恋交友需求的提升,某些平台方急功近利、一味向"钱"看,放松了监管意识,由此造成不少矛盾纠纷。如果败坏网恋交友行业风气的负面信息备受街谈巷议,那么对于整个行业都是不利影响。

其实,对婚恋网站的监督,政府层面早已开展。一方面,在《中华人民共和国网络安全法》《互联网信息服务管理办法》等法律法规中,明确了婚恋交友网站作为网络服务提供者应尽的义务,包括实名审核、信息传播监管等;另一方面,早在 2015 年,"婚恋网站严重违规失信"专项整治工作就在国家网信办牵头下,由公安部、工信部、民政部、全国妇联等有关部门联合执法,3 个月内关停 128 家违规网站。

此次《互联网婚恋交友行业自律公约》的出台,可以视作行业内部的一次觉醒。行业自律理应与政府监管形成合力,达到外有司法行政震慑、内有行规引导的效果。行业自律的"私序"属性,不同于法律的"公序"属性,具有潜移默化的影响力和因时因事而异的灵活性,切实发挥作用的话,将有利于整个行业的健康规范发展。

资料来源:吴正丹. 有效加强互联网婚恋交友行业监管[N]. 人民日报海外版,2019-11-20.

**本章导读**

伴随着互联网的迅猛发展和繁荣，在信息产业与文化产业、网络业与内容产业的激荡交融中崛起了一个新型产业——网络业，国际上也称为"数字内容产业"或"数字娱乐产业"。网络业的出现使文化的创作、制作、储存、传输、消费、欣赏发生了革命性的变化，创造出诸如网络游戏、网络动漫、网络音乐、网络影视、网络媒体、网络通信、网络出版、网络教育、网络社区、网络虚拟现实等全新的文化生活方式和文化商业模式。网络业从一诞生就获得了快速发展。网络业的发展和繁荣在给企业带来机遇的同时，也给网络建设、经营、管理和规范带来了前所未有的挑战，涌现了大量急需解决的问题。

本章将论述网络业的含义、结构、特征和我国网络业的发展情况，讨论网络业管理的主体和维度，以及我国网络业管理的发展历程，最后针对我国网络业管理存在的问题，提出我国网络业管理对策。

第一节 网络业的概念和特征

一、网络业的含义

简单地说，具有网络性质的产业就是网络业。产业是指具有相同特征的经济单位的集合。网络是一个网状配置系统。在一个网络结构中，为了提供特定的商品或服务，需要网络的许多成分共同参与，因而网络成分之间是相互补充的。

在理解网络业的含义时，要注意以下两点。

1. 网络业与网络经济的区别

网络经济是一种经济活动、一种经济形态，它一般是指国民经济中的各行业和各部门在生产、分配、交换、消费等过程中存在的以网络为工具进行的经济活动，它已经深入国民经济的各行业中。随着网络经济的发展，从事网络经济活动的企业集合具有了规模优势从而在国民经济中凸现，形成网络业。网络经济是网络业形成与发展的基础，而网络业的发展又为网络经济的发展提供了有力保障。

2. 网络业与信息产业的区别

信息产业是生产经营信息产品的所有企业的集合，网络业既是信息产业的一种具体形式，又是信息产业的重要组成部分。从本质上来说，网络业应该是一种服务性产业，其向生产者、消费者及流通部门提供商品或信息服务。

二、网络业的结构

（一）网络业的组成部分

目前，提起网络业，有不少人就会想起".com"，认为".com"就是网络业的全部。这种观点是非常片面的。网络业是一个具有层次性和系统性的有机结构体，包括硬件和软件两部分。

硬件部分主要是指网络基础设施制造业，它为整个网络业提供网络通信设备（如路由器、交换器、适配器、光纤等）和网络软件技术（如操作系统、通信协议、应用软件等）。网络基础设施制造业与传统制造业只有生产的产品不同这一差别，所以不少人并不把这部分划入网络业的范畴。但是，网络基础设施制造业为网络业提供了实体基础，应划入网络业范围。

软件部分主要指网络服务业，即为个人和企业提供的形形色色的网络服务。网络服务业内各类型公司根据协作关系的顺序，可以分为基础层、服务层和终端层三个层次。

基础层主要是指网络基础设施服务业，为企业和个人提供互联网接入服务和通信环境。这样的运营商可以分为四类：一是电信运营商，主要提供语音及数据的接入、传输和送达服务。电信运营商利用现有的全国性的模拟电话网和数字电话网，提供基于电路交换、分组交换的互联网连接，如中国电信、英国电信、美国 AT&T 等。二是基础网络运营商（NSP）。NSP 以提供网络带宽为主要业务，如美国的 Level 3、Qwest 以及 Williams 都是著名的基础网络运营商。三是广电运营商。这是广播电视行业传统的服务提供商，它把遍布各地的分散的有线电视网联结起来，组成一个大的有线电视网，再把这个大的有线电视网连到互联网的骨干上。人们只要利用线缆数据机（Cable Modem）就可通过有线电视线缆享受高速的宽带互联网连接。四是运营商。运营商本身不具备自己的网络，租用电信运营商或基础网络运营商的线路，为企业和个人提供互联网接入服务，我国的中小型民营 ISP（互联网服务提供商）就属于这一类。

服务层主要包括网络信息咨询业和网络技术服务业。这些公司着重提供网络业的衍生服务，如市场调查、市场分析、战略顾问、风险投资等深度信息服务和主机托管、网络外包等技术服务，他们的服务对象主要是终端层的企业。

终端层主要包括网络商业、网络内容服务业和网络应用服务业，电子商务和门户类网站都属于终端层。电子商务主要是指通过互联网完成商业交易。门户类网站主要是在互联网上提供内容服务和信息搜索，如美国在线（AOL）、雅虎（Yahoo）、搜狐（Sohu）、新浪（Sina）都是门户网站。这些门户网站有的提供全方位的服务，有的提供特定领域内的服务，相应地又被称为综合门户和垂直门户。

（二）网络业各部分形成了一个有机的整体

在网络业中，这些不同的层次和部分都有自己的特点。网络基础设施制造业具有高技术附加值，而且市场空间大。网络服务业的基础层、服务层、终端层及最终的消费者，甚至资本市场都需要其产品和服务，其盈利能力最强。基础层的网络基础设施服务业一般具有行业垄断地位，能"坐地收钱"，盈利能力稳定。服务层的网络信息咨询业和网络技术服务业产品都是服务类的无形产品，其成本相对较低，即使市场份额不大也会有盈利。终端层的网络商业和网络内容的提供直接面向最终消费者，知名度最高，但由于几乎没有行业壁垒，技术含量也不高,很容易产生无序、混乱的激烈竞争,盈利的实现也不是一蹴而就的。

网络基础设施制造业为整个网络服务业的发展提供了物质保障,是网络业的基础。网络服务业的基础层利用网络基础设施制造业提供的产品创造一个网络服务业发展的大环境,它的服务对象是服务层和终端层以及终端消费者。服务层是网络服务业的衍生层,服务于终端层。终端层是网络业的核心,这是因为消费者是网络业发展所需资金的最终来源,只有终端层提供的内容服务才能满足消费者的主要需求,而且资本市场是网络业生存、发展的推进器,消费者则是推进器的燃料来源,所以没有消费者认可的网络业在资本市场上是募集不到资金的。若要消费者对网络业认可,根本的途径是依靠终端层为消费者提供良好的内容服务。从这些方面讲,终端层是网络业的核心,它体现了网络业的根本目的,是网络业的最终阶段,它既使网络业的价值得到最终体现,又为网络业提供资金来源,是网络业发展的关键。

打个比方来形容网络业各部分、各层次的关系:假设网络基础设施制造业是水泥、沙石等建筑材料,网络服务业的基础层就是一条街道,服务层就是街道两旁的楼房,终端层就是楼房中的内容,它们赋予了楼房不同的意义——商店、酒店、宾馆、超市、银行等。

网络业是一个有机的循环体,其中循环的流量有两种——服务流量和资金流量。服务流量包括硬件、软件、信息服务等,以网络基础设施制造业为起点,以网络服务业的基础层、服务层、终端层为途径,以最终消费者为终点。资金流量表现为现金和风险投资,有两条路线:一条是以最终消费者为起点,以网络业为终点;另一条是以风险投资为起点,以资本市场为途径,以网络业为终点,最后又回到风险投资。网络业中服务流量、资金流量示意图如图 12-1 所示,其中实线箭头代表服务流量方向,虚线箭头代表资金流量方向。

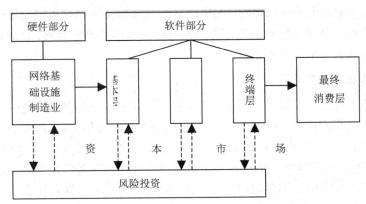

图 12-1 网络业中服务流量、资金流量示意图

从图 12-1 中可以看出,一方面,网络业提供的服务通过网络基础设施制造业、网络服务业各层次到达最终消费者,提高了最终消费者的工作效率和生活质量;另一方面,最终消费者通过购买网络业提供的有偿服务,为网络业积累资金,而且最终消费者还可以带动资本市场的风险投资,把资金投入网络业,为网络业提供源源不断的资金支持,使网络业掌握大量的人力、物力资源,从而更快地发展。

三、网络业的特征

网络业作为一种新兴的产业,与传统产业有很多不同之处。研究与分析网络业的特征,有利于认识网络业的本质,掌握网络业的运行与发展规律,从而推进网络业的健康、协调发展。

网络业具有以下几个方面的特征。

(一)网络业具有很强的外部经济性

网络业的外部经济性是由网络经济的特性决定的。网络经济是一种直接的经济模式,具有消除中介的特征,所以网络经济又被称为零距离经济。网络经济通过互联网使传统的工业、农业等产业能进一步改善经营活动及经营方式,优化人力、物力、财力等资源的配置,使一些传统企业降低经营成本,提高劳动生产率,提高经济效益。网络业是网络经济的主体,所以网络经济的一些特性也可以说是网络业的特性。

网络业最突出的发展就是电子商务。电子商务的发展使商业交易的时空得到了无限的拓展,使商业交易进一步摆脱了时空的限制,商家甚至可以在零库存的情况下维持正常的商业业务,这无疑极大地提高了劳动生产率。沃尔玛等巨型零售商在采用网络技术进行交易后,不仅降低了成本,而且节省了消费者的购物时间,销售额不断上升。西门子公司运用"卓越电子中心"系统对包括采购、营销、发展、调控在内的公司全部运营过程进行调整,促使公司由传统经营方式向电子经营方式转型,公司的大部分业务已开始通过网络进行电子化管理。通过电子商务实现的盈利是相当可观的,连福特汽车公司和通用电气公司这样的老牌工业公司也开始通过网络进行采购。

从电子商务的发展可以看出网络业对传统产业的巨大作用。即使网络业本身的价值并不高,但它对社会劳动生产率的提高、国民经济的总体增长能起到很强的推进作用。网络业通过促进传统产业经济活动的信息化而促进整个国民经济的良性发展。可以说,没有哪一个产业具有网络业这么强的外部经济性。

(二)网络业具有高渗透性

任何产业都不是孤立发展的,都与其他产业有一定的交叉渗透。传统的工业、农业和服务业都是独立性较强的产业,不同产业之间有一定程度的渗透,但总体来说较少,而且渗透也局限于部分产品的交叉利用和服务对象的部分重叠及由社会分工带来的相互之间的协作。网络业则不然,由于网络经济存在于国民经济各部门的各种经济活动中,所以,网络业的触角自然也就深入国民经济各部门、各产业。网络业的高渗透性具体表现在两个方面:一方面,网络业内部各部门的相互渗透。如网络基础设施制造业与网络服务业的相互渗透,网络服务业内部基础层、服务层、终端层之间的渗透。产业内部各部门的渗透是社会化大分工的必然结果,但网络业内部各部门的相互关系更加紧密、更加深入,相互之间的协作更加细致。另一方面,网络业对其他产业的渗透。由于网络经济的巨大优越性,网络业已渗透到社会的各行各业,网络业对其他产业的渗透有两种途径:一种是网络业提供的商品服务广泛地渗入其他产业,使其他产业的产品中包含网络业所创造的价值,如网络商业、网络金融业等;另一种是网络业的部门作为其他产业的组成部分,不少企业都有自己的网络服务机构,而且这些网络服务机构还对外开展有偿服务，为企业创收。有些企业内部的网络机构所创造的价值并未单独计算，而是融入其他产业的产值中。

（三）网络业具有高增值性

增值是由产业的产出与投入之比来衡量的。高增值表示一个产业能以较低的投入获得较高的产出，产出与投入之比较大。在传统的工业、农业和服务业中，投入与产出之比相对较低，产品附加值不大。这是因为物质产品的生产是消耗性的，而且随着物质资源的不断开发与利用，物质资源的开发成本也在逐渐提高，从而导致物质生产行业的物质和能源投入费用的提高。物质产品生产中的劳动主要以体力劳动为主，体力劳动效率较低，也会导致物质产品生产中可变成本提高，新增加值较少。网络业的高增值性主要取决于网络业生产过程中的低消耗与高产出和高附加值。一方面，在网络业的生产过程中，大量运用的是先进的技术和知识，直接或间接地减少了生产中的物质与能源消耗，而且投入的技术和知识这些信息资源都是非消耗性质的，可多次反复利用，这样成本也比较低。另一方面，网络业生产过程中的劳动主要以智力劳动为主，智力劳动是一种高效率、高效益的劳动，有些智力劳动在短期内能创造超过其本身价值许多的价值。另外，网络业的高增值性还取决于网络经济的直接性和无中介特性，生产、经营成本相对较低，体现出高效率、高效益、高增值的特点。

另外，网络业还是高智力型产业，这从它聚集了全世界大量优秀人才和高新技术就可看出。网络业同时也是高风险型产业，这从纳斯达克指数和网络股的狂涨与暴跌就可看出。

总之，网络业是一个新兴产业，有着强劲的生命力和美好的前景。网络业发展十分迅速。据统计，美国与互联网有关的企业创造的产值已超过了绝大部分传统产业的规模，世界上其他国家的情况也基本类似，由此可以看出网络业良好的发展前景。

第二节 我国网络业发展状况

一、网络业发展的总体情况

从世界范围看，互联网正以活跃的姿态和快速的步伐跻身于报刊、广播、电视等主流媒体之列，有"第四媒体"之称。自 2008 年起，中国网络规模容量及用户数都居世界第一。几乎所有触及互联网络的人，都直觉地发现自己接触的不仅是网络技术，而是一种以信息、比特为标识的崭新的生活方式与文化现象。正如梅洛庞蒂所描述的那样，当今信息时代是"比特对原子的节节胜利"，"计算不再只和计算机有关，它将决定我们的生存"。互联网的繁荣，提供了人机沟通、人机交流、人机互动的科学与文化的舞台，让人们超越时空在网上相逢，互联网不仅创造着日新月异的技术，同时创造着富有人性魅力的数字化生存方式。电子信息网络正以惊人的速度发展并对人们的生产方式、生活方式和思维方式产生巨大而深远的影响。

互联网对于中国的文化产业有着重要意义。首先，互联网成为文化产业内容的发源地。随着 Web 2.0 概念的盛行，互联网为"草根"的原创内容提供了广阔的舞台、低门槛及方便的上网条件,使每个人都可以轻松地将自己的创意展示给大众。而博客、播客、个人空间、文学原创、Flash 等互联网服务平台,不但聚集了具有创意头脑的人群,同时又为他们提供了交流和互相促进的条件。其次,互联网成为文化产业内容的试验场:把一个概念、一个创意,变成一个产品乃至一系列产品需要投入大量的成本,而大投入后是否可以被广大消费者接受,创造期望的商业价值,又成为投资者面临的一个巨大的风险。有了互联网的存在,目前这些风险都好像被降低了很多。一个创意如果能够在互联网展示中被大众广泛地接受,被不断地传播,并创造点击纪录,那么投资商的风险就会大大减少。例如,出版企业正在把网络展示当成图书出版的指引,如果一本小说在网上引起大量关注,那么出版就有了非常好的市场基础,投资风险可以降到很低。最后,互联网为文化产业提供有效的销售渠道:文化产业下的各个行业和领域都有自己垂直的发行、销售渠道,而互联网则为这些不同的领域带来了一个共有的发行或者销售渠道。同时,这个渠道的作用被不断地放大,越来越多的消费者通过这个渠道接受提供的服务,如音乐、图书、影视等。这样的一个渠道既可以提高销售的速度、缩短周期,又可以降低渠道成本。互联网的快速发展将会极大地促进中国文化产业的发展,而文化产业也将促进互联网的应用普及和价值创造能力。

截至 2019 年 6 月,我国网民规模达 8.54 亿,较 2018 年年底增长 2598 万,互联网普及率达 61.2%,较 2018 年年底提升 1.6 个百分点,如图 12-2 所示。

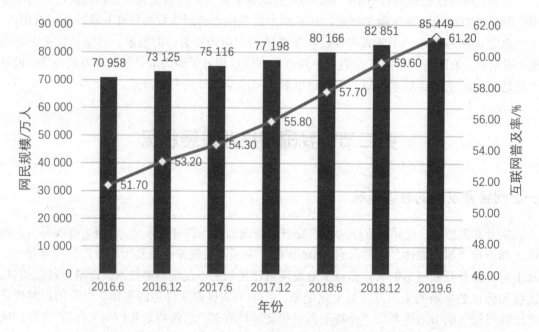

图 12-2　2016—2019 年上半年我国互联网网民规模及互联网普及率

数据来源:中国产业信息网(www.chyxx.com)。

截至 2019 年 6 月,我国手机网民规模达 8.47 亿,较 2018 年年底增长 2983 万,网民中使用手机上网的比例由 2018 年年底的 98.6%提升至 99.10%,如图 12-3 所示。

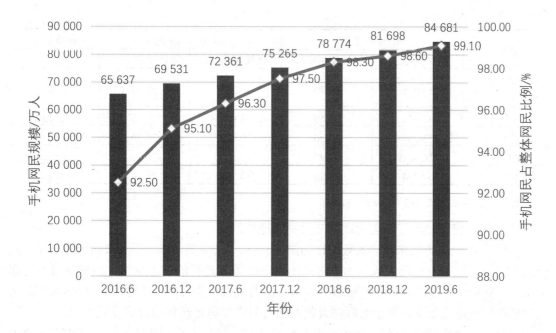

图 12-3 2016—2019 年上半年我国手机网民规模及互联网普及率

数据来源：中国产业信息网（www.chyxx.com）。

2019 年上半年，我国个人互联网应用发展整体较为平稳。其中，在线教育用户规模增长最快，半年增长率为 15.5%；其次是互联网理财，用户规模半年增长率为 12.1%。在手机互联网应用发展方面，网络支付、网络文学、网络音乐的用户规模半年增长率均超过 5%，如表 12-1 所示。

表 12-1　2018 年 6 月—2019 年 6 月网民各类互联网应用用户规模及增长率

单位：网民规模：人；使用率：%；增长率：%

应用	2019 年 6 月		2018 年 12 月		半年增长率/%
	网民规模/人	网民使用率/%	网民规模/人	网民使用率/%	
即时通信	82 470	96.50	79 172	95.60	4.20
搜索引擎	69 470	81.30	68 132	82.20	2.00
网络新闻	68 587	80.30	67 473	81.40	1.70
网络视频	75 877	88.80	72 486	87.50	4.70
网络购物	63 882	74.80	61 011	73.60	4.70
网络支付	63 305	74.10	60 040	72.50	5.40
网络音乐	60 789	71.10	57 560	69.50	5.60
网络游戏	49 356	57.80	48 384	58.40	2.00
网络文学	45 454	53.20	43 201	52.10	5.20
旅行预定	41 815	48.90	41 001	49.50	2.00
网上外卖	42 118	49.30	40 601	49.00	3.70
网络直播	43 322	50.70	39 676	47.90	9.20

续表

应用	2019 年 6 月		2018 年 12 月		半年增长率/%
	网民规模/人	网民使用率/%	网民规模/人	网民使用率/%	
网约专车或快车	33 915	39.70	33 282	40.20	1.90
网约出租车	33 658	39.40	32 988	39.80	2.00
在线教育	23 246	27.20	20 123	24.30	15.50
互联网理财	16 972	19.90	15 138	18.30	12.10
短视频	64 764	75.80	64 798	78.20	-0.10

数据来源：中国产业信息网（www.chyxx.com）。

2019 年，我国物流行业呈现以下三大发展趋势。

（1）智慧物流方兴未艾。大数据作为国家战略，"十三五"期间受到政策重点扶持，此前国务院办公厅印发运用大数据加强对市场主体服务和监管的若干意见，要求在政府层面推动大数据应用。在物流行业等需求的推动下，大数据产业迎来年均逾 100%的增长率，市场规模将达百亿元级别，基于物联网大数据的智慧物流将是现代物流的发展方向。

（2）绿色物流异军突起。物流行业是能耗大户，特别是近几年"雾霾"深重，对物流业绿色低碳发展的要求十分迫切，而随着电子商务、外卖行业的大发展，快递、外卖包装引发的环境污染问题更为严峻。努力减轻物流运作的资源和环境负担，兼顾自身发展与生态文明的要求成为企业寻求可持续发展的必选项。

（3）开放共享初步显现。在"一带一路"倡议中，物流业一直发挥着引领和支撑作用。加快"走出去"，也是我国物流企业构建核心竞争力的重要内容之一。目前，全国 10 余条中欧班列抱团发展，已初步取得显著效果；物流企业配合"一带一路"倡议，正在不断加大沿线网点布局与建设，我国还加入了国际公路运输公约，为沿线国家通关提供便利条件；"一带一路"倡议更给区域物流大发展带来前所未有的机遇，特别是西部地区正在建设成新一批区域物流枢纽等。这些充分说明，"走出去"发展，已成为我国物流行业发展壮大的必由之路。在当前共享时代下，通过共享物流资源实现整个物流体系的资源优化配置，从而提高物流系统效率，已有物流企业进行积极尝试，也将成为企业商业模式创新的一个重要领域。

二、网络业发展的分类介绍

（一）网络游戏类

网络游戏是指以互联网为传输媒介，以游戏运营商服务器和用户计算机为处理终端，以游戏客户端软件为信息交互窗口，旨在实现娱乐、休闲、交流和取得虚拟成就的具有可持续性的个体性多人在线游戏。

随着中国娱乐行业的自由化，中国网络游戏行业所面临的政策环境由抑制转变为支持，因此中国网络游戏市场迅速扩大。自 2015 年起，中国已成为全球最大的网络游戏市场。2018 年，中国网络游戏占全球网络游戏市场的 45.5%。

随着硬件及互联网技术的进步，网络游戏的图像、内容及响应速度正在不断升级，网络游戏的发展更符合玩家的喜好。网络游戏互动性水平的不断提升进一步提高玩家在游戏内的社交能力，从而提升玩家黏性。此外，随着网络游戏的进步及网络游戏行业 IP 的日益普及，基于 IP 已开发了更多网络游戏，从而吸引更多玩家流量，进一步加速了中国网络游戏行业的发展。

截至 2018 年 12 月，我国网络游戏用户规模达 4.84 亿，占整体网民的 58.4%，较 2017 年年底增长 4224 万。手机网络游戏用户规模达 4.59 亿，较 2017 年年底增长 5169 万，占手机网民的 56.2%。

根据中国音数协游戏产业报告，2019 年中国大陆的游戏产业实际销售收入为 2308.8 亿元，同比增长 7.7%，虽然整体上有小幅度提升，但是相比于上一个十年非常常见的 30% 增速来说，7.7% 的增速、实在是比较低迷，如图 12-4 所示。2019 年手游规模为 1581.1 亿元，同比增加 18.0%，份额升高至 68.5%，依然为占据最大市场份额的细分品类，但主要是受头部（王者荣耀、和平精英等）与爆款（明日方舟等）拉动的影响。

目前，国内的游戏主要是从手游、端游、页游三个方面来讨论的。产业链上下游是研发、运营和渠道三方，在过去 10 年中国的游戏市场发展十分迅速，整个链条都很丰富，其中以腾讯、网易、完美世界、三七互娱等巨头厂商的实力最强。

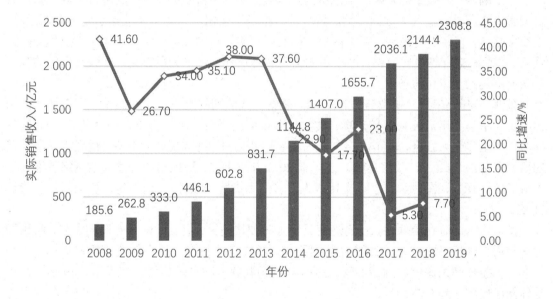

图 12-4　2008—2019 年中国游戏产业实际销售收入同比增长

资料来源：中国音像与数字出版协会游戏出版工作委员会《2019 年中国游戏产业报告》，海口，2019-12-20。

近年来，我国网络游戏行业保持平稳发展。在行业发展层面，国内大型游戏公司与海外游戏开发商的合作日益密切，为国产游戏的"出海"和海外游戏的引进都奠定了良好基础，越来越多的公司开始侧重于海外游戏业务，预期国产游戏在海外市场的影响力将进一步扩大。腾讯、网易、完美世界等国内游戏厂商在 2018 年分别与育碧（Ubisoft）、威尔乌（Valve）等海外游戏开发商达成战略合作，这将有利于未来海外游戏在国内市场的发行。

在社会环境层面，针对网络游戏负面影响的社会共治格局已经初步形成。随着《关于严格规范网络游戏市场管理的意见》的发布,违规游戏内容清理整顿工作得到推动落实,更加健康、规范的行业环境逐渐形成。同时,大型游戏厂商开始尝试构建多种技术手段,以预防网络游戏对未成年人可能造成的不良影响。各类游戏防沉迷系统相继投入使用,利用人脸识别、强制公安实名校验、未成年人游戏消费提醒等技术手段对未成年用户的游戏时长和付费行为进行管理。

(二) 网络时尚类

某种外在行为得到人们的仿效,进而产生广泛流传的趋势,大致就是时尚。互联网技术的应用,无疑是这个时代的新时尚。时尚的相对方面是旧风俗习惯,当上一代人或部分固守旧习俗的年轻人面对与他们生活方式格格不入的互联网时,他们会说:"上网干吗?真是一代不如一代。"而"不如上一代"的年轻人,正是时尚的创造者和追逐者。有人说,网络只是一个虚拟的世界,仅仅通过显示器屏幕那么丁点儿大的地方,把整个世界展现在你眼前,而你也就是靠一根电话线维系着自己与这个外部世界的交流,这个世界太虚幻。俗话说,眼见为实,而这个眼看不见、手抓不着的世界能算是真实的吗?再说,网上所拥有的,在既有的现实生活里全都具备,而且井然有序,又为什么非得上网呢?

这是因为,网络提供无限的信息资源,网络也是体现自我的舞台。利用百度等一批优秀的搜索引擎,只需输入关键词,然后再轻轻一按确认按钮,无数条相关信息便展现在面前。坐在电脑前,轻轻点击鼠标,便能轻松地搜索自己想了解的新闻、法规、财经、人才、服务、娱乐、文化、教育等最新信息。网络中的信息就是这样,几乎无所不包,互联网提供的几乎是无所不包的全方位服务。

微博(MicroBlog)和微信(WeChat)是新一代的网络时尚标签。微博,即微博客的简称,是一个基于用户关系信息分享、传播以及获取的平台,用户可以通过 Web、WAP 等各种客户端组建个人社区,以 140 字左右的文字更新信息,并实现即时分享。最早也是最著名的微博是美国 Twitter。微信是腾讯公司于 2011 年 1 月 21 日推出的一款通过网络快速发送语音短信、视频、图片和文字,支持多人群聊的手机聊天软件。2019 年,微信用户数量达 11 亿。

微信作为即时通信软件,让沟通变得更加方便快捷。近几年,随着互联网发展,我国即时通信用户规模不断扩大。CNNIC 数据显示,2011 年中国互联网即时通信用户规模达 5.13 亿人,占整体网民比例达到 80.9%。2018 年中国互联网即时通信用户规模达 8.29 亿人,占整体网民比例达到 95%。

随着移动互联网的发展,互联网即时通信也在向移动化扩张。2018 年中国手机即时通信用户规模为 7.80 亿人,与 2017 年年底相比增长 8670 万人,占手机网民的 95.5%。截至 2019 年 6 月,我国即时通信用户规模达 8.25 亿人,较 2018 年年底增长 3298 万人,占网民整体的 96.5%;手机即时通信用户规模达 8.21 亿人,较 2018 年年底增长 4040 万人,占手机网民的 96.9%。

即时通信不再是一个单纯的聊天工具,它已经发展成集交流、资讯、娱乐、搜索、电子商务、办公协作和企业客户服务等为一体的综合化信息平台。

另外,"网红"也是互联网的特有时尚现象。"网络红人"(Influencer)是指在现实或者网络生活中因为某个事件或者某个行为而被网民关注从而走红的人或长期持续输出专业知识而走红的人。他们的走红皆因为自身的某种特质在网络作用下被放大，与网民的审美、审丑、娱乐、品位以及看客等心理相契合，有意或无意间受到网络世界的追捧，成为"网络红人"。因此，"网络红人"的产生不是自发的，而是网络媒介环境下，网络红人、网络推手、传统媒体以及受众心理需求等利益共同体综合作用下的结果。

（三）网络文学类

随着互联网的普及，越来越多的人开始在网络上创作小说，《诛仙》《后宫》《鬼吹灯》《小兵传奇》《和空姐同居的日子》《明朝那些事儿》《下班抓紧谈恋爱》等因在网络红极一时，而被出版社看好，有了实体书出版。

网络文学在中国发展10多年来，因其独具的自由性、草根性、灵活性、广泛性等鲜明特点而呈现出蓬勃发展的势头，其中涌现出大量优秀的文学人才和精品力作，引起了社会各界特别是传统文学界的高度重视。网络是现代人心灵和情感的重要载体，也是文化交流沟通不可或缺的重要平台，它构成了一种新的生活方式。

推广全民阅读已成为国家文化的重要发展方向之一，网络文学在内容端和渠道端加速实现布局，为用户提供更优质的内容和服务，激发了网络文学的用户阅读需求。截至2019年6月，网络文学用户规模达4.55亿人，较2018年底增加2253万人，占网民总体的53.2%。手机网络文学用户规模达4.35亿人，较2018年底增加2527万人，占手机网民的51.4%，如图12-5所示。

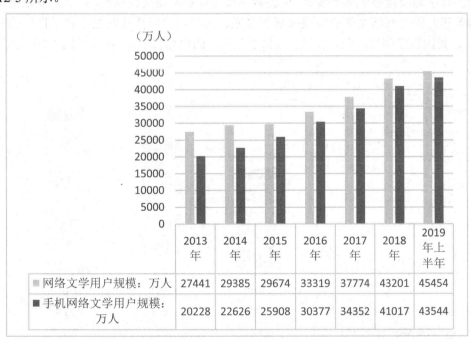

图12-5　2013—2019年上半年网络文学用户发展趋势

资料来源：第44次《中国互联网发展状况统计报告》，中国互联网信息中心（www.cnnic.net.cn）。

随着数字化阅读的发展，整体阅读人群持续增加，智能手机等互联网终端设备的发展迭代为人们提供了更好的阅读体验。2018年，我国国民阅读行为接触率已达80.7%，如图12-6所示。

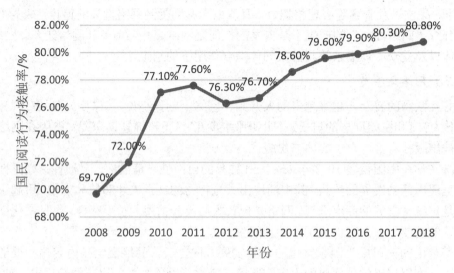

图12-6　2008—2018年中国国民阅读行为接触率

资料来源：公开资料整理。

国民数字阅读接触率逐年递增，促使数字阅读行业市场规模递增。随着行业规范化进程的持续推进，国内网络文学业务模式更加多元，为产业的可持续发展奠定了良好的基础。2018年，我国数字阅读产业规模达到254.5亿元，同比增长19.6%，如图12-7所示。

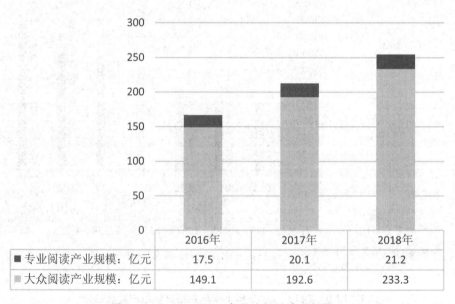

图12-7　2016—2018年数字阅读产业规模

资料来源：公开资料整理。

近年来，随着文娱产业的繁荣发展，多种形式的文娱内容在人们生活中所占据的时间份额和消费支出比重不断增长。作为其中的重要组成部分，已适应社会阅读需求变化的网络文学发展日趋成熟，用户规模稳步扩大。同时，年轻化成为网络文学发展重要趋势。网络文学已不仅局限于你写我读的单一阅读层面，这群天然成长在移动互联网时代，具有活跃、个性、年轻等特征的用户正向粉丝转化，网文特有的粉丝生态正在构建，用户活力和产业价值逐步被唤起。此外，新生代爱互动、爱表达的特点，也推动了网络文学社交化阅读的盛行。2018年还诞生了网文历史上第一部评论量超过100万条的作品《大王饶命》，10万条以上评论量也已成为爆款作品的标配。

作为泛娱乐生态的主力军，2018年网络文学IP在影视、动漫、游戏、有声等多元领域不断发力，激发产业链上下游的多维联动，全面拓展IP生命力。在为受众持续打造丰富多彩文创世界的同时，更为产业繁荣发展提供新引擎。

在影视领域，网文IP改编剧屡屡获得亮眼成绩，《扶摇》《将夜》《如懿传》《天盛长歌》《你和我的倾城时光》等多款爆款作品接连引爆话题关注度，人气、口碑、流量、热度均不"偏科"。经过多年沉淀，IP培育平台阅文集团2018年有15部改编影视作品集中爆发，为全网贡献了超700亿的总播放量，展现领导者地位，而"剧粉""原著粉"之间的双向迁移和流动，更助力IP改编剧和原著作品人气的双攀升和良性循环。

在动漫领域，随着全年龄读者向精品内容聚集，中国动漫产业也走向结构升级，步入高质量发展阶段。深耕动漫领域的阅文集团，通过精细化运作持续打造国产动漫标杆，成就了如《全职高手》《斗破苍穹》《星辰变》等多部高口碑作品。与此同时，"耳朵经济"风口的到来，也让有声阅读成为IP生态的重要拼图。目前，国内主流音频平台原创类内容有70%来自阅文集团。

从内容融合到产业生态融合，网络文学发展已步入全新阶段。深耕原创内容，继续夯实基础，聚焦IP内核，驱动创新生态，阅文集团作为行业领导企业，联合产业链各方，完成更高层次可持续发展的良性生态构建，共同迎来更具想象空间的未来。

（四）网络视频类

在经历了2004—2006年的萌芽期、2006—2008年的发展期、2008—2010年的调整期之后，中国网络视频业在2010年之后开始逐步进入成熟期。随着优酷土豆、爱奇艺PPS、聚力传媒、苏宁等纷纷选择"在一起"，从2012年开始的市场格局之变在2013年逐步尘埃落定，网络视频的格局已经进入"剩者"为王的阶段。目前，优酷土豆、爱奇艺PPS、搜狐视频、腾讯视频、芒果TV等各具优势，已经牢牢占据在线长视频行业前几名的位置，而且竞争异常激烈，无论是用户规模还是播放时长，种种指标都在不停地进行着更迭。

目前，网络视频用户规模开始呈现爆发式增长。截至2019年6月，我国网络视频用户规模达7.59亿人，较2018年年底增长3391万人，占网民整体的88.8%。其中，长视频用户规模为6.39亿人，占网民整体的74.7%；短视频用户规模为6.48亿人，占网民整体的75.8%。

2019年上半年，各大视频平台进一步细分内容产品类型，并对其进行专业化生产和运营，行业的娱乐内容生态逐渐形成。

在用户细分时代,各大视频平台不断开拓新兴品类市场,更加注重内容的针对性和专业性。在网络视频内容领域,为迎合多样化的用户喜好,各大视频平台以电视剧、电影、综艺、动漫等核心品类为基础,不断向游戏、电竞、音乐等新兴品类拓展。此外,各大视频平台利用大数据、人工智能等技术,快速识别用户需求,实现内容的精准推送,同时,各大平台深入分析用户内容消费、商品消费的相关数据,还原用户真实需求,助力生产优质内容。例如,优酷的鱼脑系统已经被全面应用到网络剧、综艺节目的策划生产中。

网络视频行业的娱乐内容生态逐渐形成,实现多方价值共赢。娱乐内容生态主要以IP为中心,通过整合平台内外的资源实现联动,从小说、漫画,到网络剧、综艺、动漫、电影,再到授权游戏、商品、服务等,实现视频内容与音乐、文学、游戏、电商等领域协同发展,形成生态链闭环。例如,爱奇艺以网络视频为基础,逐步扩展到文学、游戏、漫画、票务等多元娱乐领域,通过各领域的相互关联和协同,强化平台的盈利能力;腾讯视频在整合平台内资源的同时,利用QQ音乐、腾讯文学、腾讯游戏等平台联动合作,实现多方共赢。

2019年上半年,短视频行业在相关部门的指导下,进一步走向规范化,同时加快与其他领域融合,探索新的商业模式。

"青少年防沉迷系统"全面推广上线,为青少年健康成长营造良好的网络空间。为防止青少年沉迷于短视频,2019年3月,国家互联网信息办公室指导组织抖音短视频、快手、火山小视频试点上线青少年防沉迷系统;5月,在总结前期试点工作经验基础上,防沉迷系统覆盖范围进一步扩大,目前已有21家主要网络视频平台上线了"青少年防沉迷系统",限制青少年用户的使用时长、时段、功能和内容。未来,相关平台还将继续加大技术研发力度,不断提高对青少年用户的识别精准度,同时汇集社会各方力量,扩大"青少年防沉迷系统"覆盖范围,进一步提升对青少年的保护力度。

短视频正加快与电子商务、旅游等领域的融合,探索新的商业模式。在电子商务领域,一方面,各大电子商务平台纷纷以独立的短视频频道或应用的方式,引入短视频内容,利用其真实、直观的特点,帮助用户快速了解商品,缩短消费决策时间,吸引用户购买;另一方面,短视频平台通过与电子商务企业合作的方式,打通用户账户,吸引用户直接在短视频应用内购买商品,形成交易闭环。在旅游领域,短视频平台加强与各大景区或城市合作,对旅游资源进行包装和推广,联合景点、城市推出主题视频挑战活动,助力打造"网红景点""网红城市",在带动地方旅游收入增长的同时,也促进自身内容和商业模式的多元化。例如,重庆"李子坝轻轨穿楼""洪崖洞"等网红景点带动了当地旅游经济,2019年"五一"假期,重庆市游客数量、旅游收入同比增幅分别为10.6%、33.5%。

(五)网络音乐类

数字音乐在我国已经有将近10年的发展历史,基本上保持了与国际同步的发展速度,也同样经历了世界数字音乐发展史上的几个重要阶段。1999年九天音乐网成立,之后百度、腾讯、酷我等客户端相继推出。2004年前后,数字音乐在中国进入了产业化发展阶段。国家版权局于2015年7月8日发布了《关于责令网络音乐服务商停止未经授权传播音乐作品的通知》,同时启动规范网络音乐版权专项整治行动。

截至2019年6月,我国网络音乐用户规模达6.08亿人,较2018年年底增长3229万人,占网民整体的71.1%;手机网络音乐用户规模达5.85亿人,较2018年年底增长3201万人,占手机网民的69.1%。

近年来,网络音乐商业模式更加健康成熟,其变化主要体现在内容生态建设、产品功能探索和业务持续发展三个方面。

在内容生态方面,网络音乐平台加大力度扶持内容创作。各大平台陆续推出对于原创音乐作者的激励机制,通过广告分成、短视频现金激励、数字专辑售卖等方式,鼓励精品内容创作。在产品创新方面,网络音乐厂商持续探索新功能新服务。一是大型音乐厂商重点针对个性化、社交化产品进行探索。例如,腾讯音乐娱乐集团上线新应用"MOO音乐",以视觉化的交互特点和具有小众风格的歌单推荐机制,为用户提供新体验;网易云音乐推出新功能"因乐交友",旨在以音乐为契机探索其在社交领域的发展前景。二是中小型音乐厂商仍努力探索自身产品的竞争优势,通过不断迭代产品,力求弥补其在用户数量、歌曲版权等方面的劣势。在业务发展方面,用户对于网络音乐付费模式的接受程度日益增强,推动平台营收持续增长,表现为以下两点:一是核心业务上,得益于用户订阅业务的增长和网络音乐版权环境的好转,在线音乐服务营收呈现稳定发展态势;二是其他业务上,以直播为代表的社交娱乐服务开始体现出相比核心业务更加强劲的增长能力。财务报告数据显示,腾讯音乐娱乐集团2019年第二季度在线音乐业务营收同比增长20.2%,付费用户数同比增长33.0%;社交娱乐与其他业务的营收同比增速达35.3%,远超在线音乐业务。

第三节 网络业监管的主体和维度

一、网络业监管的主体

了解互联网内容监管主体可以从政策主体的概念入手。公共政策主体是指直接或间接地参与政策制定、执行、评估和监控的个人、团体或组织。政策主体不仅包括直接参与政策过程的"体制内"的政治权力主体,比如政府部门、领袖官员等,还包括间接影响政策过程的"体制外"的主体,比如民间组织、行会组织等。我们所指的监管主体可以定义为参与到互联网内容监管的计划、组织、执行、监控等一系列政策过程中的政府部门或民间组织,这些主体通过相关政策文件明确自己在网络内容监管体制中的地位和作用。结合中国互联网管理的现实环境看,监管主体以政府监管部门等体制内的机构为主,以来自行业或民间组织的体制外机构为辅。

我国互联网监管事务多样,监管主体的分布也分散而复杂。由于内容监管是整个国家网络监管行动中的一种功能,那么内容监管主体也不应理解为专门对网络信息内容进行管治的单独部门,而是可以行使内容监管职能的、针对多种网络监管问题开展工作的监管机构的集合。

2000年国务院颁布的《互联网信息服务管理办法》中第十八条规定:"国务院信息产业主管部门和省、自治区、直辖市电信管理机构,依法对互联网信息服务实施监督管理。新闻、出版、教育、卫生、药品监督管理、工商行政管理和公安、国家安全等有关主管部门，在各自职责范围内依法对互联网信息内容实施监督管理。"第二十四条规定，"互联网信息服务提供者在其业务活动中，违反其他法律、法规的，由新闻、出版、教育、卫生、药品监督管理和工商行政管理等有关主管部门依照有关法律、法规的规定处罚。"从中可见中国网络监管在宏观上实行分级和属地管理，同时在具体的微观监管活动中，各个政府部门分工承担对应的监管职责。

网吧曾经是我国网民获取网络接入和信息服务的主要途径。从2000年至2008年，特别是2004年前后，针对网吧服务和经营行为的监管是我国网络内容监管工作的重点。2004年国务院发布《关于开展网吧等互联网上网服务营业场所专项整治意见的通知》，其中涉及多个监管部门联合对网吧开展专项整治和日常监管工作的分工职责，从这些规定可以发现，多部门协同配合是网吧监管的重要特色。各个部门的分工和职责在以往工作的基础上得到了进一步明确和加强。

2006年中共中央宣传部、信息产业部、国新办等16个国家部委联合组成了"全国互联网站管理工作协调小组"，并颁布了《互联网站管理协调工作方案》。该文件明确了与互联网站监督管理相关的部门类型、职责和工作协调制度。该政策是网络信息内容监管政策法规数据集中联合发布单位数量最多的一个，标志着互联网监管工作的复杂和对协同配合的需要。特别是首次将不同机构根据监管职责划分类别具有重要启发意义。同一个部门可能属于不同的类别，表明一个监管机构可能担负多种监管职能。这既反映了监管工作对部门合力的需要，也说明一些工作可能存在职能重叠、重复安排等潜在问题。

2011年5月，国务院办公厅设立了国家互联网信息办公室（以下简称"国信办"）。该办公室在原国务院新闻办公室的机构基础上加挂国信办的牌子，以较高的行政级别对我国互联网信息内容进行监督管理、政策落实、文化建设、运营监管等多种工作。从此我国的互联网络信息内容管理有了专职的领导协调机构。

从以上相关监管政策中对网络信息内容监管机构的规定和国信办成立的事实来看，我国互联网内容监管主体数量逐渐增多，职能逐渐明晰专业，并伴随着网络发展监管的范畴表现出扩张深化的趋势。但监管政策中已经列举的监管机构范围仍然模糊，并不能全面地代表参与网络内容监管工作的多种类型的监管主体。

二、网络业监管的维度

网络监管不仅是技术上的过滤和屏蔽，更是根植于政策主体的政策议程中的政治行动，并且可以由政治、经济、法律、技术等多种途径实现。中国的互联网监管试图管控和影响网络信息生命周期的每一环节，包括信息的产生、组织、传播和利用等，而不仅仅是在屏蔽和过滤特定信息。互联网监管的政策法规提供了一个更全面且深入的视角来诠释监管方对中国互联网所采取的管制策略。

互联网法律学者 Lawrence Lessig 教授在 *Code and Other Laws of Cyberspace* 一书中提出互联网监管的四个类型：法律（Law）、社会规范（Norms）、市场（Market）、架构（Architecture）。其中，法律是有关网络空间行为规范的法律法规，比如版权法，或有关诽谤与色情的法律规定等，这些法规在一定程度上也可以影响线下现实环境。社会规范是指社会共同体中成员公认的行为准则，其不像法律那样具有强制力，但同样可以约束网络行为，同时网络社群中也会形成类似的公约规范来限制用户行为。网络中也存在着通过价格杠杆起作用的市场导向型管制，改变网络接入服务的价格会使得对应的网络行为发生变化。在互联网监管语境下，架构就是一种技术（代码）规范，其通过构成网络空间的软硬件中的协议集、规则、编码等决定用户在网上的行为边界。Lessig 提出的互联网监管的这四种类型，是结合互联网早期发展经验的具有规范意义的网络监管维度的划分。借助这种维度划分我们来梳理我国互联网监管的方式、手段、策略。

（一）法律维度

我国政府始终重视强调"依法"监管互联网。在互联网建设发展的早期，有关监管法规便已经开始出现，而且伴随着网络发展逐渐深入监管活动的方方面面。

在网络发展的早期，政策法规首先确定国际联网计算机必须向政府机关备案，使用国家部委提供并管理的国际出入口信道。这是一种非常重要的管控手段，通过确定国际联网网关，为网络信息流的监控提供了可能。多种禁止传播的违法信息也通过政策法规的形式被确定下来。这些定义虽然类型全面，但表达却难免模糊，这就给监管方在监管实践中预留了很大的自由裁量的权力空间。2000 年发布的《互联网信息服务管理办法》总结了之前我国网络发展和管理的经验，以制度化的形式规定了经营互联网信息服务的备案和许可制度；开办电子公告等内容服务的申请和专项备案制度；强调互联网信息服务提供商需要对所提供信息内容负责，要求其记录用户上网时间、账号等基本信息，并有责任举报违法信息内容；同时还明确了违反规定需要承担的吊销执照、关停服务、罚款以及其他行政和刑事处罚。要求网络服务提供商对信息内容负责是一个十分重要也特殊的监管办法。以经营许可相激励，以吊销执照相威慑，可以有效创造出一个人人自我监管、自我审查的氛围。同样在 2000 年，一系列与网络信息内容服务相关的管理办法被制定颁布，比如《互联网站从事登载新闻业务管理暂行规定》和《互联网电子公告服务管理规定》等。其中比较重要的监管措施有禁止网络新闻提供者采编新闻，而只能转载由新闻主管部门审核过的新闻媒体发布的新闻；禁止外资单独开办电子公告服务类型的互联网内容服务。在这些有关信息服务的重要规定之后，我国网络内容监管政策法规逐渐转向对各种专项信息内容的关注。比如 2002 年信息产业部和新闻出版总署颁布的《互联网出版管理暂行规定》，2003 年广电总局颁布的《互联网等信息网络传播视听节目管理办法》、文化部颁布的《互联网文化管理暂行规定》，2004 年国家食品药品监督管理局颁布的《互联网药品信息服务管理办法》、信息产业部颁布的《互联网著作权行政保护办法》，2006 年信息产业部颁布的《互联网电子邮件服务管理办法》，2009 年卫生部颁布的《互联网医疗保健信息服务管理办法》，2010 年文化部颁布的《网络游戏管理暂行办法》等，这些法律法规从不同侧面切入对多种类型的网络信息内容做出综合管理。

对于中国互联网管理和法制化建设来说，2014 年是深刻的一年，也是关键的一年。2014 年 2 月底，中央成立了网络安全和信息化领导小组，横跨党政军，涵盖外交、国防、发展改革、教育、科技、财政、公安、工信、安全、文化、金融、新闻广电出版等部门，基本上包括了承担网络安全和信息化相关工作的各个主要部门，能够全面、统筹地管理互联网事务；

2014年10月20日—23日，党的十八届四中全会召开，依法治国的要求被提到了前所未有的高度。从此以后，互联网管理的体制机制进一步得以理顺，依法治网也将成为今后很长一段时期内我国互联网管理的重要主题。

（二）市场维度

开办互联网国际互联或者信息服务必须到电信管理部门申请、备案、审批，这是一种对市场经营者的监管。随着网络的发展，网吧一度成为互联网信息服务市场的重要载体。中国网络监管方要求运营包括网吧在内的网络服务需要办理经营许可证，并实名登记网吧从业者和上网用户，网吧内电脑必须安装信息过滤软件，对用户行为进行监控并记录用户身份60天以备公安机关查阅。网吧经营许可证并不容易获得，而且其经营受到至少3个部门监管，其中任何一个部门都有权勒令违规网吧关停，或进一步追究行政、法律责任。对互联网企业，特别是海外网络企业，中国监管方也有独到的监管办法。以国内市场为条件，要求参与中国市场的国外企业必须服从中国法律法规对信息传播和内容的要求才能得到执照。这就为这些企业配合监管或开展自我审查提供了激励。这体现在2001年中国互联网协会发布的《中国互联网行业自律公约》上。在随后的几年中，包括一些海外大型网络企业在内的数百家互联网企业都签署了该公约成为网络自律的倡导者。特别是博客兴起后，中国政府将绝大部分的博客内容审查转交给博客服务提供商负责，且从2006年开始，根据中国互联网协会的倡议，博客服务提供商开始要求博客用户使用真实身份开通博客。类似的实名制要求也在微博兴起后由地方政府提出过。

在要求企业自我审查的监管实践中，政府似乎倾向于先让服务提供商自行决定信息内容的门槛，而后通过不同的办法审核监测网络信息服务提供商自我审查的效果，如果发现违规内容就电话通知或警告其哪些内容违规，限期改正，否则网站就会受到诸如停止域名解析或关闭服务器的处罚。但是内容合适与否却往往缺乏明确的标准，不同互联网公司对内容审核的力度也不同，这迫使互联网企业雇用大量员工来对自己运营的信息服务进行审查。同时，企业还需要有专门工作人员全天不间断准备接听来自政府监管部门的警告电话。这种通过行政手段干预市场的行为直接控制网络企业的活动，并最终间接影响这些企业服务对象，即网络用户的行动。

从发达国家的经验来看，鼓励更多的行业组织、非营利组织发展，是完善互联网监管的重要方式。其实，近年来我国在互联网行业自律方面也做了许多努力并取得了一定成效。各地也涌现出了一大批互联网行业协会，如北京互联网协会、上海互联网行业协会等。2011年，经民政部批准中国网络视听节目服务协会在北京成立，中国新闻网等78家机构当选为协会第一届理事会单位。对于互联网行业自身来说，应该秉持更开放的态度和理念，推动各类行业组织的建立，在推动行业内对国家法律、法规、政策遵守和贯彻的同时，加强行业规则的建立，约束自身行为。此外，在推进互联网行业信用建设方面，还可以通过对网络及互联网企业进行信用等级评定，建立信用档案，约束企业行为。

（三）社会规范维度

除了调动网络行业从业者的积极性以促进行业自律外，还应积极发挥网民的作用，一方面，要对网民进行正面引导，提倡网民自律，加强网络文明、网络诚信建设，文明上网，从源头上保证网络良性发展；另一方面，要积极发挥公众的监督作用，让网民参与到网络监管中来，一旦出现违法和不良信息，应及时举报，并通过各种渠道参与到网络的治理中来。

在社会规范维度下，最突出的监管行为就是所谓的"戒除网瘾"行动。通过强调浏览网页和网络游戏可能对青少年身心健康产生的不利影响，使得网络内容和游戏内容的管制行为得到舆论支持，得以进一步开展。此类行动2004年以后出现，几乎伴随了中国网络游戏发展的全过程。在这些监管活动中，很多社会力量，比如学生家长，被调动起来参与到戒除网瘾的方法研讨甚至软件开发当中。以此类行动为契机，2009年还掀起反对互联网低俗之风的整治行动。该行动同样是以棘手的社会问题为对象，以社会公共道德秩序为准绳开展的监管。但是在实际监管实践中，也有不少政治异见网站被关停，使得行动成为更深层意义上的互联网内容管制活动。与此类似的还有网络民族主义情绪的助长和泛滥。有学者认为，通过将政治异见与破坏领土完整、分裂国家的势力捆绑起来，调动公众的情绪，引导社会舆论，可以使得对网络上政治异见内容的阻挡过滤得到社会认可。网络发展给社会带来一些开放性和公共讨论的空间，这也使得一些管理问题得到公众关注。

（四）技术维度

技术角度是中国互联网内容监管方式研究的重要出发点。首要的监管手段就是网络信息过滤。中国拥有完备的网络信息过滤系统，其实现于经政府批准的国际互联网信息接入提供商。正是这些接入提供商与国有骨干网络合作使得中国本地的互联网能够接入国际互联网来组织对特定IP地址、域名或特定信息内容的访问。这一服务器端的过滤体系被戏称为中国防火长城或中国国家防火墙（Great Fire Wall），规避这种过滤和阻止的行为也被称为"翻墙"。非法的IP地址和域名事先已经被相关的监管主体确定。任何尝试访问这些域名和地址的信息请求都会被防火长城拒绝，数据包会被检查以确定其是否符合中国政府过滤系统的要求。如果不符合要求的信息被发现，三个TCP协议数据重置包会生成并从路由器发送给目的端口。一旦入侵检测系统发现了需要阻止的访问行为，它只需要给路由发出一个取消指令就行，甚至无须发送重置命令。将这种入侵检测系统成规模地应用可以有效地降低探测成本，所以中国国家防火墙设置了大量的这种系统。一旦发生了阻止，访问就会被搁置较长时间，而用户尝试再次访问也会被立即阻止。

除了过滤体系，对已有信息内容的审查也是重要的技术架构工作。由于当前大量的审查工作主要是外包给互联网企业的，不同企业往往采取不同的审查手段，但大都依托关键词屏蔽的办法。如果确定某些关键词需要被删除，这些词就会被插入到监测和过滤软件供多个服务提供商知悉并分享，这样就能阻止用户发出一些内容或将特定内容标识出来给人工进行再判断。

第四节 我国网络业管理发展历程

改革开放以来，我国形成了中国特色社会主义治网之道，即在党的领导下，立足于我国基本国情，坚持发展和管理并重，坚持维护网络意识形态安全，坚持依法治网，坚持改革创新。但同时，我国仍然是网络大国而不是网络强国，互联网管理仍然面临诸多挑战。下一步，必须进一步加强党的集中统一领导，加快推进互联网治理体系和治理能力现代化，将网络安全全面纳入总体国家安全，准确把握信息化发展机遇，持续深化互联网管理改革，不断提升互联网发展水平。

人类社会已经全面进入网络时代，互联网成为人们生产生活不可或缺的部分，互联网管理也成为国家治理体系和管理制度的重要组成部分。改革开放以来，我国互联网管理体制沿着中国特色社会主义道路从无到有，不断改革、不断完善，逐步构建起中国特色社会主义治网之道，取得了举世瞩目的互联网发展成就。

一、改革开放初期到 2013 年前后：权威管理阶段

从改革开放初期到 2013 年前后，是我国改革开放以来互联网管理发展的第一个阶段。这一阶段，我国互联网先后经历三次浪潮，实现了从无到有、从小到大的嬗变。本阶段，互联网管理的重点是如何在积极利用的同时确保安全，具体表现为各行政部门随着互联网运用范围的扩大，根据现实社会职能分工分别介入虚拟社会管理，形成"九龙治水"权威管理格局。根据互联网管理的基本理念、监管主体、管理范围、法律法规等，可以将这一时期进一步分为以下三个阶段。

（一）萌芽阶段：以科研机构自治为主

1994 年以前是我国互联网发展的史前阶段，主要探索将互联网引入中国。本阶段，互联网的发展主要限于科研领域，基本是少数科技工作者、科研人员等在使用，互联网领域出现的问题基本和技术运用相关，主要由科研机构自行解决，政府对于互联网的监管几乎为空白。

（二）形成阶段：以基础资源和行业部门管理为主

1994 年，我国正式接入国际互联网，信息基础设施建设开始起步，互联网正式从科研使用走向商业化、民用化。本阶段，国家对互联网的认识主要在其技术属性，将主要精力投入到互联网基础设施的建设和发展上，互联网管理体制初步建立，对互联网内容和业务监督力度较低。此时的管理虽然薄弱，但是具有开创性意义，不少法律法规沿袭至今。

这一阶段，我国确定"积极发展"的基本理念，形成以基础资源和行业管理为主的互联网管理体制，并出台了一批具有奠基意义的互联网管理法律法规，这些互联网法律法规虽然以基础资源管理为主，但奠定了我国互联网管理的基本制度，其中接入互联网的许可和备案制度、计算机系统等级保护制度等规定一直沿用至今。

（三）成熟阶段：构建覆盖互联网各领域的全方位监管框架

经过几年的发展，我国互联网迎来了全面商业化、社会化的浪潮，即时通信、搜索引擎、网络新闻和社交、电子商务全面开花，网络作为第四大传媒的地位奠定。国家对互联网的重视日益提高，管理范围从基础资源拓展到内容服务、业务运用，并突出加强内容管理，监管机构向省级以下延伸，互联网监管主体的地位和力量得到提升。

其间，我国确定"积极利用、科学发展、依法管理、确保安全"的基本理念，形成覆盖

互联网各领域的多部门协同管理格局。随着互联网影响力的不断扩大，中央对互联网的重视程度不断提高，对于互联网媒体属性的认识不断加深。2011年，国家互联网信息办公室（即国信办）成立，成为互联网内容的主管部门。同时，我国构建了多层次立体化互联网法律体系。互联网内容监管法规的密集出台是本阶段的最大特点。2012年12月，第十一届全国人大常委会审议通过《关于加强网络信息保护的决定》，这是继《全国人民代表大会常务委员会关于维护互联网安全的决定》之后颁布的又一部关于互联网管理的法律。至此，我国形成了以全国人大制定的法律为核心，以部门规章和行政法规为主体，覆盖信息网络建设、信息应用管理、信息安全保障和信息权利保护的网络安全和信息化法律体系。

二、2013年至今：党委集中统一领导下的综合治理阶段

党的十八大以来，我国信息基础设施实现跨越式发展，网络走入千家万户，我国已成为网络大国。与此同时，互联网社会动员能力不断提升，网络内容乱象频发，网络安全威胁日益突出，给国家安全带来巨大危险。如何既促进我国互联网快速发展，又有效防止互联网对国家政权安全和政治安全的冲击，党中央在持续深化互联网管理领导体制改革后，形成了党委集中统一领导下的综合治理格局，走出了一条有中国特色的互联网治理道路。2013年至今，我国互联网管理进程主要具有以下四个方面的特点。

（一）互联网管理上升到国家战略高度

2013年11月，习近平总书记在《中共中央关于全面深化改革若干重大问题的决定》的说明中指出，网络和信息安全牵涉到国家安全和社会稳定，是我们面临的新的综合性挑战。2014年2月，习近平在中央网络安全和信息化领导小组第一次会议上指出，"网络安全和信息化对一个国家很多领域都是牵一发而动全身的""没有网络安全就没有国家安全，没有信息化就没有现代化""建设网络强国的战略部署要与'两个一百年'奋斗目标同步推进"，这标志着互联网管理已经上升到国家战略高度。2016年3月，国民经济"十三五"规划提出实施网络强国战略，不仅再次明确网络强国的战略定位，而且凸显该战略在整个国民经济发展中的地位。2017年10月，党的十九大报告中提出，要建设网络强国、数字中国、智慧社会，意味着网络强国建设成为新时代国家战略之一，互联网治理已经成为国家治理的重要组成部分。

（二）形成多主体参与的网络综合治理体系

基于对互联网重要性的认识，党的十八大开始针对我国过去互联网管理体制存在的多头管理、职能交叉、权责不一、效率不高等弊端，对互联网管理体制进行全面改革，逐步形成党委领导、政府管理、企业履责、社会监督、网民自律等多主体参与，经济、法律、技术等多种手段相结合的综合治网格局。2014年2月，中央网络安全和信息化领导小组成立，习近平总书记任组长。中央网络安全和信息化领导小组（以下简称"中央网信领导小组"）负责统筹协调涉及经济、政治、文化、社会及军事等各个领域的网络安全和信息化重大问题，我国互联网管理的最高领导机构的成立，开启以国家意志对网络空间进行统一规划和综合治理的新时代。中央网信领导小组下设办公室即中央网络安全和信息化委员会办公室（以下简称"中央网信办"），中央网信办不仅是互联网内容的主管部门，同时还负责统筹协调全

国网络安全和信息化工作。至此，我国互联网管理从原来的"九龙治水"模式进入党委领导下多主体共同参与的网络综合治理体系，即中央网信办作为党委部门负责互联网内容管理，统筹协调网络安全和信息化各项事务；工信、公安、新闻出版、文化、工商等政府部门分别负责特定领域与互联网相关的事务。在中央网信办的统筹协调下，国家相关部门持续开展"净网""剑网""清源""护苗"等系列专项治理行动，网络谣言、网络色情等乱象得到有效整治。这一时期，行业协会、互联网企业、网民在互联网治理中的作用也得到提高。比如，2018年5月9日，中国网络社会组织联合会成立，首批会员单位总共300家网络社会组织，对于促进网络社会组织发展、强化网络社会组织的作用发挥起到重要作用。

（三）建成比较完整的网络安全保障体系

党的十八大以来，习近平总书记从国家总体安全观出发，就网络安全问题提出一系列新思想新论断，对加强国家网络安全工作做出重要部署。2013年以来，我国对金融、能源、通信、交通、水利等领域基础设施进行安全检查和评估，切实保障关键信息基础设施安全。为加强网络安全人才方面的培养，2015年设立"网络空间安全"一级学科，北京航空航天大学、中国科学技术大学等7所大学被确定为首批一流网络安全学院建设示范项目高校。2017年6月，《中华人民共和国网络安全法》（以下简称《网络安全法》）正式实施，这是我国网络安全领域首部基础性、框架性、综合性法律，同时相关部门配套出台了一系列网络安全法规和规范性文件，网络安全法律政策框架基本形成，网络安全各项工作纳入法制轨道。网络安全保障成为互联网管理的重点，并日益体系化、法治化。

（四）推进全球互联网治理体系变革

党的十八大以来，我国积极参与国际互联网治理，推进全球互联网治理体系改革。2014年，习近平在致首届世界互联网大会的贺词中指出，要"建立多边、民主、透明的国际互联网治理体系"。2015年，习近平总书记提出推进全球互联网治理体系变革的"四项原则"和共同构建网络空间命运共同体的"五点主张"。"四项原则"即尊重网络主权、维护和平安全、促进开放合作、构建良好秩序。"五点主张"即加快全球网络基础设施建设，促进互联互通；加快全球网络基础设施建设，促进互联互通；推动网络经济创新发展，促进共同繁荣；保障网络安全，促进有序发展；构建互联网治理体系，促进公平正义。2016年，习近平将"人类命运共同体"理念拓展至网络空间，强调要"携手构建网络空间命运共同体"。当前，中国主张、中国方案越来越得到各方的称赞和认可，中国经验、中国成就为世界发展注入了更多新活力。

三、我国网络业管理经验

改革开放40多年来，我国重视互联网、发展互联网、治理互联网，在推动我国互联网快速健康发展的同时，形成了符合中国国情、具有中国特色的互联网治理经验，最根本之处就在于形成了中国特色社会主义治网之道。中国特色社会主义治网之道就是在党领导下，立足我国基本国情，坚持发展和管理并重，坚持维护网络意识形态安全，坚持依法治网，坚持改革创新，围绕互联网内容、网络安全保障、信息化发展和互联网国际治理，不断推进网络治理体系和治理能力现代化，建成技术领先、内容健康、基础完善、人才充裕、国家话语权充分的社会主义网络强国。

（一）坚持党的领导

中国共产党是中国特色社会主义事业的领导核心，网信事业是中国特色社会主义事业的重要组成部分，在网络空间毫不动摇地坚持党的领导，是确保我国互联网治理性质和方向的政治前提和根本保障。互联网从进入之初就受到党中央的高度重视，历届中央领导人就互联网体制机制改革、互联网信息基础设施建设、网络文化建设、国际网络治理等方面提出一系列高瞻远瞩的战略决策，为互联网发展和治理指明了方向、提供了遵循。特别是党的十八大以来，网信事业发生的历史性变革、取得的历史性成就，根本在于以习近平同志为核心的党中央的坚强领导。旗帜鲜明、毫不动摇地坚持党管互联网，切实加强党对网信工作的集中统一领导，才能确保网信事业始终沿着正确方向前进。

（二）坚持发展和管理并重

中国特色社会主义治网之道的一个基本经验，就在于正确处理发展和管理的关系。一方面，坚持发展是硬道理，无论是党和国家最高层，还是各级政府部门，推动和发展互联网始终是一贯共识。这种思路成为中国互联网得到顺利发展的思想保障，从而取得了后发优势，较短时间内实现网民数量以及网络零售、移动支付交易规模世界第一。另一方面，针对互联网发展各阶段出现的问题，通过改革管理体制、健全互联网法律法规、加大互联网治理力度等方式，来为互联网发展保驾护航，从而实现了互联网又好又快地发展。正是坚持发展和管理并重，实现了发展和管理齐头并进，才在促进互联网发展的同时，也有效保障了网络空间的正常秩序。

（三）坚持维护网络意识形态

维护网络意识形态安全是中国特色社会主义治网之道的核心任务。境外少数西方发达国家利用互联网对我国进行意识形态渗透，境内各种社会思潮在网上交流交锋，互联网已成为意识形态斗争的前沿阵地和主战场。我国在互联网治理中，始终将维护网络意识形态安全作为重中之重，制定和出台网络意识形态工作责任制，不断强化主流意识形态的话语引领力，发挥主流权威媒体的舆论导向力，提高党员领导干部的网络驾驭力，增强网络传播技术的风险防范力，牢牢掌握网络意识形态斗争领导权和主动权。

（四）坚持依法治网

依法治网，确保网络空间在法治轨道运行，是依法治国的题中之意，也是中国特色社会主义治网之道的必然要求。从1994年《计算机信息系统安全保护条例》出台以来，我国围绕互联网基础资源、信息服务、安全保护、社会管理、行业发展等方面，制定了一系列相应的管理政策和法律法规，构建了比较完整的中国特色社会主义网络法律体系，做到互联网发展到哪里，法律就跟到哪里。同时，依法维护网络晴朗环境，针对网络诈骗、网络借贷、网络传销、网络色情、网络赌博、网络虚假新闻等互联网违法违规行为，开展一系列系统、有创新性的治理行动。运用法治思维和方式治理互联网，充分发挥法治对引领和规范网络行为的主导作用，全面推进网络空间法治化，是我国推动网络治理现代化的重要手段。

（五）坚持改革创新

习近平总书记指出："惟创新者进，惟创新者强，惟创新者胜。"创新是互联网最突出的特点，互联网的技术日新月异，应用千变万化，只有不断改革创新，逐步打破旧制度，建立新制度，才能适应互联网发展。改革开放40多年来，我国根据互联网发展不同阶段的特点和当时的主要矛盾，主动调整理念思路，不断推进互联网管理体制机制改革，针对不断出现的互联网新技术新运用出台管理制度与措施。正是这种主动改革创新的精神，才使得我国能够迅速取得后发优势，在短短几十年获得巨大发展。

我们在40多年互联网管理改革发展历程中取得了巨大成就，但也经历很多挫折和教训，互联网发展存在不少问题和挑战。我国仍然是网络大国而不是网络强国，深化互联网管理体制改革仍然面临诸多挑战。比如，网信、经信、公安等部门仍然存在协调不力问题，多头管理、职能交叉、权责不一、效率不高等弊端在一定程度上导致监管无法形成合力；互联网管理体制改革滞后于互联网发展和创新，对于一些互联网新技术新运用新业态，仍按照传统方式的惯例来进行监管，极大地削弱了互联网监管的政策效果；网络综合治理体系有待建立健全，互联网治理面临来自机制、技术、能力等诸方面的制约，网络治理体系和治理能力现代化程度需要进一步提高；网络安全保障能力和体系建设尚需加强，核心技术受制于人的局面没有根本改变，网络安全形势依旧严峻。这些问题都需要在今后的改革中加以解决。

第五节　网络业管理的问题和对策

2013年11月党的十八届三中全会通过的《中共中央关于全面深化改革若干重大问题的决定》对互联网治理的专门强调和2014年2月27日由习近平总书记任组长的中央网络安全和信息化领导小组的成立，使得如何实现中国互联网治理的现代化，建立与"推进国家治理体系和治理能力现代化"的改革总目标相适应的现代科学的互联网治理体系，成为迫切需要学术界做出回应的重大历史命题。在我国，政府是互联网治理的第一主体，对互联网的监管是整个互联网治理体系中最重要的一环，能否实现政府对互联网监管的现代化直接关系到我国互联网治理体系的现代化。

一、网络业管理存在的问题

（一）互联网治理目标不清晰

目标是行动的根本指引。尽管我国一直以来都非常重视互联网的治理，特别是在互联网管理、网络信息安全、网络舆情管控和引导等不同角度出台了一系列政策和举措，但是对互联网治理究竟要达到什么目标没有明确的定位和清晰的描述。互联网治理目标的清晰度与其顶层设计密切相关。很显然，互联网治理目标不清晰直接导致目前不能科学高效地规划和构建互联网治理顶层设计，进而无法对互联网治理政策和体制做出制度化、规范化的安排，也没有形成完善的互联网治理宏观战略和实施路径。

（二）互联网管理体制机制不顺

当下，我国的互联网管理体制机制尚存在固有的弊端，从调研情况来看，主要体现在四个方面。

1．互联网管理部门权责分散、职能交叉严重，互联网治理碎片化问题凸显

当前，我国的网络治理职权的分配是将政府部门的职权直接延伸到互联网，这种现实社会的管理体制在网络管理领域的简单克隆难以适应互联网的特点，直接造成管理效率低下、效果不好。

2．管理职责和管理手段脱节，缺乏有效的协同治理机制

互联网治理包罗万象，主要分为三类：网络数据资源和内容的监管；网站接入管理；网络监控技术的研发与运用。从当下发展现状审视，这些管理职能大多分散在不同部门，结果显而易见，掌握数据资源和信息手段的部门不负责网上信息管理，而后者又不掌握数据资源和技术手段，"管""用"两张皮现象致使管理效率低下。

3．公私合作机制不完善

互联网建设与发展不是政府部门唱独角戏，而需要广泛吸收社会资源和社会力量，网络运营商、接入服务商、内容提供商、应用服务提供商等都是互联网的构建者和力量贡献者，是互联网治理必须借助的重要力量。美国、日本等发达国家都明确鼓励全国性的合作，充分调动社会资源探索网络共治的实施路径，与之相比，我国已经严重滞后。

4．行业自律不足

互联网行业自律组织的自律机制也不完善，主要通过倡议、指导等软性机制对行业进行影响，缺乏警告、惩戒等硬性自律制度，与行政、司法等相关机构也没有建立长效联系，不能发挥自律与他律协同的效果。

（三）互联网治理法律体系有待完善

政府治理对网络的不适应导致了互联网治理的"失序"。目前，我国已形成包括法律、司法解释、行政法规、部门规章、地方性法规和规章等在内的多层次的互联网治理法律法规体系，但是仍然存在一些比较突出的问题。主要表现在以下三个方面：首先，以部门规章和行政法规为主，国家层面法律法规严重不足。有数据统计显示，当下部门规章或地方性法规占互联网法律法规的近九成，其缺陷突出表现在两方面：一是法律效力等级普遍较低。法律效力是影响法律实施效率和效果的基本保障。地方层面的规章和地方性法规缺乏必要的国家法律作为依据，处罚力度难免会受到一定影响，实施效果难以达到期望值。二是部门规章难免会存在相当程度的重复立法，甚至产生冲突性规则。其次，立法内容多为原则，可操作性不高。很多法律法规条文的规定比较抽象，缺乏明确的执行标准。管理部门在实践过程中，往往难以作为管理的依据，导致互联网治理有法律却无办法。最后，立法缺乏前瞻性。我国的互联网立法多是在现行法律法规无法对网络空间出现的问题进行规范之后，才开始进行相关问题的研究，寻求立法进行规范。面对快速发展的互联网，立法比较被动，容易出现法律空白。

（四）互联网技术控制能力存在不足

近年来，全球发达国家对网络空间这一新兴领域高度重视，尤其是在网络空间发展权、主导权和控制权三方面争夺激烈。虽然我国的互联网技术取得了长足进展，但目前我们对互联网的控制力尚未引起足够重视，互联网话语权堪忧，在关键核心领域仍然与美国、欧洲、日本等信息化强国和地区存在一定差距，对互联网的技术控制能力仍然不足。虽然以中国互联网公司百度公司、阿里巴巴集团、腾讯公司为代表的互联网企业已经在互联网应用领域超前部署，处于世界一流水平，但与美英日等发达国家相比差距仍明显。前一阶段中国基于互联网的应用开发多数是企业自发的商业行为，发展形态比较单一。从发展现状来看，多数为某个领域、几家企业单点开花，国家层面统筹协调和顶层设计力度不足，使得国家对互联网的掌控权、控制力不足，从长远看不利于提升国家信息优势和整体竞争力。

此外，互联网空间防护核心技术自主可控能力有限，以长城防火墙为代表的网络空间保护设施目前虽然对防护我国网络疆域发挥了重大作用，但从目前网络攻击及其带来的危害来看，在有效维护我国网络疆域独立性、安全性方面仍任重道远。

二、网络业管理对策

党的十九大以来，党中央就互联网管理改革做出了一系列决策部署，彰显了深化互联网领域改革的决心，也表明下一阶段互联网体制改革仍然任重道远。根据当前我国互联网领域存在的问题和不足，结合推进落实中央相关改革部署，下一步在推进互联网体制改革上应重点做到以下几个方面。

（一）加强党的集中统一领导

党的十九大报告强调，东西南北中，党政军民学，党领导一切。互联网工作毫无疑问要在党的统一领导和监管之下，这次深化党和国家机构改革，党中央决定把中央网络安全和信息化领导小组改为委员会，就是为了加强党中央的集中统一领导，更好地发挥决策和统筹协调作用。全面加强党的集中统一领导，必须以习近平新时代中国特色社会主义思想为指引，特别要深入贯彻习近平同志关于网络强国的重要思想，将党中央对网信工作做出的系列重大决策部署，作为新时代发展和治理互联网的根本遵循。必须坚持党对互联网管理的领导，各级党委（党组）要从维护国家政权安全和政治安全的高度，将网信工作纳入重点工作计划和重要议事日程，及时解决新情况、新问题。各级领导干部特别是高级干部，要严格落实意识形态责任制和网络意识形态责任制，履行巩固壮大主流思想文化、打赢网上舆论斗争、守住意识形态阵地之责，牢牢掌控网络意识形态主动权，将互联网这个"最大变量"转化为"最大增量"。

（二）加快推进互联网治理体系和治理能力现代化

党的十八届三中全会提出全面深化改革的总体目标是"完善和发展中国特色社会主义制度，推进国家治理体系和治理能力的现代化"，互联网治理体系是国家治理体系和治理能力现代化战略的重要组成部分，理当持续推进互联网领域体制机制改革。下一步，需要进一步完善互联网管理领导体制机制，建立健全中央、省、市三级网信工作体系，充分发挥各级党委网信领导小组的顶层设计和统筹协调作用，形成统一指挥、协同配合、运转高效的工作机制，推进网信事业快速协同发展。推进网络综合治理，发挥政府主导作用，鼓励和支持企业、社会、网民各方参与，实现党委领导与政府管理、企业履职、社会监督、网民自律良性互动。依法治网是国际通行做法，也是推动网络治理现代化的重要手段，要充分发挥法治手段对引领和规范网络行为的主导性作用，推进依法治网管网，完善互联网执法体系，规范畅通举报渠道，扎实开展各项网上专项整治行动，严厉打击网络违法违规行为。

（三）将网络安全全面纳入总体国家安全

随着网络技术的日新月异和应用的迅速发展，网络信息技术广泛运用于国家政治、经济、社会、军事等各方面管理中，各国都在加速构建各自的网络与信息安全保护体系。习近平总书记强调，没有网络安全就没有国家安全，就没有经济社会稳定运行，广大人民群众利益也难以得到保障。要坚持国家总体安全观，将网络安全纳入国家总体安全，大力提升网络安全防御和威慑能力。建立健全网络安全统筹协调机制，贯彻落实《网络安全法》，完善落实网络安全工作责任制，提升在网络安全政策法规、技术产业、人才教育等方面的统筹力度。加快提升网络安全保障能力，加强信息基础设施网络安全防护，加强网络安全信息统筹机制、手段、平台建设，全面提升网络安全态势感知、监测、预警能力，依法严厉打击网络黑客、电信网络诈骗、侵犯公民个人隐私等违法犯罪行为，切断网络犯罪利益链条。

（四）有力抓住信息化发展机遇

习近平总书记指出，安全和发展是一体之两翼、驱动之双轮。事实上，许多网络安全方面的问题，诸如网络攻击、网络侵权、网络犯罪等，与网络技术发展滞后有很大关系。没有安全，发展就无法保障。没有发展，安全就成为空谈。充分发挥信息化对经济社会发展的驱动引领作用，努力以信息化整体带动和提升新型工业化、城镇化、农业现代化发展。加快信息基础设施建设，大力实施"宽带中国""数字中国"战略，加快构建新一代信息基础设施，打破城乡之间、东西部之间的数字鸿沟。加快信息产业的发展，以供给侧结构性改革为主线，大力发展数字经济，依靠技术创新催生新运用新业态新模式，运用互联网技术全方位改造传统产业，推动数字产业化和产业数字化的发展。核心技术领域受制于人是我们目前存在的最大的问题，制定信息领域核心技术设备发展战略纲要，制定路线图、时间表、任务书，明确近期、中期、远期目标，遵循技术规律，分梯次、分门类、分阶段推进，加快取得信息领域核心技术的突破。

思考题

1. 与其他行业相比，网络业有哪些特征？
2. 我国网络视频发展迅速，结合你的亲身经历，谈谈有哪些方面急需政府进行规范和管理。

3. 网络业监管的主体是什么？可以从哪些维度对网络业进行监管？
4. 我国网络业管理存在哪些问题？针对这些问题，谈谈网络业管理的对策。

 案例讨论　　各类短视频泥沙俱下，短视频监管不能"一阵风"

一名农民工网友轻信某短视频平台上的招聘广告，被骗走一年的血汗钱；两名年轻女孩模仿短视频博主在家用易拉罐自制爆米花，不慎引起爆炸和火灾，造成一死一伤……一段时间来，短视频引发的乱象和悲剧频频，令人心惊。如何才能破解短视频监管难题，避免行业陷入"野蛮生长"困境？

流量红利巨大

在移动互联网日益普及的当下，短视频成为人们在快节奏生活中打发零碎时间、满足自我表达需求的良好方式。各种短视频平台兴起，占据了互联网平台的"风口"。

中国网络视听节目服务协会公布的《2019 年中国网络视听发展研究报告》显示，2018 年中国短视频市场规模 467.1 亿元，同比增长 744.7%，短视频用户规模达 6.48 亿人。该报告还显示，短视频对新增网民的拉动作用最为明显，新增网民对网络视听应用的使用率中，短视频使用率高达 53.2%，高于综合视频、网络直播、网络音乐。短视频平台"抖音"总裁张楠曾预测，到 2020 年，国内短视频行业的总日活用户数量将达到 10 亿。

值得注意的是，依靠巨大的流量红利，短视频平台迅速成为商家们角逐的新战场。部分短视频不仅仅是为了休闲时刻"博君一笑"，还沾染了更多商业化色彩。一些平台积极为短视频内容开放商品链接，通过网红主播超强的"带货"能力，网友们在观看短视频的同时，不知不觉被"种草"，"边刷视频边下单"现象已很常见。

各类短视频泥沙俱下

流量带来了利润，也带来了问题。当短视频行业一路高歌猛进时，如何对内容进行有效监管、如何加强版权保护、如何维护用户权益等，成为行业长远发展必须考虑的问题。

各类短视频泥沙俱下，对用户的辨别力、自控力提出了要求。中国社科院社会学研究所青少年与社会问题研究室副主任田丰认为，在即时性很强的短视频平台上，内容传播具有瞬间的爆发力，这对于未成年人而言影响更大。针对这一问题，国家网信办于 2019 年 6 月在全国主要网络短视频平台上全面推广青少年防沉迷系统。

平台当好"守门人"

要根除短视频行业出现的种种乱象，培育清朗的网络环境，各方需要共同发力，共建共治。"最严新规"重在切实执行，对短视频的监管不能是"一阵风"。

《网络短视频平台管理规范》明确指出，网络短视频平台实行节目内容先审后播制度。平台上播出的所有短视频均应经内容审核后方可播出。因此，短视频平台要扮演好"守门人"的角色，担起最基本的平台责任，履行相应的法律规定，避免不法分子"钻空子"。此外，平台必须做好有关商家的资质审核，建立健全信用评价体系，更好地维护消费者权益。

有关部门也应积极作为,加强对短视频平台的监管,促使其依法履行相关责任;同时,对于一些违反法律法规的行为,更须依法介入,坚决打击。

资料来源:各类短视频泥沙俱下,短视频监管不能"一阵风" [N]. 人民日报海外版,2019-12-02.

讨论题:

1. 请进行资料调研,讨论当前短视频市场的现状和存在的问题。
2. 短视频的迅速发展为网络行业监管提出了新的问题,结合本案例,说说你对整个网络业管理的建议。

 延伸阅读 扫码学习

网络业管理

第十三章　表演艺术业管理

 引导案例　　拓展细分市场，音乐剧有更多"跨界"值得尝试

演艺大世界·上海音乐剧艺术中心首部中文版音乐剧《面试》昨晚于 FANCL 艺术中心首演。仅容纳 300 人的小剧场打造沉浸式体验，冲击、反转不断的剧情令观众目不转睛，大呼过瘾。

悬疑题材音乐剧近年来屡屡成为票房、口碑俱佳的市场黑马。中文版《面试》自开票以来，一度一票难求，个别场次开票 3 秒就已售罄。2019 年跨年档上海首演的中文版音乐剧《水曜日》，凭借超预期的高口碑，演出几乎"爆仓"，后迅速开启了二轮巡演，并制作新视角版本，走向杭州、宁波等更多城市。

小剧场上演的悬疑音乐剧中其实有不少经典作品，它们以紧凑的故事节奏、扎实的剧本情节和多面的人物塑造，吸引观众高度投入，甚至盛演 10 多年不衰。

"《面试》虽然从故事内容上来看，属于悬疑剧，但我们对细分市场的定位不会局限于悬疑题材。只要找准观众喜爱的戏剧表达和思维方式，那么历史、传记等内容同样也会受到欢迎。"上海文广演艺集团资深制作人王舜认为，随着中国音乐剧市场的蓬勃发展，未来市场将有越来越丰富的题材涌现。如何在细分市场中抢占先机，中国消费者独特的审美和喜好值得进一步研究和关注。

早在音乐剧市场风口来临之前，上海就已经开始实践制作中文版音乐剧及原创音乐剧。2011 年，亚洲联创率先制作中文版《妈妈咪呀》，并于 2013 年推出中文版《猫》；华人希杰则于 2016 年制作了中文版《变身怪医》。王舜介绍："观众并不会像以前那样只追求舞美、灯光、歌舞和欢快的音乐，尤其是中国人的审美和情感本身就比较细腻，这都将体现在未来的细分市场中。"上海音乐剧艺术中心将通过培养与储备人才、制作精品优化市场环境，助力正在打造亚洲演艺之都的上海成为中国音乐剧的"源头"。

王舜透露，上海音乐剧艺术中心正在与国风音乐圈等进行"跨次元"合作。如此次《面试》的制作就有国风音乐人徒有琴参与剧本统筹，力求打磨出中文音乐剧的文字和音韵的质感。

"跨次元"合作已不乏成功案例。根据网易手游 IP 开发的音乐剧《阴阳师》于 2018 年在无数玩家与观众的期待中诞生，两轮演出场场爆满，文创衍生品几乎供不应求。业内人士表示，随着观众的精准定位和市场的进一步细分，根据不同人群的审美爱好和精神需求进行选题，音乐剧的制作有更多"跨界"值得尝试。

资料来源：吴钰. 拓展细分市场，音乐剧有更多"跨界"值得尝试[N]. 文汇报，2019-12-20.

 **本章导读**

党的十八大以来，习近平总书记把文艺工作摆在党和国家事业的重要位置，主持召开文艺工作座谈会，出席全国政协十三届二次会议文化艺术界、社会科学界联组会等重要会议，做出一系列重要论述，强调要坚定文化自信，用文艺振奋民族精神，书写中华民族新史诗。文化产业作为文化的承载者，在区域文化和特色文化传承中，发挥着举足轻重的作用，而文艺表演团体作为文化产业的一员，表演团体数量不断增加，演出场次和收入逐年增长，在我国演艺市场中占据越来越重要的地位。目前，我国艺术表演市场已经初具规模，在当前全面深化改革发展阶段，面对新兴文化消费形态日新月异、消费需求持续变化、国内国际竞争不断加剧的发展环境，提高文艺表演团体行业竞争力成为当前的主要任务。本章主要阐述表演艺术业发展现状，阐明表演艺术业管理的性质和职能，确定其管理的任务和基本原则，为表演艺术业的管理实践提供明确的方法和策略。

第一节 我国表演艺术业的发展

一、什么是表演艺术业

（一）表演艺术业的定义和地位

演艺产业是由演艺产品的创作、生产、表演、销售、消费及经纪代理、艺术表演场所等配套服务机构共同构成的产业体系。演艺产品具体形态包括音乐、歌舞、戏剧、戏曲、芭蕾、曲艺、杂技等各类型演出。

演艺产业是基础性文化产业，在文化市场中占据重要地位。国务院在2009年通过的《文化产业振兴规划》中，将发展文艺演出院线作为发展文化产业的八项重点工作之一，而"十二五"期间，《国家"十二五"规划》仍继续将演艺产业作为重点发展的文化产业之一。与此同时，随着经济的迅速发展，民众的文化娱乐支出比重不断增加，文化消费时间逐渐增多，对文化产品的选择性日益增强，逐渐向高层次的精神文化需要转移，而观看娱乐性强、影响力大的演出节目成为民众最为普遍的文化消遣方式之一。

演艺产业链各环节包括文艺表演团体、演出场所、演出中介机构和演出票务。演艺产业是文化产业体系中的核心产业之一，是一个创意密集和劳动力密集的产业，也是一项能耗低、可持续发展性强的低碳产业，具有极大的辐射和拉动作用。

（二）表演艺术业行业产业链

我国演出行业具有悠久的历史，随着我国传统特色文化与现代表演艺术的不断结合，演出行业的产业结构也逐渐清晰，已经形成了完整的产业链和成熟的产业体系。演出行业产业链主要由演出场所企业、演出经纪机构、文艺表演团体、舞美工程企业及盈利模式等五部分组成,如图13-1所示。演出行业并没有明显的上下游关系,但是其中地位较为重要和突出的为文艺表演团体和盈利模式两大模块。

图13-1 演出行业产业链

演出团体主要负责演出执行,具体包括剧目的编创、排练和演出。演出公司主要负责演出运营,具体包括演出规划和制作,确定演出团体和演出剧目,租赁或安排剧院,与票务平台合作进行票务销售,协调安排、组织演出各项事宜,负责宣传推广等一系列工作。

票务平台主要负责演出票务销售,并对剧目进行宣传、推广。票务平台包括专业的票务平台公司,以及演出团体、演出公司和剧院自主运营的票务平台。剧院(或剧场)是最终进行演出的场地,为演出活动提供专业演出场地及服务。一些剧院公司通过建立剧场院线,通过"精品剧目+院线巡演"的模式,打造或引进精品剧目,在其所管理的剧院进行全国巡演。由于演出场次较多,单场演出的成本会大幅下降。相较而言,单个剧院自行和演出方合作,可以大幅节省交易成本和运营成本。

在演出行业中,一家公司在产业链中可能担任多个角色。比如以剧院为主的公司自身拥有剧场院线,同时作为演出公司组织演出,并作为票务平台在官网进行票务销售。通过在产业链上覆盖多个角色,公司能够进一步提升运营效率,降低运营成本。

(三)表演艺术业行业特点

1. 经营模式

资产结构的独特性使演出行业属于轻资产行业,不同于工业企业以生产线、厂房等固定资产作为主要生产工具,戏剧制作主要投入剧本、演职人员报酬、舞美灯光服装设计制作、道具及其他制作耗费等，演出过程中所需的专用设施、设备、场地等主要通过租赁取得。

生产模式上，演出行业以剧组为单位经过一段时间的编排后进行演出。每个剧目具有相似的业务流程和差异化的内容、形式。最终演出方案是以剧本为基础，在编排过程中和多轮演出中，不断地对演出方案进行优化后形成的。演员需要在现场一次性地按照演出方案完成表演，受到现场条件的制约较多，对演员综合素质具有较高要求。

销售模式上，演出行业因现场演出的特点，在一个时段、一个场地，一组演员只能为一定数量的观众进行一个剧目的一场演出。因此，其特点是通过打造品质较好的戏剧作品，依靠长时间多次演出来取得较大规模收入。

2. 季节性

受国内文化大环境和经营模式的影响，演出行业呈现出一定的季节波动性。从时间上来看，演出行业一般会在春节期间及春节后陷入低谷，在年底和春节前排期较多，全年其他时间较为平均。从地点上看，剧场一般不会一周七天全部安排演出，而周末的演出一般多于平时的演出。

3. 区域性

演出行业受地区文化和经济发展水平的影响较大。根据道略研究《2016年中国商业演出票房报告》，全国有演出的专业剧场1213个，分布相对集中，其中"京津冀"和"长三角"两大区域分别为205个、320个，占全国总数的43.28%。

4. 周期性

演出行业的发展与国民经济和人均GDP的增长水平相关，经济的强势增长能有效地促进包括演出在内的文化产业发展。同时，经济不景气的时候，人们的物质需求会紧缩，但戏剧作为一种文化消费品，能够满足人们的精神需要，因此仍会有消费需求。

二、我国表演艺术业发展的现状

（一）艺术表演团的发展现状

艺术门类的商业演出主要包括音乐类、舞蹈类、戏剧类和曲艺杂技类四种，其中音乐类又包括音乐会、演唱会及音乐节三类，戏剧类又包括话剧、儿童剧和戏曲三类。我国艺术表演团体行业经过30多年不断探索与实践取得了显著成绩。2018年，中国共有艺术表演团体机构17 123个，同比增加了1381个，其中全国各级文化和旅游部门所属的艺术表演团体2078个，占比12.1%，如图13-2所示。

党的十八大以来，习近平总书记针对我国传统文化发展，提出了文化自信的命题，文化产业作为文化的承载者，在区域文化和特色文化传承中，发挥着举足轻重的作用，而文艺表演团体作为文化产业中的一员，全国各级艺术表演团体的从业人员的数量不断增加。2018年，中国艺术表演团体的从业人员数量为416 374人，同比增长3.3%，其中全国各级文化和旅游部门所属的艺术表演团体的从业人员数量达11.44万人，占比27.5%，如图13-3所示。

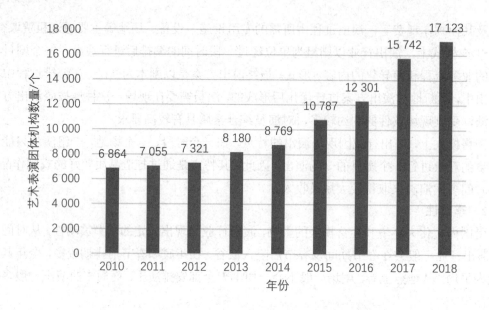

图 13-2 2010—2018 年中国艺术表演团体机构数量

资料来源：文旅部（www.mct.gov.cn）。

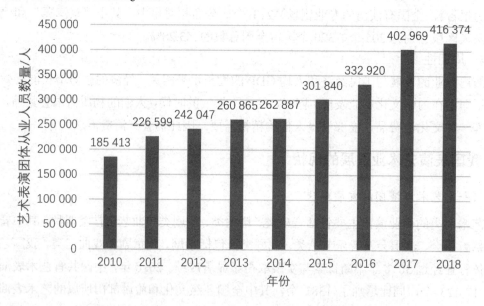

图 13-3 2010—2018 年中国艺术表演团体从业人员数量

资料来源：文旅部（www.mct.gov.cn）。

（二）艺术表演团演出现状

从演出情况看，2018 年中国艺术表演团体共演出 312.46 万场，同比增加了 18.89 万场，其中赴农村演出 178.82 万场，占比 57.2%，全国各级文化和旅游部门所属艺术表演团体共组织政府采购公益演出 16.16 万场，同比增长 2.7%，利用流动舞台车演出 11.80 万场，同比增长 1.6%，如图 13-4 所示。

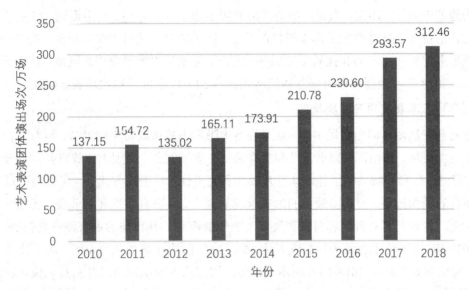

图 13-4　2010—2018 年中国艺术表演团体演出场次

资料来源：文旅部（www.mct.gov.cn）。

2018 年国内观看艺术表演团表演的观众人数达 13.76 亿人次，同比增长 10.3%，其中农村观众 7.79 亿人次，全国各级文化和旅游部门所属艺术表演团体共组织政府采购公益演出观众 1.28 亿人次，同比增长 0.3%，流动舞台车演出观众 0.95 亿人次，同比增长 0.2%，如图 13-5 所示。

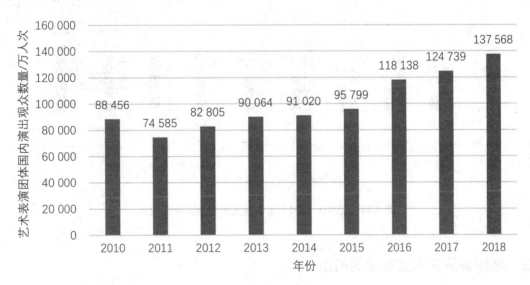

图 13-5　2010—2018 年中国艺术表演团体国内演出观众人次

资料来源：文旅部（www.mct.gov.cn）。

2018年9月20日,《中共中央 国务院关于完善促进消费体制机制进一步激发居民消费潜力的若干意见》印发,为促进消费提质升级明确了主攻方向。其中提到,稳妥把握和处理好文化消费商品属性与意识形态属性的关系,促进包容审慎监管与开放准入有效结合,努力提供更多优秀文化产品和优质文化服务。我国文化娱乐内容消费成为刚需,且处于高速增长阶段。2018年,全国演出市场总体经济规模达514.11亿元,同比增长5.03%。

(三) 艺术表演团经营现状

在文艺表演团体演出市场中,一直面临着电影和电视市场带来的挑战,因为二者在表现方式上更加灵活、自由,具有丰富性和多样性;在意境创造上,因为计算机技术的发展,有音乐、背景、色彩和特效的烘托,具有开放性和完美性;在表演方式上,可以通过反复表演完善演员的表演技巧,使其以最美的形式展现给观众,具有真实性和细节性。艺术演出因具有独特性,舞台艺术对台词和身段表现以及表情的限制,其市场的占有额一直较低。

2018年,中国艺术表演团体总收入达366.73亿元,同比增长7.2%,其中演出收入152.27亿元,同比增长3.1%,如图13-6所示。目前,我国艺术表演市场已经初具规模,表演团体数量不断增加,演出场次和收入逐年增长,在我国演艺市场中占据越来越重要的地位。在当前全面深化改革发展阶段,面对新兴文化消费形态日新月异、消费需求持续变化、国内国际竞争不断加剧的发展环境,提高文艺表演团体行业竞争力成为当前的主要任务。

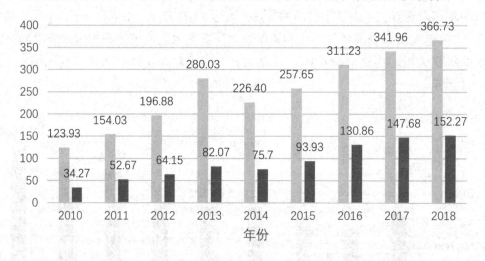

图13-6 2010—2018年中国艺术表演团体总收入

资料来源:文旅部(www.mct.gov.cn)。

三、我国表演艺术业发展的问题

1. 产品创新困难

从专业剧场演出剧目来看,各级政府和艺术基金对文艺表演团体的创作持续加大支持力度，2017年新创剧目的数量比上一年增长5.1%，但具有创新性的、社会效益和经济效益双效统一的作品仍然比较匮乏。

从旅游演艺产品看，它与一般剧场演艺产品不同，尤其是大型山水实景旅游演艺产品，它必须成为不可复制、难以替代的旅游演艺精品，这是它的核心竞争力之所在。旅游演艺产品的创新应该融自然景观、历史文化、表现形式于一体，这对于创作人员而言存在相当大的困难，完全的模仿则容易出现僵化现象，无法吸引游客。

2. 剧场缺乏管理标准和服务规范

先进的设施与落后的管理间的矛盾是剧场目前存在的主要问题。据调研了解，国内70%以上的剧场没有全面的管理制度，剧场管理没有明确的岗位定位和定责，缺乏管理标准和服务规范，没有形成剧场管理人员、技术人员、服务人员的培养与考核体系。一些地方政府投资数亿元建设大剧院，却不知道该按什么标准组建管理团队；斥巨资购置了灯光音响设备，却没有操作和维护规范。

3. 旅游演艺产品融资渠道不通畅

旅游演艺产品，尤其是大型旅游演艺产品的投资大多很高。《印象刘三姐》总投资3.2亿元；《印象丽江》总投资2.5亿元；广东番禺的《森林密码》节目，综合投资3亿元，仅灯光一项就投入2万多元。高额的运作资金意味着正式运营后演艺产品未必能及时回收成本，成功获得利润存在一定的风险，因此融资渠道成为束缚旅游演艺市场发展的一大问题。

旅游演艺产品投资主要靠风险投资，由各种风险投资基金进入剧目的创作、制作和演出过程。目前，国内旅游演艺产品投资仍然是以政府牵头、企业投资为主，仅有少数项目引入了风险投资，由于演艺产业方面的经验匮乏，社会资本难以对产品未来做出充分判断，进而阻挡了融资渠道的畅通化和多元化，不利于行业的发展。

4. 演艺产业的盈利方式较单一

目前，我国演艺产业的盈利手段比较单一，主要的盈利手段体现在以下两个方面。

（1）售票利润。在演艺活动中，通过在剧场、演出地点的票务满足演出的基本收益，这是我国目前演艺产业营利的基本形式也是普遍的形式。通过在固定的地点进行固定的演出和非固定地点的巡回演出的售票形式，主办方、演艺团体从中就可以获得经济效益。这种收益的形式适用于各个演艺形式，但是这样的方式的局限性也是很明显的，即把收益全都寄托于演出的票务销售上，比较被动。

（2）广告赞助的收益。以广告赞助的方法来获取某场或巡回演出的收益，这种形式在我国的演艺产业中其实占有较大比例。广告赞助的收益很明显，资金回笼也很快，可以说是演艺产业经济收入的一个来源。从长远的角度看，这种收益就显得目的性比较强，而且功利性也比较明显，赞助的企业为了追求自身企业广告效应的最大化，往往会出钱赞助一些"明星""大腕"，而对于普通的商业演艺演出，却不会做出大手笔的投资，所以广告赞助的收益并不是所有演出都能获得的。

第二节　表演艺术业管理的性质、职能和任务

一、表演艺术管理的性质

表演艺术管理，是指管理者为了一定的目的，对社会表演艺术活动所进行的决策、组织、计划、指挥、控制、疏导、教育和监督。它是一个系统组织实践活动的全过程，包括表演艺术事业的宏观管理以及表演艺术事业、企业部门和单位的微观管理、经营两大部分。社会主义表演艺术管理，是代表人民利益的国家和它的各级管理组织，为了繁荣发展社会主义表演艺术事业，不断满足人民日益增长的文化需要，而对整个表演艺术生产和再生产过程进行的一系列管理活动。

任何管理都是一个生产劳动过程，都具有两重性。马克思在《资本论》中分析资本主义经济管理的性质时指出："在直接生产过程中具有社会结合过程的形式，而不是当作独立生产者的孤立的劳动出现的地方，到处都必然会有监督和指挥劳动的发生，不过它具有两重性质。一方面，在一切由许多个人进行协作的劳动上，过程的联系和统一都必然需要一个指挥的意志，需要有各种与部分劳动无关而与工场全部活动有关的职能部门。如一个乐队需要有一个人指挥一样。它是一种生产的劳动，那在每一种实行结合的生产方式内，都是必须做的劳动。另一方面，把商业部门撇开不说，在一切劳动者（作为直接生产者）和生产资料所有者之间的对立，作为基础建立起来的生产方式内，又都必然会有这种监督劳动发生，当中的对立愈大，这种监督劳动所起的作用也就愈大。"管理具有两重性是一种客观存在，这是因为人们在任何生产劳动过程中都会与周围环境表现出两个方面的关系：一方面是人同自然发生的关系，管理必然具有与生产力相关联的自然属性；另一方面是人与人之间以一定方式结合在一定社会生产关系中所发生的关系，管理又必然具有与生产关系相关联的社会属性。

表演艺术的管理当然也具有两重性质，但其情况比物质生产及其他精神生产要复杂得多，因而就其两重性来说，还需要做深层的分析。

综合性的表演艺术生产，既具有集体协作的劳动形式，又具有精神个体性的形式，并以后者为主体、基础。这就决定了表演艺术管理的自然属性（即科学性），既有统一意志指挥和纪律约束的一面，又有创造个性、艺术民主和个人自由的一面，并以后者为基础。只有深入认识表演艺术管理自然属性这一深层意义上的两重性，才能赋予表演艺术管理精确的、真正合乎客观规律的科学性。

二、表演艺术管理的职能

表演艺术管理的两重性在于：一是由生产力规律所决定，要求表演艺术的管理必须科学地组织人才、组织创作、组织生产，获取最佳效益；二是由生产关系规律所决定，要求表演艺术的管理必须正确处理和协调生产过程中人与人之间、事业与企业之间、国家与事业之间的关系，包括政治、艺术、经济的关系，国家、集体、个人的关系，等等。前者是管理的自

然属性，体现了不同社会制度下管理的共同性，可以称为管理的一般职能；后者是管理的社会属性，具有鲜明的阶级性，可以称为管理的特殊职能。

认识管理两重性的意义在于：一方面，管理的社会属性决定了它鲜明的阶级性，在实施表演艺术管理的过程中，应当体现人民意志，坚持社会主义方向；另一方面，因管理的自然属性又决定了它的科学性，在实施表演艺术管理的过程中，就必须按客观规律办事。管理职能的两重性可具体分为以下七种。

1. 决策职能

决策过程的起点是发现问题。有了问题，才有解决问题的决策存在；没有问题，决策也就没有必要。

2. 计划（如控制）职能

它主要通过预测，明确预期目标和最优的计划方案，为表演艺术管理确定管理目标。在计划实施过程中，测定实际执行情况，矫正负偏差环节，促使计划实现。表演艺术管理的指挥职能，一般是通过计划和实施过程中的计划调节和控制等实现的。

3. 组织（如用人）职能

它主要体现在改革管理体制和机构，协调组织间各方面的关系，使整个表演艺术活动形成一个有机的整体。建立一种符合艺术生产规律的、充满活力的用人机制是表演艺术团体改革中的关键环节。在各个组织中，实施多种方式、多种类型的聘用制，岗位聘用制有利于合理选配和使用人员。

4. 疏导（如教育）职能

它主要体现为方针政策的指导，发展规划和计划的指导，明确表演艺术创作中应该鼓励、提倡什么，反对、禁止什么，通过社会舆论疏通引导，以及对管理对象进行思想、文化、审美和道德方面的教育。

5. 协调（如调节）职能

它主要通过协调社会各个方面的关系，包括政府和部门之间，中央和地方之间，地区之间，企业事业之间，表演艺术各门类品种之间，不同所有制院团之间，以及与文化艺术系统外的其他系统之间的关系，等等，达到综合、平衡、和谐发展。

6. 服务（如经营）职能

它主要由上层管理机关为基层服务，为发展艺术生产服务，以及对表演艺术事业、企业管理实行某些必要和可行的经济手段。

7. 监督（如保障）职能

它主要是发挥党的基层组织的保证和监督作用、协会团体的群众性监督作用，以及立法与司法的权益保障和刑律制裁。

表演艺术的七种基本职能是统一且不可分割的，既紧密联系又相互渗透，只有全面、重点地灵活运用管理手段，才可以发挥出管理的最大效用。

三、表演艺术管理的任务

社会主义表演艺术管理的任务，是由社会主义生产目的所决定的。表演艺术作为人们意识的表现，是一种精神生产，是人们物质活动、现实生活的反射和回声。社会主义表演艺术生产具有精神的目的，它要求生产出来的产品不但在数量上，而且在质量上能够担负起教育人民又娱乐人民的任务，从而能够更好地满足社会广大人民群众的文化生活需要。表演艺术生产的最终目的，是为认识世界、改造世界服务。

社会主义表演艺术生产的根本目的决定了管理的总任务是：根据马克思主义的生产目的，遵循党和国家所制定的符合社会主义艺术客观规律的多项方针和政策，按照管理科学现代化的要求和我国表演艺术发展的实际情况，不断调整和完善表演艺术生产关系，科学地组织表演艺术生产力，高效率地组织社会表演艺术活动。通过管理，正确处理社会主义艺术生产中的各种矛盾，把影响表演艺术发展的各种因素统一协调起来，把推动表演艺术发展的各方面积极因素充分调动起来，有效地促进社会主义表演艺术事业的发展。具体有以下六项任务。

（1）参与制定并贯彻执行文艺方针政策。制定表演艺术系统内部各部门、各单位不同发展时期的发展目标；在科学预测的基础上做出组织实施的一系列决策；明确规定具体的方针、任务、政策和措施；通过管理的客观实践，不断检验其正确与否，适时进行调整。

（2）制订符合表演艺术发展规律的计划并组织执行。组织人、财、物资源和艺术技能的开发利用，把开发放在首位；正确处理表演艺术与政治、经济的关系；使表演艺术事业在社会主义国民经济和社会发展的整体建设中获得自身的协调发展。

（3）按照社会主义表演艺术内部和外部的客观规律，不断调整、改革和完善表演艺术管理体制，合理而有效地发挥各级管理组织和整个表演艺术管理体系的作用。

（4）综合运用表演艺术管理的各种方法、手段，对表演艺术活动进行有效的控制和疏导，保证社会主义艺术活动正常进行。

（5）综合研究影响表演的条件，提高其社会效益。

（6）培养和建立一支表演艺术管理的专业干部队伍，以保证各项表演艺术管理任务的完成。

第三节　表演艺术业管理的特征、原则和方法

一、表演艺术业管理的特征

表演艺术管理的活动，必须符合表演艺术规律和艺术经济规律。表演艺术管理活动的特殊规律，是由表演艺术生产的特殊规律所决定的。

表演艺术生产是一种精神生产，它以脑力劳动为主，以大脑为"车间"，通过思维、科学概念和舞台艺术形态来表现外部世界，展示审美思想，创造出具有特殊审美价值的表演艺术产品，以满足社会发展和人们生产、生活的需要。正如马克思所说："最蹩脚的建筑师从一开始就有比灵巧的蜜蜂高明的地方，是他在用蜂蜡建筑蜂房以前，已经在自己的头脑中把它建成了。"

表演艺术是一种以物质为载体的精神生产，和物质生产有共同的或相似的规律。例如，

生产时都花费了人的劳动，用人的劳动来物化劳动；都需要消耗和补偿生产资料和消费资料；都需要经过生产、交换、消费、分配的全过程；它们的产品都有使用价值和价值，并共同构成社会财富。这些共同规律，决定了在表演艺术生产的管理领域，包括管理的过程、内容、组织和方法的某些方面，与物质生产管理有共同之处。既然表演艺术是精神生产，就应该有其自身的生产与管理的特殊性。

深入探讨表演艺术管理活动的规律，是学习文化产业与管理学科的主要目的。一般来讲，各行各业的管理活动规律都是基本相同的。例如，管理与生产结合自成系统；管理都具有协调的本质，都要有预测和决策，有管理的目标和计划，有计划中的调节与控制，有信息反馈，有指挥，有监督，有一整套科学的管理组织和实施方法，等等。然而，表演艺术的管理活动规律却又因其独特的生产规律，呈现出区别于物质生产和其他精神生产规律的特点，现做如下分析。

（一）管理的有所为和有所不为

陈毅同志曾在全国话剧、歌剧、儿童剧创作座谈会上的讲话中指出："有很多事情，奋斗是可以无为而治的。什么事情都去领导一番，反而会领导坏了，有些不去领导，反而好一些。要懂得，领导者有领导成功的，也有领导失败的，有把握领导成功的便去领导，没有把握的就不去领导，就让有经验的去搞。"表演艺术既要有为而治，又要无为而治，这一辩证原理在管理活动中的正确掌握和灵活运用，正是规律的特点所在。

有为而治，体现了社会主义文艺方向和方针、政策的根本领导，说明表演艺术的管理活动必须按照其生产的客观规律，去正确执行方针、政策，付诸管理实践，包括原则的确立、目标的选择、计划的执行、组织体制的规范等。表演艺术生产的领域和其他行业生产领域一样，正确的、科学的领导和管理是必需的。

无为而治，对于表演艺术管理活动主要有三个含义：一是该管的事要管，不该管的事不要管，即不加干预、去掉条条框框，给作家、艺术家以学术活动和艺术创作的自由权和自主权；二是以指导和疏导代替绝对的指挥命令，靠说服而不是压服，废除一人拍板，倾听群众意见，更多地发挥社会的协调、控制和监督功能，而不单纯靠行政手段；三是确定弹性指标体系而不做硬性刻板的死规定。

（二）划清商品性与商品化的界限

管理者必须确立表演艺术生产的目的和价值观，主要是以观念形态的、艺术审美价值的社会尺度，而不是以物质利益的、经济效益的目标去支配作为精神生产的表演艺术管理活动。在这一基本原则的制约下，正确运用管理的某些经济手段（如经济核算、市场预测、市场调节）与价值工程进行管理是必要的，但最终目的是促进艺术生产力的发展，用更多、更好的精神产品满足社会和群众的需求，而不是把利润当作唯一的追求目标。

运用经济手段管理表演艺术生产，还应区别与物质生产管理的差异。例如，表演艺术生产实行成本检算及其产品价值与价值量的测定，其复杂的精神劳动所耗费的劳动量及其所需要的社会必要劳动时间，就不能简单套用物质生产部门的计算方法，如价格政策（价格应根据价值而上下浮动）、劳动的消耗、提高劳动生产率的途径、投资效果和经济效益的测定，乃至自负盈亏的可能性、国家补贴的必要性等，都和物质生产的管理有所不同，不加区别地滥用经济手段，必将导致违反表演艺术生产规律与经济规律，从而造成不利于表演艺术生产发展的后果。

（三）产品管理的质的规定

任何产品都存在着质量和数量的关系，物质产品要求数量和质量并重，而精神产品，包括表演艺术产品，是以质量为中心的。在表演艺术的生产管理中，从一度创造到三度创造，从个体劳动到不同层次的集体生产，都必须牢牢把握质量关。为了保证精神产品的质量，必须尊重艺术规律，尊重作家、表演艺术家的创造性劳动。各级管理者必须做到以下四个方面。

（1）鼓励、提倡并保护作家、表演艺术家的独创性和探索性，既允许成功，又允许失败。对于一些有争议的产品，不急于拍板定论，以社会舆论、评论的方式去疏导，而不是以行政手段硬性地、简单地去处理。

（2）充分信任和充分发挥作家、表演艺术家的聪明才智，尽一切可能去创造良好的环境，以保证作家、表演艺术家在生产劳动中经常处于创作的最佳精神状态，不断获取产品的高质优化。

（3）协调和处理好人际关系（人与人之间、部门之间等），合作、协作单位间的各方面关系，以确保表演艺术产品的质量在任何环节上都不出差错。

（4）在产品的生产流通和直接服务过程中，要重视信息反馈，多做社会调查，多听取各种不同类型群众的评论和意见。

（四）建立表演艺术管理的信息系统

同生物神经感知系统一样，信息系统被喻为管理的神经系统。由于表演艺术生产本身就是全信息过程，因此建立和完善其管理的信息系统尤其重要。

表演艺术管理的信息情报，主要由社会统计系统、宣传系统、档案资料系统和情报交流系统组成。通过这些系统，将表演艺术的原始信息和加工信息、系统内和系统外的信息、国内和国外、过去和未来、流动和相对稳定的信息、常规的和偶然的信息，以及信息的正负反馈等，快速、准确、适用而又经济地在收集、汇总、加工、处理、分析、储存和输入、输出的各个环节中通畅无阻地运行，以适应决策计划，控制协调，管理各层次、各部门、各环节的沟通联络以及进行各种艺术生产活动。

表演艺术信息系统的建立要有明确的目的、整体的综合性、相对的独立性和相关的有序性，应逐步变分散为集中、变手工方式为现代化的科学方式（如运用计算机）。表演艺术信息系统设施的建立与完善既需要资金也需要时间，是提高表演艺术管理水平所不可缺少的一部分。

（五）小生产与大生产的结合

表演艺术的专业化、非群体化结构及其小生产形式、规模是由它的以个体劳动为主的精神生产的特殊性所决定的。它作为物质生产的一部分，如舞台美术的制作与供应，其生产社会化的趋势是客观的必然要求。但它的精神生产部分，其生产社会化、集约化程度要想达到与物质生产同等规模的程度，即也有高度发达的科学技术相渗透，大概率上是不可能的。艺术表演团体这种"一家一户"的精神生产方式，随着社会生活供求关系的变化，由于品种的日趋多样，专业的分工可能更细，生产的规模可能更小且分散，流动性则更大且广泛，从而也使表演艺术生产与消费的管理活动在客观上更需要加强科学而有效的控制。

表演艺术的生产，即使是极其专业化的精神生产，也并不能因此而排除社会化协作的可能性。作家、表演艺术家之间、系统内部门与系统外部门之间乃至各民族、各国家之间，表演艺术的交流与协作不仅是可能的，而且将随着物质文明与精神文明的发展的提高、交通条件的改善、精神生活的高需求，展现出更广阔的前景。这一不可抑制的社会化趋势已在现实世界中日益显露出来。当然，表演艺术的生产社会化和事业协作有其不同于物质生产的特点。一般来说，它的不同空间跨度的横向联系趋向于松散型和不固定型，从而要求管理者必须在社会机制调节中，加强计划调度和随机控制，以求管而不死、活而不乱，避免失控和失误。因此，演出法规、合同法规等文化市场管理法规的制定和实施，尤为迫切和重要。

（六）管理中的智力投资和人才培养

组织发展艺术生产力和提高表演艺术劳动生产率的决定因素是人而不是物。人作为劳动力，在物质生产力构成的诸要素中，虽然起着主要作用，但劳动资料在生产力的物的因素中占有最重要的地位，它的发展标志着社会物质生产力发展的水平，这一点与表演艺术生产力要素的构成有所不同。表演艺术生产在物的因素中，只在一定的程度上依赖于劳动资料，而在人的因素中无疑是劳动者占据着最重要的地位，起着决定性的支配作用。表演艺术发展的重点是劳动者智能的发展，并标志着社会艺术生产力发展的水平。表演艺术最基本的艺术生产资料是社会的、自然的形象信息，它的产品则是经过加工生产的形象信息。在表演艺术生产过程中，劳动者将劳动加于劳动对象（主要是社会生活，当然也包括自然物），是完成生产结果的先决条件，而劳动资料，即在劳动过程中用以改变或影响劳动对象的物质资料和物质条件，虽然不可或缺，但不起直接的、决定的作用，这又是由表演艺术的意识形态物性和精神生产的特点所决定的。由此向管理者提出要求，在对表演艺术事业的人、财、物管理上，必须按照艺术规律与经济规律，将人才的开发利用和智力投资摆在战略性的决策地位上。表演艺术事业的管理者必须集中精力去潜心研究与掌握艺术人才成长和行为科学的特殊规律与心理要素，在人才的管理上（培养、保护、使用、取舍等各个方面）选定最佳和最优方案。

二、表演艺术业管理的基本原则

表演艺术业作为我国社会主义事业的一个组成部分，必须把坚持社会主义道路、社会主义制度和坚持四项基本原则作为管理的根本原则。表演艺术的一切管理活动，必须符合表演艺术为人民服务与为社会主义服务的方向。在管理过程中，以上述根本原则和方向为指导，正确掌握管理的基本原则，是顺利开展管理活动、有效达到管理目的的根本保证。

表演艺术管理的基本原则有以下六条。

（一）最佳效益原则

表演艺术管理所要获取的最佳效益应该以不断提高精神产品的质量为中心，适应群众中不同年龄、不同职业、不同文化水平、不同兴趣的多方面的需要，努力创造和输送出更多更好的、为群众喜闻乐见的精神食粮，从而丰富人民的文化生活。表演艺术的产品，应该生动地、深刻地反映我国人民在现代化建设中的伟大实践,激发各民族奋勇前进的巨大热情。我们向人民输送精神食粮时,不仅要满足他们正当的娱乐要求和高尚的审美要求,更要满足他们多方面的求知欲望,不但要使他们的精神境界和道德情操得到提高,而且要达到大大提高他们认识和改造客观世界能力的目的。这就是说,表演艺术的管理必须坚持获取表演艺术产品的社会效益的原则,这一效益又必须在表演艺术产品的思想价值和艺术价值中得到充分体现。

对于表演艺术的管理要不要获取经济的效益这一点,许多学者认为:在社会主义初期阶段还存在商品的形式下,必然要求表演艺术产品获得必要的经济效益。这个经济效益应该是同它自身的艺术价值与社会效益相统一的。作为表演艺术管理者,在实践中协调三方面的关系时,需要注意的是:首先,要把获取表演艺术产品的思想性和艺术价值及其社会效益放在第一位,当经济效益同社会效益发生矛盾时,应坚持把社会效益放在第一位;其次,要明确区分表演艺术产品在流通中采取商品形式和艺术商品化之间的界限,防止和纠正商品化倾向;最后,在尊重艺术规律的同时,还应遵循经济规律与价值工程原则,在管理工作中正确运用表演艺术生产需要采取的经济手段,但绝不可以营利为主要目的。

为获取表演艺术的最佳效益,必须经常地、全面地、系统地预测和分析影响表演艺术产品社会效益的一切因素、一切条件以及这些因素、条件之间的关系,从而做出正确的判断和决策,制订各种有效的实施方案,予以对照、比较、论证,择优采用。在执行中还要加强管理的应变能力,在客观情况的变化发展中,适时调整措施,保证方案的顺利实施。影响社会效益的因素固然很多,但其中最重要、最根本的是人的因素。在人的因素中,除合情合理地调动和正确引导表演艺术生产者的积极性和创造性以外,各级管理者的因素又居于极端重要的地位。要获取表演艺术的最佳效益,必须充分发挥各级管理组织和管理者的作用。

(二)系统整体原则

表演艺术管理者必须具有系统的观念,掌握整体的原则,这是因为表演艺术是文学艺术大系统中的一个子系统,在这个大系统和子系统中,必然形成文学艺术和表演艺术的自身管理系统。表演艺术的管理是一个在系统中各因素相互制约、相互影响的较为复杂的系统工程。用系统的观点进行管理,就是从全面、整体看局部,研究局部与局部的、系统与系统的多种关系;用系统分析的方法进行管理,就是用综合的、辩证的方法,不是孤立地、机械地对复杂事物进行分析研究,而需要着重考察各个部分之间的相互作用。表演艺术生产管理系统同所有管理系统一样,都处在一个开放的系统内,它必须从系统外的社会环境中获取足够的投入物以补偿它的产出物和其自身在运转中所耗用掉的能量与物资,从而达到自身系统内的稳定状态,或整体的运作平衡,使系统得以生存和发展。

表演艺术生产系统是具有自身管理目标系统(包括总的共同目标和各层次的具体目标)的大系统。在这个大系统中,从纵向来说,有中央和省(自治区、直辖市)市县的表演艺术生产系统(剧院、团),有省(自治区、直辖市)市县的服务系统(演出公司和各剧场),以及与之相配套的物质生产和供求系统(舞美厂、戏剧服务生产与供应部门)和为培养各表演艺术品种的人才而设置的各级艺术院校等;从横向来看,则又有创作、生产、研究、政工、后勤等系统。管理者必须依据整体性的原则,以表演艺术的创作与生产活动为管理中心,协同处理系统内部的子系统之间的关系。同时，表演艺术生产系统又处于文学艺术系统和整个社会大环境之中，因而要求管理者必须按照开放性的原则，以自身系统为管理中心，协同处理与系统外环境的各系统的关系。

从系统论观点出发实行的系统和整体管理中，还必须看到信息与控制的相关性及其必要性。没有信息，便无法实现对系统的管理，而管理又是离不开控制的，只有系统论与控制论和信息论的结合运用，才能促进管理的现代化，这也是表演艺术管理者必须掌握的基本原则。

（三）民主与自由原则

实行艺术民主，保证创作和学术自由，是艺术规律的客观要求，也是艺术管理所必须遵循的重要原则。邓小平同志在中国文联第四次代表大会祝词中指出："党对文艺工作的领导，不是发号施令，不是要求文学艺术从属于临时的、具体的、直接的政治任务，而是根据文学艺术的特征和发展规律，帮助文艺工作者获得条件来不断繁荣文学艺术事业。"他又指出："衙门作风必须抛弃，在文艺创作、文艺批评领域的行政命令必须废止。""文艺这种复杂的精神劳动，非常需要文艺家发挥个人的创造精神。写什么和怎样写，只能由文艺家在艺术实践中去探索和逐步求得解决。在这方面，不要横加干涉。"

邓小平同志对于艺术的特殊规律、对于艺术管理必须实行民主自由的原则，做了精辟深刻的论述。实行民主的原则，要求管理的主体——管理者具有平等待人、平等交换意见的民主作风，要求采取民主的方式，给予基层和个人以艺术生产管理和创作、学术的自主权利，给予管理客体——被管理者（或称为管理对象）以咨询的、监督的和共同参与管理的权利，要求充分信任、注意发挥和依靠艺术工作者的积极性、首创性和自觉性。

自由原则要求管理者认真贯彻和实施"双百"方针，为艺术工作者创造客观条件，保证他们从事创作、评论、学术、演出等各项活动的自由，积极保护他们的独创性、个体性、多样性，使他们的流动性适度。

在表演艺术管理工作中，充分发挥民主和自由，是社会主义艺术生产方式所特有的。社会主义制度赋予了艺术生产平等、民主和自由的新型关系，"百花齐放，百家争鸣"这一基本方针的规定和实施，就是社会主义高度民主的体现。还必须指出的是，社会主义艺术的高度民主还必须有社会主义的完备法制来保障。"双百"方针及其一系列文艺政策必须在文艺立法中制度化、法律化，这样在实施过程中才能更具有稳定性、连续性和权威性。

（四）开放与搞活原则

对外开放与对内搞活这项方针，不但存在于改革中，而且也应是管理实施的基本原则。经济体制改革、文化艺术的体制改革都应贯彻这项方针。表演艺术生产由于具有广泛的社会性、区域的流动性以及市场变化的广阔性等特点，因而在管理方面尤其需要实行开放和搞活的原则。

所谓开放，是从我国幅员辽阔、人口众多的国情出发，不仅应该对外开拓国际市场以方便艺术交流与协作，更应对内开放国内文化市场进行艺术交流。所谓搞活，是从艺术整体出发，不但要扩大自主权，增强每个表演艺术生产单位的生机与活力，而且要打破地区和部门的垄断，打破大而全、小而全的小生产格局，走向更广阔的社会化生产协作的道路。

这就要求表演艺术的管理者必须破除小生产者的管理观念，树立系统整体的大生产观念；在艺术、技术上搞生产协作，实行广泛交流，而不是分散经营，闭关自守；既加强计划管理，又重视市场调节；既不放过国外艺术协作交流的机会，也要重视国内文化市场（尤其是广大农村）的开辟；既要采取措施加强对艺术文化市场的管理，又不能出现"一管就死"的局面，艺术文化市场要"活而不乱"；要在广泛实行艺术协作与交流的横向联系中，协调处理好人际关系与部门间的关系。

在表演艺术开放和广泛的协作交流过程中，管理者要从表演艺术生产的特点和规律出发，注意以下三个方面。

（1）在信息管理上加强对原始的信息（指获取表演艺术生产资料所必需的社会和自然的形象信息）、生产的信息（指表演艺术产品经过加工生产出来的形象信息）和反馈的信息的采集、加工、传播等的控制与协调。

（2）在表演艺术人才管理上实行必要的、有组织、有计划的人员流动、转移和交流合作。

（3）在表演艺术的交流协作中保护和强化表演艺术的个体独创性和风格多样性，以及各民族和地区自身的特点。

（五）物质利益原则

物质利益原则是社会主义的基本原则之一。人们进行生产活动的直接目的是追求物质利益。正如马克思所说："人们奋斗所争取的一切，都同他们的利益有关。"这里所讲的利益，主要是指物质利益。

物质利益的基本内容，从一般意义上来讲，主要有以下三个方面。

（1）一切经济活动必须为国家提供社会积累。

（2）合理调整商品生产和流通领域所反映的各种物质利益关系。

（3）把物质利益作为调动企业、事业和职工积极性的经济手段之一。

在表演艺术生产的经济活动中，当然也同样需要具备以上三个方面的物质利益内容，但由于表演艺术领域经济活动规律的特殊性，对上述内容还需要做出具体的分析。

第一，在复杂的表演艺术经济活动中，对于是否应该为国家提供社会积累，这里有以下三个层次。

（1）在表演艺术业中，某些国有制剧团、集体个体所有制剧团，以及为表演艺术生产提供物质生产资料的部门，为国家提供积累不但是可能的，而且是必要的，因而也就具有这方面的必尽义务。

（2）有相当一部分艺术表演团体，由于精神生产的诸多复杂原因，在经济上达不到自负盈亏的水平，因而也不同程度地需要国家给予必要的差额补贴。对于它们就不是要求其为国家提供社会积累，而应是要求其承担尽可能减轻国家和社会负担的必尽义务。

（3）也还有一小部分国家或省、市一级有成就、影响力大的示范性的重点艺术表演团体以及有价值的实验性艺术团体，亟须保留和发展的稀有艺术品种、新兴品种、儿童剧种和少数民族艺术团体等，需要国家投入更多的资金。但即使对于它们，国家也不能一切包养下来，而是主要进行生产建设的投资，并应要求它们承担减轻国家和社会负担的一定义务。至于那些违反乃至侵犯国家利益的企业、事业单位，管理部门应有权予以必要的处置。

第二，在社会主义表演艺术的生产流通过程中，有商品生产和商品交换，就必然存在物质利益与经济关系（特别是在不同所有制单位之间的经济往来）。例如，剧团与剧场之间的合同契约、分成比例、票价政策以及表演艺术企业的积累分成等，都是相互间的物质利益关系。合理调整这些物质利益关系，是调动表演艺术企事业单位、表演艺术工作者和人民群众积极性的重要方面。调整的原则，是要正确处理和兼顾国家、集体和个人三者之间的关系。

第三，在社会主义制度下，组织表演艺术经济活动也必须依靠表演艺术生产者对个人物质利益的关心。正如列宁所说："把国民经济的一切大部门建立在关心个人利益上面，共同讨论，专人负责。由于不会实行这个原则，我们每一步都吃到苦头。"应当承认，在管理中没有给群众看得见的个人物质利益，再好的管理制度和方法也是达不到预期效果的。因此，在一切管理中（当然也包括表演艺术管理），为实现个人物质利益，就要把企业、事业的经营成果同个人的物质利益联系起来，调动表演艺术工作者的社会积极性，就要正确处理艺术与经济的关系，使表演艺术经济活动获得最佳的社会效益。

对于管理者（也包括管理对象）来说，对物质利益原则的理解和解释应该是全面的、辩证的，而不应是片面的、绝对的。如同物质是基础，物质生产是第一位的，但还有与物质生产互为目的、互为条件、相互渗透、相互作用的精神生产一样；也如同在人类社会生活中，除吃穿住用等物质生活资料以外，还有精神生活需要一样，人们在关心个人的物质利益的同时，也追求着精神享受。在物质生产和物质生活高度发展的当今尤其如此。这一点，对属于精神生产领域的表演艺术的管理尤其重要。

表演艺术生产的动力，虽然有来自表演艺术工作者对物质利益要求的一面，但更重要的是他们创造出的具有审美理想的创造性劳动和所获得的高度审美享受。著名的、卓有成就的艺术大师和表演艺术家们，都把艺术看作自己的第二生命，生命不息、奋斗不止。退一步来说，即使是物质领域的生产劳动者，也并非只满足于获取自身的物质利益，而是同时也在不断产生着对可以满足精神生活需要的产品的需求。

这就告诫管理者，作为管理的主体，除了关心管理客体的物质利益以外，还必须十分关注管理客体的精神生产和对精神生活的需求，切实关心和照顾表演艺术工作者的精神需求，切实关心和照顾表演艺术工作者的精神利益，为表演艺术工作者尽可能地创造良好的、有利于艺术创造的工作、学习、生活的环境和条件；除给予应有的物质报酬（如待遇）以外，还应给予表演艺术家多方面的精神享受；除必要的物质奖励以外，还应给予表演艺术家相应的精神荣誉。总之，管理者在贯彻实行物质利益原则时，不应该只从物质的一个方面，而应从物质的和精神的两个方面去调动表演艺术工作者的积极性和创造性，只有这样，才能获取生产和管理的最佳效益。

（六）服务经营原则

表演艺术的服务性，是由文艺为人民服务、为社会主义服务的根本方向所决定的。之所以不提"文艺为政治服务"的口号，并非因为文艺与政治的绝对相互独立和相互排斥，而是从广义上理解文艺为人民服务、为社会主义服务，也即为社会主义制度下的工人阶级和最广大人民的利益服务。任何不符合和违反人民利益的事情，应为表演艺术的生产者和管理者所不为。

服务经营原则的概念，对于管理者还有第二层的意义，即管理本身也是一种服务。这种服务对于各级管理者来说，就是为经营和发展表演艺术生产服务、为基层和群众服务。管理的服务性是社会主义国家机关和表演艺术专业从事行政管理和生产管理应有的本色。

服务有无偿服务和有偿服务之分。管理者为管理客体服务当然是义务性的无偿服务，而生产者为生产客体服务，则属于有偿服务（即劳务），这种生产上的有偿服务无疑具有经营的性质。实行商品生产、交换和为物质生产、生活提供服务的部门，一般是以经营为主要方式进行服务的部门，并且一般是以服务为主体结合一定方式进行的经营，两者的经营在性质和程度上是不同的。表演艺术的生产服务部门经过体制改革，应该从过去的纯服务型向服务经营结合型转化，以与当今艺术生产力的发展水平和人们的文化生活需求相匹配。这是因为，表演艺术生产服务部门的事业性质，决定了它本质上是服务型的。它虽然也要采用商品交换的一定形式，但在社会主义制度下，从事劳务活动的劳动力是不允许作为商品去交换出售的，它所交换和出售的只是表演艺术产品作为商品的物化的那个部分。因此，在物化劳动的成本核算上，在按劳分配上，在票房价值这一特殊的价值规律的应用上，需要实行与企业相似，但又有所区别的某些经济手段和主要方式，并且以事业服务为主体，结合进行经营的次要手段和次要方式。

在表演艺术管理中，只有明确树立以服务为主，结合进行经营的观念，正确掌握服务经营的原则，才能在经营管理中坚持事业的正确方向，自觉防止和克服全盘企业化和商品化的倾向。

三、表演艺术业管理的方法

目前，在世界各国对表演艺术生产管理方法的研究中，先后创立了不少学派。例如，有的主张用经验法或案例法，有的主张用人际关系行为法或集体行为法，有的主张用社会协作系统法或社会技术系统法，还有决策理论法、信息中心法、数学或管理科学法等。美国管理学家哈罗德·孔茨和西里尔·奥唐奈在《管理学》论著中，提倡采取管理的业务法，认为在任何管理中都只有一个最核心的管理知识，而其他许多有关的知识，如系统理论、统筹理论、信息理论、数学理论、心理学与行为科学理论等知识，在管理工作以外的领域也都存在。这些知识有助于对管理的业务知识的理解，但不能因此代替管理本身的核心知识。业务管理法除运用其自身的核心知识外，也从其他知识领域中吸取并采用对管理有用的部分，剔除与其管理工作关系不大的部分。这种方法，既坚持了以管理的业务方法为主，又汇集了管理领域的诸多方法因素，因而有其比较合理和科学的参考价值。

表演艺术生产的管理方法，如同经济部门的管理方法是以符合客观经济规律的经济方法为主一样，也必须以符合客观艺术规律的业务方法为主要方法。同时，还应结合运用行为科学和心理学方法、社会学方法以及行政方法、经济方法、法律方法等诸多科学的管理方法。分述如下。

(一) 业务方法及社会方式的结合运用

1. 管理的业务方法

所谓管理的业务方法，就是管理主体利用其业务管理的各种职能，对管理客体施加影响，从而建立一个能够发挥被管理者主动创造精神的有效环境，获取生产和管理最佳效果的基本方法。

管理的业务方法利用表演艺术生产规律所规定的各种管理职能，如决策职能、计划（控制）职能、组织（用人）职能、疏导（教育）职能、协调（调节）职能、服务（经营）职能和监督（保障）职能而采取的贯穿于管理过程始终的业务方法，其核心或实质是围绕着以表演艺术人才的智能开发与表演艺术产品质量水平的提高这一中心主题，突出以精神因素为主，结合运用物质利益原则，在表演艺术生产运动中调动各方面的积极性和创造性。

从一定意义上讲，运用业务方法就是运用艺术竞争机制，通过表演艺术生产及其生产业务组织，采取一切措施，使表演艺术产品在竞争中充分发挥人才优势、剧目优势、独创优势和宣传评价优势的巨大作用。表演艺术产品优势的形成，需要创造、需要积累、需要在既定目标下有一个较长时间的计划和组织实施过程，还需要适宜地掌握火候和时机。有胆有识、有勇有谋，是管理艺术之所在，也是业务方法之精髓。

2. 社会方式和业务方法的结合

表演艺术生产管理的方法必须与社会学方法和管理活动的社会方式紧密结合。

所谓管理的社会学方法，就是运用文艺社会学理论所揭示的文艺社会价值论，文艺的社会生产、消费、传播过程，群体及其内部活动过程，个人行为发生的环境条件的变化规律以及文艺的社会发展等科学资料结合实践进行管理的一种方法。用社会学方法管理表演艺术事业，就应深入了解我国社会、我国表演艺术事业及其各部门、各地区、各环节、各企业事业单位所赖以生存的各种社会环境状况和特点，采取适当措施，创造和谐的社会关系和个人关系的环境条件，更好地执行和发挥管理职能的作用。例如，对表演艺术生产组织结构进行合理配置和优化设计，改革和完善管理体制，加强组织内部与外部联系，运用社会协调机制不断改善生产条件，对表演艺术市场实行社会性综合治理，等等，以创造必要的社会环境条件，创建良好的社会氛围，在社会化的管理实施中实现表演艺术的社会价值。

所谓社会方式，就是充分利用表演艺术富于社会性、群众性的社会活动特点和外向特点，采用社会调查、民意测验、市场预测、艺术节活动、竞赛评奖、舆论宣传、学术交流以及人际交往等办法，对表演艺术生产系统产生好的影响，获得好的社会效益与经济效益。表演艺术生产的投入和产出，当然需要社会赋予相应的物质资料和社会需要的相应的经济效益，但最根本、最主要的是社会所赋予的信息资料和精神效益。这种信息资料和精神效益又必须通过一定的社会方式，在与社会群众广泛深入的交往与联系中获取。

3. 行政方式与业务方法、社会方式的结合

任何管理，包括表演艺术生产管理，都必须在管理方法中采取必要的行政手段，诸如高层和上级行政机关制定颁布有关文艺管理方面的条例、政策、行政性法规，或指导性规划计划和决议、决定、指示，行政组织纪律与规章制度的制定，行政性的奖惩，生产和工作秩序的确立与监督执行，以及包括后勤管理、生活福利在内的各种烦琐的行政性事务工作等。在集体组织中，行政手段只要是按照艺术规律办事，又体现集体统一意志的，就应采用。在现代管理中运用行政手段，还必须使之科学化、规范化和程序化，尽可能地使用现代科学技术，如计划评审技术、网络分析、数学模型等。

表演艺术生产管理的行政方式必须渗透在社会性生产与服务的业务之中，同管理的社会方式和业务方法相辅相成并有机结合和运用。政府机关除行政决策以外的行政性公共服务工作和表演艺术生产单位的行政性后勤事务工作都应逐步实现社会化，机关或基层的行政性决策则必须明确以业务为中心。

（二）心理学与行为科学方法的结合运用

用社会心理学方法管理表演艺术生产，就是要根据表演艺术生产的特点以及生产者心理的特点，去把握和运用能满足需要、激发动机的各种方法。例如，提出既切合现实又鼓舞人心的奋斗目标；制订分步骤实现目标的可行性计划；及时地反馈表演艺术行为的阶段性成果，恰如其分地给予奖励或惩罚，等等。用社会心理学方法管理表演艺术生产，就必须将思想政治工作纳入管理的方法体系之中。思想政治工作无论采取何种方法，都必须结合表演艺术生产、工作和管理的业务，针对管理客体的个性与群体心理特征去进行。

第四节　我国表演艺术业的监管

一、表演艺术业主管部门

（一）中共中央宣传部

中共中央宣传部是中共中央主管意识形态方面工作的综合部门，其对演出行业的主要管理职能是：负责提出宣传思想文化事业发展的指导方针，指导宣传文化系统制定政策、法规，按照党中央的统一工作部署，协调宣传文化系统各部门之间的关系。

（二）文化部及各省市文化厅（局）

文化部是国务院部委之一，其对演出行业的主要管理职责是：拟定文化艺术方针政策，起草文化艺术法律法规草案；拟定文化艺术事业发展规划并组织实施，推进文化艺术领域的体制机制改革；指导、管理文学艺术事业，指导艺术创作与生产，推动各门类艺术的发展，管理全国性重大文化活动；推进文化艺术领域的公共文化服务，规划、引导公共文化产品生产，指导国家重点文化设施建设和基层文化设施建设；拟定文化艺术产业发展规划，指导、协调文化艺术产业发展，推进对外文化产业交流与合作；拟定文化市场发展规划，指导文化市场综合执法工作，负责对文化艺术经营活动进行行业监管，指导对从事演艺活动民办机构的监管工作。文化部作为国务院文化主管部门，负责全国营业性演出的监督管理工作。

各省、市、地区的文化厅（局）主要负责属地内营业性演出的监督管理工作，其主要职责是：贯彻执行党和国家关于艺术工作的方针、政策和法规；研究制订地区文化事业发展规划、政策、规章和管理办法；综合管理地区社会文化事业。另外，各地文化局还负责落实政府的各项补助政策和政府采购政策。

二、行业自律组织

中国演出行业协会表演艺术委员会于 2019 年 11 月 8 日在北京成立，委员会首届主任由中国演出行业协会副会长宋官林担任。

中国演出行业协会表演艺术委员会由全国从事表演艺术的文艺团体、演出公司、演艺制作公司、演出项目运营企业等表演艺术全产业链机构组成，是隶属于中国演出行业协会的分支机构，旨在规范表演艺术行业运营，提升行业水准，加深表演艺术与新技术的融合共通，推动业态模式创新、行业有序发展。

该委员会成员涵盖了各个门类的表演团体，既有国家级院团，也有省级院团，既有国有文艺单位，也有民营演出公司，包括中央芭蕾舞团、中国国家京剧院、中国国家交响乐团、安徽省黄梅戏剧院、浙江小百花越剧院等 100 余家表演团体。

根据《中国演出行业协会章程》，委员会将制定表演艺术行业自律规范；建立协调机制，推动成员之间的协作，协调成员之间的纠纷，推动演艺资源共享；将组织政策法规和业务培训，提升表演艺术企业的经营管理、人才培养的能力，推动行业精品化、规范化、专业化发展；加深表演艺术与新媒体、新技术的融合共通，推动业态模式创新。此外，还将搭建国际艺术交流平台，助力中国表演艺术走出去。

三、表演艺术业监管政策

根据 2016 年第三次修订的《营业性演出管理条例》第六条："文艺表演团体申请从事营业性演出活动，应当有与其业务相适应的专职演员和器材设备，并向县级人民政府文化主管部门提出申请；演出经纪机构申请从事营业性演出经营活动，应当有 3 名以上专职演出经纪人员和与其业务相适应的资金，并向省、自治区、直辖市人民政府文化主管部门提出申请。文化主管部门应当自受理申请之日起 20 日内做出决定。批准的，颁发营业性演出许可证；不批准的，应当书面通知申请人并说明理由。"

根据 2016 年第三次修订的《营业性演出管理条例》第十条："外国投资者可以与中国投资者依法设立中外合资经营、中外合作经营的演出经纪机构、演出场所经营单位；不得设立中外合资经营、中外合作经营、外资经营的文艺表演团体，不得设立外资经营的演出经纪机构、演出场所经营单位。"

根据 2016 年第三次修订的《营业性演出管理条例》第十三条："举办营业性演出，应当向演出所在地县级人民政府文化主管部门提出申请。"根据《营业性演出管理条例实施细则》（以下简称《细则》）的规定，申请举办营业性演出，应当持营业性演出许可证或者备案证明，在演出日期前向文化主管部门提交规定文件。该《细则》同时对港澳台或涉外演出做了相关规定。

思考题

1. 什么是表演艺术业管理？试论述表演艺术业管理的性质、职能和任务。

2. 表演艺术业管理有哪些规律性特点？
3. 表演艺术业管理应该遵循哪些基本原则？
4. 对比经济部门管理方法，讨论表演艺术业管理方法有什么不同。

 案例讨论　二级票务平台：现场演出市场繁荣的杠杆

近年来，随着国民文化消费升级和消费群体的年轻化，中国现场演出市场呈现出繁荣的发展态势——中国演出行业协会发布的年度报告显示，2018年演出市场总体规模已经达到514.11亿元。但市场存在的一些乱象也不容忽视，如黄牛哄抬门票价格甚至违法售卖假票，大大扰乱了演出票务行业的风气，阻碍了演出市场的良性发展，乱象背后的一大原因是票务市场合理调节机制不足。

供需失衡催生二级票务市场发展

中国票务市场从演出机构直营开始，经历了线下到线上销售的发展过程，目前已形成以一级专业票务机构为主、二级票务机构为辅，演出机构、演出场馆票务共存的多元化格局。

在发展初期，我国现场演出票务市场主要是专业公司票务代理和演出机构参与直营，比如中国票务网、上海东方票务等。尽管一级票务市场经过多年发展已经较为成熟，但大众购票渠道单一、热门演出一票难求、票价与市场需求不匹配等问题始终没有得到解决。

2010年后，在"互联网+"的发展态势和演出市场红利、市场用户需求的多重驱动下，传统票务代理开始转型，以大麦、永乐票务为代表，正规的二级票务平台也在2012年前后陆续涌现，为票务代理商分销和个人门票转售提供了一个新的在线交易空间。据不完全统计，我国陆续出现过40余个二级票务平台，如摩天轮、票牛、西十区等，随着几大头部平台在商业模式方面的自主创新与升级，二级票务平台正逐渐获得更多消费者的认可。

二级票务平台成演出行业市场化杠杆

各二级票务平台通过市场化的动态定价机制和专业化的运营管理，成为调节演出市场的重要杠杆，为演出行业注入了强劲活力。相关数据显示，二级票务平台带动演出上座率平均上升10%~20%。具体而言，二级票务平台的优势主要体现在以下两个方面。

一方面，二级票务平台的价格调节机制补齐了演出票务市场的短板。以2019年10月莫文蔚演唱会的咸阳站为例，因当地消费能力有限，需求未被完全激活，演出活动临近开演尚有数千张尾票库存，后来在二级票务平台的驱动下，门票日销售量最高达1000张以上，最终整场活动座无虚席。

另一方面，二级票务平台的专业化运营大大缓解了当前票务市场的一些问题。二级票务平台不仅令票务交易环节更加透明，还通过商户准入机制和消费者保障制度，尽力保证交易正规合法，从而维护了买卖双方的利益。

二级票务市场良性发展仍需政策引导

虽说二级票务平台对整个演出行业的积极作用已经凸显，但作为票务市场的新兴力量，其规范化管理仍需主管部门的正向引导。

纵观相对成熟的欧美演出市场，政府对二级票务机构的准入制度和售卖行为都做出了明文规定，如限制代理费用、实时公开转售票量等，既避免了各级票务平台因层层授权可能出现的资源浪费，也有效保障了二级票务市场的高效运转。

现场演出市场作为文化产业的细分市场之一，在政策扶持和市场需求的驱动下正处于繁荣发展阶段，而票务市场作为演出市场的关键一环，只有一、二级票务平台彼此互补，共同走向专业化和规范化，实现协调发展，才能真正做到最大化满足大众的精神消费需求，为演出市场注入源源不断的动力。

资料来源：张建珍. 二级票务平台：现场演出市场繁荣的杠杆[N]. 中国文化报，2020-01-15.

讨论题：

1. 试分析二级票务市场是否有发展空间，政府应该如何进行政策引导？
2. 我国表演艺术业在市场运作方面还存在一些问题，比如黄牛哄抬门票价格甚至违法售卖假票，阻碍了演出市场的良性发展。结合本章内容，谈谈表演艺术业应如何监管。

延伸阅读　扫码学习

表演艺术业管理

第十四章　广告业管理

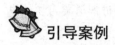 **引导案例　　　　明星代言必须尊重法律**

2019年1月,明星伊能静因微博"卖课",向粉丝推荐印度灵修课程遭网友质疑涉嫌传销、宣传邪教,并第一时间被中国反邪教、中国警方的官方微博点名而迅速登上热搜。

尽管伊能静称自己没有获益,但仍遭到网友集体"炮轰"。为了"博眼球",明星代言是行业内营销的一贯手法,但明星因违法代言导致被处罚、成为被告人的案例比比皆是。

归根结底,对广告代言产品效用及广告用语的真实性审查不严是其中的一个重要原因。我国《广告法》第三十八条明确规定:"广告代言人在广告中对商品、服务作推荐、证明,应当依据事实,符合本法和有关法律、行政法规规定,并不得为其未使用过的商品或者未接受过的服务作推荐、证明。"由此可见,广告代言人开展广告活动必须以符合法律的有关规定为前提,其代言行为是否依据事实、是否符合法律规定,代言人应当有了解和审查的责任,而一旦忽视这些责任,就要承担相应的法律后果。

对此,我国《广告法》也规定,广告代言人违反规定做推荐、证明的,将受到没收违法所得,并处违法所得一倍以上两倍以下罚款的处罚,且3年内不能再代言广告;而对于关系消费者生命健康的商品或者服务的虚假广告,造成消费者损害的,广告代言人还将与广告主、广告经营者、广告发布者承担民事赔偿的连带责任,其惩罚措施不可谓不重。

对于明星来说,必须审慎对待"代言"。明星一旦代言行为违法、代言内容走样,不仅会造成消费者的人身、财产损失,还可能对社会产生恶劣影响。对于广告代言,明星不能只见利益,不见责任,必须尊重法律,对代言产品和宣传内容审慎行事,以确保广告宣传的真实性、合法性。

资料来源:赵丹阳.明星代言必须尊重法律[N].北京日报,2019-01-23.

 **本章导读**

广告从作为一种重要的营销手段发展成为一个相对独立的产业经历了十分漫长的历史。1841年,沃尔尼·B.帕尔默开始为《镜报》销售版面,并自称"报纸广告代理人",从而宣告了广告代理业的诞生。中国广告市场自1979年重开以来,产业规模迅速扩张,广告公司专业服务能力显著提升,广告业成为我国现代服务业和文化产业的重要组成部分。改革开放以来,我国广告业逐步发展壮大,随着我国广告业的迅速发展,广告管理在促进和保障

广告业健康发展方面发挥着日益重要的作用。2015年4月24日，十二届全国人大常委会表决通过新修订的广告法，2015年9月1日起，新版《中华人民共和国广告法》（以下简称《广告法》）正式实施，这是《广告法》实施20年来首次修订，是促进广告行业持续健康发展的必然要求，是提升广告监管执法力度，保护消费者合法权益的一项重大举措，为加强广告监督管理、促进广告业持续快速健康发展提供了重要的法制保障，对我国广告市场产生了深远影响。2018年再次对《广告法》进行了修订。本章介绍广告业的内涵和特点，广告业管理的概念、对象和职能，并重点论述我国广告业的监管体制。

第一节 广告业及其发展

一、广告业的内涵

（一）广告

广告是一种宣传方式，它通过广告公司的服务，以媒体为渠道，把社会公益信息或有关商品、服务的知识或情报有计划地传递给人们，其目的在于倡导社会公益导向，或扩大销售、影响舆论。广告行业主要涉及四个主体，即广告主、广告公司、媒介和消费者。广告作为一种经济活动，具有如下特征。

（1）广告具有一切经济活动所具备的投入产出特点。广告费是一种投资，广告产出最为重要的结果是创造一个品牌。著名广告大师奥格威有一句名言："每一个广告都是对品牌形象的长期投资。"这强调了广告的结果，也强调了广告的系统性。如果一个产品在质量、市场定位上没有明显问题，创名牌就是广告的责任，很多产品的前途就在于"广告什么"和"怎么广告"。

（2）广告通过一定的载体进行传播。电视、广播、报纸和杂志一般统称为四大传统传播媒体。除此之外，一切有助于信息传播的物质或工具都可以作为广告媒体，如路牌、交通工具、霓虹灯、橱窗、商品陈列、建筑物、气球、电话、包装等。传播媒体随着科学技术的发展而不断发展，其本身具有在现有物质基础上不断被开发、发现和利用的过程，因此新媒体广告不断涌现。

（3）广告是对特定对象的准确信息所进行的传播。广告须根据自身目标来确定对象。广告传播的范围越广、时间越长，只能造成费用的浪费。广告媒体选择、广告主题分析和确定、广告表现和创作必须符合特定对象的特点及心理特征。正确确定广告对象应以尽可能少的广告支出，获得尽可能大的广告效益为目标。

（二）广告产业

广告产业作为一个重要的经济学范畴，尽管被学界、业界频繁地使用，但并没有一个权威的说法。从字面上看，广告产业是"广告"和"产业"两个概念的合体，要界定广告产业必须先界定广告与产业的内涵。据不完全统计，迄今关于广告的定义不下100种，并且还在不断扩展。新闻记者可能将广告定义为一种传播过程、公关过程或劝服过程；商业人士可能把广告视为一种营销过程；经济学家和社会学家还可能把广告当作一种经济表象、社会表象或伦理表象；而有些消费者则可能干脆把广告当作垃圾。对"产业"概念的理解也很复杂多样，目前已到了被严重泛化的程度。因此，对"广告产业"概念难以统一认识便十分自然。人们对"广告业"的认识主要有以下三种情形。

（1）广告产业就是广告市场，由广告主、广告公司、广告媒体、广告受众组成。

（2）广告产业就是广告公司的集合。

（3）除了上述两种外，人们更普遍的做法是在使用广告产业概念时不加诠释，仿佛它是不言自明的。

上述第一种情形就是通常说的广义的广告产业，第二种则是狭义的广告产业。这两种界定都有悖于产业经济学的常理，并与事实不符，表现在它们混淆了广告市场与广告产业的概念，把广告产业主体和广告市场主体等同起来。

对广告产业概念进行学术梳理要立足于产业经济学范围内。产业经济学是从产品或服务的供给方来界定产业的，只有作为广告产品供给方的企业的集合才能构成广告产业。广义的广告产业其实就是广告市场，因为有广告服务的买方和卖方的存在。对狭义的广告产业的界定也不全面，因为提供广告服务的是广告主和广告媒体，它们提供时段、版面，对广告发布起着无可替代的作用，理应包含在内。第三种情形由于不做严格界定，随意性很大。以上三种情形不可避免地给广告产业的具体实践和理论研究带来很多麻烦，突出的问题是统计口径的不一致、统计数据的虚高和研究对象的错位。

本书把广告产业界定为从事广告产品生产或提供广告服务的企业集合。具体而言，广告产业就是从事调研、策划、创意、制作、媒体购买、发布等广告活动的企业的集合。需要说明的是，广告产品并不是人们常说的做了广告的产品，而是广告产业经营的对象，也就是广告企业生产出来的、能满足广告主需要的各种广告实体产品、广告服务和创意性成果，它是广告企业与广告主之间进行交易的标的物。广告产业是一个内容十分丰富的庞大体系，从介质来分，广告产业可分为报纸广告业、电视广告业、户外广告业和网络广告业等；从广告产品生产过程来分，广告产业可分为广告调研业、广告创意设计业、广告制作业和广告媒体业等。广告调研业是为广告主提供市场信息、媒体信息和广告效果信息等专门服务的企业的集合，如尼尔森、央视索福瑞等就属于此类。广告创意设计业是专门为广告主提供广告创意、广告方案等知识性产品的企业的集合。广告制作业是为广告主提供有形产品、服务的企业的集合。广告媒体业是为广告活动进行媒体策划、媒体购买和媒体排期等业务的企业的集合，如大贺户外、实力媒体等就属于此类公司。一般来说，广告调研业属于广告产业的上游，广告创意设计业和广告制作业属于广告产业的中游，而广告发布、广告评估等广告媒体业属于广告产业的下游。由于产业的融合，上述产业的边界日益模糊，而且那些以前不属于广告产业的公关业、直销业等也融合进了广告产业，使得广告产业链的长度和宽度都有所延伸。

二、我国广告业状况

(一) 广告业发展概况

1. 我国广告业发展阶段

广告业作为服务性产业,伴随着中国经济的成长而不断发展壮大。根据不同时期广告业发展的特征、状况及广告业服务的对象,我国的广告业发展大致经历了以下三个阶段。

第一阶段(1949—1978年),发展缓慢。

中华人民共和国成立后,为服务经济建设、方便人民群众,不少报纸、广播电台等媒体都开始刊播商业广告,但受制于当时我国对广告的认识观念偏差,商业广告业发展缓慢,直到党的十一届三中全会后,我国当代广告事业才进入新的历史发展时期。

第二阶段(1979—1992年),迅速发展。

当代广告业的恢复和发展始于1979年,中共中央宣传部在这一年发布《关于报刊、广播、电视台刊播外国商品广告的通知》,各类广告纷纷出现在大众视野中。这一时期企业广告意识逐步提高,工商企业开始有计划地、科学地进行产品宣传,广告业初具规模,广告公司大量涌现,广告从业人员不断增加。这一时期,中国广告业逐渐与国际广告业接轨,广告的服务对象也随之明晰,广告业的管理与行业法规随之不断完善。

第三阶段(1992年至今),蓬勃发展。

1992年十四届三中全会召开至今是我国广告业蓬勃发展并逐步走向成熟的时期,1993年《关于加快广告业发展的规划纲要》明确了广告业是知识密集、技术密集、人才密集的高新技术产业,使得广告产业跨越式发展。当前我国已成为世界第二大广告国。近年来,随着国家宏观经济的稳步发展,以及移动通信、互联网、社交媒体等新兴媒介的飞速发展,广告业进入了蓬勃发展时期,广告业年营业额从2005年的1416.00亿元增长至2016年的6489.13亿元。

2017年全国广告经营额6896.41亿元,相比2016年的6489.13亿元小幅增长6.30%,其中户均广告经营额61.41万元。全年广告业营业额占国内生产总值的0.84%,仍低于国际平均水平1.50%和发达国家水平2%。2018年,我国广告行业年营业额是7991.48亿元,同比增幅达到15.88%,保持着较高的增长速度。

自改革开放以来,广告业得到了迅速发展,1994年中央电视台开始了黄金时段广告招标会,更是把广告推到了一个新的高度,各企业也看到了广告对公司经营业绩的巨大作用。我国广告经营额每年都在快速上升,市场监管总局的最新数据显示,2018年中国广告经营额为7991.48亿元,同比增幅达到15.88%,占国民生产总值的0.88%,如图14-1所示。相比前几年持续一位数的增幅,2018年是最近六年来增幅最大的一年。

2. 广告公司发展情况

2016年,中国广告经营单位875 146户,较2015年增长30.25%。2017年,广告经营单位112.31万户,其中私营企业80.32万户,同比增长32.4%,这是我国广告行业经营单位首次突破百万户关口,并且同比增速高达28.3%,增长十分迅速,如图14-2所示。

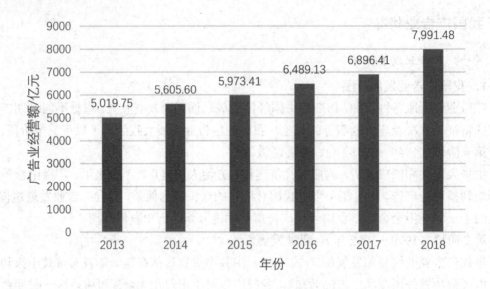

图 14-1　2013—2018 年我国广告业经营额

资料来源：国家市场监督管理总局（www.samr.gov.cn）。

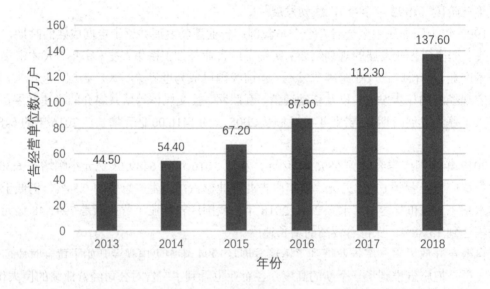

图 14-2　2013—2018 年我国广告业经营单位数量

资料来源：国家市场监督管理总局（www.samr.gov.cn）。

我国广告从业人员数量从 2013 年的 262.2 万人逐年增长到 2018 年的 558.2 万人，增幅为 27.04%，是六年来最高值，如图 14-3 所示。广告经营单位同比增长 22.51%，相较 2017 年有所回落，但依然保持较高增长态势，如图 14-2 所示。

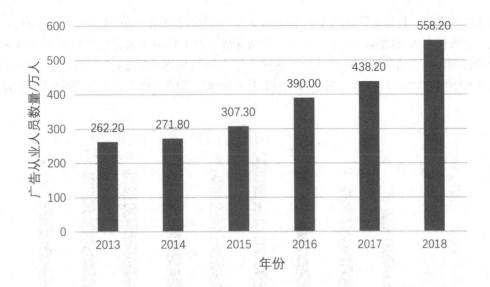

图 14-3　2013—2018 年我国广告从业人员数量

资料来源：国家市场监督管理总局（www.samr.gov.cn）。

3．广告业主要媒体状况

中国广告市场媒体目前已形成电视媒体、互联网媒体、生活圈媒体三大阵营格局。以央视为代表的电视媒体具有覆盖率广和公信力强等优势，以 BAT 等为代表的互联网媒体体现出了高联结性和强互动性等特点，而以分众传媒、巴士在线等为代表的生活圈媒体展示出城市生活空间媒体的高到达和高匹配的品质。

近年来，电视台、广播电台广告花费总体稳中有升，互联网广告花费持续增加，但增速放缓，报纸、杂志广告花费持续下跌。

1）电视媒体情况

2016 年电视广告收入规模达 1031 亿元，同比略有下滑，五大卫视收入合计超过 300 亿元，如图 14-4 所示。整体来看，一方面，电视广告收入整体自 2013 年来开始逐渐下滑，预计未来每年会略微下滑 2%~3%；另一方面，五大一线卫视收入规模不断提升，湖南卫视连续两年广告收入过百亿元，浙江卫视、东方卫视也超过 50 亿元，江苏卫视和北京卫视分别为 25 亿元和 18 亿元。五大卫视黄金档、周播档刊例价格逆势上涨，广告时间段也呈现集中化趋势。

2018 年对电视广告贡献排在前五名的产品是食品、化妆品及卫生用品、房地产、汽车、药品，对电视广告的贡献率占到了 47%。

2）互联网媒体情况

近年来，互联网媒体广告的收入持续增长，2015 年中国互联网广告经营额达 1775 亿元，首次超过电视媒体广告的收入。

如图 14-5 所示，2016 年中国互联网广告经营额达到了 2305 亿元，继续呈现快速增长势头。2017 年中国互联网广告经营额合计约为 2975 亿元，同比增长了 29.06%，占广告总经营额的 43.14%。从互联网广告分类来看，互联网服务类广告占比 93.67%，其中电子商务广告 302 万条次，其他互联网服务广告 646.95 万条次。2018 年互联网广告总收入为 3694.23 亿元，年增长率为 24.2%，保持了较快的增长速度。由于受中国宏观经济结构调整与去杠杆周期的影响，加之流量红利的消失，互联网广告市场整体增长较 2017 年减缓了 5.76 个百分点，占 GDP 比重约为 0.42%，较 2017 年上升 0.06%，继续承载着全面拉升中国广告行业的重任。

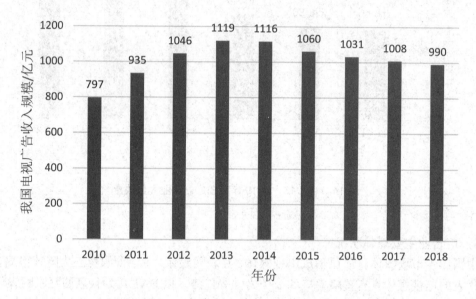

图 14-4　2010—2018 年我国电视广告业收入规模

资料来源：中国产业信息网（www.chyxx.com）。

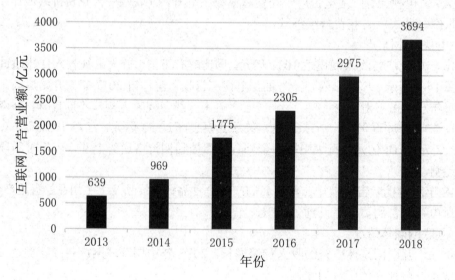

图 14-5　2013—2018 年中国互联网广告业经营额

资料来源：中国产业信息网（www.chyxx.com）。

新技术替代传统互联网营收产品，以今日头条、小米、美团为代表的新生力量的迅速崛起，拉动了互联网广告的持续增长。它们依靠创新的业务模式、产品及技术优势，为互联网广告增长植入了新动力。新生力量的崛起使互联网广告市场的竞争更加激烈，也促使头部媒体和平台的市场集中度更高，广告经营额前十名的互联网公司占比由2017年的91%上升至2018年的93%；但是BAT三家公司占互联网广告收入的份额相较2017年下降了2个百分点，占有率回落到69%。

数据显示，2018年快消品仍然是互联网广告投放最主要的品类。食品、饮料品类广告收入稳坐广告品类的头把交椅，个护及母婴品类位居第二，这两项之和占比达到49.31%；交通、网络通信及房地产类分列第3位、第4位、第5位，收入占比均超过6%，较2017年收入增幅均超过15%；数码电子产品、金融保险、零售物流类收入增幅均超过20%，分列第6位、第7位、第8位；医药保健品类呈现负增长，占比降至2.69%。排在前十位的品类占据了广告收入的91.92%。

3）其他媒体情况

2018年，广播电台广告收入的基本持平，主要得益于深度的互联网化，把单纯广播终端成功地扩展到互联网上，实现了网台的有机联动，互为支撑；电视广告则逆市而行，同比增长26.73%。

报纸和期刊两大传统媒介广告业的下滑态势仍在持续。2018年，报社和期刊社广告分别出现了10.34%和9.49%的负增长，市场留给这两大媒体的生存环境也越发严峻。

4. 广告主的发展情况

1）广告主行业分布情况

广告行业的下游是广告主，据统计，2016年投放广告前三位的行业品类分别是食品、房地产和汽车。2017年投放排名前十位的广告品类小有变动，如图14-6和表14-1所示。其中，上一年度第三位的"汽车"与第四位的"化妆品及卫生用品"排名互换；上一年度第七位的"信息传播、软件及信息技术服务"与第八位的"酒类"排名互换。

值得注意的是，传统的广告投放大户——汽车品类，在2017年的广告投放额出现一定幅度的缩水，从2016年的693.78亿元下滑至2017年的659.77亿元，降幅为4.9%。这一状况基本反映了同期的汽车行业发展状况。2017年，我国汽车产销2901.54万辆和2887.89万辆，同比增长3.19%和3.04%，增速比上年同期回落11.27%和10.61%。

此外，数据还显示，"药品""医疗服务""医疗器械"三大品类的广告营销额大幅"下降"。2017年，国家工商行政管理总局加大了对虚假违法广告的监管，各级工商部门也多次向社会披露虚假违法广告的典型案例。在大力度的监管之下，大量涉医、涉药、涉及医疗服务的虚假违法广告得到抑制。以上三个品类广告营业额的大幅"下滑"正是行业去伪存真的体现。从数据中还可以看出，2017年，"其他"类别的广告经营额总额首次突破1000亿元大关，达到1291.31亿元。"其他"类别一直是一个"模糊"领域，但该类别一直保有庞大的市场容量。这一类别在2017年31.13%的增长幅度表明，其中包含的众多传统意义上的"非主流"类别，或许正是许多广告企业苦寻的行业蓝海。

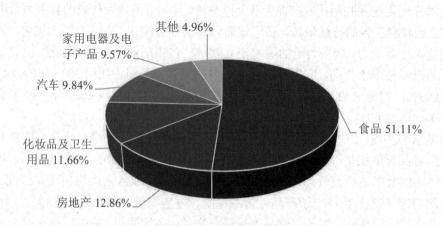

图 14-6　2017 年我国广告行业营业额集中度分析——按行业

资料来源：中国产业信息网(www.chyxx.com)。

表 14-1　2017 年我国广告行业营业额分类别排序

排序	项目	2017 年总额/亿元	增长/%
1	食品	886.85	2.96
2	房地产	803.86	3.12
3	化妆品及卫生用品	678.74	3.19
4	汽车	659.77	-4.90
5	家用电器及电子产品	341.84	0.17
6	药品	292.23	-11.36
7	酒类	283.75	14.17
8	信息传播、软件及信息技术服务	278.81	3.86
9	金融保险	230.46	8.71
10	服装服饰及珠宝首饰	206.39	15.36
11	旅游	193.19	12.44
12	批发和零售服务	165.86	13.51
13	生活美容、休闲服务	157.23	10.18
14	医疗服务	112.77	-9.91
15	教育	78.84	5.56
16	招工招聘及其他劳务	69.81	-2.53
17	医疗器械	65.51	-14.78
18	收藏品	34.46	-6.99
19	农业生产资料	32.14	-17.25
20	出入境中介	24.38	-17.72
21	烟草	8.12	-56.34
22	其他	1291.31	31.13

资料来源：中国产业信息网(www.chyxx.com)。

近年来,电视广告投放既有国际知名品牌又有本土品牌,伴随我国经济发展,本土品牌逐渐崛起,并逐步占据较大优势。随着城镇化的推进和人民生活水平的提升,消费者品牌意识逐渐增强,广告主更加重视自身品牌建设,不断加大广告营销投入。

2)我国广告投放区域分布情况

广告行业是一个国家或地区经济发展的晴雨表,广告行业的发展与经济的增长密切相关。中国区域经济发展的不平衡性,导致中国广告行业的发展也呈现出一定的区域分布不平衡性。根据国家工商总局公布的数据,按照行政区域划分,2016年广告经营额最多的六省(市)分别为北京、广东、江苏、上海、浙江和山东。2016年各省(市)的广告销售排名情况与2015年差别不大,分别说明当前广告行业的重心仍集中于经济发达地区。

(二)广告业发展特征

1. 技术推动广告产业的转型升级

随着数字时代的到来,数字技术逐渐成为决定广告产业发展方向的核心要素,数据成为广告产业竞争的核心资源。人工智能、大数据、云计算、AR、VR等新技术的发展,正在改变着我国广告产业的发展方向。广告产品形态虚拟化、互动化、个性化,出现了如信息流广告这种根据用户数据个性化定制的广告产品形态;重构了广告生产方式,大数据和人工智能能够实现精准目标受众定位、精准媒介投放、精准广告效果评估和智能化驱动下的创意策划;推动了人力资源结构转型,技术型和创新型人才需求量增大;广告产业组织结构也出现了创新发展方向,以阿里妈妈、广点通等为代表的依托大型互联网企业的数字营销公司和以品友互动、悠易互通等为代表的广告技术公司的出现,使得我国广告产业发展呈现出专业化、规模化的新景观。此外,数字产业链中的DSP、Ad Exchange、SSP等,也推动了广告产业价值链的重构。数字技术的发展促进了广告产业规模的扩大,极大地推动了广告产业的数字化转型升级。

2. 广告市场结构改变,传统广告衰退

伴随互联网技术的不断发展,全球广告行业正在经历由互联网技术带来的历史性变革,中国也不例外。根据央视市场研究(CTR)媒介的数据,电视广告于2015年首次出现负增长,下降6%,且在之后三年连续呈现下降趋势;电台广告自2013年起增速放缓,平均增幅保持在2%左右;杂志广告自2013年首次下跌后,年平均跌幅达到24%,其中下跌最严重的当数报纸广告,2012—2017年连续大幅度下跌,且2017年的广告收入仅约为2012年的1/5。互联网广告的巨大冲击,使传统广告的衰弱成为不可避免的大趋势。传统广告如何进行转型升级,以适应数字时代发展,已经成为行业发展的一大课题。

与此形成强烈对比的是,在互联网技术的推动下,互联网广告自2011年起年均增幅超过40%,呈几何级数增长,实现了跨越式发展。其在2016年一举超过电视、广播电台、报社、期刊社四大传统媒体广告经营额总和后,2017年约3000亿元的经营额已经接近我国广告行业2017年全部广告经营额的50%。以手机为代表的移动设备正成为消费者信息接触的最主要介质,互联网广告格局明显由PC端向移动端倾斜,进入了全新的移动互联网时代。新形式、新技术、新内容快速崛起,互联网广告将承担全面拉升中国广告行业的重任。

中国广告市场结构在这一时期发生了巨大变化,传统广告日渐衰弱,互联网广告飞速发展直至逐渐占领广告市场，这成为这一时期的重要特征。

3. 数字营销成为发展迅速的新兴产业形态

2010年之后，在数字技术与商业模式的驱动下，广告向数字营销传播转型，并逐渐成为主流的营销方式。2012年，国家工商行政管理总局发布《广告产业发展"十二五"规划》，提出要加强广告产业技术创新，促进数字、网络等新技术在广告服务领域的应用，广告产业也第一次被纳入国家《产业结构调整指导目录（2011本）》。2016年发布的《广告产业发展"十三五"规划》提出要建立新的数字广告生态，这为促进数字营销的快速发展创造了更加良好的政策环境。数字营销产业也逐渐形成了完整的产业生态，数字营销的程序化购买已经形成了以"4A代理—DSP/广告网络—广告交易平台"为核心，以第三方供应商、效果监测服务、网站分析服务为辅的联结需求方和供应方的完整产业链。2015年，广告主广告预算中数字营销的占比已经超过60%，营销战略也从4P发展到4C，再到以信息沟通为基础的4D战略。营销新形式更是层出不穷，双微营销、视频贴片营销、互动营销、富媒体营销、AR/VR营销等，都已经逐渐颠覆传统媒体的力量。数字营销已经成为发展迅速的新兴产业形态。

第二节　广告业管理的概念、对象和职能

一、广告业管理的概念

广告业管理有广义和狭义之分。广义的广告业管理，是指对广告活动和广告行业的计划协调、控制和监督。它包括以下五个方面。

（1）政府管理，即政府机关代表国家对广告业进行的行政管理。

（2）行业自律，是指广告业者成立民间的行业团体组织，通过章程、规范、准则等形式进行的自我约束、自我管理。

（3）广告经营单位内部管理，是指依法取得经营权的广告经营者在法律规定或授权的范围内对所从事的广告经营活动各环节及内部经营组织的管理。

（4）公司广告管理，是指工商企业在组织生产、经营活动中，对广告战略的制定及实施的管理。

（5）社会监督管理，是指消费者和社会各界对广告活动的监督、举报、批评和建议。

狭义的广告业管理，是指国家广告管理机关依据有关法律、法规和国家授予的职权，代表国家对广告活动进行的领导、组织、调控、监督。本章所讲述的广告业管理是指狭义的广告业管理。

广告业管理是国家管理经济的行为之一，是我国工商行政管理体系的组成部分。广告业管理是通过广告管理机关的行政行为来实现的，国家工商行政管理机关和地方各级工商行政管理机关是我国广告业管理的机关和主体，代表国家统一管理经济、社会、文化等各类广告。

二、广告业管理的对象

广告业管理的对象主要是广告主、广告经营者、广告发布者及其在我国境内所从事的广告活动。

1. 广告主

广告主是为推销商品或者服务,自行或者委托他人设计、制作、发布广告的法人、其他经济组织或者个人。

2. 广告经营者

广告经营者,是指受委托提供广告设计、制作、代理服务的法人、其他经济组织或者个人。

3. 广告发布者

广告发布者,是指为广告主或者广告主委托的广告经营者发布广告的法人或者其他经济组织。

4. 广告活动

广告活动,是指广告经营的全过程,它包括广告调查、广告策划、广告创作、广告发布、广告效果测定等活动。对广告活动的管理主要表现在对广告主题、广告内容、广告表现形式、广告发布等方面的监督和控制,避免出现违法、违规的现象。

三、广告业管理的职能

根据《广告法》和有关行政法规的授权,政府工商行政管理部门主要履行以下四种职能。

1. 制定和贯彻执行广告管理法规、政策

国家工商行政管理局是国务院的直属机构,是全国广告管理的最高机关,是负责全国广告监督管理工作的决策、指导机关,受国家立法机关和国务院委托起草广告法律、法规,单独或会同有关部门制定广告行政规章,制定各类广告发布标准,根据受理权可以依照地方立法程序和权限的有关规定,受地方立法机关和地方政府的委托,起草地方性广告管理法规,并贯彻执行所制定的法律、法规和规章制度。针对广告中存在的问题,搞好调查研究,及时总结经验,为建立完善的广告管理法规体系提供情况、意见和建议。

2. 对广告经营进行审查、批准和登记

各级工商行政管理部门有权依法对广告经营(兼营)资格进行审查、批准、登记,核发营业执照、广告经营许可证。这项职能主要是指核准广告经营权、核定广告经营范围两项,是对广告经营活动进行管理的基础。具体来说包括以下三个方面。

(1)对专业广告公司的从业资格进行审查批准,以及对其广告经营的范围进行核定,对经审查合格的公司发营业执照和广告经营许可证。

(2)对广播电视台、报刊出版单位及其他经济组织或个人从事广告活动的资格进行审查批准,以及对其广告经营的范围进行核定,经审查合格的发广告经营许可证。

(3)对其他临时性或特殊形式的广告活动的资格进行审查,以及对其广告经营的范围进行核定,经审查合格的发广告经营许可证。

对广告经营进行审查、批准和登记是保护合法经营、取缔非法经营的前提条件。核准广告经营权，关系到经济组织和个人是否有权经营广告业务的问题，是区分有照经营和无照经营的界限；核定广告经营范围，关系到其经营的业务范围是否符合法律规定的问题，是区分合法经营和越权经营的界限。

3. 对广告经营活动实施监督检查并查处广告违法案件

广告的监督检查是指对各类广告活动及广告经营者、广告的发布者是否具备广告从业资格及广告经营许可证，各类广告活动及广告内容是否符合国家法律、法规的要求所进行的定期监督检查工作。对广告进行监督检查的目的是保护正当广告经营者的利益和广告经营活动的健康进行，及时发现问题，纠正偏差，对检查不合格的广告经营单位，依法停止其广告业务，并制裁其违法行为。

同时，各级工商行政管理机关都有接受群众举报、受理用户和消费者投诉、处理广告违法案件的权利和义务。在工商行政管理机关内部，按照权责划分的有关规定，对在监督检查、消费者投诉和群众举报中发现的广告违法案件分级办理，视其情节轻重给予行政、经济处罚；构成犯罪的，由司法机关依法追究其刑事责任。

4. 引导和协调广告活动的开展

依照国务院的有关规定，广告管理机关不仅担负着指导广告业协会的工作，还担负着研究制定广告业方针、政策和发展规划，发布各类广告发布标准，开展广告法规宣传，总结、交流经验，不断提高广告服务水平等工作。另外，广告管理机关还担负着协调各方关系，解决各种矛盾，使广告管理工作顺利进行的重任。广告管理机关的协调工作主要包括以下两个方面。

（1）广告管理机关内部的协调工作。广告管理机关内部的协调工作分为纵向和横向两个方面。纵向的协调是指不同层次的广告管理机关在立法、审批、监督、查处工作中的协调，一般是上级广告管理机关为下一级广告管理机关做好协调工作。横向的协调是指同一层次的广告管理机关在管辖范围、职责权限、相互配合等方面的协调，一般是通过相互之间的协商来完成的。

（2）广告管理机关与政府其他部门的协调。广告管理有时会涉及商标、专利、肖像等侵权问题，因此在法规上、制度上、工作上要相互衔接、互相配合和疏通。另外，户外广告管理有时还需要城建、市容、交通等部门的配合。

第三节 广告业的监管体制

一、广告业主管部门及监管体制

我国广告业实行政府监管与行业自律相结合的监管体制。

（一）行业主管部门

原国家工商总局是国务院主管广告业工作的直属机构，其职责是"指导广告业发展，负责广告活动的监督管理工作",具有维护广告经营秩序、规范广告宣传内容、促进广告业健康发展、保护消费者合法权益等职能。原国家工商总局内设的广告监督管理司负责拟定广告业发展规划、政策措施并组织实施;拟定广告监督管理的具体措施、办法;组织、指导监督管理广告活动;组织监测各类媒介广告发布情况;查处虚假广告等违法行为;指导广告审查机构和广告行业组织的工作。对于部分特殊产品广告内容,工商行政管理部门依据《广告法》会同有关部门制定了一系列专项监管制度,包括《食品广告发布暂行规定》《药品广告审查办法》《医疗器械广告审查办法》等,明确了特殊产品广告在发布过程中的内容和程序审查、广告措辞及处罚措施等内容,对广告行业得到规范。

除原国家工商总局外,广告业还受其他部门的行政监管,例如证监会、银保监会对涉及金融产品的广告进行规范和管理。

党的十九届三中全会通过了《深化党和国家机构改革方案》,国务院提出的国务院机构改革方案由十三届全国人大一次会议表决通过,改革方案将国家工商行政管理总局的职责及相关其他国家机构的职责进行整合,组建国家市场监督管理总局,作为国务院直属机构,不再保留国家工商行政管理总局。

(二)其他监管部门

某些特殊产品的广告因其传播内容及广告主所处行业的特殊要求而受相关政府管理部门的监督管理,如药品的广告受到国家药品监督管理局的监督管理。

(三)行业自律性组织

广告业的行业自律性组织主要包括中国广告协会、中国商务广告协会及其下属的中国商务广告协会综合代理专业委员会(简称"中国4A协会")。上述行业自律性组织主要从事制定行业自律规则、开展行业资质评审、行业培训、学术理论研究、国际交流合作等活动。

中国广告协会是由广告主、广告经营者、广告发布者、广告代言人(经纪公司)、广告(市场)调查机构、广告设备器材供应机构等经营单位,以及地方性广告行业组织、广告教学及研究机构等自愿结成的行业性、全国性、非营利性社会组织。中国广告协会紧密围绕"提供服务、反映诉求、规范行为"的基本职能开展业务工作,并加强与其他广告及相关行业组织的交流与合作。按照《广告法》的规定,制定行业规范,加强行业自律,促进行业发展,引导会员依法从事广告活动,推动广告行业诚信建设;树立广告业良好的社会形象,为我国经济转型升级、优秀文化传播、社会和谐进步贡献力量。

中国商务广告协会是以全国商务广告行业为主体,包括相关品牌、营销、文化、创意等产业与教学和研究机构自愿结成的行业性的、全国性的、非营利性的社会组织。它旨在制定行业规范,加强行业自律;坚持走专业、精英和国际视野的路线,提高行业的整体文化修养和专业服务水平,树立广告行业良好的社会形象;搭建行业的学习、沟通、交流、互助平台,推动中国广告行业的发展,促进并提高广告行业在国家发展战略中的地位和影响力;认真听取会员的意见和建议,代表和维护会员的正当权益。

中国商务广告协会下属的中国商务广告协会综合代理专业委员会旨在建设一个在服务、创新、实力、诚信等方面水准最高、最具社会影响力的广告同业组织。通过建立行业标准,树立专业的作业规范,引导各公司理性竞争,以一个更健康的方式发展广告业,提升中国广告行业整体的地位和社会形象,同时为中国广告业培养人才。

(四)行业监管体制

我国广告业监管体制属于政府主导型的广告监管体制,即以政府监管为主、行业自律为辅的广告监管体制如图 14-7 所示。

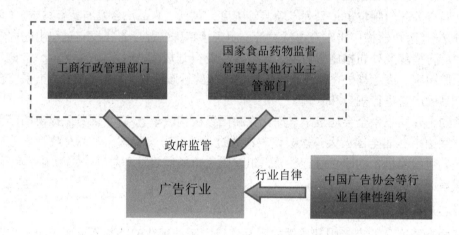

图 14-7 我国广告业监管体制

二、行业主要法律法规及产业政策

(一)主要法律法规

当前,我国已逐步形成以《广告法》为基础,涵盖广告业务资质管理、广告内容审查、广告经营活动管理等方面的法律法规体系。广告行业主要依据的法律法规、部门规章和规范性文件如表 14-2 所示。

表 14-2 广告行业主要依据的法律法规、部门规章和规范性文件

序号	法律法规名称	生效时间	发文单位
1	《广告管理条例》	1987 年 12 月 1 日	国务院
2	《中华人民共和国广告法》	1995 年 2 月 1 日	全国人民代表大会常务委员会
3	《食品广告发布暂行规定》	1996 年 12 月 30 日	国家工商行政管理总局
4	《广告语言文字管理暂行规定》	1998 年 3 月 1 日	国家工商行政管理总局
5	《医疗广告管理办法》	2007 年 1 月 1 日	国家工商行政管理总局、卫生部
6	《房地产广告发布规定》	2016 年 2 月 1 日	国家工商行政管理局
7	《互联网广告管理暂行办法》	2016 年 9 月 1 日	国家工商行政管理总局
8	《广告发布登记管理规定》	2016 年 12 月 1 日	国家工商行政管理总局

(二)主要产业政策

1.《中共中央关于认真学习宣传贯彻党的十九大精神的决定》

2017 年 11 月 1 日,中共中央印发了《中共中央关于认真学习宣传贯彻党的十九大精神

的决定》，要求在文化建设上，要坚定文化自信，推动社会主义文化繁荣兴盛，繁荣发展社会主义文艺，推动文化事业和文化产业发展。

2．《国家"十三五"时期文化发展改革规划纲要》

2017年5月7日，中共中央办公厅、国务院办公厅印发了《国家"十三五"时期文化发展改革规划纲要》，指出要优化文化产业结构布局，加快发展网络视听、移动多媒体、数字出版、动漫游戏、创意设计、3D和巨幕电影等新兴产业，推动出版发行、影视制作、工艺美术、印刷复制、广告服务、文化娱乐等传统产业转型升级，鼓励演出、娱乐、艺术品展览等传统业态实现线上线下融合，开发文化创意产品，扩大中高端文化供给，推动现代服务业发展。

3．《广告业发展"十三五"规划》

2016年7月7日，国家工商行政管理总局印发了《广告业发展"十三五"规划》（工商广字〔2016〕132号），指出"十三五"时期广告行业要实现扩大产业规模、增强创新力、提升社会效益、深化行业改革、优化发展环境的目标，重点完成提升广告企业服务能力、优化产业结构、促进产业创新、推进广告产业融合发展、提升广告产业国际化水平等任务。同时，《广告业发展"十三五"规划》推出了市场准入政策、财税支持政策、投融资政策等相关配套政策，并对"互联网+广告"予以重点倾斜。

4．《关于推动传统媒体和新兴媒体融合发展的指导意见》

2014年8月18日，中央全面深化改革领导小组第四次会议审议通过了《关于推动传统媒体和新兴媒体融合发展的指导意见》，指出要以先进技术为支撑、内容建设为根本，推动传统媒体和新兴媒体在内容、渠道、平台、经营、管理等方面的深度融合，实现优势互补、共同发展，重点打造一批形态多样、手段先进、具有竞争力的新型主流媒体，建成几家拥有强大实力和传播力、公信力、影响力的新型媒体集团，形成立体多样、融合发展的现代传播体系。

5．《国务院关于推进文化创意和设计服务与相关产业融合发展的若干意见》

2014年3月14日，国务院印发了《国务院关于推进文化创意和设计服务与相关产业融合发展的若干意见》，指出要加快数字内容产业发展，推动文化产品和服务的生产、传播以及消费的数字化、网络化进程，推动传统媒体和新兴媒体融合发展，提升先进文化互联网传播吸引力。

6．《产业结构调整指导目录（2011年）》（2013年修订）

2013年2月16日，国家发展和改革委员会发布了《产业结构调整指导目录（2011年）》（2013年修订），将"商务服务业"中的"广告创意、广告策划、广告设计、广告制作"作为鼓励类产业。

7．《中共中央关于深化文化体制改革、推动社会主义文化大发展大繁荣若干重大问题的决定》

2011年10月18日，中国共产党第十七届中央委员会审议通过了《中共中央关于深化文化体制改革、推动社会主义文化大发展大繁荣若干重大问题的决定》，指出要构建现代文化产业体系，加快发展文化产业，构建结构合理、门类齐全、科技含量高、富有创意、竞争力强的现代文化产业体系，在重点领域实施一批重大项目，推进文化产业结构调整，发展壮大出版发行、影视制作、印刷、广告、演艺、娱乐、会展等传统文化产业，加快发展文化创意、数字出版、移动多媒体、动漫游戏等新兴文化产业，鼓励有实力的文化企业跨地区、跨行业、跨所有制兼并重组，培育文化产业领域战略投资者。

8.《文化产业振兴规划》

2009年7月22日，国务院常务会议审议通过了《文化产业振兴规划》，提出要以文化创意、影视制作、广告、文化会展等产业为重点，加大扶持力度，实现跨越式发展，要以降低准入门槛、加大政府投入、落实税收政策、加大金融支持、设立中国文化产业投资基金等政策措施推动文化产业发展。

9.《关于促进广告业发展的指导意见》

2008年4月23日，国家工商行政管理总局、国家发展和改革委员会印发了《关于促进广告业发展的指导意见》（工商广字〔2008〕85号），指出广告业要加快行业结构调整，促进产业的专业化、规模化发展，提升广告策划、创意、制作的整体水平，以优势媒体集团为先导，形成布局合理、结构优化的广告产业体系，使广告业总体发展水平与社会和市场经济的发展水平相适应。

三、广告业的消费者监督

随着商品经济的发展，广告数量迅速增多，广告管理的任务日益繁重。这就有必要依靠社会各方面的力量，特别是要充分发挥消费者监督的作用，对广告经营活动实行更好的监督管理。所谓消费者监督，就是通过群众组织，对不良的广告行为进行检举，并利用新闻媒介对不良广告点名批评，从而限制或制止有危害消费者利益的广告出现。消费者是广告行为的直接接受者，广告行为规范与否直接关系到其切身利益。同时，广大消费者对广告行为的监督，也是政府对广告经营活动进行管理的有效保障之一。消费者对广告经营活动进行监督管理是通过成立消费者组织来实现的，消费者组织集中反映了消费者的意愿。

（一）消费者监督的特点

1. 监督主体的广泛性

生产者和经营者为使自己的商品和服务在同类商品和服务中占有市场，需要通过不同的渠道提供商品和服务的信息，来自各条渠道的消费者从不同的角度对商品和服务起到监督作用，从而构成了一个庞大的监督阵容。

2. 监督客体的集中性

消费者对广告的监督，突出了广告管理的个性，形成了监督客体的集中性。

3. 监督权产生的多元性和手段的约束性

根据有关法律法规的规定，消费者有权监督社会经济运行，其中包括监督广告的运行。这就使消费者的监督权具有多元性，其手段具有一定的约束性。

4. 监督目的的单一性

消费者对广告实施监督的目的，就在于维护自己的合法权益，这是它的唯一目的。

（二）加强消费者监督的能力

加强消费者的监督能力旨在提高消费者的自我保护意识，从而维护消费者的权益。要提高消费者的监督能力，就必须使消费者了解、熟悉有关的法律法规，以提高他们的法律意识。同时，消费者要对产品质量有一定的鉴别能力，提高消费者的监督能力，还必须加强消费者组织的建设工作，完善消费者组织的机构，使消费者有一个"有冤可申"的地方，只有这样才能真正提高消费者的监督能力。

广告的行业自律，即从事广告业的公司依据有关立法、社会公德、职业道德规范，制定广告公约规章，对自身广告行为进行约束的管理。行业自律的目的是加强广告设计、制作和发布人员的职业道德水平，避免弄虚作假，滥用广告或因不正当的手段而造成的经济损失及信誉形象损害。

思考题

1. 我国广告产业发展有哪些特点？谈谈我国广告业的发展状况。
2. 什么是广告业管理？广告业管理的对象和职能是什么？
3. 论述我国广告业监管体制的具体内容。
4. 消费者监督是广告业管理的一个手段，试述消费者监督的特点和如何加强消费者监督的能力。

案例讨论　　　　弹窗广告，有病就得治

"世上最了解你的，也许不是家人，而是弹窗广告。"社交网络上，一位网友这样说道。如今，当你打开一些网站，扑面而来的弹窗广告似乎总能击中你的内心：刚搜索了一件衬衫，就能弹出服装店铺的链接；只是随便收藏了几个商品，就能不停收到它们"降价促销"的信息。这让网友在不胜其扰的同时，更担心自己的信息安全问题。

其实，弹窗广告是一个老生常谈的话题。它的治理难点在于，弹窗广告就如同营销电话，本质是一种行业内通用的市场营销行为，有其合法性，因此不宜"一刀切"地禁止。但现实早已证明，如果不加限制，弹窗广告就变成了骚扰广告，营销电话就变成了骚扰电话。如何避免弹窗广告骚扰用户？法律是这样规定的："在互联网页面以弹出等形式发布广告，应当显著表明关闭标志，确保能一键关闭。"规定如此清晰明了，操作也并无难处。然而令人无奈的是，相关部门多次开展整治活动，却依然无法根治这种"牛皮癣"，确实让人皱眉。

如果弹窗广告仅仅是使网页浏览变得不便捷，或许还可以忍受，但新近披露的一些事实表明，它可能没那么简单。《人民日报》不久前报道，有些不法商家通过主页劫持给弹窗广告"加戏"，导致色情暴力信息泛滥；还有弹窗广告可以实现"精准推送"，其背后很可能是用户隐私被过度获取，而且用户一旦被诱导点击，还会被盗取账号密码资料等信息，很可能会成为电信诈骗的对象；更有甚者，形成了一种"Wi-Fi 探针"技术，通过获取用户手机号码、地址收集用户信息，然后冒充用户连接的 Wi-Fi，在手机界面投放无法消除的广告，给网友带来困扰。

种种现象，都是网络技术霸凌的具体表现。所谓网络技术霸凌，即利用技术、服务或资源优势，胁迫用户签署协议、使用服务，侵害用户的网络服务选择权、知情权等合法权益。随着互联网技术和信息服务的发展，网络技术霸凌形式也在不断演变，不仅有"浏览器主页劫持"、弹窗广告等问题，更有无隐私条款、强制授权采集信息、"全家桶"强制下载等现象。由于一些平台比较庞大，用户的选择权有限，多数时候只能被动地接受，这就严重侵犯了网络用户的知情同意权，削弱了他们的安全感、满意度，需要法律为他们撑腰，对霸凌说"不"！

一段时间以来，考虑到网络开放创新的技术特点，我们的网络治理思路总体上是审慎包容的，这固然给企业留下了不断试错的空间，但也有可能给社会留下底线击穿的风险。就如同弹窗广告一样，简单地规定"一键关闭"，而不是付出实质代价，一些企业就会胆大妄为。网络霸凌同样如此，许多问题磨磨蹭蹭不能解决，不是因为管不了，而是法律不够硬，执行没依据。就此而言，还是要再次呼吁，我们非常需要专门的法律捍卫个人信息保护权！

资料来源：王庆峰. 弹窗广告，有病就得治[N]. 星辰在线——长沙晚报，2019-07-19.

讨论题：

1. 请进行资料调查，谈谈互联网广告存在哪些问题？结合本案例，谈谈当前我国广告业发展中存在哪些问题。
2. 举例谈谈广告对你的生活的影响。
3. 试分析我国广告业发展的未来趋势，谈谈你对广告业监管的建议。

  延伸阅读 扫码学习

广告业管理

第十五章　设计业管理

引导案例　　创意设计："文化+"产业的"生长因子"

在2019年第十五届中国（深圳）国际文化产业博览交易会上，创意设计对文创产业的有力"加成"是一大突出特点，创意设计已渗透到社会服务、智能制造等各个领域，特别是在深圳的文化创意产业强区福田区，创意设计已成为"生长因子"。无论是创新产业链条培育、传统产业转型升级，还是文化遗产可持续发展，创意设计都源源不断地赋予它们生长动能。

以设计为媒赋能创新产业

"设计，改变了生活，重塑了品牌。"矩刻（JU&KE）创意设计工作室创始人柯铎说。"文博会"期间，一位来自法国的工业设计师在福田区中芬设计园分会场举办的"思维共振"论坛上，向大家讲述了用设计赋能创新产业的故事。

以创意设计为媒，能够使文化释放巨大的辐射力、影响力和感召力。以中芬设计园所专长的工业设计为例，它已从最初的产品设计，成为综合运用科技成果和工学、美学，包含产品功能形态、系统集成的创新设计，为创新产业链提供了坚实的文化基底。中芬设计园建立5年来，孵化创业团队和众筹项目超过300个，成功率达86%，2000多名设计师在这里圆梦，2018年总产值达25亿元，探索出以设计驱动创新的国际化立体式发展模式。

这只是创新之城深圳无数个用创意设计链接文化创意与创新产业的案例之一。在福田，就有中芬设计园、吉虹创意设计产业园、深圳创意保税园等10家创意设计产业园区，16 000多家文化企业，其中上市文化企业17家，规模以上企业600多家，文化产业从业人员29.4万人。

以"新"模式提升"老"业态

AR技术营造的青山绿水间，游客既能欣赏少数民族的歌舞风情，又能换装扮演一把"桃花源"中人——这是2019年"文博会"主会场上，国家对外文化贸易基地（深圳）音乐及音乐剧产业中心带来的张家界市武陵源区沉浸式音乐剧《偶遇·桃花缘》体验。2018年11月，该中心在福田挂牌成立，短短半年时间便使音乐剧这项刚刚在国内"火起来"的文创内容，在珠海、张家界、韶关等多个城市、景区落地，合作开发各具特色的内容，带动当地旅游业、商业地产等传统业态转型提升。

数据证明了创意设计的强劲动能：2006—2018年，福田区文化产业增加值从54.74亿元增长到368.01亿元，年平均增长速度17%，增加值占GDP的比重从4.7%增加到9.2%，创意设计行业产值占全区文化产业产值的70%以上。

以产业化助力传统文化可持续发展

在"文博会"主会场福田区展馆，以"中国非遗"为核心要素的多款时尚精品，展示了传统文化与现代设计结合带来的时尚风采；在深装总创意设计园分会场，一场名为"览物澄怀——宋赏"的展览上，创意设计让中国传统文化基因在造物为良的设计思维主导下，使雅集、绘画、茶具、宋瓷等当代设计艺术品，呈现传承与创新的完美融合，生动再现了"宋式生活美学"。

近年来，福田区非常重视非遗文化的产业化发展，众多非遗项目纷纷落地生根，通过传统工艺与现代设计制造相结合的产业化道路，使传统文化有了全新的生命力。以少数民族非遗技法制作的时尚产品，曾登上米兰时装周、巴黎国际服装服饰展，并获得巨大成功；以传统汝瓷工艺与失蜡法铸铜工艺相结合的非遗衍生产品被评为国家级文创产品，获得国际市场的青睐，创意设计的注入为传统文化插上了"文化+"的翅膀。

资料来源：尹晓宇. 创意设计："文化+"产业的"生长因子"——从福田区分会场看创意设计引领文化产业升级发展[N]. 光明日报，2019-05-18.

 **本章导读**

2018年，我国文化产业实现增加值38 737亿元，2005—2018年文化产业增加值年均增长18.9%，高于同期GDP现价年均增速6.9个百分点；文化产业增加值占GDP的比重由2004年的2.15%、2012年的3.36%提高到2018年的4.30%，在国民经济中的占比逐年提高。分行业类别看，文化及相关产业等9个行业中，有7个行业的营业收入实现增长。增速超过10%的行业有3个，其中之一就是创意设计服务，其营业收入为11 069亿元，较2017年增长16.5%。2019年，创意设计服务再次成为增速超过10%的三个行业之一，创意设计服务营业实现收入12 276亿元，较2018年增长11.3%。我国文化产业向高端化、内容化方向发展的趋势十分明显，产业结构不断优化。设计是一种融合了思维决策能力和具体执行能力的智力资源，能把抽象的科学技术研究成果转化为具体实际生产力，是当今知识经济时代生产要素中不可或缺的方面。设计的价值，综合体现在设计的社会生产力、创新驱动力、文化软实力、国家竞争力等方面。中国的设计产业相对于西方发达国家还存在很大的差距。目前，中国发展面临着很多问题，针对设计领域来说，提升中国原创设计的质量尤为重要，即从"中国制造"走向"中国创造"。设计抄袭现象和山寨产品在国内屡见不鲜，要将发展原创设计作为战略核心，不断提高中国设计产品在世界上的地位和认可度。

本章首先介绍设计业的范畴和分类，其次论述我国设计业的机制和发展现状，最后阐述设计业行业管理的对策。

第一节 设计与设计业

一、设计的基本内涵

我们的实际生活中充满了各式各样的设计（Design）。维基百科（Wikipedia）定义设计是一个为产品、结构或系统产生、发展做计划的过程。事实上，设计要比做一个计划复杂得多。Herbert Simon 在其著作中详细探讨了有关设计科学发展的问题，强调了对设计元素的分析、建模与叠加。这里，设计可以定义为为了满足人类与社会的功能需求，将预定的目标通过创造性思维，经过一系列规划、分析和决策，产生相应的建构信息，通过实践将设想转变为满足社会需要的物质财富的思维与活动过程。

设计是把一种计划、规划、设想通过某种形式传达出来的活动过程。人类通过劳动改造世界、创造文明、创造物质财富和精神财富，而最基础、最主要的创造活动是造物。设计便是对造物活动进行预先的计划，可以把任何造物活动的计划技术和计划过程理解为设计。

所谓设计，即"设想和计划，设想是目的，计划是过程安排"，通常是指有目标和计划的创作行为、活动。原意是"设置摆放其元素，并计量评估其效用"，现代通常是指预先描绘出工作结果的样式、结构及形貌，通常要绘制图样。现在设计在服饰、建筑、工程项目、产品开发以及艺术等领域起着重要的作用。

最简单的关于设计的定义，就是一种有目的的创作行为。同时设计的过程是要经历情报的收集及分析，再将不同的情报整合筑起一件作品，故设计又可以叫作情报的建筑。设计界因欧美国家发展理论历史悠久，故设计史和设计艺术学的相关理论常以欧美的工业设计、建筑设计为两大主流。在西方，大型的设计系统，往往以 Architecture 建筑来称呼。这里指的建筑并非具体的建筑学，而是一种抽象的形容。

设计是指设计师有目标、有计划地进行技术性的创作与创意活动。设计的任务不只是为生活和商业服务，同时也伴有艺术性的创作。根据工业设计师 Victor Papanek 的定义，设计是为构建有意义的秩序而付出的有意识的直觉上的努力。设计的更详细的定义如下。

第一步：理解用户的期望、需要、动机，并理解业务、技术和行业上的需求和限制。

第二步：将这些所知道的东西转化为对产品的规划（或者产品本身），使得产品的形式、内容和行为变得有用、能用、令人向往，并且在经济和技术上可行，这是设计的意义和基本要求所在。

随着现代科技的发展、知识社会的到来、创新形态的嬗变，设计也正由专业设计师的工作向更广泛的用户参与演变，以用户为中心的、用户参与的创新设计日益受到关注，用户参与的创新 2.0 模式正在逐步显现。用户需求、用户参与、以用户为中心被认为是新条件下设计创新的重要特征，用户成为创新 2.0 的关键词，用户体验也被认为是知识社会环境下创新 2.0 模式的核心。设计不再是专业设计师的专利，用户参与、以用户为中心也成为设计的关键词，Fab Lab、Living Lab 等的创新设计模式的探索正在成为设计的创新 2.0 模式。

二、设计业的范畴和分类

"设计产业"这一名词的正式提出并传播始于1996年的英国。为发展创意产业,英国政府设立了"英国设计委员会",规划并大力推动设计在产业经济中的应用发展,确立将"设计产业"纳入创意产业组成,从政府政策与市场管理层面推动设计产业发展。2003年,中国台湾在发展文化产业过程中,提出了发展"设计业";韩国政府于1998年确立了"设计韩国"战略,并在其产业发展纲要中提出到2010年成为世界设计强国的发展目标,韩国产业资源部于2004年成立国家级"设计振兴院",旨在推动设计产业成长。我国于2003年提出发展文化产业首次提出"设计业"发展。近年来,伴随文化创意产业发展的深入,我国政府职能部门配合行业组织又提出大力发展"创意设计产业""设计产业"举措,从而使文化创意产业与现代服务业两大领域在全社会形成基本确认"设计产业"客观存在、产业类型与未来发展的产业属性。

从"设计业"到"设计产业",是我国重视设计形成产业经济作用的结果。两者的共性都充分明确设计在经济活动中的业态属性,两者的不同在于:前者肯定了从事设计活动的职业群体在经济社会中客观存在的行业属性,而后者是建立在前者的基础上更明确肯定设计自身作为产业和推动新型产业生成、存在与发展的产业属性。

纵观全球设计产业的形成发展和我国的实践历史,透过全球"自由职业设计师"和"驻厂设计师"两大类型设计师集群分类现象以及他们所处企业类型及其企业所属产业类型分类,我们便能十分清晰地归纳出设计产业当下产业属性的基本业态构成,如图15-1所示。

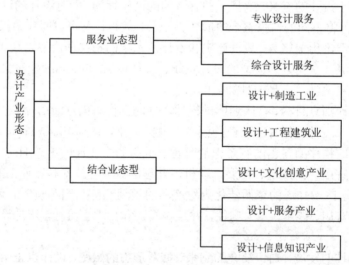

图15-1 设计产业基本构成形态

设计产业以两种业态存在于当下产业经济中:一种是以服务业态型存在发展,如各种专业设计公司等。我国政府部门根据产业发展政策及产业分类管理规律,将设计业归属于服务业大类,近年来更明确地将设计服务业纳入现代高端服务业范畴;设计服务业的产业定位主要是面向工商业企业机构提供设计技术、设计创新与美学、传播等设计智力与制作劳务服务,其产业规模与产值是可统计的。

另一种是以结合业态型存在发展，如一些制造型企业、工程型企业、文化产业企业和服务型企业内部设立设计部门或设置设计师岗位群。各类产业企业与设计结合，设计在企业产业经济活动中具有必不可少的重要战略战术地位，并为企业经营带来增值，形成创造财富的重要商业经济作用，这种类型的产业企业集群称为结合业态型设计产业，欧美等发达国家也将其称为创意产业。结合业态型设计产业在我国还处于新生成长阶段，其产业规模与产值当前还难以统计，独立的产业形式不十分显著，产业属性主要反映在设计成为产业链与企业运营环节不可缺少的组成部分，设计以其整合、创意、创新、创造、增值、美学等主要作用或形式呈现其结合应用、融合发展的产业生态。

对于设计的划分，不同的设计师和理论家都有着不同的分类，他们试图从不同角度对设计进行全面的概括。近年来，越来越多的设计师和理论家按照设计目的之不同，将设计大致划分为视觉传达设计（为了传达的设计）、产品设计（为了使用的设计）、环境设计（为了居住的设计）三种类型。

这种划分方法的原理，是将构成人类世界的三大要素——人、社会、自然作为设计类型划分的坐标点，由它们的对应关系而形成相应的三大基本设计类型。

我国设计业的分类如表15-1所示。

表 15-1 我国设计业的分类

维度	横向分类			纵向分类
	视觉传达设计	产品设计	环境设计	
二维平面设计	字体设计 标志设计 插图设计 编排设计（数据装帧、海报、报刊、册页、贺卡、影视平面设计……）	纺织品设计 壁纸设计		功能性设计与非功能性设计
三维立体设计	包装设计 展示设计	手工艺设计 工业设计（家居、服饰、交通工具、日用品、家用电器、文教用品、机械……）	城市规划 建筑设计 室内设计 室外设计（景观、园林……） 公共艺术设计	
四维设计	舞台设计 影视设计（影视节目、广告、动漫设计……）			

我们认为，要分析我国内地的创意设计产业发展，首先要在对创意产业进行概念化分析的基础上，结合我国的现实情况，以及我国的行业分类目录进行深入的分析，而不能人云亦云，没有中国自己的特色，一味地追求所谓的国际接轨。当然，创意产业在我国的发展已经具有了一定的规模，也出现了一批比较有影响力的酒店VI设计品牌，各地发展创意产业的热情也非常高。总体而言，我国对创意产业的研究还是不够深入，也缺乏像英美等国家和我国港台地区那样细致的研究。正因如此，吸收和借鉴其他国家和地区的先进经验就显得更为

重要。因此，我们结合我国的实际情况并吸收其他地区的先进经验，对我国的创意设计产业进行了分类。

首先，我们结合发达国家和地区的分类理念，把我国的创意产业大体分为八个大类，分别是工业设计类、影视艺术类、软件服务类、流行时尚类、建筑装饰类、展演出版类、广告企划类和运动休闲类。这八大类基本上涵盖了创意产业在我国的行业内容，并且清晰明了，可以作为我们下一步研究VI设计产业规模的基准分类。其次，我们结合国家标准，把其中符合对创意产业概念解释的行业进行析出。通过这些行业的统计数据就可以对我国创意产业的指标进行量化，对于不能量化或者暂时无法进行统计的行业，我们也可以进行初步的估算，这样就可以得出比较符合我国国情的中国创意产业发展概况。

设计行业主要分为工业设计、机械设计、环境设计、建筑设计、室内设计、服装设计、网站设计、平面设计、影视动画设计九个大类。

（一）工业设计

工业设计是指以工学、美学、经济学为基础对工业产品进行设计。工业设计行业是生产性服务业的重要组成部分，其发展水平是工业竞争力的重要标志之一，主要应用于交通工具、电子产品、设备仪器、家电、生活用品、家具、玩具、服务等行业。

近年来，国家层面出台了一系列促进工业设计产业化进程的政策和资助，其中包括：《国民经济和社会发展第十二个五年规划纲要》，其指明了工业设计的发展方向；《工业转型升级规划（2011—2015年）》，其点明了工业设计的具体内容；《文化产品和服务出口指导目录》，其为工业设计提供了良好的出口环境；《关于促进工业设计发展的若干指导意见》，其推动了工业设计产业化进程；《国务院关于加快发展服务业的若干意见》；《关于加快发展高技术服务业的指导意见》；等等。设立中国工业设计示范基地，对以设计创新为主题的园区、设有工业设计中心的企业、工业设计机构和设有工业设计或产品设计专业的院校，给予办公租金补贴、资金补助，以及优先安排申报地方、国家其他资金补助。北京、上海、浙江、山东、四川等各地方政府对工业设计行业也比较重视，出台了相关扶持政策。

中国工业设计行业从20世纪70年代末开始发展，截至2013年年底，从事工业设计的企业数以万计，其中具有一定规模的有1500多家；行业从业人员30多万人，年产值近千亿元人民币；有200多所院校开设了工业设计专业，大企业有美的集团投巨资建立的工业设计中心等。为推动工业设计行业发展，创建了北京DRC工业设计创意产业基地、无锡工业设计园等工业设计创意产业基地。

国际工业设计行业知名企业有奇巴（ZIBA）设计公司、美国IDEO设计与产品开发公司、美国提格设计公司、青蛙设计公司、英国费奇设计顾问公司、意大利宾尼法利纳公司、日本GK Graphics设计公司。

中国工业设计行业领先企业有广州毅昌科技股份有限公司、中铁工程机械研究设计院、上海木马工业设计有限公司、北京工业设计促进中心、佛山市锐科工业设计有限公司、宁波北仑精意工业设计有限公司、大业工业设计有限公司、美的工业设计有限公司、北京大时伟业科技有限公司、北京凡朴工业设计有限公司。

我国的工业设计行业在最近几年出现较快的增长，从2014年的569亿元增长到2018

年的 1515 亿元，复合年均增长率达到 27.74%，如图 15-2 所示。

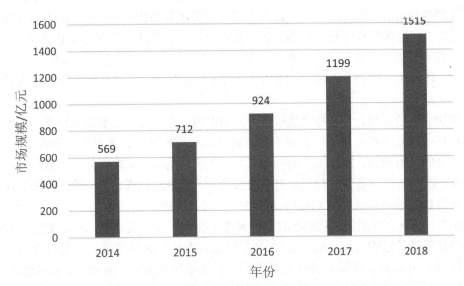

图 15-2　2014—2018 年我国工业设计行业市场规模

数据来源：根据公开资料整理。

由于我国的工业设计发展仍然处于起步阶段，产业整体竞争力较弱。产业规模小，国际竞争力较弱，设计品牌企业仍然没有形成，企业设计创新意识和动力仍然不够，设计公司税负高、融资难、资金缺乏问题较为严重，这些问题使得我国的工业设计企业竞争力弱，发展动力不足。就目前行业的集中度来看，行业集中度较小，行业内还未形成有较大影响力的综合性企业，行业总体处于竞争程度较低的阶段。

（二）机械设计

机械设计是指根据用户的使用要求对专用机械的工作原理、结构、运动方式、力和能量的传递方式、各个零件的材料和形状尺寸、润滑方法等进行构思、分析和计算，并将其转化为具体的描述以作为制造依据的工作过程。

（三）环境设计

环境设计又称环境艺术设计，是一种新兴的艺术设计门类，包含的学科范围相当广泛，主要由建筑设计、室内设计、公共艺术设计、景观设计等组成。在内容上几乎包含了除平面和广告艺术设计之外其他所有的艺术设计，环境设计以建筑学为基础，有其独特的侧重点。与建筑学相比，环境设计更注重对建筑的室内外环境艺术气氛的营造；与城市规划设计相比，环境设计则更注重规划细节的落实与完善；与园林设计相比，环境设计则更注重局部与整体的关系。环境艺术设计是"艺术"与"技术"的有机结合体。环境设计应具有整体性、多元性和人文性等特征。

在中国，环境艺术设计就是指室内装饰、室内外设计、装修设计、建筑装饰和装饰装潢等。尽管叫法很多，但其内涵相同，都是指围绕建筑所进行的设计和装饰活动。

（四）建筑设计

广义的建筑设计，是指设计一个建筑物或建筑群所要做的全部工作。由于科学技术的发展，在建筑上利用各种科学技术的成果越来越广泛深入，设计工作常涉及建筑学、结构学以及给水、排水、供暖、空气调节、电气、燃气、消防、防火、自动化控制管理、建筑声学、建筑光学、建筑热工学、工程估算、园林绿化等方面的知识，需要各种科学技术人员的密切协作。

通常所说的建筑设计，是指"建筑学"范围内的工作。它所要解决的问题，包括建筑物内部各种使用功能和使用空间的合理安排，建筑物与周围环境、各种外部条件的协调配合，内部和外表的艺术效果，各个细部的构造方式，建筑与结构、建筑与各种设备等相关技术的综合协调，以及如何以更少的材料、更少的劳动力、更少的投资、更少的时间来实现各种要求，其最终目的是使建筑物做到适用、经济、坚固、美观。

近年来，受益于城镇化进程的推进，我国建筑设计行业发展迅速，队伍数量、经营规模、管理水平和经济效益均得到了较快发展。《工程勘察设计行业年度发展研究报告（2018）》显示，截至2017年年底，建筑设计行业得益于工程总承包业务的大幅增长，实现营业收入12 384.40亿元，同比增长80.01%。新签合同中境内工程总承包为最主要的业务来源，2017年建筑设计行业新签合同额为11 837.40亿元，同比增长93.03%。

（五）室内设计

室内设计是指为满足一定的建造目的（包括人们对它的使用功能的要求、对它的视觉感受的要求）而进行的准备工作，对现有的建筑物内部空间进行深加工的增值准备工作。它的目的是让具体的物质材料在技术、经济等方面，在可行的有限条件下形成能够成为合格产品的准备工作，既需要工程技术方面的知识，也需要艺术方面的理论和技能。室内设计是从建筑设计中的装饰部分演变出来的，它是对建筑物内部环境的再创造。室内设计可以分为公共建筑空间设计和居家设计两大类别。当我们提到室内设计时，还会提到动线、空间、色彩、照明、功能等相关的重要术语。室内设计泛指对能够实际在室内建立的任何相关物件或操作，包括墙、窗户、窗帘、门、表面处理、材质、灯、空调、水电、环境控制系统、视听设备、家具与装饰品等所做的规划。

（六）服装设计

服装设计是一个总称，根据不同的工作内容及工作性质可以分为服装造型设计、结构设计、工艺设计。服装设计，顾名思义，是设计服装款式的一种行业。服装设计过程，即根据设计对象的要求进行构思，并绘制出效果图、平面图，再根据图纸进行制作，以达到完成设计的全过程。

（七）网站设计

网站设计（Web Design）是一个把软件需求转换成用网站表示的过程，就是在因特网上，根据一定的规则，使用 Dreamweaver、Photoshop 等工具制作用于展示特定内容的相关网页。网页创作必须将网站的整体设计与网页设计的相关原理紧密地结合起来。网站设计是将策划案中的内容、网站的主题模式，以及结合自己的认识通过艺术的手法表现出来；而网页制作通常就是将网页设计师所设计出来的设计稿，按照 W3C 规范用 HTML 语言制作成网页格式。

国内从事网站建设业务的企业有很多，几乎每个网络公司都在开展网站建设业务，同时，因发展方向的不同，产生了三类主体网站建设群体。

第一类，行业门户网站。许多行业门户网站，在其 VIP 会员服务项目当中，包含为 VIP 企业会员提供网站建设的服务，像阿里巴巴、中国纺织网等公司，吸引了大批行业类的企业注册成为它们的 VIP 会员，获得包括网站建设和维护在内的多种服务项目。行业门户网站的企业建站服务占到所有企业网站建设服务市场的 20%，这类网站以模板型居多。

第二类，网络综合应用服务公司。这是指提供包括网络基础应用服务（如域名、主机、电子邮箱）和网络增值应用服务（如网站建设和推广）等业务在内的综合应用服务公司，企业网站建设是重要业务之一，业务总量占到所有企业网站建设市场的 60%。如深圳九曲网等公司，通过对网络综合应用服务业务的宣传与拓展，在业界具有良好的形象和口碑，提供的网站建设服务也普遍为客户所接受。

第三类，专业网站建设服务公司。它以个性化网站建设业务为主，大多体现在制作出 3D 全景网站、FLASH 全景网站等，突出个性化制作和客户长期跟踪服务，业务总量占到所有企业网站建设市场的 20%。

在这三类网站建设群体中，第一类行业门户网站需要长期的客户资源积累，需要大量的资本运作，操作起来资金门槛不低。而第三类专业网站个性化设计需要高端技术人才，从而提高了技术成本门槛。因此，真正在市场上拼杀的主力军就成了技术和资金门槛相对低很多的第二类——网络综合应用服务公司。

（八）平面设计

平面设计是将作者的思想以图片的形式表达出来，可以将不同的基本图形，按照一定的规则在平面上组合成图案，也可以以手绘方法来创作，主要是在二维空间范围内以轮廓线划分图与底之间的界限，描绘形象。而平面设计所表现的立体空间感，并非实在的三维空间，而仅仅是图形对人的视觉引导作用形成的幻觉空间。目前，常见的平面设计项目，可以归纳为十大类：网页设计、包装设计、DM 广告设计、海报设计、平面媒体广告设计、POP 广告设计、样本设计、书籍设计、刊物设计、VI 设计。

（九）影视动画设计

我国影视动画制作兴起于 1905 年，至今已有 110 多年的发展历史，我国影视动画创新设计不断借鉴西方先进的技术、经验，并在此基础上不断改进影视动画制作的方案和思路。影视艺术发展对作品的艺术表现力、叙述能力和思想感染力等具有较高要求，国内观众受美国迪士尼动画的影响，对影视动画优秀作品的市场需求不断增加。在这种情况下，需要对我国影视动画创新设计发展的现状进行分析，重点研究其未来的发展趋势。

影视动画制作中涉及的内容和环节较多，包括前期拍摄、特效制作和后期合成等，对于创新度的要求较高，但是我国影视动画设计制作中缺乏足够的创新意识导致作品"换汤不换药"的问题严重。影视动画制作中由于创新依赖等原因，所以作品制作的水平始终难以提高。影视动画创新设计中没有清晰的市场定位，导致国人普遍认为影视动画制作即动画片制作，致使我国影视动画制作呈现"低龄儿童"的特点。影视动画不仅要重视儿童市场需求，同时也要关注成人市场需求，否则容易出现影视动画推广难、发展渠道受限严重的问题。影视动画创新设计不仅要提升作品的质量和制作水准，同时要解决市场产业链零散问题，资金、政策等支持不足，也容易导致影视动画行业发展水平下降。

第二节 我国设计业的机制和政策

一、设计业机制

在任何系统中，机制都起着基础、根本的作用，理想状态下，良好健全的机制可以使一个社会系统产生自我适应协调的功能，即使外部环境有所变化，该系统也能自动迅速地做出反应，调整相应的策略措施，从而达到最优化的目标。

比较完善的设计产业管理机制包括如下几个体系。

（1）国家支撑体系（包括政府政策研究、产业监测、金融投资、技术支持等）。

（2）社会推广体系（包括设计协会、设计推广机构、社会公共平台等）。

（3）设计生产体系（包括设计研究中心、专业企业和综合企业等）。

（4）院校教育体系（包括高等院校、研究院、专业培训及大众普及课程等）。

产业政策作为政府对市场机制的调控手段，更要致力于使社会各种资源达到最优配置，并增强企业竞争力和国家综合国力。但也不能是政府自己单打独斗，而应该是一个以政府、企业、院校、研究机构、行业协会、个人等多元参与共同合作的社会体系，着眼于产业发展的源泉、后劲的积累，通过改善环境、增强公共基础领域研究和基础设施建设，加强人力资源的培养、开发，促进整个社会的技术进步，提升企业和社会的创新能力，增强产业的潜在竞争力。产业政策的目标趋向于多元化，而最主要的核心应该是确保经济增长、效率提高、竞争力提升、资源环境得到保护，走向可持续发展的方向。进一步地分解为：低消耗的生产体系，生活适度消费，经济稳定增长，效益不断提高，保证社会效益与公平相一致，充分吸收新技术、新工艺、新方法的创新技术研发体系，促进自身与世界市场紧密联系合作，开放包容的贸易机制，合理开发利用资源，减少污染和排放，保护生态循环系统的平衡。

（一）行业管理

总体而言，目前我国的设计行业管理比较混乱，国家层面对设计的认识程度不高，管理机构不明确，行业协会无法发挥作用。中国的设计行业中，工业产品设计板块归类为服务业，由工业与信息化部管辖；偏重于工业技术和工程领域的设计板块，归附于工业制造业及建造业，由建设规划部门管辖，采用的是技术创新战略；偏重于文化和艺术的设计板块被归类到文化创意类，由文化部门管辖，采用的是文化产业政策。产业的发展政策，大多为指导意见性质，鲜有具体到实施计划、措施机制，也还没有针对国家设计行业发展的总体战略计划，只是个别城市和地区的城市提升计划，而且缺乏对整体经济数据的统计和研究。

另外，在地方政府系统中普遍存在一种以经济 GDP 增长速度为主要衡量标准的干部考核机制，反过来，这种机制又强化了地方政府对经济增长的过度追求，为了实现政绩目标，地方在执行国家战略政策时更多的是寻找政策空子来钻，而不是真正地推动设计在优化产业结构、推动企业创新和增强社会公共服务中的作用，这就导致产业政策很难真正发挥作用。所以在制定我国的设计产业政策的时候，不能一味地照搬西方国家中小企业的产业政策，而应根据我国设计行业企业的实际情况做相应的调整。

（二）商业企业

企业管理方面，我们国家与西方国家不同，西方国家要么是小型的设计事务所，要么是大型的设计咨询公司或工程公司。这种大的工程咨询公司什么都做，而且是做设计和工程建设的全过程产业链上下游的服务，不像我们国内的设计院，只是做某一个或者某几个类型的设计。另外，我们设计企业本身的研发创新能力有限，容易成为西方时尚设计的跟风者，对自己民族和地域文化特性的研究和表现还太少，而设计相互雷同的现象也比较多，设计产品市场状态基本可以戏称为"高端产品曲高和寡、低端产品无病呻吟、普通产品傻大黑粗"，这些现象在建筑、室内、产品、平面、艺术品以及工艺美术品行业处处可见，这反映了设计管理的严重缺位，同时设计知识产权保护的力度也非常薄弱。

（三）教育培训

我国的设计教育水平低，唯西方马首是瞻的现象比较严重。目前，虽然艺术设计学科人数基数很大，但是实际设计研究和实践的水平都不高，学科之间壁垒森严，高校教学与市场实际需求脱节，设计无法快速转化成实际生产。在谈到中国可持续设计教育战略时，郑曙旸教授曾经深刻地指出："相对于从 20 世纪 90 年代起步的中国可持续设计教育事业，失衡的问题突出地反映在高等教育领域，滞后明显地体现在发展观念、学科建设、专业建构等各个方面。可持续发展教育是一个完整的系统工程，跨学科的教学、科研、社会服务，使其成为在高等学校运行的基本条件。然而，目前的高等教育学科系统基本还是以工业文明的技术体系进行建构的，专业之间的界墙封闭而明确。"

（四）文化价值

全球化导致了城市文化趋同、消费的异化、地域文化特性的泯灭。中国加入 WTO 以后，大量的国外设计机构和设计师涌入中国，设计行业开始面临更加剧烈的全球化竞争阶段，设计的形式也越来越趋于同化。在早期的时候，我们国内的设计机构的设计能力和水平在不断地提高，规范和体系在学习西方的基础上已经做得比较完善，但是一些超高层、大型的城市综合体项目、公共建筑和重要项目，大多都是外国机构做方案，中国的设计师只能跟在后面绘制施工图或监督现场施工。例如国家大剧院、鸟巢、水立方等代表国家形象的重要建筑采用的都是外国设计师的方案，也许这些项目中的中国投标方案创意没有那么好，但毕竟代表了本民族的文化和设计力量，政府和公众却纷纷为外国人买单，不能不让我们的设计师面临着"外国的月亮比中国的圆"这样的悲哀，对于我们民族自身地域文化特性的泯灭让我们感到痛心。近年来，这种情况开始有所改变，国家和政府在对民族文化的反思中冷静下来，这给了中国设计行业探索中国式设计和提升自身技术能力发展设计力量的机会，中国设计的市场认可度也在不断提高，由中国设计师主持实施的大型项目越来越多。

（五）生态环境

在漫长的人类设计史中，设计业为人类创造了现代生活方式和生活环境的同时，也加速了资源、能源的消耗，并对地球的生态平衡造成了极大的破坏。正是在这种背景下，设计师们不得不重新思考工业设计师的职责和作用，生态设计也就应运而生。

生态设计（Ecological Design）的基本思想是：在设计阶段就将环境因素和预防污染的措施纳入产品设计之中，将环境性能作为产品的设计目标和出发点，力求使产品对环境的影响为最小。对工业设计而言，生态设计的核心是"3R"即 Reduce, Recycle, Reuse）。不仅要减少物质和能源的消耗，减少有害物质的排放，而且要使产品及零部件能够方便分类回收并再生循环或重新利用。

生态设计是一种着重考虑产品环境属性的设计，具有以下三个特征。

第一，安全性。设计不能危及使用者的人身安全以及正常的生态秩序，这是生态设计的前提。材料的使用要充分考虑到对人的安全性。

第二，节能性。未来的设计应以减少用料或使用可再生的材料为基础，这也是生态设计的一个原则。

第三，生态性。生态设计应努力避免因设计不当和选材的失误而造成的环境污染与公害。生态设计应提倡使用自然环境下易降解的材料和易于回收的材料。

在设计业实践中，为了充分保护生态环境，我们提倡生态设计。生态设计有两种基本方法，第一种是利用生态学的思想，在产品生命周期内优先考虑产品的环境属性。除了考虑产品的性能、质量和成本外，还要考虑产品的更新换代对环境产生的影响。"模块化"是西方现代工业设计中的一个重要思路。模块化的产品设计具有使用故障率低的特点，同时便于维修和方便产品功能与造型的升级换代。如"诺基亚"所推出的可变换彩壳型手机等，避免了因产品整体报废而导致的资源浪费与环境污染。第二种方法是在设计中注重可持续性，是一个比前者范围更广的设计方法。其涉及更多的方面，诸如在怎样保证产品功能的同时，减轻整个星球的负担；如何延长产品的使用寿命；如何回收和使用可循环利用的材料；等等。在生态设计思想中，一个重要的原则是减削、循环、再开发。减削即减少资源的使用或消除产品中的有害物质；循环即对废品进行回收处理，循环利用；再开发即提升产品的潜在使用价值。

二、设计业法规和政策

设计业企业需遵守与市场合规经营相关的法律法规，包括《中华人民共和国产品质量法》《中华人民共和国消费者权益保护法》《中华人民共和国环境保护法》《反不正当竞争法》《商标法》等。同时，国务院及有关部门先后颁布了一系列支持推动行业发展的政策文件，为行业发展建立了良好的政策环境，具体相关产业政策如表15-2所示。

表 15-2 我国设计业相关法规和政策

序号	时间	部门	政策	主要内容
1	2019年7月	国务院	《文化产业促进法（草案）》	第二十二条设单独条款提出"国家积极推动创意设计服务业发展，丰富创意设计文化内涵，促进创意设计产品的交易和成果转化，提升制造业和现代服务业的文化含量和附加值"
2	2019年4月	发展和改革委员会	《产业结构调整指导目录（2019年本）》（征求意见稿）	工业设计、文化创意设计服务被列为"对经济社会发展有重要促进作用，有利于满足人民美好生活需要和推动高质量发展"的鼓励类项目
3	2018年7月	工业和信息化部	《国家工业设计研究院创建工作指南》	到"十三五"期末，在工业设计发展总体水平较高的地区建设一批省级工业设计研究院，从中培育若干国家工业设计研究院。预计到2025年，基本建成适应先进制造业发展需要、覆盖重点行业和领域的国家和省级工业设计研究院网络，工业设计公共服务与创新发展体系日益健全，成为推动制造业高质量发展的重要引擎
4	2017年4月	科技部	《"十三五"现代服务业科技创新专项规划》	创新生产性服务业组织方式，优化组合生产、消费、流通全过程，强化供应链精细化管理，向产品设计、营销等产业链高端升级。完善电子商务、物流、创意设计、工业设计、印刷传媒等现代服务业学科和人才培养体系，造就一批现代服务业领域的领军人才、高水平创新团队
5	2017年2月	文化部	《文化部"十三五"时期文化发展改革规划》	推进文化创意和设计服务与实体经济的深度融合，催生新技术、新工艺、新产品，满足新需求。推进文化产业与制造、建筑、设计、健康等相关产业的融合发展，增加文化含量和产业附加值，把文化资源转化为产业优势和市场优势
6	2016年12月	国务院	《"十三五"国家信息化规划》	推动生产性服务业向专业化和价值链高端延伸，促进生活性服务业向精细化和高品质转变。鼓励企业利用互联网推动服务型制造发展，开展个性化定制、按需设计、众包设计等服务
7	2016年11月	国务院	《"十三五"国家战略性新兴产业发展规划》	提升创新设计水平。挖掘创新设计产业发展内生动力，推动设计创新成为制造业、服务业、城乡建设等领域的核心能力。强化工业设计引领作用。积极发展第三方设计服务，支持设计成果转化。鼓励企业加大工业设计投入，推动工业设计与企业战略、品牌的深度融合，促进创新设计在产品设计的应用。制定推广行业标准，推动产业转型升级。支持建设工业设计公共服务平台。通过工业设计推动"中国制造"向"中国创造"和"中国速度"向"中国质量"的转变

续表

序号	时间	部门	政策	主要内容
8	2016年8月	工信部	《轻工业发展规划（2016—2020年）》	推进创意设计与轻工制造业融合发展，增强工业设计能力，提升工业设计行业的创新能力和服务水平。建设一批工业设计企业，广泛开展国际交流合作，推动工业设计向高端综合设计服务转变。在产品设计开发、外形包装、市场营销等方面处处体现人性化和精细化，通过设计、研发和生产"微创新"，深度挖掘用户的需求盲点，不断增加花色品种、提升产品功能
9	2016年7月	国务院	《"十三五"国家科技创新规划》	围绕企业技术创新需求，加快推进工业设计、文化创意和相关产业的融合发展，提升我国重点产业的创新设计能力
10	2016年3月	两会授权发布	《中华人民共和国国民经济和社会发展第十三个五年规划纲要》	实施制造业创新中心建设工程，支持工业设计中心建设。以产业的升级和提高效率为导向，发展工业设计和创意等产业
11	2015年5月	国务院	《中国制造2025》	明确提高创新设计能力，建设若干具有世界影响力的创新设计集群，培育一批专业化、开放型的工业设计企业，鼓励代工企业建立研究设计中心，向代设计和出口自主品牌产品转变。加快生产性服务业发展。加快发展研发设计等科技服务业。建设和提升生产性服务业功能区，重点发展研发设计、信息、物流、商务等现代服务业，增强辐射能力
12	2014年3月	国务院	《关于推进文化创意和设计服务与相关产业融合发展的若干意见》	第一次就创意设计与相关产业融合发展出台系统性文件后，创意设计服务发展更加蓬勃，全国各省市政府相继出台相关政策文件为其发展提供良好的政策环境

第三节 设计业的行业管理

一、我国设计业的发展方向和任务

中国设计起步于20世纪90年代，与发达国家相比，目前仍处于初级发展阶段，资金、技术、人才、品牌壁垒严重，制约产业发展的诸多问题仍亟待破解。首先，产业创新能力低，整体创新水平有待提升，大型领军企业和自主品牌、核心形象缺少，创意设计园区同质化严重，核心竞争力不足。其次，产业链条不完整，高附加值的衍生产业发展不完善，衍生产品利润率低，产品附加价值低；产业融合发展程度较低，集聚效应尚未显现。最后，产业发展机制不健全，知识产权保护有待完善，创意向知识产权成果的转化尚不足；专业设计人才培养力度有待加强，设计教育水平亟待提升。

（一）设计业发展方向

第一，数字技术推动创意设计服务业变革。随着"互联网+"的普及，信息化、智能化等创新技术的应用，企业创新成本降低，多元创新平台、新型创新产品、高精尖创意设计装备的出现，数字技术对内容创作、产品研发、模式创新的支撑作用进一步凸显，基于互联网的新型商业模式和产业业态出现。人工智能、3D打印、虚拟现实、网络协同设计、大数据分析、超高清技术等将被深度应用于建筑设计、工业设计、专业设计中，不断提升创意设计的数字化、智能化、网络化水平。

第二，创意设计与相关行业实现深度融合。"十四五"期间伴随技术应用、政策推动，创意设计与相关行业的融合程度将进一步加深，全方位、深层次、宽领域的融合发展格局将基本建立，"创意+科技""创意+制造""创意+金融"等重点领域将获优先发展；产业集群效应释放，在以国家级创意设计示范园区和基地为龙头，省市级创意设计园区和基地为骨干，各地特色设计产业群为支点的发展格局的引领下，产业融合发展示范区和集聚区建设进程加快。

第三，创意设计将从产品创新向高端服务业拓展。随着一系列支持创意设计产业发展的政策出台，在深圳、上海、北京、武汉等创意设计产业较发达的城市及华为、联想、海尔等龙头设计创新型企业的带动下，有利于创意设计产业发展的社会氛围将逐步形成。"十四五"期间，我国创意设计服务业将逐步由产品创新向高端服务业拓展，设计将作为一种策略工具，被广泛应用于企业发展的每一个阶段，成为企业、区域经济发展的有力竞争优势。

（二）设计业发展的重点任务

世界设计之都的创新发展经验主要表现为对"优秀的人力资源要素、开放与多样性的城市文化要素、丰富的创意文化环境要素、多元的政策要素、创意设计与技术的密切融合、创意产业集群化和品牌化"要素的关注。"十四五"时期，我国创意设计服务业将围绕创新驱动、跨界融合、设计创新生态等环节加快提质增效步伐。

第一，构建行业创新驱动体系。出台"十四五"创意设计服务业创新行动计划，以科技创新为核心，全方位推进产品创新、品牌创新、商业模式创新、产业生态创新。加强优质内容供给，推动内容版权转化，提高创意设计产品质量；培育一批自主知识产权和知名品牌的创意设计类龙头企业、独角兽企业，推动优质潜力型中小企业向"专、精、特、新"方向发展；推动企业服务模式创新，搭建创意设计集成创新平台，集聚各类设计要素，加速向"集成创新、整合创新、协同创新"转变；引导企业开展产业化全过程的系统创新活动，运用信息技术手段和各种新兴媒体，创新设计表现形式、拓展设计应用渠道，形成设计系统"产业链"。

第二，加速创意设计跨界融合。加强行业体系构建，开展相关规划编制，布局"十四五"创意设计服务业发展方向，着力推动创意设计与高端制造、商务服务、信息、旅游、农业、体育、金融、教育服务等产业融合发展，充分增强创意设计对其他产业在生产服务、流程优化、品牌建设等环节的支持力度，提升产业附加值；发挥创意设计在推动文化产业与实体经济融合方面的作用，通过要素整合、功能拓展、价值传导，促进文化产业与旅游业、农业、制造业、信息产业等的融合；鼓励创意设计企业间的跨地区、跨行业、跨所有制融合，构建创意设计服务业联盟。

第三，加强设计创新生态建设。"十四五"期间重点要创新行业规制，完善"政府辅助、市场主导、企业自主"的协同驱动模式，适应产业融合需求，加强行业间经济政策的配合与转换，降低产业创新、产业融合的"边际成本"。加强知识产权立法，搭建创意设计知识产权和设计成果交易、托管等公共服务平台，强化内容保护。出台"十四五"产业人才培养方案，建立创意设计人才培养体系，以培养设计理念、设计思维为重点，强化创意设计教育；以高校为主体，联合企业、科研机构和社会团体，针对重点领域，建设创意设计人才培训（实训）基地，培养复合型、技能型、创新型人才。

二、我国设计业行业管理策略

提高生产力及产业竞争优势，需要融合多方面的力量，除了设计师，还要企业、政府、公众力量的广泛参与。设计产业政策的目标，是要实现设计社会生产力、文化软实力、科技创新力和国家竞争力，侧重于通过系统设计思维实现产品、服务对文化的承载、对国家形象的提升和转化成生产力的能力。设计行业要结合国家实际情况和发展目标，提升企业的研发和创新能力对企业品牌和产业链的促进，因为从事产业竞争的是企业，不是政府。同时，明确产业的竞争优势来自对系统持续的改善和创新能力，持续的竞争力来源于持续的改善能力和投资，而不是短期成本优势，政府要致力于提升产业竞争力，以此来带动经济的繁荣和增长。政府要立足于激发更多的要素投入生产，特别是知识、脑力要素，鼓励竞争，提升需求质量，并以此为长期政策，不能只是短时的救急良方。在哈佛设计学院马尔科·斯坦伯格（Marco Steinberg）设定的设计战略路径中，他认为需要通过设计方法学提炼复杂系统的本质问题，以战略路径提升每一步措施的成效，并相应降低成本，所有的战略目标和理念都要落实到实践，理论要结合行动，而组织结构的创新比单纯的技术进步更为重要。当前的创新体系过多地强调技术的作用和新技术新材料的创造，忽视了使用者需求以及系统、结构方面的影响。整合了系统思维、用户需求导向的设计可以触发创新点，也可以帮助减少不必要的"创新"，在组织活动的演变中起着核心作用。在交叉学科与设计产业整合平台的基础上，以知识经济为基础的用户导向模式、服务设计模式、新兴商业模式整合创新，并兼顾生态可持续发展和社会公共服务创新的新设计经济模式已经到来。

（一）加强工商业企业的设计创新能力

传统国际竞争力研究认为，决定产业竞争力的因素包括比较优势及竞争优势，比较优势侧重于生产要素的禀赋多寡，竞争优势则更侧重于生产力水平的高低。当前的知识经济改变了产业格局的发展，从主要依赖土地、森林等自然资源转向了主要依托知识或者脑力资源的新兴产业格局，并促进产业价值链向上游和下游延伸，产业之间的交叉发展也使得各自的边界藩篱变得模糊。要提升国际竞争力，提升更有效地向市场提供产品或服务的综合素质，不仅要强调比较优势，还要强调竞争优势，但对于发展中国家来说，则更要借助后发优势的力量。波特在《竞争优势》一书中提出价值链概念，他认为企业内各部门间若能联结为一种DNA链状的机能，将大大提升产品价值，进而形成自身品牌无可比拟的竞争力，但他也认为并不是价值链上的每一个环节都能创造价值,只有真正创造价值的设计创新研发活动,才是企业价值链的战略环节。市场的激烈竞争压力迫使企业千方百计地去寻求新的花色品种、新的使用功能、新的制造工艺的竞争优势,要实现这些优势,需要通过开展研发(R&D)活动、多元化经营和企业规模的扩张,其中最快速有效的、风险最低的当数研发的投入。清华美院设计管理研究所所长蔡军教授的研究认为,企业的设计战略涉及品牌、技术、市场、战略、用户、网络、商业、渠道、服务、设计十大要素,如图15-3所示。设计是显著提高产品附加价值的关键环节,它位于产品制造过程的前端,需要有明显的知识特征,不易被模仿、抄袭,也不易在流水生产线上复制,应该算是产业价值链中的高利润环节。在品牌价值链上,设计是创造个性化和差异化的先决条件,设计是品牌的基础,品牌是个性化的结果,没有竞争力的个性化设计,就不可能成为知名品牌。目前,市场上产品同质化现象日益严重,企业只有通过系统独特的设计语言特征体现品牌价值、历史、竞争力的差异化,才能拉大与其他竞争者之间的距离,达到长期的品牌信赖和延续力。在技术创新上,制造业的核心是设计,是企业竞争力的源泉和核心动力之一,甚至当前一些国家设计业已经从制造业中独立出来,成为服务于制造业并与其等量齐观的支柱产业。设计是以创意为基础,基于无形的知识灵感,具有智能化、创新性和低消耗的特征。由于设计的最终体现要依附于有形的产品、物体或服务系统,其生产的过程具有独立性和显著的增值效果,这就使设计产业逐渐演化为创意产业、文化产业、创新产业相互融合渗透的新兴产业。

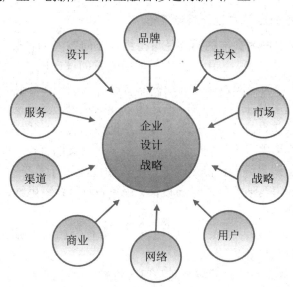

图15-3　企业设计战略的十大要素

清华美院工业设计系柳冠中教授曾经将设计定义为人类除了科学与艺术之外的第三种智慧,并呼吁加强设计机制的完善和打造。中国虽然号称制造大国、世界工厂,但目前还处在全球产业链末端,面临着原始创新的缺失、核心技术的壁垒、专利法规的藩篱、国际品牌的缺乏、国际贸易倾销的阻碍等诸多困难,以及外部环境资源急剧消耗、环境迅速恶化,我们设计的机制短板更加突出。然而,这对我们来说既是挑战,更是机遇。相对于发达国家,我们拥有更多的后发优势。因此,我们需要潜下心来,完善自身的设计素质和机制,更有效地向市场提供产品或服务，只有这样起跳的幅度才会更高。我们必须通过设计不断地重塑自我，提升自身在产业价值链的位置。没有设计和创新，发展中国家的工业只能面对世界强国血淋淋的价格打压。设计的重要性越来越明显，繁荣的设计产业可以以相对低资源消耗的形式给中国带来新的经济增长点，帮助我们在激烈的世界竞争大潮中保持强劲的创新力和国际竞争力。

要取得后发优势，我们需要主动进行前沿科技的研发投入。同时，设计科技研发政策应与国家竞争业态相符合，研发原则强调设计成果转化为商品的能力和可商品化的技术，从事设计研究的机构以大学研究为主、政府公共机构研究为辅，如芬兰的 Designium 设计创新中心就是专门从事设计研究和成果孵化的机构。设计研究机构应与产业界和社会需求紧密联系，也鼓励公共企业内部参与研发，有限度地进行企业间的合作研发，先求创新速度，再求创新成果的知识产权专利支持。

基于本目标的相关实施措施包括如下五个。

（1）高新信息技术应用。

（2）开展设计相关材料和技术研发项目。

（3）推动设计咨询费用的规范化，开展设计通用合同的拟定。

（4）在中小企业界建立设计支持机制。

（5）增加高质量的设计在职培训机会。

（二）在公共服务领域推广设计思维策略

当今，中国所面对的最为突出的问题是可持续发展问题。设计将在中国转向可持续型社会的发展历程中扮演重要角色，也由此产生了前所未有的设计机会。不过，可持续设计没有固定的模式和方法，不能简单照搬西方的经验或者简单复制中国古代的经验和做法，因为中国今天面对的问题是过去从未经历过的，也是西方国家从未遇到过的。我们所提倡的可持续设计立足于国家和社会可持续发展，秉承人类生态伦理的观念，去发现并分析各种社会问题的实质及其关联，以终端用户为导向，系统融合多学科交叉的合作、沟通，提出可行性的解决方案，并通过设计实践最终获得满足功能、令人愉悦而又行之有效的产品、设计或服务。综合来说，可持续设计需要涉及需求导向设计、服务设计、系统思维，以及对社会人文的关怀和对自然环境的考虑。

（1）系统设计，是将纷乱复杂的社会现象、人类行为加以分析归纳，以设计的产品和服务将其加以规范化、秩序化。

（2）服务设计，从研发阶段就将产品与服务进行一体化思考，企业的重点将不再以大量销售产品为目标，而是通过服务解决方案来满足人们的需求。

（3）用户体验，通过研究用户在使用产品和服务过程中的共性心理体验来随时修正设计和服务。

（4）需求导向，设计关注更多的是需求的本质和终端。例如，人们需要的不一定是车而是便捷的交通工具，需要的不一定是洗衣机这个产品而是将衣物清洗干净的服务，此方法可以开拓我们的思维，寻求最节省资源的优化方案。

可持续设计思维包含四个方面的原则：纵向思维，即相关性原则；横向思维，即系统性原则；空间思维，即尺度性原则；时间思维，即动态性原则。总体来说，可持续设计思维基于对资源和设计的生命全周期的综合考量，推动可持续设计的发展，对实现党的十八大提出的实现经济持续健康发展，实施创新驱动发展战略，文化软实力显著增强，建成资源节约型、环境友好型社会目标有极大的促进作用。麦克唐纳提出了循环经济模式，通过废物再循环、再利用，把原本从摇篮到坟墓的经济模式导向从摇篮到摇篮的循环模式，对改变我们当前的劳动力密集型、粗放型经济发展方式有很大的作用。

可持续设计思维的推广，除了设计师的努力外，还需要两方面的力量：公众和政府。其中，政府起主导作用，其一方面可以引导公众观念的转换，即教化的作用；另一方面可以从法律法规方面来确保可持续政策的实施。法律法规的层次有：国家战略（如芬兰）、专门性法律条文、管理优化资源配置、消除利益博弈的内耗、鼓励创新机制。

基于本目标的相关实施措施包括如下六个。

（1）设计融入公共服务。发展基础设施：可见的设施如路网、通信设施；不可见的公共服务产品如气象服务、公共卫生健康防疫。

（2）解决社会公共管理问题的实践措施和方案咨询。

（3）授权公共组织之间的设计展览和竞赛。

（4）提升整体城市形象，在各城市开展环境风貌和色彩统一行动。

（5）在全国各地建立社区，建立方便人们日常体验的设计环境。

（6）设计文化保护。

（三）激活设计资源，提升设计教育领域的整体竞争力

根据现代资源论的解释，设计本身更多的是一种智力资源，人造事物最终形态的创造离不开人的智力资源、物质资源两者的投入。要激活设计资源，包含两方面的因素，即对设计主体智力资源的培养和客体物质资源的挖掘。当代的设计，已经不仅仅局限于外观造型，更多的是对整体系统的把握，强调的是"大设计"的概念。设计缺位就是一种智力资源短缺，因此我们要加强对设计综合能力素质的培养，重视教育和培训，执行全面综合的教育政策，强调教育目标与国家竞争优势一致，学生在校受教时也需培养其实践创新能力。设计产业是设计学与艺术学、工程学、经济学、公共管理学、传播学等多学科相互交叉的复杂系统，也需要提倡多元化通才式的交叉教育。此外，大学之外应有其他高质量的再教育机制，厂商与行会有责任对企业或产业内教育培训投资，不是只有院校培养的设计系学生才可以成为设计师，我们应让社会上所有人都成为设计师，人人都要为优化自身的环境和生活方式发挥思考的作用，从而进行设计。

关于设计产业竞争力的争论焦点，就是设计产业如何获得可持续的竞争优势。是否善于挖掘设计资源成为竞争力争夺的核心，而解决的方式不能一味地依靠以往抄袭西方国家或是一拍脑袋的想法，而是要向自然伸手，向传统伸手。

大自然是设计创意的重要依据，从中国古代书画哲学中的"师法自然""外师造化"，到当代的仿生设计、生态设计，无一不是以自然为基础，吸取、学习自然的物质形态、成型方式和造物规律，转化成当代设计丰富的创意元素，因此自然是最好的老师，自然资源是激发设计活力的重要来源。

中国 5000 多年的历史文明和文化传统应当是中华民族引以为豪的巨大宝库，也是我们发掘和重塑当代中国文化最主要的资源矿山，有形物质的资源如建筑、艺术品、造型形式、装饰图案、历史遗址、自然遗产，无形非物质的资源如风俗、哲学观念、社会组织结构、工艺技术、人们的生产方式、生活方式和沟通模式，都可能成为我们再利用的资源。对传统资源的发掘、激活远重于单纯拥有这些资源，将它们的精华要素进行重组、转化、再造，并为我们当代设计所用，是一种激发传统文化活力的有效手段。自然资源、传统文化、古代技艺和历史遗产是设计可依赖的丰富宝库，也是实现设计可持续发展和经济效益成本最低、最符合发展中国家实际情况的途径。印度素有"民族建筑师"之称的柯里亚最推崇的就是对传统文化的"转化"，在他的很多作品如印度国家美术馆、甘地纪念馆中都体现了印度的传统文化观念，而当代材料和建造工艺的结合，又使得这些作品体现了浓浓的现代气息。可持续就是以发展的眼光来发现这些文化和资源的存在，并为其注入新时代元素。除了自然资源、传统文化资源，还有很多如技术资源、资本资源等都可以为设计所用，而我们不能只单看某一种资源表面的形态，还要深入挖掘其内涵并结合其他资源进行多元化的再创造利用。

要保证设计产业有长久的核心竞争力，最根本的就是要持续地保持对设计智力资源的培养、对自然资源和传统资源的循环开发和创造利用，并综合应用使其成为有利于社会生活和经济稳步增长的方式，设计只有真正实现对人类发展的推动作用，才会永久保持旺盛的生命力。

基于本目标的相关实施措施包括如下五个。

（1）发展设计交叉学科教育。

（2）发展国家统一的设计教育认证体系和设计师质量控制体系。

（3）增加院校与企业间交流合作的机会。

（4）设立设计创新中心，将设计成果尽快转化为生产力。

（5）设立海外奖学金、资助基金，鼓励设计师到外国留学、参加国际竞赛、展览和工程投标。

（四）推动设计规模经济与产业化

我国的设计产业还没有达到规模，还没有形成强大的竞争力。西方经济学家马歇尔的规模经济理论论述了内部规模经济和外部规模经济两种模式：内部规模经济针对的是单个企业对资源的充分有效利用、组织和提高经营效率而形成经济模式；而外部规模经济则强调多个企业之间因合理的分工与相互协作、流畅的地区布局等获得一定的经济效益模式。

《资本论》第一卷中，马克思也详细阐述了社会劳动生产力的发展必须以大规模的集聚生产与协作为前提。他认为，大规模集聚生产是提高劳动生产率的有效途径，是近代工业发展的必由之路，既能实现产、供、销的联合与资本的扩张，也能降低生产成本。近几十年来，各地工业园的出现，正是大规模集聚经济理论转化为实践的体现，而与设计、艺术方面相关的更多的是文化创意产业园。

这样的规模经济也称为聚集经济。企业聚集的整体系统所获得的经济效益，是因空间上集中、分工上协作而产生的企业经济行为，往往大于在各自为政的状态下各企业所能实现的效益之和。这种众多企业由于空间聚集而获得的资源、系统、信息等方面的共享，是外部经济的体现，也是值得我们提倡的模式之一。芬兰在赫尔辛基周边五个卫星城都建立了相应的设计创意园，韩国也分别在光州、釜山等地建立了设计中心区，这都是很好的模式范例。

然而，我们的文化创意产业发展缓慢，产品在世界的接受度不高，根本原因就是我们的文化力量不够软。"文化软实力"是内部凝聚力和外部影响力的结合。清华大学新闻与传播学院尹鸿教授曾说，虽然我们嘴上鼓吹的是"文化软实力"，但做出来的具体文化产品基本上体现的是一种硬的文化，体现了太强的国家意志，本来是美好的东西，却被人误认为是阴谋，带来了很多负面影响。而像英国、韩国以及新加坡等很早就开始打造文化软实力和文化创意产业的国家，它们的文化的对外传播策略则相对柔和，它们通过产品、服务、系统等"第三方"来进行文化渗透和对外文化传播，消除政府这只有形的手的强硬，通过第三方这只无形的手的柔和渗透，达到了相对软化的效果，这样的文化传播既有国家立场又有社会公共立场。

从国家层面来说，集中力量发展设计产业，从整体提升产业的规模集聚效应，使设计资源的调配和机制流畅运行，是提升设计产业规模经济的有力措施，也是提升产业竞争力的有效保障。按照全球竞争力排名的分析，我国还处在资源配置效益驱动的阶段，而我们的设计行业只是作为一种初级产业在进行推广，为其他产业提供支持和服务，设计力量与其他领域交流和融合度还不够。我们必须将设计融入国家战略，成为全国推行的国家设计政策，大范围地将设计的规模经济力量激发并凝聚起来，融入并服务于国民经济各行业的发展，只有这样才能促进国家整体走向创新。

基于本目标的相关实施措施包括如下七个。

（1）启动设计在重要产业领域的发展路径。

（2）强化设计产业集群，更侧重的是机制上的集聚而不是传统意义上的空间集聚。

（3）培养信息整合能力，进行传播、预警、趋势发布、共享平台的建设。

（4）设计传播政策，鼓励公共部门和企业都运用现代传媒手段制定多样化的全球营销战略。

（5）开放资金渠道，引导风险投资介入，搞活信贷市场、资本市场以及国际资金流通渠道。

（6）推动设计全球化，拓宽区域设计推广活动覆盖范围。

（7）扶持优秀设计及产品进入国际贸易市场。

（五）设计行业与国家战略发展实现对接

目前，我国还缺乏国家层面的设计政策、设计能力，行业发展还处在较低层次，还没有形成统一的体系和整合的力量，设计的产业化和经济效益还比较低，因此要大力发展科技创新和文化软实力，提升国家的综合竞争力。这就需要加大对我国设计行业的培植，加强工商业企业的设计创新能力，激活设计资源，提升设计教育水平，推动设计规模经济与产业化，并发挥设计思维策略在公共服务领域的作用。而要实现这一过程，需要制定符合总体发展战略的国家设计政策，使可持续设计思维渗入优化产业结构调整、驱动企业科技创新及品牌战略、增加社会公共产品和服务、促使城镇化健康发展、打造社会文化产业、建设美丽中国等国家战略中，如图15-4所示。基于可持续设计与国家发展政策具体措施的关系和结合点，提升设计产业与其他领域产业的接续能力，并提供优秀的解决方案，来发挥设计产业对经济增长和国家竞争力提升的巨大潜力。

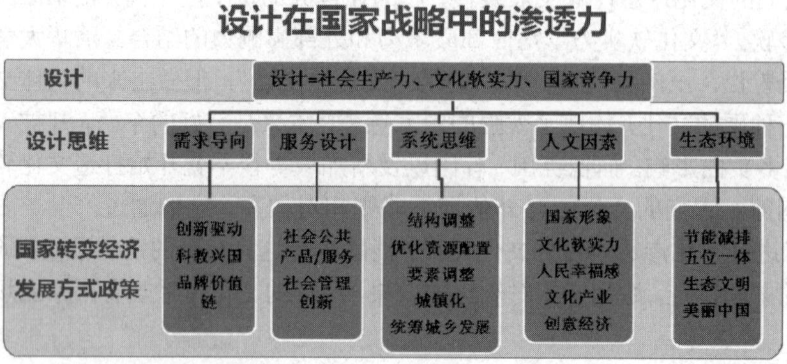

设计在国家战略中的渗透力

图15-4 设计在国家战略中的渗透

要提升设计的国际竞争力，既要求企业内部实现生产效率化，又要求国内外和产业部门有适宜的政策环境。我国"十二五"规划提倡"文化大繁荣、大发展"，是希望在文化软实力上下功夫，提升社会整体的平衡发展。设计就是国家竞争软实力的关键之一，既是优化社会系统和资源配置的良方，也是提升文化认同、民族信心和加强区域联系的有力措施。相对于社会运行策略中的科技、经济、产业等刚性手段，设计是集科学和艺术于一身的柔性策略，作为一种战略性的问题求解和资源整合过程，良好的设计可以为一个国家、一座城市的经济、技术、社会发展和人们的生活方式变迁提供系统有效而可持续的解决方案。

改革开放40多年来，伴随着国民经济实力的提升、消费水平的升级，设计驱动创新是全球经济发展至今的必然选择。党的十九大报告提出加快建设制造强国，加快发展先进制造业。要快速发展制造业，就要提高制造业自主创新能力，还需要以创新性的设计引领制造业升级。要全面提升中国制造的品质，就要努力打造具有世界级声誉的中国品牌，而知识、创意密度极高的设计力则是全球领先品牌的共性。"十三五"规划纲要中也提及，要以产业升级和提升效率为导向，发展工业设计产业。

设计产业包含管理机制、工商企业、教育培训以及文化和生态等内容，需要我们以设计思维、全球化眼光和科学方法来统筹规划，促进设计行业与国家战略发展的对接，加强工商业企业的设计创新能力，在公共服务领域推广设计思维策略，推动设计规模经济与产业化。最终，我国设计产业政策的目标，应该是要实现设计社会生产力、文化软实力、科技创新力和国家竞争力，这必须侧重于通过系统设计思维实现产品、服务对文化的承载、对国家形象的提升和转化成生产力的能力。

思考题

1. 什么是设计？设计业包括哪些形态？我国设计业有哪些类别？
2. 谈谈当前我国设计业的机制和主要政策。

3. 为了促进我国设计业的发展，从政府层面来看需要做哪些努力？

案例讨论　　　　设计这个传统行业该怎么玩

参与了哪吒、敖丙、太乙真人、申公豹、哪吒父母、龙王、结界兽等主要角色形象概念设计的设计师申威是《哪吒之魔童降世》主创团队的重要成员之一。据说，哪吒现在的个性设计经历过100多个版本的更迭。申威表示，这种说法不夸张，"设计草图说不定比一百多版还要多"，而仅仅是对哪吒形象定位的概念探索就总共历时一年多。

导演胆子大，哪吒反传统

申威回忆，其实当初设计的几稿哪吒走的是可爱萌的传统路线，而当时导演饺子看到设计稿后给的第一反馈是"没有问题，却是最大的问题"。饺子这次就是要打破常规，主角设计绝对不走平常路。申威开始在发型、服饰等一些外在特征上寻找突破口，但发现设计出来的角色给人感觉不太舒服，直到饺子有一次和申威做了深入的沟通后，他们的创作理念才真的被"打通"。"我们要打破那些条条框框，做一些更大胆的尝试，只要贴合我们剧本对于哪吒的性格设计，只要是最适合表达这个角色的，哪怕出来的设计不被大家接受，失败了我们也认了。当时我听了就非常兴奋，做了这么多年设计，终于有导演愿意支持我去打破常规，又给了我这么大的空间和舞台让我自由发挥。"

对于"哪吒"打破常规的形象设计，申威也曾一度担心会有风险，当他与导演和众多幕后工作者为形象确立付出各种沟通和努力后，反而刺激了创作灵感，这才与团队逐渐确定了他设计的最终版的哪吒形象。对于导演饺子，申威直言："导演不磨叽、不犹豫、不纠结、胆子大，这份工作我做得很开心，很爽。"

抛开偏见，只观真心

新京报：为什么哪吒总喜欢将手插到裤腰里走路呢？这个形象是在借着哪吒调侃《灌篮高手》中的樱木吗？

申威：这个倒是跟樱木没有什么关系，主要是考虑到哪吒这个习惯比较可爱，能拉近跟观众的距离。此外，这种走路方式非常痞气，也比平常的走路姿势更符合哪吒"魔丸"的性格。设计时确实研究过历史，中国古代的裤子根本没有裤兜，小哪吒这种痞气又很适合插着裤兜这一动作，所以才这样设计。

新京报：看到好多观众开玩笑说青年哪吒一定"整了容"，不然怎么会从塌鼻子变成网红鼻。为什么要把青年哪吒设计得特别帅呢？

申威：我相信很多观众第一眼看到我们的小哪吒都会觉得，怎么这个哪吒有点丑呀？但是随着电影中故事情节的铺开，大家都被逐渐带入剧情中，这个充满痞气、善良、不认命的小哪吒逐渐走进了观者的内心。大家接受了这样的哪吒，还真的觉得他"丑"吗？我认为，"抛开偏见，只观真心"是电影所要表达的重要观点，而且哪吒在影片中也是在成长的，最终他认清并坚定了信念，打破了所有人的思维定式，从而完成了帅气的蜕变。这是哪吒这个角色的设计思路。只要这个角色能有血有肉地走进观者心中，这个角色的设计就成功了。至于是塌鼻子还是网红鼻,其实就显得不那么重要了。

新京报:在哪吒服饰细节方面的设计,你是如何把握尺度的?

申威:服饰方面,我们在设计的过程中也参考了大量的资料,主要借鉴了中国古人的一些服饰特征,并结合了一些现代人的审美习惯加以融合而成。同时,为了能更好地确立哪吒的形象,我也把之前影视作品中的各个版本的哪吒都做了研究,也就是把大家传统认知当中的哪吒造型元素加入进来,比如哪吒的发型和服饰特征都做了保留,希望大家一眼就能认出他就是哪吒,但又有所不同。

资料来源:李妍."哪吒"角色设计师:经历百版折磨 哪吒变"叛逆丑"[N]. 新京报,2019-08-20.

讨论题:

1. 你认为《哪吒之魔童降世》中哪吒的"叛逆,有点丑"形象设计是否成功?为什么?
2. 结合本案例,你对设计业发展有什么建议?你认为政府和企业有哪些可行的对策?

延伸阅读 扫码学习-案例

设计业管理

第十六章 景区旅游业管理

 引导案例　　摆脱"门票经济"是旅游业应迈的坎

2020年8月11日,国家发展改革委办公厅公布《关于持续推进完善国有景区门票价格形成机制的通知》,要求继续推动景区门票降价。分类施策推动国有景区门票价格回归合理区间,降低偏高的门票价格水平,推行收支信息公开。从降低旅游者全程费用的角度,加强对景区内垄断性较强的交通车、缆车、游船等服务价格监管等。

实际上,近年来国家一直在推动景区门票降价。2018年6月国家发展和改革委员会公布《关于完善国有景区门票价格形成机制降低重点国有景区门票价格的指导意见》。2019年,国务院办公厅印发《关于进一步激发文化和旅游消费潜力的意见》,提出了9项激发文化和旅游消费潜力的政策举措,其中第一项就是推出消费惠民措施,继续推动国有景区门票降价,拓展文化和旅游消费信贷业务。

近年来,景区门票价格"逢节必涨""旺季涨价"等问题广受诟病,景区过度依赖门票已经成为旅游业高质量发展的"绊脚石",转型已迫在眉睫。景区在符合规定的条件下合理收取门票维持运营,游客支付一定费用属于正当,但门票价格过高,甚至把门票视为"提款机",这就使"门票经济"变了味。

当前,旅游业发展迅猛,如果不在提高服务质量上下功夫而仅是一味涨价,游客只好"用脚投票"。把眼睛只盯在门票上,是发展旅游的短视行为,会伤及整个旅游业。"门票经济"不符合旅游业的发展方向已成共识,如果单纯依赖"门票经济",势必把旅游逼进死胡同,也不利于当地经济的发展。

事实证明,"门票经济"不符合旅游业的发展方向,景区大多靠门票收入的状况必须改变,这也是国家不断加大推进完善国有景区门票价格形成机制的根本原因。"门票经济"不会长久,摆脱靠门票盈利的短视思维,才是旅游业健康长久发展的正途。"门票经济"是算小账,谁观念转变得越早,谁就将抓住时机,在顺利转型后胜出。

我国旅游业已处在一个转型的十字路口,摆脱对"门票经济"的依赖显得刻不容缓。在全域旅游的背景下,如果再依赖短视的"门票经济",显然不是与时俱进之举。可见,摆脱"门票经济"是旅游业必须迈过的坎,而迈过这道坎,旅游业才能迎来更明媚的春天。

资料来源:刘天放. 摆脱"门票经济"是旅游业应迈的坎[N].(2020-08-13). http://travel.sina.com.cn/2020-08-13/detail-iivhvpwy0766758.shtml.

 **本章导读**

文化是旅游的灵魂，旅游是文化发展的重要途径。当中国的人均 GDP 超过 7000 美元后，群众生活从温饱转向小康，对精神文化产品的需求将远多于过去。2019 年 12 月，中国旅游研究院发布《中国旅游景区发展报告（2019）》，报告显示，未来观光旅游仍是国内旅游的基础市场，并将呈现出观光游与度假游融合发展的趋势。在消费需求与服务质量评价方面，游客追求更高品质的体验。数据显示，2018 年，国内游客与入境游客对景区景点的满意度指数分别为 8.07、7.55，均处于"基本满意"水平，国内游客对景区的评价相比 2017 年有所提升。景区游览业是文化产业的一个重要部分。近年来，随着我国经济的快速发展和人民生活水平的大幅度提高，景区游览等休闲业也得到较快的发展，随之而来的管理问题也日益凸显。本章将论述景区的定义和特征、景区游览业的现状和问题，以及旅游景区管理的模式和内容。

第一节 旅游景区的定义、特征与类型

旅游景区是一个国家或地区人文资源和自然资源的精华，是展示国家或地区文化、民族历史的一个窗口，也是旅游目的地形象的重要体现。拥有 5000 多年灿烂文化的中国无疑是全球最大的旅游市场之一，中国旅游业将在很长的一段时期内处于发展的黄金期。中国的旅游景区是旅游业重要的生产力要素，其核心要素的地位会越来越显著。

一、旅游景区的定义

在正确认识和理解旅游景区之前，我们首先来了解几个相关的概念：风景名胜区、旅游目的地、景点。

1. 风景名胜区

2006 年 9 月 6 日，国务院发布了《风景名胜区条例》，将风景名胜区定义为"具有欣赏、文化或科学价值，自然景观、人文景观比较集中，环境优美，可供人们游览或者进行科学、文化活动的区域"。

2. 旅游目的地

简单地说，旅游目的地就是能够满足旅游者终极目的的地点或主要活动地点。旅游目的地的空间范围更大，功能更完善。它包含旅游业发展所需要的各要素，如旅游资源、基础设施及旅游服务等。

3. 景点

英国学者约翰·斯沃布鲁克认为："景点应该是一个独立的单位，一个专门的场所，或是一个有明确界限的、范围不可太大的区域，交通便利，可以吸引大批的游客闲暇时来到这里做短时的访问。"景点是旅游景区划分的最小单位，是能够界定、能够经营的实体。

了解相关概念后我们来看看旅游景区的定义。国家质量监督检验检疫总局于 2004 年 10 月 28 日发布的《旅游景区质量等级的划分与评定》(GB/T17775—2003) 中指出："旅游景区是以旅游及其相关活动为主要功能或主要功能之一的空间或地域。"在该标准中，旅游景区是指具有参观游览、休闲度假、康乐健身等功能，具备相应旅游服务设施并提供相应旅游服务的独立管理区。该管理区应有统一的经营管理机构和明确的地域范围，包括风景区、文博院馆、寺庙观堂、旅游度假区、自然保护区、主题公园、森林公园、地质公园、游乐园、动物园、植物园及工业、农业、经贸、科教、军事、体育、文化艺术等各类旅游景区。

旅游景区应具备以下条件。

（1）具有吸引游客的吸引物和资源基础。

（2）具有完善的旅游交通服务设施，如停车（船）场所、供游人参观游览的步道或航道。

（3）具有有力的安全保障设施，如消防、防盗、救护设备齐全。

（4）具有齐备的游览服务设施，如入口游览导游图、景点介绍牌等。

（5）具有良好的卫生环境和健全的环卫管理制度，如景区干净卫生，各类卫生设施设备齐全。

（6）具有完善的公共设施，如公共电话等。

具体地说，凡是符合以下要求且具有较为明确范围边界和一定设施或活动项目的空间尺度的场所，均可称为旅游景区。

（1）以吸引游客为目的，包括本地的一日游游客和旅游者，根据游客接待情况进行管理。

（2）为游客提供一种消磨闲暇时间或度假的方式，为他们提供一种快乐、愉悦和审美的体验。

（3）游客有某种体验的需求，满足这种潜在的市场需求。

（4）以满足游客的需求为管理宗旨，并提供相应的设施和服务。

旅游景区是我国旅游业发展的重要的生产力要素，是旅游吸引力的根本来源，也是旅游创汇创收的重要方面。为了规范旅游景区服务，提高其管理和服务水平，促进我国旅游景区的健康发展，国家旅游主管部门近年来加大了对旅游景区的管理和指导力度。2000 年，国家旅游局按照国家标准《旅游区（点）质量等级的划分与评定》(GB/T17775—1999) 的要求，对全国 31 个省（自治区、直辖市）申报的首批国家 4A 级旅游区（点）的 215 家景区中的 199 家进行了现场评定，根据旅游景区的服务质量、环境质量、景观质量，并参考景区的游客满意度，进行综合考评，产生了首批 187 家国家 4A 级旅游区（点）。自 2005 年起，开始按质量等级由低到高划分为 1A～5A 共 5 个等级。4A、5A 级景区评定工作由国家旅游局组织设立的全国旅游景区质量等级评定委员会负责，3A 级及以下等级旅游景区由全国旅游景区质量等级评定委员会授权各省级旅游景区质量等级评定委员会负责评定。截至 2020 年 1 月 7 日，国家旅游局（现已并入文化和旅游部）共确定了 280 个国家 5A 级旅游景区。

本书所称的旅游景区，与国家标准《旅游区（点）质量等级的划分与评定》中旅游区（点）的含义等同，是指"经县以上（含县级）行政管理部门批准设立，有统一管理机构，范围明确,具有参观、游览、度假、康乐、求知等功能,并提供相应旅游服务设施的独立单位"。之所以将它称为旅游景区,有两个原因:一是为了尊重约定俗成,方便理解;二是这些旅游景区的主要功能是为旅游者服务,与那些主要为所在地居民服务的景点有所区别。在国际上,前者称为旅游景区,后者则称为景区或景点。

二、旅游景区的特征

认识和了解旅游景区的基本特征对旅游景区的规划和开发有着指导意义。旅游景区的基本特征因分析角度的不同而有所不同。一般而言,其基本特征包括以下两点。

(一) 整体性

整体性是指旅游景区所依托的旅游资源之间以及与周围的环境之间相互影响、相互制约,共同组成了一个有机的整体。旅游资源的整体性决定了旅游景区的整体性。

旅游景区整体性在自然旅游资源和人文旅游资源中都得到了体现,但在自然旅游资源中体现得更为淋漓尽致,如我国西北地区在荒漠、黄土和气候的影响下,形成了特有的动植物景观;我国的南方则以众多的瀑布、溪流和郁郁葱葱的绿色植被著称,它们与品种繁多的珍稀动物、舒适宜人的气候共存于一体,形成了特有的旅游资源。整体性这一特点在人文旅游资源中的体现是人类在不同时期的活动都是社会文明的产物,无论是遗留下来的,还是后来创造的,都同样影响和联系着民俗、文化和艺术。

(二) 地域性

旅游景区都占据一定的地域空间。旅游景区的地域性是指任何形式的旅游景区必然会受当地的自然、社会、文化、历史条件和人类活动的影响与制约,并因此形成千差万别的地域特色。地域性表现在旅游景区的差异上,一种景观、一种戏曲、一种宗教、一个民族都可以体现地域的差异,这种差异形成了不同的地域特色。

对于旅游景区地域性的认识必须把握其所在地的地脉和文脉。所谓地脉,是指所在地的自然环境条件,包括地质、地貌、气象、气候、土壤、水文状况等。认真分析研究所在地的自然条件有助于揭示景区地域特色,形成市场号召力。所谓文脉,是指地方文化特色,对所在地的历史进行观察分析,寻找具有代表性的历史遗迹、人物、事件,可以将其作为地域性的构成要素。

三、旅游景区的类型

旅游景区的类型多种多样,分类方法也有很多。本章主要从旅游资源的属性、利用资源的方法和效果、开发利用的变化特征三个方面来对旅游景区进行分类。此外,根据其他一些较流行的划分标准,旅游景区还可以有以下分类。

(1) 按是否收费分类:可分为收费景区和免费景区。

(2) 按景区的形成机制分类:可分为人造景观和自然景观。人造景观包括主题乐园、博物馆、美术馆、游乐园等;自然景观包括地文类景观,水文类景观,气候生物类景观等。现在,纯自然的景区越来越少,大部分自然景区中都融入了人文要素。

（3）按景区与节事活动分类：自然或者人造景区都是固定在一定地域范围内的，而节事活动则是出于某种原因在某地举办的临时性活动，所以节事活动的举办场所既可以是固定的（如巴西狂欢节主会场固定在里约热内卢），也可以是移动的（如奥运会，每四年举办一次，分别在不同的城市举办）。

（4）按景区的成因分类：可分为自然环境，最初建造的目的不是为了吸引游客的人造景观（如宫殿、帝王陵墓、教堂、古代水利工程等），专门为吸引游客而建造的人造景观（如主题公园、游乐园、人工滑雪场、度假村等），特殊活动景观，节事景观。

四、旅游景区的作用

旅游景区是旅游业的核心要素，其作用主要有以下三点。

（一）产业的核心要素

旅游景区是旅游吸引力的根本来源，是旅游活动的直接动因和旅游消费的吸引中心。人们外出旅游选择目的地时，首先考虑的是旅游景区本身的吸引力，其次才会考虑交通及其他配套设施的完善程度。从这个意义上说，旅游景区是旅游业六大要素（食、住、行、游、娱、购）中的核心要素。

（二）文化和历史的载体

旅游景区还是地方文化和历史文化的重要载体。民族文化是旅游景区的重要内涵之一，景区中的歌舞节目和节庆活动是民族文化精华，所以旅游景区不仅是民族文化展示的载体，还是民族文化保存和发展的舞台。一些旅游景区特别是文化遗产地，还是我国璀璨历史文化的杰出代表，如长城、故宫、秦始皇陵及兵马俑、都江堰工程、敦煌壁画等世界自然和文化遗产，都是华夏文明史中先进文化和先进科技的缩影，是人类文明和智慧的凝聚。

（三）产业发展的增长点

在旅游产业发展过程中，旅游景区的开发建设成为产业扩张的重点，旅游景区的消费成为旅游经济新的增长点。国家旅游局曾会同有关部门着力建设国家生态旅游示范区、旅游扶贫试验区和旅游度假区。为了加快旅游资源开发，加强旅游景区建设，国家设立了"旅游资源开发与保护基金"，对景区开发进行大力支持，并积极利用国家长期国债资金，对景区建设进行重点支持。可以预计，随着旅游基础设施的改善和旅游配套功能的完善，旅游景区在旅游产业发展中的核心地位将凸现出来，成为新时期中国旅游经济的主要增长点。

为了研究探讨不同类型景区的经营特征，对比同类景区的经营差异，本章把旅游景区分为自然类、文物类、主题类三大类别进行论述。其中，自然类景区主要是以自然景观资源为依托的旅游景区，包括风景名胜区、自然保护区、森林公园和部分旅游度假区；文物类景区主要是指以历史文化、宗教文化等为主要资源特色的旅游景区，包括文博院、馆、寺等；主题类景区是指主题鲜明的人造景区，包括主题公园、主题类动植物园和其他主题类人造景点。鉴于世界遗产型景区的特殊性，本书对遗产类景区单独进行了分析研究，但遗产类景区亦包含于自然类和文物类景区之中。

第二节 景区游览业现状和问题

一、景区游览业的发展现状

旅游业对我国经济社会发展全局具有重要战略意义。习近平总书记强调,"旅游是传播文明、交流文化、增进友谊的桥梁,是人民生活水平提高的一个重要指标。旅游业是综合性产业,是拉动经济发展的重要动力。旅游是修身养性之道,中华民族自古崇尚'读万卷书、行万里路'"。李克强总理要求我们,"围绕发挥旅游在扩内需、稳增长、增就业、减贫困、惠民生中的独特作用,砥砺开拓,扎实工作,着力创新旅游管理体制,着力依法规范旅游市场,着力推进现代旅游产业发展,着力培育旅游经济增长点,让旅游更安全、更便利、更文明、更舒心,为推动经济提质增效升级、人民群众生活水平跃升做出新贡献"。

旅游景区是由旅游吸引物、配套设施和各种服务组成的地域综合体。近年来,伴随我国旅游消费升级趋势的演进,传统景区以"游"和"娱"为主要构成要素的产品结构与游客的多元化需求有所脱节,打造满足"吃、住、游、购、娱"综合需求的旅游目的地成为当下景区模式的转型路径,而新形势下网络技术的发展也为景区旅游信息的发布与获取提供了便利条件,如图 16-1 所示。

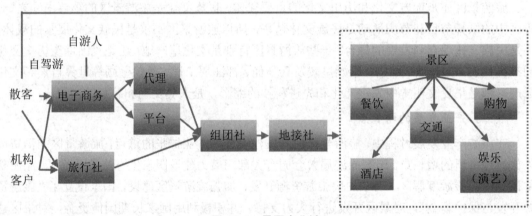

图 16-1 景区产业链

近 10 年来,借助传统优势旅游资源,拓展社会景区资源,以保护为基础,旅游景区得到了长足发展,提升了我国旅游目的地的形象,带动了城乡一体化发展的进程,旅游景区也确立了独立的产业地位,成为支撑旅游产业发展的中坚力量。当前,依照国家法规,按照市场规则,越来越多的地方把景区逐步推向了市场,在经济大潮的推波助澜下,景区发展呈现出鲜明的市场化特点。景区投资方涵盖了政府、国有企业、民营、外资等多个方面。旅游景区成为旅游投资和资本运作最活跃的领域。

1. 景区旅游资源数量众多,景区类型更加丰富

按照等级划分,我国旅游景区主要包括 5A、4A、3A、2A 和 A 级景区。

按照属性分类,我国旅游景区主要分为自然景观、人文景观和人造主题类景观三大类型。自然景观类景区是指地貌、水体、气候、动植物等自然地理要素所构成的、吸引人们前往进行旅游活动的天然景观,具有明显的天赋性质,比如黄山、九寨沟等。人文景观类景区的内容广泛、类型多样,包括各种历史古迹、古今伟大建筑、民族风俗景区等,是人类活动的艺术结晶和文化成就,比如少林寺、莫高窟等。人造主题类景区是为了满足旅游者多样化休闲娱乐需求和选择而建造的一种具有创意性游园线索和策划性活动方式的现代旅游目的地的一种形态,比如宋城、欢乐谷、迪士尼等。

从整体上看,优质的自然景观类旅游景区,由于资源稀缺且具有不可复制的特性,在市场上一直供不应求。游客更倾向于亲近湖光山色和海滨岛屿等自然景观,其次是具有强烈文化内涵的民族、古镇风情和历史遗迹等人文景观,如表 16-1 所示。

表 16-1 中国旅游用户景区类型选择倾向

单位:%

景区类型		选择倾向所占比例
自然景观	湖光山色	53.30
	海滨岛屿	47.70
	草原沙漠	23.30
人文景观	民族/古镇风情	44.90
	历史遗迹	36.80
	都市观光	28.10
人造主题类景观	主题公园/游乐园	44.50
	温泉度假区	38.60
	田园度假区	37.70
	动植物园	26.30
	户外探险	23.30
	博物馆	20.50

数据来源:中国旅游研究院(www.ctaweb.org)。

2018 年以来,旅游景区加速转型升级,景区观光旅游和休闲度假旅游并重,传统业态和新业态齐升。在我国景区旅游市场中,休闲度假游的比重提升显著。2010 年,我国城镇居民出游以观光游为目的者占 32.9%,以休闲度假游为目的者占 25.0%,2017 年这两个数据分别为 22.1% 和 30.1%。2010 年,我国农村居民出游以观光游为目的者占 12.2%,以休闲度假游为目的者占 6.0%,2017 年这两个数据分别为 21.8% 和 20.7%。

随着我国旅游景区传统业态与新业态齐升,景区旅游企业也加大深耕,细分市场,开拓增量发展空间:中国特色冰雪旅游发展模式初步形成;避暑旅游由概念转为政府、企业共识和行动;以夫子庙等景区为代表的研学游持续升温;主题公园为满足国民大众旅游体验需求持续发力;旅游演艺行业龙头在深耕的同时,尝试海外发展;特色小镇迎来转型期,回归理性,健康可持续发展。

近年来,虽然我国 5A 级景区的数量逐渐增加,但是随着国家对 5A 级景区的管理和评定的要求越发严格,5A 级景区的数量增速呈现放缓趋势。

2. 景区旅游规模持续扩张,景区旅游持续升级

我国旅游市场的游客数量一直保持着稳定增长的态势。国家统计局的数据显示,近年来我国国内旅游市场持续保持 10%以上的高速增长,2018 年全年国内旅游人数达 55.4 亿人次,同比增长 10.8%,如图 16-2 所示。2018 年,我国年人均出游 4 次,旅游渐成国民常态化消费,我国已进入大众旅游时代,如图 16-3 所示。

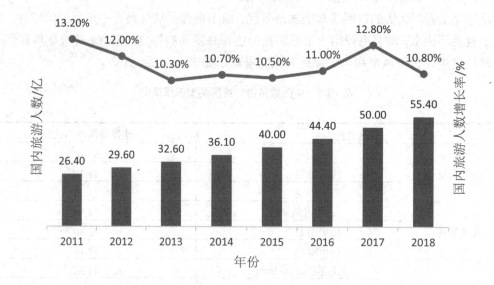

图 16-2　2011—2018 年中国国内旅游人数

数据来源:国家统计局(www.stats.gov.cn)。

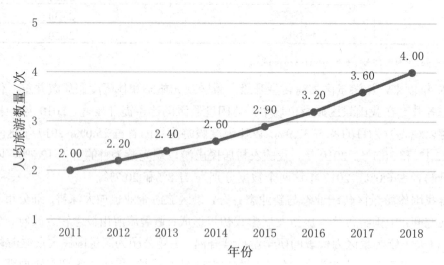

图 16-3　2011—2018 年中国人均旅游次数

数据来源:国家统计局(www.stats.gov.cn)。

线上订票越来越受到大众的欢迎，74.3%的用户首选在线旅游网站作为景区门票订票平台。2013—2017 年，中国高星景区在线门票的市场规模不断扩大，门票销售的整体在线渗透率逐年增长，2017 年我国高星景区在线门票的交易额已经超过 188 亿元，在线渗透率达到 14.3%。

景区 IP 的发掘和重塑、景区硬件和软件配套设施的智能化持续升级。进入信息时代，随着网络科技的发展，我国景区游客在预定景区门票的支付方式上，更加偏好使用支付宝和微信。在景区服务方面，越来越多的游客期待能够享受快速入园服务，减少排队时间，并期望景区能够提供无线网络。要提升游客在景区的游览体验，加快智慧景区的建设步伐势在必行。

二、景区游览业的经营管理问题

从市场的角度看，旅游景区经营具有三个方面的主要任务，即旅游景区如何吸引游客、如何为游客提供满意的服务、如何实现旅游景区的可持续发展。如果我们把旅游景区视为一个企业，把景区发展视为一个产品，那么，旅游景区经营是通过调动旅游景区相关投入要素，在有效保护旅游景区公共资源（主要是风景资源、生态资源与文物资源）的前提下，对其合理利用并进行追求效率最大化的营销、管理与服务。这一概念既包括对这些公共资源的合理利用，也包括对这些公共资源的有效保护。对旅游资源要在保护的前提下利用，在利用中促进保护，既要适度保护，又要适度开发、合理利用，而不能过度保护，更不能过度开发。利用与保护互为依托，共同促进。

旅游景区经营的主要内容有四点。一是开发与利用景区内旅游资源，建设景区旅游吸引物。二是从事旅游景区的日常经营，销售景区旅游吸引物，实现景区经营的经济、社会与环境效益，包括对旅游景区的产品设计和组合；为组合旅游产品而进行人、财、物的协调与组织；市场营销及旅游服务的提供。三是资源保护与环境维护，培育景区持续的旅游吸引物。四是景区的安全管理与服务质量管理，传递旅游吸引物。

景区治理结构应包括两个层次。第一个层次是外部治理，包括市场经济方面的旅游产品市场、资本市场、劳动力市场，还包括政策法规方面的风景名胜区条例、自然保护区条例、文物保护法等；第二个层次是内部治理，包括公共资源的有效保护和对公共资源的合理利用。外部治理是市场和法规对景区的治理，它虽然不能代替景区的内部治理，但对景区内部治理结构和治理行为的选择具有重要影响。在设计旅游景区治理结构时，不能不考虑市场和法规对景区经营的治理要求。在内涵上，景区治理结构主要包括五个方面：一是旅游景区治理的总体目标，这是旅游景区治理的导向性机制；二是旅游景区治理的政策框架和法规体系，这是旅游景区治理的规范性机制；三是旅游景区的管理体制，这是旅游景区的组织运行机制；四是旅游景区的经营机制，这是旅游景区的运作系统和传导机制；五是旅游景区员工及当地社区居民的参与和接受程度，这是旅游景区的参与机制。这五个方面的内容和机制有着紧密的联系，构成一个有机整体。

目前，我国旅游景区的经营管理中主要存在以下问题。

（一）产品辨识度低，同质恶性竞争

景区资源数量繁多，产品形式雷同、跟风发展现象严重。随着网络信息传播速度的加快，特别是短视频的迅速发展，某一景区的产品受到游客追捧后，其他景区与其类似的产品便如雨后春笋般接连出现。这类流行趋势往往持续时间较短，景区大多布局粗糙、模仿痕迹严重，因而并不能持续地吸引游客，往往流于形式，浪费人力、物力、财力。

网络自媒体的快速发展使景区口碑的传播越来越快，对于景区而言则亦喜亦忧。如果景区产品质量过硬、求新求变，可以快速增加客流量；如果景区一次性打造，长期不迭代或只是跟风模仿，就会快速被市场看透，缺乏新鲜感和新奇性，犹如昙花一现。

产品缺乏创意和差异化是我国景区发展的软肋。例如，同样的一块刺绣手帕，在湖南叫"湘绣"，在江苏叫"苏绣"，在江西叫"赣绣"，必然无法刺激消费，只能被人们拿来吐槽。

旅游商品具有满足人们精神需求的属性，风光绮丽的自然景观、底蕴深厚的名胜古迹、别有风味的民间小吃，都具有各自的文化内涵，都能够给游客带来某种感官上的享受，因而都是值得开发的旅游产品。而缺乏纪念品保护力度和对盗版的打击力度，缺乏专门人才的设计创造，使得全国各地的景区充满粗制滥造的复制品，难以打动人心。

同质化、低端化趋势的不仅是旅游商品，还有景区的开发管理，大面积无特色的人工造景甚至引发"名人故里之争"，是旅游业发展急功近利、缺乏个性化和前瞻性的体现。造成这一现象的原因之一是景区数量激增，竞争加剧，从而使各个景区形成敌对思维，对标已经存在的项目，在较低水平上"厮杀"。

（二）盈利模式单一，门票经济横行

近10余年，门票价格不断上涨，大门票、小门票防不胜防，创新旅游项目建设十分缺乏。公共资源类的旅游景区存在一定的经营性垄断，因而旅游景区产品价格具有刚性，只升不降。

景区资源的挖掘不够，餐饮、住宿、纪念品等没有凸显景区特色，质量配不上价格，刺激消费能力较差。产品开发和市场营销的费用较少，旅游产品开发没有得到有效规划安排，竞争力不足。

自2019年开始，一些景区的门票价格开始下调，与此同时，上市公司的景区业绩明显下降，如海南部分景区的门票价格下调最高达30%。与此同时，2019年上半年，桂林旅游景区净利润同比下降66.16%；丽江旅游景区净利润同比下降17.53%，在游客数量增长11.44%的情况下，与门票直接相关的索道运输业务项目营收下滑22.43%；张家界旅游景区，游客数量增长4.49%，净利润同比下滑59.01%。

虽然门票价格下调带来了小幅的游客数量上涨，但是这不足以弥补依靠门票躺着赚钱的损失。为了推动旅游刺激消费，国家政策将继续推动景区门票价格下降。

我国景区旅游发展动能的转换需要过渡，过去长期依赖自然资源和历史文化资源"躺着"赚钱的旅游景区"站起来"需要时间，景区门票价格下降，二次消费又没有跟上，非景区业务收入点没有培育起来，这势必造成景区短期阵痛。

门票减免所能带来的人流上升本身是具有天花板的，旅游景区要根据自身承载力积极拓展其他业态板块，调整游客人数。

文创类博物馆应在一定程度上开发衍生品，自然资源风景区在核心保护区之外，应积极开发餐饮、住宿业务，拉动自驾游、帐篷客的观光消费，延伸产业链条，推进游客消费深度增加，适应老百姓"既要美丽风景又要美好生活"的需要。

要让老百姓"游得起，有的游"，应降低门槛价格，推动综合消费。景区业态由以观光为主向观光度假并重转变，地区由"旅游城市"向"城市旅游"转变，企业面临精准发现市场需求、设计产品的挑战和企业自身人才储备、观念转变的挑战，新型人才不仅要懂旅游，还要懂资本和商业模式，实现业态融合和企业转型发展。

（三）申 A 思维僵化，A 级不能代表水平

当下的 A 级景区，已经代表不了景区的真实水平，也不再能为景区引流。A 级景区的存在是为了划分出景区等级，从而使游客得到满意的观光体验。然而，当特色小镇有 1000 家时，就已不再是特色小镇；当 A 级景区有一万家时，A 级也将失去光环和意义。

在信息相对闭塞的年代，A 级是一个旅游出行的参考和引导，但在如今信息高速流通的年代，真正影响出行的是大品牌效应和熟人、社交软件的推荐效应，A 级的品牌度已急剧下滑。

A 级在不能为景区带来引流好处的同时，可能还会为景区套上枷锁，有碍于景区的特色发展。景区的发展是一个变量行为，需要跟随市场的步伐快速调整。

发展规范是好事，但是景区与其花费大量人力、物力、财力，追求一个不能证明实际水平的名号，还为自身发展加上种种限制，不如把更多的精力放在紧跟需求、提升游客满意度，挖掘自身突出优势，凭真本事赢得长远发展方面。

（四）部分景区服务意识不强，管理混乱无序

我国旅游景区硬件设施建设不断进步，但部分景区服务水平、管理水平等软件方面相对偏低，导致景区功能质量不高。目前，部分旅游企业在服务质量体系中的各个子系统之间缺乏有效的衔接机制，特别是在旅游旺季游客数量增多时，无法向旅游者提供高质量的配套旅游服务。例如，著名景区人山人海，既不能让游客欣赏到风景，还需要警惕人身、财产安全的问题；部分景区服务可信度不高，服务人员对游客缺乏耐心，缺乏礼仪常识，偷工减料、随意降低服务技术标准的情况时有发生。

（五）商业气息浓重，文化内涵不够突出

部分景区商业化现象越来越严重，影响旅游本质功能，受到游客反感。景区失去各自特色和内涵，低质量的小吃、特产、文创产品漫天要价，往往导致游客乘兴而来、败兴而归。旅游景区本质上是休闲娱乐的度假场所，如今却逐渐演变成吆喝叫卖、讨价还价的商业场所，各种各样的商贩云集，低档伪劣的旅游产品充斥其中，甚至有些景区发展成为坑蒙拐骗的自由市场，这不仅不能给游客带来良好的旅游体验，更使景区丧失了传承发扬文化内涵的功能。

（六）环境污染严重，旅游资源受到破坏

近年来，我国旅游资源遭到破坏、旅游景区环境质量下降等问题日益突出，这不仅给景区带来负面效应，还阻碍了旅游业的持续发展。我国旅游资源保护存在三点主要问题：立法

滞后和不完善，缺乏专门的旅游资源保护法；已有法律法规存在交叉重叠，可操作性和技术性较差，条块分割和多头管理导致权限不清、责任不明晰；处罚力度不够，对游客警示教育效果不明显。

2017年8月，一组名为"八达岭长城遭刻字"的照片在微博流传，有网友认为，刻字行为"既没礼貌也没素质"，更有网友要求"必须重罚，依法追责"。2018年8月，一名游客破坏丹霞地貌的炫耀视频引起关注，视频中共有4名游客，称"不是说踩一脚需60年恢复吗，我们不知道踩了多少脚"，在舆论压力下，4人最后主动向公安机关自首。在"丹霞地貌踩踏事件"发生后几天，又有几名游客在甘肃文县天池景区内戏水游泳并发抖音炫耀，再次引爆舆论。2019年8月，一支越野车队辗轧内蒙古锡林郭勒草原的网络视频使舆论一片哗然，从视频内容来看，越野车在草原上快速转弯，所经之处泥草飞溅，草地被轧出多条沟槽，植被遭严重破坏。近年来，类似事件频发，每每旅游旺季到来，我国景区都要面临一场劫难。

游客素质不够高，没有保护国家文物、爱护景区环境的意识，导致破坏旅游资源的行为频现。不文明行为差别很大，有的需要法律强制手段，有的则需要道德引导，相关部门应该对不文明现象进行梳理分类，有针对性地进行处理，以加强对我国旅游资源和环境的保护。

第三节 旅游景区管理的模式和内容

旅游景区产品是一种服务产品，它具有服务性产品的一般特性，即无形性、不可贮存性、不可转移性、生产与消费同时性。旅游景区产品的特殊性决定了游客购买旅游产品的过程也不同于其他商品，这同时也使得旅游景区营销区别于其他产品营销而具有特殊性。旅游景区要长期规划、总体控制，实现从家门到景区大门的全程空间管理。政府方面要鼓励公众参与规划，严格监管企业开发行为，制定行业规范，评估与监控旅游影响，对游客进行教育与沟通，培养负责任的旅游者。

一、旅游景区管理模式

从经营角度分类，我国旅游景区的管理模式体系共包括10种，按其经营的市场化程度从高到低依次排列，如图16-4所示。

（一）整体租赁经营模式

这一模式的特点是，旅游景区实行企业型治理，其经营主体是民营企业或民营资本占绝对主导的股份制企业。其代表性景区是四川碧峰峡景区、重庆芙蓉洞景区、天生三桥景区、金刀峡景区及桂林阳朔世外桃源景区。在这一模式中，景区的所有权与经营权分离，资源的开发权与保护权统一。景区的所有权代表是当地政府，民营企业以整体租赁的形式获得景区30~50年的独家经营权；景区经营企业在租赁经营期内，既负责景区资源开发，又对景区资源与环境的保护负有绝对责任。

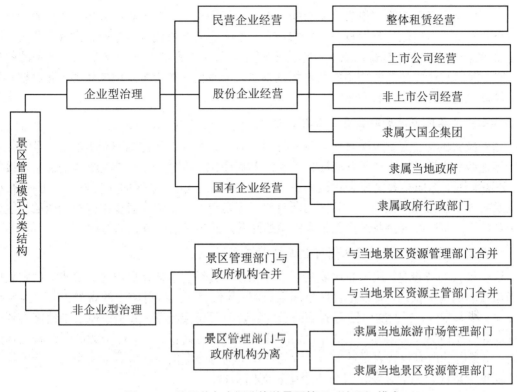

图 16-4 从经营角度划分旅游景区管理（治理）模式

（二）上市公司经营模式

这一模式的特点是，旅游景区实行企业型治理，其经营主体是股份制上市公司。其代表性景区是黄山风景区和峨眉山风景区。在这一模式中，景区的所有权与经营权、资源的开发权与保护权完全分离。地方政府设立景区管理委员会，作为政府的派出机构，负责景区的统一管理。景区的所有权代表是景区管理委员会，经营权通过交纳景区专营权费由景区管理委员会直接委托给上市公司长期垄断；景区管理委员会负责资源保护，上市公司负责资源开发利用。

（三）非上市公司经营模式

这一模式的特点是，旅游景区实行企业型治理，其经营主体是未上市的股份制企业。它可以是国有股份制企业，也可以是国有与非国有参与的混合股份制企业。其代表性景区有青岛琅琊台景区，浙江桐庐瑶林仙境景区，浙江柯岩景区及曲阜孔府、孔林、孔庙景区。在这一模式中，景区的所有权与经营权分离，但资源的开发权与保护权统一。景区的所有权代表是作为政府派出机构的景区管理委员会等，景区经营权由政府委托给股份制企业；景区经营企业既负责景区资源的开发，又负责景区资源的保护。

（四）隶属大国企集团的整合开发经营模式

这一模式的特点是，旅游景区实行企业型治理，其经营主体是国有全资企业，是隶属于当地政府的国有公司。其代表性景区有陕西华清池、华山等文物景区及海南天涯海角景区、桂林的七星公园等景区。这些景区均由国有的旅游开发公司负责经营，分别隶属于陕西旅游集团公司、海南三亚市旅游投资有限公司及桂林旅游总公司。在这一模式中，景区的所有权与经营权分离，但资源的开发权与保护权统一。景区的所有权代表是政府，旅游经营权由国有全资的景区经营企业掌管；景区经营企业既负责景区资源的开发，又负责景区资源的保护。这一模式的优势是能够按照旅游市场的需求，全面整理各旅游景区的资源，通过整合开发，全面促进当地旅游景区的发展。

（五）隶属地方政府的国有企业经营模式

这一模式的特点是，旅游景区实行企业型治理，其经营主体是国有全资企业，且直接隶属于当地政府。其代表性景区有浙江乌镇和江苏周庄，它们均由国有的旅游开发公司直接经营，分别隶属于当地县人民政府和镇人民政府。在这一模式中，景区的所有权与经营权分离，但资源的开发权与保护权统一。景区的所有权代表是政府，旅游经营权由国有全资的景区经营企业掌管；景区经营企业既负责景区资源的开发，又负责景区资源的保护。

（六）隶属政府行政部门的国有企业经营模式

这一模式的特点是，旅游景区实行企业型治理，其经营主体是国有全资企业，但它隶属于当地政府的有关部门，而不是直接隶属于政府。其代表性景区有南宁的青秀山景区及宁夏沙坡头、沙湖景区，它们均由国有的旅游景区经营公司直接经营，分别隶属于当地国有资产管理局和当地旅游局。在这一模式中，景区的所有权与经营权分离，但资源的开发权与保护权统一。景区的所有权代表是政府，旅游经营权由国有全资的景区经营企业掌管；景区经营企业既负责景区资源的开发，又负责景区资源的保护。

（七）兼具旅游行政管理的网络复合治理模式

在这一模式中，旅游景区实行非企业型治理，其经营主体是景区管理机构，但同时景区管理机构与当地旅游局合并，使得景区管理机构不但要负责景区的经营管理，还具有当地旅游市场管理的行政职责。在这一模式中，景区的所有权与经营权、资源的开发权与保护权对外统一、对内分离。景区管理机构既是景区所有权代表，又是景区经营主体；既负责景区资源开发，又负责景区资源与环境保护。但在景区内部，管理职能与经营职能、开发职能与保护职能由不同的部门或机构承担。其代表性景区是长春净月潭景区、江西龙虎山景区、山东蓬莱阁景区等，这些景区的管理机构都与当地旅游局合并为一套班子、两块牌子，在承担景区的经营管理职责时，还负责当地旅游业的管理，对促进当地旅游业的发展负有重要责任。这一模式是近年来各地旅游景区体制改革与机制创新的成功实践，具有较强的发展优势和良好的发展前景。

（八）兼具资源行政管理的复合治理模式

在这一模式中，旅游景区实行非企业型治理，其经营主体是作为当地政府派出机构的景区管委会或管理局（以下简称景区管理机构），但同时景区管理机构与当地某一资源主管部门合并，使得景区管理机构不但要负责景区的经营管理，还具有当地资源管理的行政职责。在这一模式中，景区的所有权与经营权、资源的开发权与保护权对外统一、对内分离。景区管理机构既是景区所有权代表，又是景区经营主体；既负责景区资源开发，又负责景区资源与环境保护。但在景区内部，管理职能与经营职能、开发职能与保护职能由不同的部门或机构承担。其代表性景区是泰山，泰山管委会与泰安市文化局合并成一套人马，在负责泰山景区的保护、开发、经营、管理的同时,又对全市文化事业和文化市场进行管理。目前,这一模式在景区经营中逐步式微。

(九)隶属旅游主管部门的自主开发模式

在这一模式中,旅游景区实行非企业型治理,其经营主体是景区管理机构,但景区管理机构隶属于当地旅游局。在这一模式中,景区的所有权与经营权、资源的开发权与保护权互不分离。景区管理机构既是景区所有权代表,又是景区经营主体;既负责景区资源开发,又负责景区资源与环境保护。这一模式也是近年来各地为理顺旅游管理体制而进行的改革与创新。在这一模式中,旅游景区的经营总体上以市场为导向,以谋求旅游景区的发展为主要目标。其代表性景区有河北野三坡景区、重庆四面山景区等。

(十)隶属资源主管部门的自主开发模式

这是一种传统的景区经营模式。在这一模式中,旅游景区实行非企业型治理,其经营主体是景区管理机构,并且隶属于当地建设、园林、文物等旅游资源主管部门。在这一模式中,景区的所有权与经营权、资源的开发权与保护权互不分离。景区管理机构既是景区所有权代表,又是景区经营主体;既负责景区资源开发,又负责景区资源与环境保护。这一景区经营模式主要集中于传统的大型文物类旅游景区,如北京故宫、颐和园、八达岭长城景区等。

这10种旅游景区治理模式,都是我国目前旅游景区经营中较为普遍采用的模式,特别是整体租赁经营模式、上市公司经营模式、非上市公司经营模式、隶属大国企集团的整合开发经营模式、兼具旅游行政管理的网络复合治理模式,都是近年来各地为适应旅游业发展需要,发挥旅游资源优势,促进当地国民经济增长和人民生活水平提高而进行的不断探索。这些模式,都是发展的需要、改革的结晶、实践的创举。当前,我国旅游景区开发建设和经营管理正处于改革的关键时期,一些新的景区治理模式正在各地探索、酝酿和创新。可以预见,随着我国旅游业的蓬勃发展和改革开放的不断深入,新的模式将层出不穷。与此同时,景区经营管理中的一些成功的经验,尤其是上述五种创新模式,正在被各地广泛地推广、运用。但是,在当前景区快速发展、模式需求膨胀的情况下,应当清醒地认识到,这些创新模式产生于特定的环境与条件下,同样具有一定的风险与局限,需要在运用中不断完善,在实践中不断发展;需要结合各地不同的实际灵活地加以运用。

二、旅游景区管理内容

旅游景区管理是在大众旅游出现后,随着旅游业的发展而出现的,是旅游市场竞争日益激烈的产物。旅游景区管理的主要工作是保证旅游景区的完整性,使其免遭破坏。20世纪80年代以后,随着我国经济体制的改革,一些旅游景区逐渐完成了体制转轨,旅游景区开始注重经营管理,关注旅游景区的开发设计,以吸引游客前来游览观赏。

近年来,我国旅游经济迅猛发展,大大推动了旅游景区的建设,不少投资者相继进入旅游景区开发领域,大量投资,开发出许多新型旅游景区,使得旅游景区景点之间的市场竞争不断加剧。为了提高旅游景区的竞争力,旅游景区管理的重心开始从以前单纯的资源管理逐渐转移到旅游景区项目的创新设计与开发方面,着力于提高服务质量,重视市场营销,注重旅游景区规划、市场营销和战略管理的有机统一,推动旅游景区管理进入新的发展阶段。

（一）旅游景区管理的概念

旅游景区管理是在特定的环境下、通过调动相关投入要素，对旅游景区的各种资源进行有效整合和开发，其目的是充分挖掘旅游景区的价值，发挥旅游景区的功能，实现旅游景区效益最大化。这个定义包含以下几层含义。

第一，旅游景区管理是在特定环境约束下进行的。任何一个旅游景区都处于一个特定的环境之中，并受环境的制约。每个旅游景区所面临的环境不同，遇到的问题也不同，旅游景区管理的目标、战略、方法等也各不相同。显然，旅游景区管理不是简单地、被动地适应环境，而是主动地根据环境的变化，利用环境中的各种有利因素不断创新，以实现旅游景区与环境之间的有机平衡。

第二，旅游景区管理是为实现旅游景区目标而服务的。旅游景区管理具有目的性，其目的是实现旅游景区效益最大化。从理论上说，可以把旅游景区管理的目的表述为充分挖掘旅游景区价值，发挥旅游景区功能，实现旅游景区效益最大化。具体到每一个旅游景区，其管理目标是根据旅游景区所面临的环境和问题来确定的，其本身是一个目标体系，旅游景区管理是为实现旅游景区目标而服务的。

第三，旅游景区管理要通过相关投入，对旅游景区资源进行有效整合来实现旅游景区目标。旅游景区拥有各种资源，主要包括旅游资源、人力资源、财力资源、物力资源等。旅游景区资源是旅游景区管理的对象，对这些资源进行有效的计划、组织、协调、控制，就构成了旅游景区管理的基本内容。旅游景区管理水平的高低，直接表现为旅游景区各种资源整合的有效性，这里的有效性体现在效率和效果两个方面。效率是指管理活动中投入和产出之间的关系，效果是指管理活动的结果和目标之间的关系，旅游景区管理既追求效率，又强调效果，二者是有机统一的。

（二）旅游景区管理的特点

旅游景区管理的特点是由旅游景区产品的性质和特征决定的。旅游景区产品是一种体验型产品，具有旅游产品的典型特征，即功能上的愉悦性、空间上的不可移动性、生产和消费上的不可分割性、时间上的不可储藏性和所有权上的不可转移性。旅游景区产品的经营不同于一般商品，有其特殊性，这就决定了旅游景区管理在具有一般企业管理共性的同时，又有自己独特的要求。简而言之，旅游景区管理的特点主要包括以下四个方面。

1. 旅游景区管理注重培养特色，创建独特体验

旅游景区产品属于体验型产品，在空间上具有不可移动性，这一特点决定了旅游景区管理必须努力培育旅游景区特色，创造一种独特的氛围，增强自身的吸引力，这样才能吸引游客，实现自身价值。旅游景区在规划设计方面特别强调其主题的选择和定位，注重挖掘旅游景区的文化内涵。在运营过程中，旅游景区从各个方面都努力突出自身特色，营造一种独特的氛围，以强化游客的体验。

2. 旅游景区管理注重对旅游资源和生态环境的保护

在旅游景区中，除了人造旅游景区外，大部分旅游景区都是依托旅游资源和良好的生态环境开发出来的，都是资源依托型的旅游景区，如风景名胜区、森林公园、地质公园、自然保护区、文化遗址等。对于资源依托型旅游景区而言，保护好旅游景区的资源，提高旅游景区生态环境质量,是旅游景区得以生存和发展的根本环节。随着人们对环境问题的关注,人造旅游景区的开发设计与运营管理也同样需要重视对生态环境的保护。旅游景区管理应特别注重旅游资源和生态环境保护,这是旅游景区能否实现可持续发展的关键环节。

3. 旅游景区管理注重战略、规划和市场营销的统一

旅游景区的规划设计是决定旅游景区经营成败的决定性因素,一个科学的规划设计要求旅游景区必须做到战略、规划和市场营销的统一。在我国,旅游景区管理体制是由计划经济体制转轨而来的,旅游景区规划的理念经历了一个从资源导向过渡到市场导向的发展过程。在这个发展过程中,许多旅游景区在进行规划时都忽视了这一点,导致旅游景区战略、规划和市场营销之间没有做到有机的统一,从而严重影响了旅游景区的经营效益。

4. 旅游景区管理注重过程管理和现场管理

旅游景区是一种体验型产品,这种产品是无形的,在生产和消费方面具有不可分割性。游客不仅参与了生产过程,而且在这个过程中,游客与游客之间、游客与服务人员之间存在着较多的互动,这使得旅游景区管理在质量管理方面有其自身特点和规律。在管理手段方面,旅游景区与工业企业和一般商业企业有所不同,旅游景区特别注重过程管理和现场管理,以保证其产品质量。在旅游景区管理中,特别强调将服务流程中的标准化和个性化服务相结合。在服务过程中,根据服务过程的特点,一方面要设计标准化的、规范化的服务流程,另一方面要强调个性化服务,根据不同游客的特点和需要,提供具有针对性的服务。

(三)旅游景区管理的基本任务

旅游景区管理的定义指出了旅游景区管理的目标是实现旅游景区效益最大化,这是从一般意义上对旅游景区管理目标的界定。为实现旅游景区效益最大化,从市场角度而言,旅游景区管理的主要任务有以下三个方面。

1. 吸引游客

游客是旅游景区的生命线,而旅游景区的产品具有不可移动性。在竞争激烈的旅游市场中,如果不能有效地吸引游客,旅游景区就不可能获得较好的经济效益。为此,旅游景区管理面临的主要任务之一就是吸引游客。对于区位条件优良、知名度较高的旅游景区而言,虽然在此方面没有较大的压力,但在经营中也面临着选择目标市场、吸引目标市场游客以及平衡淡旺季的问题。对于区位条件欠佳、产品质量一般、知名度较低的旅游景区而言,吸引游客往往成为其管理的首要问题。

2. 为游客提供高质量的旅游体验

旅游景区是一种体验型的产品,其质量优劣取决于游客的评价。在利用各种方式将游客吸引到旅游景区之后,为游客提供高质量的旅游体验就成为旅游景区管理的主要任务。由于影响游客体验质量的因素较多,既有游客主观因素的影响,诸如游客的期望、兴趣、受教育程度等,又有旅游景区客观因素的影响,诸如旅游景区环境、设施状况、接待服务等。其中,许多因素具有较强的不确定性,如天气状况等。因此,提供高质量的旅游体验是旅游景区管理中最具挑战性的任务之一。

3. 实现旅游景区的持续发展

持续发展是一个社会性问题,任何一个组织在管理中都不可避免地面临着实现持续发展的任务，旅游景区也不例外。对资源脱离型旅游景区而言，它所面临的持续发展问题和一般企业较为相近，而对于资源依托型旅游景区而言，处理好旅游景区资源的保护和开发的关系就变得尤为重要。要在保护的前提下有效地开发旅游景区资源，在开发中促进保护，既要适度开发、合理利用，又要加强保护。

这三项基本任务之间是相互影响、相互作用的。吸引游客是旅游景区效益最大化的前提，提供高质量的旅游体验是旅游景区效益最大化的基本保证，而实现旅游景区的持续发展是旅游景区的终极目标。

（四）旅游景区管理的内容体系

旅游景区管理是一个完整的体系。根据管理学的一般原理，从系统的观点出发，通过对旅游景区管理业务活动要素和流程的分析，可以把旅游景区管理体系从纵向和横向两个方面加以分解，划分成相互联系、相互制约的若干组成部分，每个部分分别构成旅游景区管理的一项内容。旅游景区管理体系如图16-5所示。其中，从纵向层面来看，旅游景区管理分为高层管理、中层管理和基层管理三个层面。高层管理主要是战略管理，中层管理主要是专业管理，基层管理主要是作业管理。从横向层面来看，旅游景区管理包括战略管理、规划管理、游客管理、资源与环境管理、服务管理、人力资源管理、信息管理和安全管理。

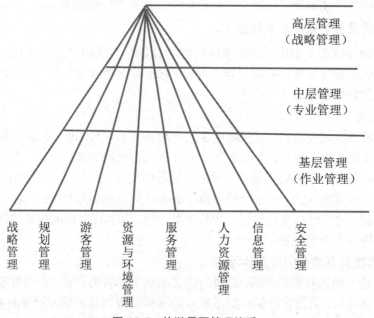

图16-5 旅游景区管理体系

1. 不同层次的管理

高层管理是旅游景区管理体系中最重要的组成部分，处于统帅地位。高层管理的核心内容是制定和组织实施旅游景区经营战略、计划和决策，这是关系旅游景区经营成败的关键环节。除此之外，高层管理还包括：旅游景区组织结构的设计与调整；旅游景区管理人才的选拔、培养和使用；旅游景区企业文化的培育；处理旅游景区同外界各方面的关键性关系，为旅游景区谋求良好的外部环境；处理大的危机；等等。出于高层管理决定着旅游景区管理的全局的考虑，做好高层管理，首先要优化高层管理。

中层管理是联结高层管理和基层管理的纽带，它一方面对高层管理发挥参谋和助手的作用，另一方面对基层管理进行指导、监督和服务。中层管理的一般内容是以旅游景区经营过程的不同阶段和构成要素为对象，形成一系列的专业管理，主要包括旅游景区规划管理、旅游景区环境与资源管理、旅游景区人事管理、旅游景区信息管理等。

基层管理的对象是作业层，是对旅游景区日常业务的管理，其管理内容主要涉及游客管理、旅游景区票务管理、旅游景区治保与安全管理、旅游景区环境卫生管理、旅游景区接待管理、旅游景区设施运营与维护、旅游景区投诉管理等一系列作业工作。

这三个层次的管理按照分工的要求，各有不同的职责。高层管理者的主要职责是管理旅游景区全局的大事，确定总的经营目标、方针、策略、计划等；中层管理者的主要职责是当好领导层的参谋，指导业务活动为基层服务；基层管理者和作业者的主要职责是通过自身的作业管理和作业活动，贯彻落实旅游景区管理的各项规章制度，最终实现高层确定的经营目标。这三个层次是不可分割的有机整体。

2．各项专业管理

以旅游景区经营过程中的不同阶段和构成要素为对象，形成一系列的专业管理领域，主要包括旅游景区战略管理、旅游景区规划管理、旅游景区游客管理、旅游景区资源与环境管理、旅游景区服务管理、旅游景区人力资源管理、旅游景区信息管理、旅游景区安全管理。

（1）旅游景区战略管理。旅游景区战略管理是对旅游景区战略进行设计、选样、控制与实施的过程，它是旅游景区适应环境变化的一种手段，对旅游景区的生存和发展具有决定性的作用。战略管理的目标是规划旅游景区的长远发展方向、方针和对策，目的是保证旅游景区长期生存和发展，因而是旅游景区管理的重要部分，主要由旅游景区的高层管理人员负责完成。

（2）旅游景区规划管理。旅游景区规划管理是旅游景区管理的核心环节之一，旅游景区经营的成功与否很大程度上取决于旅游景区的规划开发与设计水准。旅游景区规划管理是一项专业性极强的管理工作，是旅游景区战略管理的重要组成部分，是出于其战略中的特殊地位而单独划分出来的。一般来说，旅游景区规划是一个持续的过程，从最初的规划开始，每隔一定的时间，都要不断地根据旅游市场的发展变化进行调整，编制新的旅游景区规划。

（3）旅游景区游客管理。游客是旅游活动的主体，是旅游景区的"主角"，也是"上帝"。旅游景区的大部分工作都是围绕游客开展的，游客在旅游景区内必须遵循相应的法律法规、道德标准和行为准则，管理好游客是旅游景区的核心工作之一。游客管理的基本内容包括与游客建立良好的沟通机制、正确引导游客的行为、服务型管理与控制性管理相结合等内容。

（4）旅游景区资源与环境管理。环境问题是当今全球面临的最严峻的问题之一，中国的旅游景区，应该把环境管理列为重中之重。旅游景区环境的管理直接关系到旅游者旅游体验的质量，以及景区和景区所在区域旅游业的可持续发展。景区环境管理是为了保证生态旅游景区的可持续发展和旅游者及当地居民的身体健康所必需的环境质量而进行的各项管理工作，其包括景区卫生管理、景区绿化管理、野生生物保护与管理、制定环境保护政策法规和处理环境压力与社会经济之间的关系。

（5）旅游景区服务管理。旅游景区的服务是有形产品和无形产品的结合，是景区在旅游者观光、游览过程当中提供的各种服务。随着旅游业竞争的日益激烈，提供真正优质的旅游产品已成为决定旅游景区生存和发展的重要因素，并直接影响到景区的经济效益，也关系到旅游消费者合法权益的维护。

（6）旅游景区人力资源管理。旅游景区的人力资源管理是指运用现代管理学、人才学、社会学、心理学等原理，对景区人力资源进行有效利用和开发，以提高工作人员的素质和景区的劳动生产率。

（7）旅游景区信息管理。信息管理是现代旅游景区管理的重要组成部分，渗透到旅游景区管理的方方面面，将现代信息技术应用于旅游景区管理，已经成为旅游景区提高管理水平的重要标志。

（8）旅游景区安全管理。旅游景区安全管理是指根据国家旅游安全工作方针政策，为确保景区和游客的人身及财物安全，在企业接待服务过程中所采取的一系列制度、措施、方法等管理活动的总称。它是维护景区声誉、提高服务质量，保证景区接待服务活动正常开展的重要条件。从旅游业运行的环节和旅游活动的特点看，旅游安全贯穿于旅游活动的八大环节之中。

 思考题

1. 谈谈我国景区游览业发展现状和经营管理中存在的问题。
2. 什么是旅游景区管理？我国旅游景区管理有哪些模式？旅游景区管理的体系包括哪些内容？

 案例讨论　　乔家大院"被摘牌"警示了什么

距文化和旅游部"给予山西省晋中市乔家大院景区取消旅游景区质量等级处理"的决定不足10小时，百度百科上关于"乔家大院"的词条就被修正为"曾"为国家5A级旅游景区。

作为"北方民居建筑的一颗明珠"，乔家大院名扬三晋，誉满海内外，其设计之精巧、工艺之精细，使其具有极高的观赏、科研和历史价值。这样一个标志性景点被"摘牌"，不仅使当地政府和景区管理方震惊，也在公众舆论中引发了热议。

此条新闻一出，不少近年来游览过乔家大院的网友竟然给出了"喜大普奔"的评价。不满主要聚焦于三点：门票价格飙升过快；乱扩乱建，破坏了乔家大院原有的历史风貌；过度商业化，各种巧立名目的摊位"搞得跟迷宫一样"。这固然是乔家大院之"痛"，也是全国不少知名旅游景区的通病和顽疾。

本是旅游业龙头的知名景区，由家喻户晓到遭人非议，中间到底发生了什么？以乔家大院为例，依托同名电视连续剧声名鹊起，一跃成为山西晋中的知名旅游文化地标，更在2018

年的中国黄河旅游大会上获评为"中国黄河50景"。

但遗憾的是，在拿下金字招牌之后，部分景区却开始"躺在功劳簿上睡大觉"，目光变得短视，管理变得松懈，对于游客的意见和反馈大多敷衍了事，明明意识到服务的漏洞与短板却仍持得过且过的态度，更有甚者地方保护主义思想作怪，竟然宣称"谁批评我们景区就是在蓄意抹黑"。如果因为纠纷闹上了网络头条，也只想着如何息事宁人、维护形象，全然不去思考如何从源头解决问题。口碑的崩塌往往只在瞬息，而口碑的奠定远非一日之功。在互联网时代，每一位游客的负面评价都如同投入平静湖面的石子，将激起远超预料的涟漪。

2015年，国家旅游局掀起史上最严景区"整肃风"，全国大批景区被整治，从严重警告到直接摘牌，景区的规范管理越来越受到重视，而"有进有出"正是国际文化旅游领域的基本规则，这也标志着我国5A级景区动态化管理已成常态。早在2015年，山海关景区就被国家旅游局撤销5A级资质，成为国内景区首家被摘牌者，其后管理方严抓管理，积极整改，并于2018年重新恢复了5A级景区资质，这就是一个亡羊补牢的例子。

据媒体报道，2019年8月1日，山西省晋中市祁县文化和旅游局公开回应，表示将集中1个月的时间全面整改提升，从景区环境提质、沿线秩序整治、安全隐患排查、服务能力提升4个方面开展整治行动。

谁将成为下一个"被摘牌"的景区？莫只将乔家大院的警示当成故事。

资料来源：李咏瑾. 乔家大院"被摘牌"警示了什么[N]. 光明日报，2019-08-02.

讨论题：

1. 请进行资料调查，谈谈乔家大院为何"被摘牌"，这对旅游景区的经营管理有什么启示？
2. 结合本案例，谈谈景区旅游业管理的特点和基本任务。

延伸阅读 扫码学习

景区旅游业管理

延伸阅读 扫码学习-专题

专题一 动漫业管理

专题二 文化遗产的保护与管理

参考文献

[1] 刘吉发,岳红记,陈怀平. 文化产业学[M]. 北京:经济管理出版社,2005.

[2] 李殿伟,王宏达. 论我国文化产业知识产权保护的问题及对策[J]. 商场现代化,2009(7):247-248.

[3] 朱虹. 简论我国广播影视管理的制度创新[J]. 声屏世界,2007(2):4-6.

[4] 杨桂华. 旅游景区管理[M]. 北京:科学出版社,2006.

[5] 马静,黄曼丽. 改革开放以来我国图书出版业的发展与变迁[J]. 武汉大学学报(社会科学版),2008(6):786-790.

[6] 穆青. 浅谈文化创意产业发展中的知识产权管理[J]. 中国市场,2008(39):38-39.

[7] 庄军,左敏. 试论文化产业人力资源的开发管理[J]. 山东经济,2006(6):50-53.

[8] 王晨. 文化企业管理[M]. 长沙:湖南文艺出版社,2006.

[9] 杨亚争."三元型"文化产业管理模式研究[D]. 北京:中国地质大学,2008.

[10] 张天定. 图书出版学[M]. 开封:河南大学出版社,2006.

[11] 赵爱琴. 现代广告学教程[M]. 北京:北京工业大学出版社,2004.

[12] 李艳. 文化产业的品牌管理[J]. 理论建设,2008(4):78-79.

[13] 梁明洪. 论中国文化产业品牌战略[J]. 西南民族大学学报(人文社科版),2007(8):113-115.

[14] 方琦. 我国新闻传媒产业管理模式的变革[J]. 当代传播,2008(4):59-61.

[15] 徐人平. 设计管理[M]. 北京:化学工业出版社,2009.

[16] 朱肖肖. 文化产品的品牌建设研究[D]. 济南:山东大学,2010.

[17] 王文杰. 文化产业项目管理中的风险分析[J]. 现代传播(中国传媒大学学报),2011(10):159-160.

[18] 杨明品. 论中国广播影视发展的转型升级[J]. 视听界,2012(4):38-43.

[19] 张辉锋,江少波. 我国文化产业管理的问题及完善策略分析[J]. 现代管理科学,2014(4):72-74.

[20] 崔保国. 传媒蓝皮书:中国传媒产业发展报告(2015)[M]. 北京:社会科学文献出版社,2015.

[21] 尹良润. 文化产业品牌的基本特征与传播策略[J]. 新闻爱好者:上半月,2013(7):13-15.

[22] 吴昊天. 中国传媒产业发展研究[D]. 成都:西南财经大学,2014.

[23] 杨明品. 我国广播影视发展的新形势和新趋势[J]. 中国广播电视学刊,2014(9):42-45.

[24] 李小宇. 中国互联网内容监管机制研究[D]. 武汉:武汉大学,2014.

[25] 周晓梅. 旅游景区服务与管理[M]. 天津：天津大学出版社，2011.

[26] 农丽娟. 设计政策与国家竞争力研究[D]. 北京：清华大学，2013.

[27] 尹鸿. 文化软实力与核心价值[J]. 艺术评论，2012（6）：65-66.

[28] 蔡军，陈旭. 现状、特征与展望：对中国企业设计管理模式的思考[J]. 装饰，2014（4）：21-26.

[29] 范玉刚. 中国文化产业发展战略研究[J]. 中原文化研究，2014（1）：70-77.

[30] 杨德桥，田荣哲. 论文化创意产业知识产权保护策略的构建[J]. 北京邮电大学学报（社会科学版），2013（3）：31-39.

[31] 苏志甫. 文化创意产业亟待打造知识产权立体保护网[N]. 知识产权报，2015-12-11.

[32] 刘建华. 我国出版业的发展现状、趋势与投资界域[J]. 出版发行研究，2015（10）：29-33.

[33] 朱伟峰. 中国互联网监管的变迁、挑战与现代化[J]. 新闻与传播研究，2014（7）：80-86，127.

[34] 王操. 文化创意产业比较研究：内涵、范围界定、发展现状和趋势[J]. 国外社会科学前沿，2019（10）：47-55，84.

[35] 张牧. 我国文化品牌创新发展路径探析[J]. 长白学刊，2019（5）：142-148.

[36] 詹一虹，周雨城. 中国文化产业的管理问题及优化路径[J]. 广西社会科学，2017（1）：182-186.

[37] 周海金. 中国文化产业国有资产管理体制改革研究[D]. 长春：吉林大学，2015.

[38] 陈利，陈睿. 我国文化产业行业协会发展研究[J]. 现代交际，2019（13）：252-253.

[39] 丰子义，张梧. 文化发展的战略自觉与顶层设计[J]. 新视野，2019（6）：5-12.

[40] 梁文凤，平娜. 新常态下金融资本与文化产业对接模式构建[J]. 西安文理学院学报（社会科学版），2017（5）：61-64.

[41] 李燕. 中国文化创意产业融资效率的测算及其影响因素研究[D]. 长春：东北师范大学，2018.

[42] 张旭. 2017年文化传媒市场融资并购总体情况.[EB/OL].（2018-01-30）. http://www.sohu.com/a/218674386-160257.

[43] 李晓溪. 高校文化创意产业人才培养研究[D]. 上海：上海大学，2014.

[44] 高春雨. 文化产业人力资源管理现状及对策研究[J]. 中国市场，2019（33）：41-42.

[45] 刘文华，钟馨. 创新融合视角下文化产业管理专业人才培养研究[J]. 现代营销（经营版），2020（1）：13.

[46] 张琪，秦艺娟，朱家强. 文化创意产业人才培养的研究[J]. 商情，2019（52）.

[47] 白钰瑶. 文化产业知识产权保护的现状与对策建议[J]. 管理观察，2019（05）.

[48] 郭壬癸，乔永忠. 版权保护强度影响文化产业发展绩效实证研究[J]. 科学学研究，2019（7）：1174-1181.

[49] 张祥志，宋婷. 知识产权制度体系保障文化产业发展的理论证成[J]. 出版发行研究，2017（6）：18-20.

[50] 李海. 文化产业知识产权保护的现状与改进对策探索[J]. 文化创新比较研究, 2019 (29): 190-191.

[51] 崔保国, 刘金河. 中国传媒产业回顾与展望[J]. 新闻战线, 2019 (1): 19-23.

[52] 黄文蔚. 浅析新闻传媒业的新生态、新业态[J]. 科技视界, 2017 (28): 181+199.

[53] 张光辉. 以5G等新技术和数字经济为重点打造全媒体传播体系助力国家治理体系和治理能力现代化[EB/OL]. (2020-01-03). http://www.ccps.gov.cn/xylt/202001/t20200103-137278.shtml.

[54] 蔡育恒, 沈嘉悦. 新媒体环境下新闻事业管理文献述评[J]. 新闻世界, 2015 (1).

[55] 范军. 中国新闻出版业: 波澜壮阔的七十年[J]. 出版发行研究, 2019 (6): 5-15.

[56] 茅院生. 论新时代出版发行机构的转型发展[J]. 现代出版, 2019 (2): 26-30.

[57] 孙俊青, 刘永俊. 新中国70年出版管理体制的演进与改革启示[J]. 北京联合大学学报(人文社会科学版), 2019 (3): 29-36, 90.

[58] 王一梅, 吴心怡, 刘映红. 我国广播影视在国民经济行业分类中的演化与比较[J]. 广播电视信息, 2019 (11): 38-40.

[59] 周冬炀. 论新时期广播影视在建设社会主义文化强国中的地位与作用[J]. 电视指南, 2018 (9): 65.

[60] 李秋红, 周菁, 王羽. 2017年广播影视产业发展情况分析[J]. 新闻战线, 2018 (1): 23-25.

[61] 魏文楷. 广播影视产业支柱性转型发展研究[M]. 北京: 中国广播影视出版社, 2019.

[62] 刘双一. 我国互联网管理改革四十年历程及展望[J]. 中共乐山市委党校学报, 2019 (4): 61-67.

[63] 丁文阁. 新时代互联网治理发展逻辑与路径探索[J]. 学术交流, 2018 (3): 116-120.

[64] 2019年我国广告行业主管部门与主要监管法律法规[EB/OL]. (2019-06-11). htttp://zhengce.chinabaogao.com/chuanmei/2019/0611425V92019.html.

[65] 姚曦, 翁祺. 中国广告产业四十年的回顾与思考[J]. 新闻爱好者, 2019 (4).

[66] 正略咨询旅游景区研究课题组. 我国景区旅游发展现状及存在问题[EB/OL]. (2019-10-12). http://www.adfaith.com/news/384.html.